中华传世藏书 【图文珍藏版】

钦定古今图书集成

精华本

[清] 陈梦雷 蒋廷锡⊙原著 刘宇庚⊙主编 第十一册

线装书局

欽定古今圖書集成

卜筮篇

[清] 陈梦雷

蒋廷锡·原著

刘宇庚·主编

第五部

线装书局

导　读

　　卜筮，指用龟甲、筮草等工具预测某些事项，不同的时代使用的方法有不同，历代也有创新，比如据传东方朔的《灵棋经》就是用特制的棋子和特殊的口诀来预测，是利用一些无生命的自然物呈现出来的形状来预卜吉凶。古人认为，经过神圣的求卜过程，那些自然物也就获得了神圣的象征意义，它们呈现出来的形状不是人为的结果，而是神灵和上苍的赋予，是神灵的启示或告诫。上古时期，卜筮由卜官掌管，多用来预卜军国大事，常见的有卜世、卜年、卜郊、卜食、卜岁等。卜世就是用蓍草或龟甲预测传国世数；卜年就是预卜王侯享国的年数；卜郊就是预卜郊祭的吉日；卜食就是选择国都所在地；卜岁就是预测来年丰兼。卜筮之术流布汉族民间广为流行，而军国大事则常常借助《易》卦或占星来预卜吉凶。卜筮从统治者辉煌的供堂来到了汉族民间，卜筮之术因而得到了迅速发展，被广泛地用之于人们的日常生活，许多迷信神灵的人遇有疑难不决或其他一些事情，总是下意识地想求术士占卜一下。卜筮篇具体包括卜筮汇考、卜筮总论、卜筮名流列传、卜筮艺文和卜筮纪事等，如《周易》《书经》《周礼》《仪礼》《礼记》《史记》《龟经》《周易古占》《邵康节易数》《启蒙节要》《通元妙论》《阐奥歌章》《天元赋》《黄金策》和《阐幽精要》等。

第一章　卜筮汇考一

《易经》

系辞上传

天一、地二，天三、地四，天五、地六，天七、地八，天九、地十。

《本义》：此言天地之数阳奇阴偶，即所谓河图者也。其位一、六居下，二、七居上，三、八居左，四、九居右，五、十居中。就此章而言之，则中五为衍母，次十为衍子，次一、二、三、四为四象之位，次六、七、八、九为四象之数。二老位于西北，二少位于东南，其数则各以其类交错于外也。

《大全》：朱子曰：卦虽八而数须十者，八是阴阳数，十是五行数。一阴一阳便是二，以二乘二便是四，以四乘四便是八。五行本只是五而有是十者，盖一个便包两个。如木便包甲乙，火便包丙丁，土便包戊己，金便包庚辛，水便包壬癸，所以为十。

天数五，地数五，五位相得而各有合。天数二十有五，地数三十。凡天地之数，五十有五。此所以成变化而行鬼神也。

《本义》：天数五者，一、三、五、七、九，皆奇也。地数五者，二、四、六、八、十，皆偶也。相得，谓一与二，三与四，五与六，七与八，九与十，各以奇偶为类而自相得。有合，谓一与六，二与七，三与八，四与九，五与十，皆两相合。二十有五者，五奇之积也。三十者，五偶之积也。变化，谓一变生水而六化成之，二化生火而七变成之，三变生木而八化成之，四化生金而九变成之，五变生土而十化成之。鬼神，谓凡奇偶生成之屈伸往来者。

《大全》：朱子曰：五位相得而各有合是两个意，一与二、三与四、五与六、七与八、九与十，是奇偶以类相得。一与六合，二与七合，三与八合，四与九合，五与十合，是各有合。在十干，甲乙木、丙丁火、戊己土、庚辛金、壬癸水便是相得。甲与己合，乙与庚合，丙与辛合，丁与壬合，戊与癸合，是各有合。所以成变化而行鬼神也。程子曰：变化言功，鬼神言用。

大衍之数五十，其用四十有九。分而为二以象两，挂一以象三，揲之以四以象四时，归奇于扐以象闰。五岁再闰，故再扐而后挂。

《本义》：大衍之数五十，盖以河图中宫天五乘地十而得之，至用以筮。则又止用四十有九，盖皆出于理势之自然，而非人之知力所能损益也。两谓天地也，挂悬其一于左手小指之间也。三，三才也。揲，间而数之也。奇，所揲四数之余也。扐，勒于左手中三指之两间也。闰，积月之余日而成月者也。五岁之间，再积日而再成月，故五岁之中，凡有再闰，然后别起积分。如一挂之后，左右各一揲而一扐，故五者之中凡有再扐，然后别起一挂也。

《大全》：朱子曰：河图洛书之中数皆五，衍之而各极其数以至于十，则合为五十矣。河图积数五十五，其五十者，皆因五而后得，独五为五十所因而自无所因，故虚之则但为五十。又五十五之中其四十者，分为阴、阳、老、少之数，而其五与十者无所为，则又以五乘十、十乘五而亦皆为五十矣。洛书积数四十五，其四十者散布于外而分阴、阳、老、少之数，唯五居中而无所为，则亦自含五数而并为五十矣。中数五，衍之而各极其数以至于十者，一个衍成十个，五个便是五十。圣人说这个不只是说得一路，他说出来这个物事自然有许多通透去。如五奇五偶成五十五，又一说六、七、八、九、十因五得数也。河图五十五，是天地自然之数。大衍五十，是圣人去这河图里面，取那天五地十衍出这个数。大概河图是自然底，大衍是用以揲著求卦底。问大衍之义，曰：天地之数五十有五，虚其中金、木、水、火、土五数，便是五十。又虚天一，故用四十有九。此一说也。三天两地便是虚去天一之数，只用天三对地二耳。又五为生数之极，十为成数之极，以五乘十、以十乘五亦为五十，此一说也。又数始于一成于五，小衍之成十，大衍之成五十，此一说也。数家之说虽多不同，某谓此说却分晓问，窃谓大衍之数不过五而已。五者，数之祖也。河图洛书皆五居中，而为数祖宗。大衍之数五十者，即此五数衍而乘之，各极其数，而合为五十也。是五也，于五行为土，于五常为信。水、火、木、金，不得土不能各成一器。仁、义、礼、智，不实有之亦不能各成一德。此五所以为数之宗也。不知是否。曰：此说是奇者，左右四揲之余也。扐，指间也。谓四揲左手之策而归其余于无名指间，四揲右手之策而归其余于中指之间也。挂一一岁，揲右二岁，扐右三岁，一闰。揲左四岁，扐左五岁，再闰也。一挂之间凡再扐，即五岁之间凡再闰之象也。大衍之数五十，其用四十有九者，五十之内去其一，但用四十九策，合同未分，是象太一也。分而为二者，以四十九策分置左右两手。象两者，左手象天，右手象地，是象两仪也。挂一者，挂犹悬也，于右手之中取一策悬于左手小指之间。象三者，所挂之策所以象人，而配天地是象三才。揲之以四者，揲数之也，谓先置右手之策于一处而以右手四四而数左手之策，又置左手之策于一处而以左手四四而数右手之策也。象四时者，皆以四数是象四时也。归奇于扐者，奇零也，扐勒也；谓既四数两手之策，则其四四之后必有零数，或一或二或三或四，左手者，归之于第四、第三指之间；右手者，归之于第三、第二指之间而扐之也。象闰者，积分而成闰月也。五岁再闰故再扐而后挂者，凡前后闰之相去，大略三十二月，在五岁之中。此挂一、揲四、归奇之法。亦一变之间凡一挂、两揲、两扐，为五岁之象。其间，凡两扐以象闰，是五岁之中凡有再闰。然后置前挂扐之策，复以见存之策分二挂一，而为第二变也。大衍之数五十，著之筹乃其策也，策中乘除则直谓之数尔。著卦，当初圣人用之，亦须有个见成图算。后自失其传，所仅存者只有这几句。其间已自是添人字去说他了。想得古人无许多解，须别有个全文。说看《系辞》，须先看大衍之数以下，皆是说卜筮。

节斋蔡氏曰：天参、地两合而为五位，每位各衍之为十，故曰大衍。

丹阳都氏曰：天地之数五十有五，而大衍之数五十者，盖数备于五，而五十所宗者五也。大衍之数五十而其用四十有九者，盖数始于一，而四十有九数之所宗者一也。

建安丘氏曰：大衍之数五十者，取河图中五参天两地之数以为衍母也。大衍之用止四十九者，又就河图五十数之在外者，虚其天一之数而不用也。盖一者数之始，天下之数无穷，而一无为，故无为之。一以象太极。

西山蔡氏曰：五岁再闰者，一变之中自有五节。挂为一节，揲左为二节，归左奇于扐三节，揲右为四节，归右奇于扐为五节。一节象一岁，三节一归奇象三岁，一闰五节再归奇象五岁再闰。天地之数三百六十，每岁气盈六日，朔虚六日。一岁余十二日，三岁余三十六日，以三十日为一月，更余六日。又二岁余二十四日，合前所余六日为三十日为再闰。再扐而后挂者，再扐之后，复以所余之蓍合而为一，为第二变。再分再挂再揲也，不言分二，不言揲四，独言挂一者，明第二变不可不挂也。或曰：揲蓍之法虚一，分二，挂一，揲四，归奇，其第一揲不五则九，第二揲不四则八，计其奇数以定阴、阳、老、少。其初挂之一何也？曰：虚一分二挂一揲四归奇，乃天地四时之生万物也。其奇数策数以定阴、阳、老、少，乃万物正性命于天地也。生蓍以分二挂一为体，揲四归奇为用，立卦以奇数为体，策数为用。在天地则虚其一而用四十九，在万物则挂其一而用四十八，此圣人所以知变化之道也。又曰：第一揲挂一，以四十九，其奇一也。第二揲非四十四则四十，第三揲非四十则三十六，不复有奇矣。其挂何也？曰：人与天地并立为三，天地非人则无以裁成辅相，故分二必挂一也。初挂者人极所以立，天地因乎人也。再揲三揲之挂者，人因天地以为用也。

乾之策二百一十有六，坤之策百四十有四，凡三百有六十，当期之日。

《本义》：凡此策数，生于四象。盖河图四面，太阳居一而连九，少阴居二而连八，少阳居三而连七，太阴居四而连六。揲蓍之法，则通计三变之余，去其初挂之一，凡四为奇，凡八为偶，奇圆围三，偶方围四，三用其全，四用其半，积而数之，则为六、七、八、九，而第三变揲数策数亦皆符会。盖余三奇则九，而其揲亦九，策亦四九三十六，是为居一之太阳。余二奇一偶则八，而其揲亦八，策亦四八三十二，是为居二之少阴。二偶一奇则七，而其揲亦七，策亦四七二十八，是为居三之少阳。三偶则六，而其揲亦六，策亦四六二十四，是为居四之老阴。是其变化往来进退离合之妙，皆出自然，非人之所能为也。少阴退而未极乎虚，少阳进而未极乎盈，故此独以老阳老阴计乾坤六爻之策数，余可推而知也。期，周一岁也，凡三百六十五日四分日之一。此特举成数而概言之耳。

《大全》：朱子曰：策者，蓍之茎数。《曲礼》所谓策为筮者是也。

《大传》所谓乾坤二篇之策者，正以其挂扐之外见存蓍数为言耳。盖揲蓍之法，凡三揲挂扐通十三策，而见存三十六策，则为老阳之爻；三揲挂扐通十七策，而见存三十二策，则为少阴之爻；三揲挂扐通二十一策，而见存二十八策，则为少阳之爻；三揲挂扐通二十五策，而见存二十四策，则为老阴之爻。《大传》专以六爻乘二老而言，故曰乾之策二百一十有六，坤之策百四十有四，凡三百有六十。其实六爻之为阴阳者，老少错杂其积而为乾者，未必皆老阳；其积而为坤者，未必皆老阴；其为六子诸卦者或阳或阴，亦互有老少焉。盖老少之别，本所以生爻而非所以名卦，今但以乾有老阳之象，坤有老阴之象，六子有少阴阳之象，且均其策数又偶合焉，而因假此以明彼则可，若便以乾六爻皆为老阳，坤六爻皆为老阴，六子皆为少阳少阴，则恐其未安也。但三百六十者，阴阳之合，其数必齐。若乾坤之爻而皆得于少阴阳也，则乾之策六，其二十八而为百六十八；坤之策六，其三十二而为百九十二，其合亦为三百六十，此则不可易也。大凡易数皆六十，三十六对二十四，三十二对二十八，皆六十也。以十甲十二辰，亦凑到六十也。钟律以五声十二律，亦积为六十也，以此知天地之数皆至六十为节。

兼山郭氏曰：或曰乾坤称九六而六子不称七八，何也？曰：九六有象，七八无象也。以卦则六子之卦，七八隐于其中而无象也。以画则虽六子亦皆乾坤之画，而六子无画也。唯乾坤有用九用六之道，诸卦得奇者皆用乾之九，得偶者皆用坤之六，终无用七用八之道，故曰九六有象七八无象也。

节斋蔡氏曰：天地之运，大小皆极于三百六十，大衍乾坤之策当期之日，真所谓与天地相似也。

二篇之策万有一千五百二十，当万物之数也。

《本义》：二篇谓上下经。凡阳爻百九十二，得六千九百一十二策。阴爻百九十二，得四千六百八策。合之得此数。

《大全》：朱子曰：二篇之策，当万物之数，亦是取象之辞，不是万物恰有此数。

《正义》曰：乾之策二百一十有六者，以乾老阳一爻有三十六策，六爻凡有二百一十有六策也；乾之少阳一爻有二十八策，六爻则有一百六十八策，此经据乾之老阳之策也。坤之策百四十有四者，坤之老阴一爻有二十四策，六爻故一百四十有四策也。若坤少阴一爻有三十二策，六爻则有一百九十二，此经据坤之老阴之策也。凡三百有六十当期之日者，举合乾坤两策有三百六十，当期之数。三百六十举其大略，不数五日四分日之一也。二篇之策万有一千五百二十当万物之数者，二篇之爻总有三百八十四爻，阴阳各半，阳爻一百九十二，爻爻别三十六，总有六千九百一十二也；阴爻亦一百九十二，爻爻别二十四，总有四千六百八也，阴阳总合万有一千五百二十，当万物之数也。今考：凡言策者，即谓蓍也。《礼》曰：龟为卜，策为筮。又曰：倒策、侧龟。皆以策对龟而言，则可知矣。《仪礼》亦言筮人执策，尤为明验。故此凡言策数，虽指挂扐之外过揲见存之蓍数而言，然不以挂扐之内所余之蓍不为策也。疏义及其解说皆已得之，且其并以乾、坤二少之爻为言，则固不专以乾坤为老，六子为少矣。但乾坤皆少而其合亦为三百六十，两篇皆少而其合亦为万一千五百二十，则数有未及而学者不可不知耳。

云峰胡氏曰：前则挂扐之数象月之闰，此则过揲之数象岁之周，盖揲之以四已合四时之象，故总过揲之数又合四时成岁之象也。独曰乾坤之策者，犹用九、用六三百八十四爻之通例而独于乾坤言之也。

是故四营而成易。十有八变而成卦。

《本义》：四营，谓分二挂一揲四归奇也。易，变易也，谓一变也。三变成爻，十八变则成六爻也。

《大全》：朱子曰：四营而成易，易字只是个变字，四度经营方成一变。若说易之一变，却不可这处未下得卦字，亦未下得爻字，只下得易字。四营而成易者，营谓经营，易即变也，谓分二、挂一、揲四、归奇，凡四度经营蓍策乃成一变也。十有八变而成卦者，谓既三变而成一爻，复合四十九策如前经营以为一变，积十八变则成六爻，而为一卦也。其法初一变两揲之余为挂扐者，不五则九，第二变两揲之余为挂扐者，不四则八。第三变两揲之余为挂扐者，亦不四则八，五四为少，九八为多。若三变之间，一五两四，则谓之三少；一九两八，则谓之三多；或一九一八而一四，或一五二八，则谓之两多一少，或一九而二四，或一五一四而一八，则谓之两少一多。盖四十九策去其初挂之一，而存者四十八，以四揲之为十二。揲之数，四五为少者，一揲之数也。八九为多者，两揲之数也。一揲为奇，两揲为偶。奇者属阳而象圆，偶者属阴而象方。圆者一围三而用全，故一奇而含三。方者一围四而用半，故一偶而含二也。若四象之次，则一曰太阳，二曰少阴，三曰少阳，四曰太阴。以十分之，则居一者含九，居二者含八，居三者含七，居四者含六。其相为对待而具于洛书者，亦可见也。故三少为老阳者，三变各得其一揲之数，而三三为九也。其存者三十六，而以四数之复得九，揲之数也。左数右策则左右皆九，左右皆策，则一而围三也。三多为老阴者，三变各得两揲之数，而三二为六也。其存者二十四，而以四数之，复得六，揲之数也。左数右策则左右皆六，左右皆策则围四用半也。两多一少为少阳者，三变之中再得两揲之数，一得一揲之数，而两二一三为七也，其存者二十八。而以四数之，复得七，揲之数也。左数右策则左右皆七，左右皆策则方二圆一也。方二谓两八，圆一谓一十二。两少一多为少阴者，三变之中再得一揲之数，一得两揲之数，而二三一二为八也。其存者三十二，而以四数之，复得八，揲之数也。左数右策则左右皆八，左右皆策则圆二方一也。圆二谓两十二，方一谓一八。多少之说虽不经见，然其实以一约四，以奇为少、以偶为多而已。九八者两其四也，阴之偶也，故谓之多。五四者一其四也，阳之奇也，故谓之少。奇阳体圆，其法径一围三而用其全，故少之数三；偶阴体方，其法径一围四而用其半，故多之数二。归奇积三三而为九，则其过揲者四之而为三十六矣；归奇积三二而为六，则其过揲者四之而为二十四矣；归奇积二三一二而为八，则其过揲者四之而为三十二矣；归奇积二二一三而为七，则其过揲者四之而为二十八矣。过揲之数虽先得之，然其数众而繁。归奇之数虽后得之，然其数寡而约。纪数之法，以约御繁，不以众制寡。故先儒旧说，专以多少决阴阳之老少，而过揲之数亦冥会焉。初非有异说也。

八卦而小成。

《本义》：谓九变而成三画得内卦也。

引而伸之，触类而长之，天下之能事毕矣。

《本义》：谓已成六爻，而视其爻之变与不变，以为动静，则一卦可变而为六十四卦以定吉凶。凡四千九十六卦也。

《大全》：朱子曰：引而伸之，触类而长之，是占得这一卦，则就上面推看，如乾则推其为圜、为君、为父之类是也。

双湖胡氏曰：按四千九十六卦，乃焦延寿变卦之法。详见《启蒙·原卦画》篇。

显道、神、德、行，是故可与酬酢，可与祐神矣。

《本义》：道因辞显，行以数神。酬酢谓应对，祐神谓助神化之功。

《大全》：或问显道、神、德、行，朱子曰：道较微妙，无形影，因卦辞说出来道，这是吉，这是凶，这可为，这不可为。德行是人做底事，因数推出来，方知得这不是人硬恁地做，都是神之所为也。又曰：须知得是天理合如此。此是说蓍卦之用，道理因此显著。德行是人事，却由取决于蓍。既知吉凶，便可以酬酢事变，神又岂能自说吉凶与人。因有易后方著见，便是易来佑助神也。

子曰：知变化之道者，其知神之所为乎？

《本义》：变化之道，即上文数法是也。皆非人之所能为，故夫子叹之。而门人加"子曰"，以别上文也。此章言天地大衍之数揲蓍求卦之法，然亦略矣。意其详具于太卜、筮人之官而今不可考耳。其可推者，《启蒙》备言之。

说卦传

昔者圣人之作易也，幽赞于神明而生蓍。

《本义》：幽赞神明，犹言赞化育。

《龟策传》曰：天下和平，王道得，而蓍茎长丈，其丛生，满百茎。

《大全》：陆氏德明曰：《说文》云：蓍，蒿属，生千岁，三百茎。《易》以为数，天子九尺，诸侯七尺，大夫五尺，士三尺。

《毛诗草木疏》云：似藕萧，青色，科生。

建安丘氏曰：蓍，神草，所以用筮而求卦者。赞神明，犹言赞化育。

杨氏曰：天地生蓍之灵也，固可以揲而成卦，衍而为数，不有圣人幽赞于神明，则混同于区宇之间，与凡草木俱腐尔。神明之道，何自而通乎？

参天两地而倚数。

《本义》：天圆地方，圆者一而围三，三各一奇，故参天而为三；方者一而围四，四合二偶，故两地而为二。数皆倚此而起，故揲蓍三变之末，其余三奇则三三而九，三偶则三二而六，两二一三则为七，两三一二则为八。

《大全》：问：参天两地。旧说以为五生数中，天三地两，不知其说如何？曰：此只是三天二地，不见参两之意。参天者参之以三，两地者两之以二也。以方圆而言，则七、八、九、六之数都自此而起。问：以方圆而言参两，如天之圆径一，则以围三而参之；地之方径二，则以围四而两之否？曰：然。倚数倚是靠在那里，且如先得个三，又得个三，只成六，更得个三，方成九；若得个二却成八，怎地倚得数出来？有人说参作三，谓一三五，两谓二四。一三五固是天数，二四固是地数，然而这却是积数，不是倚数。

观变于阴阳而立卦，发挥于刚柔而生爻，和顺于道德而理于义，穷理尽性以至于命。

《本义》：和顺从容无所乖逆，统言之也。理谓随事得其条理，析言之也。穷天下之理，尽人物之性而合于天道，此圣人作《易》之极功也。

《大全》：问：既有卦则有爻矣，先言卦而后言爻，何也？朱子曰：自作《易》言之，则有爻而后有卦。此却似自后人观圣人作《易》而言。方其立卦时只见是卦，及细别之，则有六爻。又问：阴阳刚柔一也，而别言之，何也？曰：观变于阴阳，近于造化而言。发挥刚柔，近于人事而言。且如泰卦以卦言之，只见得小往大来、阴阳消长之意，爻里面便有包荒之类。

《书经》

洪 范

七稽疑：择建立卜筮人，乃命卜筮。

《蔡传》：稽，考也。有所疑，则卜筮以考之。龟曰卜，蓍曰筮。蓍龟者，至公无私，故能绍天之明。卜筮者，亦必至公无私，而后能传。蓍龟之意必择是人而建立之，然后使之卜筮也。

曰雨，曰霁，曰蒙，曰驿，曰克。

《蔡传》：此卜兆也。雨者如雨，其兆为水；霁者开霁，其兆为火；蒙者蒙昧，其兆为木；驿者络驿不属，其兆为金；克者交错，有相胜之意，其兆为土。

《大全》：朱子曰：易占不用龟而每言蓍龟，皆具此理也。蓍短龟长者，谓龟惟钻灼之易，而蓍有扐揲之烦。龟之兆一灼便成，亦有自然之《易》。《洪范》：卜五即龟，用一即蓍。

曰贞，曰悔。

《蔡传》：此占卦也，内卦为贞，外卦为悔。《左传》"蛊之贞风，其悔山"是也。又有以遇卦为贞，之卦为悔。《国语》"贞屯悔豫皆八"是也。

《大全》：问：贞悔不止一说，如六十四卦，则每卦内三画为贞，外三画为悔。如揲蓍成卦，则正卦为贞，之卦为悔。如八卦之变，则纯卦一为贞，变卦七为悔。朱子曰：是如此。胡叔器问：内卦为贞，外卦为悔，曰贞悔出《洪范》。贞是正底便是体，悔是过底动则有悔。又问一贞八悔。曰：如乾、夬、大有、大壮、小畜、需大畜、泰内体皆乾是一，贞。外体八卦是八，悔。余仿此。贞训正，事方正如此。悔吝皆是事过后方有内卦之占，是事正如此。外卦之占是已如此，二字有终始之意。

西山蔡氏曰：内卦曰贞，贞者事之干也；外卦曰悔，悔者生乎动也。六爻不动，以内卦为贞，外卦为悔，见《左传》"蛊之贞风，其悔山"是也。有动爻者，以遇卦为贞之卦为悔，见《国语》"贞屯悔豫皆八"是也。

凡七，卜五，占用二，衍忒。

《蔡传》：凡七，雨、霁、蒙、驿、克、贞、悔也；卜五，雨、霁、蒙、驿、克也；占二，贞、悔也。衍推忒过也，所以推人事之过差也。

《大全》：朱子曰：衍推忒变也。上七者，卜筮之大凡而其变则无穷，皆当推衍以极其变。卜之变在经，兆之体百有二十，其烦千有二百，体、色、墨、拆、方、功、义、弓之类。筮之变如老阳变为少阴，老阴变为少阳，一卦变为六十四卦，六十四卦可变为四千九十六卦之类。引而伸之，触类而长之，其变无有终穷。

立时人作卜筮。三人占，则从二人之言。

《蔡传》：凡卜筮，必立三人以相参考，旧说卜有玉兆、瓦兆、原兆，筮有《连山》《归藏》，《周易》者非是。谓之三人，非三卜筮也。

《大全》：《周礼》大卜掌三兆之法。杜注：玉兆，颛帝之兆。瓦兆，尧之兆。原兆，周之兆。

西山蔡氏曰：恐非是，禹叙《洛书》之时，未有原兆与《周易》也。

汝则有大疑，谋及乃心，谋及卿士，谋及庶人，谋及卜筮。

《大全》：朱子曰：卜筮处末者，占法先断人志，后命于蓍龟之灵，不至越于人也。《周礼》卜人国之大事，先筮而后卜。

汝则从，龟从，筮从，卿士从，庶民从，是之谓大同。身其康强，子孙其逢吉。

《大全》：朱子曰：心者人之神明，其虚灵知觉无异于鬼神，虽龟筮之灵不至逾于人，故自此以下，必以人谋为首。然鬼神无心而人有欲，人之谋虑未必尽能无适莫之私，故自此以下皆以龟筮为主。人虽不尽从，不害其为吉。若龟筮两逆，则凶咎必矣。

汝则从，龟从，筮从，卿士逆，庶民逆，吉。卿士从，龟从，筮从，汝则逆，庶民逆，吉。庶民从，龟从，筮从，汝则逆，卿士逆，吉。汝则从，龟从，筮逆，卿士逆，庶民逆，作内吉，作外凶。龟筮共违于人，用静吉，用作凶。

《蔡传》：稽疑以龟筮为重，人与龟筮皆从，是之谓大同，固吉也。人一从而龟筮不违者亦吉。龟从筮逆则可作内，不可作外。内谓祭祀等事，外谓征伐等事。龟筮共违则可静，不可作。静谓守常，作谓动作也。然有龟从筮逆而无筮从龟逆者，龟尤圣人所重也。故《礼记》大事卜，小事筮。《传》谓"筮短龟长"是也。自夫子赞《易》，极著蓍卦之德，蓍重而龟书不传云。

《周礼》

春　官

大卜：下大夫二人。卜师，上士四人。卜人，中士八人，下士十有六人。府二人，史二人，胥四人，徒四十人。

《订义》：郑康成曰：问龟曰卜。大卜，卜筮官之长。

王昭禹曰：物生而后有象，象而后有滋，滋而后有数。蓍者，阳中之阴，故植而知数；龟者，阴中之阳，故动而知象。先王成天下之亹亹，定天下之吉凶，莫大乎蓍龟。名官谓之大卜，以龟为主。

薛平仲曰：《礼运》曰："宗祝在庙，三公在朝，三老在学。王前巫而后史，卜筮、瞽侑皆在左右。"极至于"礼行于五祀，而正法则焉"。然则王之所以赖于左右前后者，其关于礼乐甚大也。卜、祝、巫、史不列于此，当何属哉？卜象也，筮数也。先筮以观其从，后卜以验其合。故大卜之于卜，卜师赞之，卜人又赞之。掌龟既专之，一官燋龟又专之。一官至于视吉凶计中否，以听于大卜。则又有占人，而筮人属之于末而已。筮短龟长，固以从长。此大卜必以下大夫二人而长之也。

郑锷曰：三皇以来已有卜筮，人之于事不能无心，若夫龟筮则何心之有？取决于此，欲托于无心而已。

掌三兆之法：一曰玉兆，二曰瓦兆，三曰原兆。

《订义》：易氏曰：以龟占象之谓卜，以火灼龟，其象卜占谓之兆。三兆之法专掌于大卜，占龟故也。

郑锷曰：三兆之书，其作者不可考。杜子春以《玉兆》为颛帝之兆，《瓦兆》

为帝尧之兆，《原兆》为有周之兆。近世说者谓为三代之兆，然无所考也。儒者相传，谓名《玉兆》者，言兆之璺罅如玉，瑜、瑕不相掩。玉，阳精之纯也。兆如玉色，则事之属乎阳者也。《瓦兆》者，言兆之璺罅如瓦之擘暴解散。瓦生于土，兆如瓦解，则事之属乎阴者也。《原兆》者，言兆之璺罅如原田之坼裂，牵连不断，则阴阳之相杂者也。

易氏曰：郑氏以为璺罅，今考其义不过阴阳奇耦，与夫象之上下左右而已。《诗》以乃生男子为"载弄之璋"，则凡以玉名者皆阳也。故卜得阳数之奇而其象在上在左者，曰"玉兆"。《诗》以乃生女子为"载弄之瓦"，凡以瓦名者皆阴也。故卜得阴数之耦而其象在下在右者，曰"瓦兆"。《易》之比曰"比吉，原筮"。原之为言再也。或阴阳奇耦之错列上下左右之未定，再以其变推之，曰"原兆"。

《尚书精义》曰：道生一，一生二，二生三。三者，道之成也。故卜用三兆，筮用三易，取其成法也。《曲礼》曰"卜筮不过三"，《仪礼》曰"占者三人在其南北上"。盖《曲礼》言其法，《仪礼》言其人。人各掌一法，《金滕》所谓"卜三龟一，习吉则筮"，用三也可知矣。

其经兆之体皆百有二十，其颂皆千有二百。

《订义》：贾氏曰：经兆者，龟之正经。云体者，谓龟之金、木、水、火、土五兆之体名，体为经。

郑康成曰：体有五色，又重之以墨坼。五色者，《洪范》所谓"曰雨、曰霁、曰蒙、曰驿、曰克"。

贾氏曰：案《占人》云："君占体，大夫占色，史占墨，卜人占坼。"以其有五行兆体，体中有五色，既有体色则因之，以兆广狭为墨，又因墨之广狭支分小璺为坼，是皆相因之事。

郑锷曰：经兆之体者，谓三兆所卜之正体，一体而五色，应五行也。五行之变无穷，自其墨色、坼裂分而配之，一色别为二十四体，故五行之兆分为百有二十。一体十颂，所以发明其吉凶，推演其祸福。故百二十体而有千二百之颂。颂者，卦爻之辞。三兆不同书，各异世而体也颂也。其数乃无异如此。窃意其书之数虽不异，其所占则不得而同，不然何以为玉、瓦、原之别乎？

易氏曰：自百有二十以至千有二百则以十日十二辰之数，与夫四时五行休王相乘之法推之。三《易》三梦之占仿此。

掌三《易》之法，一曰《连山》，二曰《归藏》，三曰《周易》。

《订义》：易氏曰：兼及于三《易》三梦者，《易》与梦亦占也，其属有筮人占梦，大卜为之长，故兼掌其法。

郑康成曰：易者，揲蓍变易之数可占者。

郑谔曰：《连山》以艮为首，夏人之《易》。其卦艮上艮下，故曰"连山"。言如山之相连也。《归藏》以坤为首，商人之《易》。其卦坤上坤下，故曰"归藏"。言如地道之包含万物所归而藏也。《周易》以乾为首，周人之《易》。其卦乾上乾下，名曰"周"。言如天覆无不周，而变易无穷也。

刘氏曰："艮其背不获其身"，人之道也；以寅为正。穆姜之筮，"遇艮之八，是谓艮之随"者，此连山之《易》。坤者万物所归，商以坤为首。案《礼运》"宋不足征，吾得坤乾焉"，此归藏之《易》。夫子不取《连山》《归藏》，惟《周易》之学者，以易天道之大，兼乾坤艮于其中，历三古而更三圣，先儒以《连山》为伏羲、《归藏》为黄帝，岂不知《周易》之画于伏羲邪？

其经卦皆八，其别皆六十有四。

《订义》：郑锷曰：正卦皆八，自八相生。别而重之，八八所以皆六十四卦也。然三代之《易》，名异而卦不异，盖卦虽同而所占者异也。《周易》以九、六为占，而《连山》《归藏》以七、八为占，《周易》占其变者，《连山》《归藏》占其不变者。

易氏曰：传记所载"文王重易为六十四卦"。今此三《易》之别，皆六十有四，则是六十四卦非文王重之。《易大传》十三卦言庖牺氏之取诸离，黄帝尧舜氏取诸乾坤，此故经卦之名。曰益、曰噬嗑、曰随、曰豫、曰涣、曰小过、曰睽、曰大壮、曰大过、曰夬，此即重卦之名。是知上古已有六十四卦之别。但夏殷之《易》以七、八不变者为占；《周易》以六九之变为占。襄九年《左传》所载东宫之筮，遇艮之八，八即艮之六二，为随。杜氏以为杂用《连山》《归藏》。二易皆以七八为占，是《连山》《归藏》已有随卦之义。此夏、殷六十四卦之证。或曰伏羲氏画八卦，因而重之。

叶水心曰：详此，则《周易》之为三《易》，卦之为六十四，自舜、禹以来用之。而后世有"伏羲氏始画八卦，文王重为六十四卦"，又谓"纣囚文王于羑里，始演《周易》"，又谓"河出图有自然之文，学者因之"，有伏羲先天、文王后天之论，不知何所本始。然则《周易》果文王所改作，而后世臣子不以严宗庙，参典谟，顾乃藏于大卜，等于卜筮，何媟嫚其先君若是哉？凡卦之辞、爻之繇，筮史所测，推数极象，比物连类，不差毫发，孔子以为不然。故孔子之系《易》，以为必如是而测之，由其中正，不以祸福利害乱其心者，此君子之所以为易学者。既不知反援孔子之《易》，同归于卜筮。以为人更三圣，世历三古后成书。学者日聋瞽，无足怪者。

掌三梦之法，一曰《致梦》，二曰《觭梦》，三曰《咸陟》。

《订义》：郑康成曰：梦者，人精神所寤，可占者。

王昭禹曰：形接为事，神遇为梦。神凝者想梦自消，梦者精神之运也。人之精神往来，常与阴阳流通，而祸福吉凶皆通于天地，应于物类，则由其梦以占之。周官所以有占梦之官，而大卜掌三梦之法。

郑锷曰：有心而梦出于有所因，故曰"致"。孔子之梦周公，行道而致也。晋侯之梦楚子伏己而盬其脑，将战而致也。觭字从角从奇，盖角出奇异，所谓怪异之梦。赵简子梦童子倮而转以歌，楚子玉梦泣而珠盈怀，其怪异之梦欤？无心感物谓之咸，升而有至者谓之陟，咸陟言无心所感，精神升降有所致而得梦也。文王之梦九龄，高宗之梦傅说，其精神所感之梦欤？

王昭禹曰：致者有所使而至，非自至也。角一倚一仰，为觭人之昼，俯仰于事，为之间夜则感而成梦。虽非出于思虑，亦有因而成。无心感物为咸。咸则以虚受物，因时乘理，无所偏系。陟之为言升，升则无所拘滞，则非干思虑，非因事为，一出于自然。

郑康成曰：《致梦》夏后氏作，《觭梦》殷人作，《咸陟》周人作。

其经运十，其别九十。

《订义》：王氏曰：占梦以岁时，日月星辰则所谓经，运盖岁时日月星辰之运。

郑锷曰：十辉者，日之辉光也。十梦者，梦之运变也。精神之运，心术之动，然后见于梦，占书名之曰"运"。占梦之正法有十，一运而九变。十运而九十变，故经运其别九十。

以邦事，作龟之八命：一曰征，二曰象，三曰与，四曰谋，五曰果，六曰至，七曰雨，八曰瘳。

《订义》：郑锷曰：国之大事有八，必问诸龟，以决吉凶。问之之辞谓之

"命"，大卜作其辞命。

郑司农曰："征"谓征伐人，"象"谓灾变。云物如众赤鸟之属，有所象似。易曰："天垂象见吉凶。"

郑锷曰："与"者，将合人以共事。"谋"者，始创议以立事也。"果"者，进退未决之际而求其决。"至"者，为师卜。"雨"者，为农祈。"瘳"者，以身求瘳者，为疾祷。

贾氏曰：此八者皆大事，故待龟而决。若小事，则入于九筮。

郑锷曰：将用兵以讨伐则征，不可以妄动。

郑康成曰："征"亦云行巡守。"象"谓有所造立也。《易》曰"以制器者尚其象"。"果"谓以勇决为之。若吴伐楚，楚司马子鱼卜战，令龟曰"鲂以其属死之，楚师继之，尚大克之，吉"是也。

刘执中曰：与夺之利害，谋大疑之得失也。卜雩祈之雨否。

郑司农曰："与"谓予人物，"至"谓至不。

王昭禹曰："谋"谓图事于人，卜其信否也。

黄氏曰：果其事疑，信卜其果不也。

以八命者赞三兆、三易、三梦之占。

《订义》：郑锷曰：作八命特以问龟，非能定吉凶。吉凶大抵占于三兆、三易、三梦之法，此特赞其占。

王昭禹曰：作八命非特占之于龟，亦验之于筮，司之于梦。

黄氏曰：三兆、三易、三梦各有占者，大卜总其事而赞之。占有异同则决之。

郑康成曰：赞，佐也。

郑锷曰：赞谓以此辞演出其意。

以观国家之吉凶，以诏救政。

《订义》：李景齐曰：大卜合龟筮与梦之占。观夫国家之吉凶。而预诏王修政以救之，知其失而救之，则祸可转而福。

愚案：大卜一官专在诏救政，盖国家将兴，必有祯祥，国家将亡。必有妖孽。既于卜筮前知，宜使人君预为修省之道。

凡国大贞，卜立君，卜大封，则视高作龟。

《订义》：郑司农曰：贞，问也。国有大疑问于蓍龟。

郑康成曰：贞之为问，问于正者，必先正之，乃从问焉。

王昭禹曰：谓以大事卜于龟而正之。

郑康成曰：卜立君，无冢适，卜可立者；卜大封，谓竟界侵削，卜以兵征之。若鲁昭公元年秋，叔弓帅师疆郓田是。视高，以龟骨高者可灼处，示宗伯大事。宗伯莅卜，用龟之腹骨近足者，其部高。作龟谓以火灼之以作其兆；春灼后左，夏灼前左，秋灼前右，冬灼后右。《士丧礼》曰："宗人受卜人龟，示高。莅卜受视，反之。"又曰："卜人坐作龟。"

王昭禹曰：立君以定继嗣，天下之本；大封以命诸侯，一国之本。

郑司农曰：作龟谓凿龟令可爇。

黄氏曰：卜师凡卜事，视高扬火以作龟，致其墨，是则凡卜，卜师作龟；惟大贞则大卜作龟。

大祭祀，则视高命龟。

《订义》：郑康成曰：命龟，告龟以所卜之事，不亲作龟。大祭祀轻于大贞。《士丧礼》曰："宗人即席，西面坐，命龟。"

凡小事，莅卜。

《订义》：郑康成曰：代宗伯。

张沂公曰：《表记》曰："小事无时日，有筮。"《周礼》曰："凡小事，莅卜。"小事用筮，又何莅卜邪？曰"有事于小神无常时"，曰"临有事则筮之"。是小事用筮也。如大卜职当大祭祀，则视高命龟。凡小事，莅卜。此小事对于大祭，是祭中小事，非谓小神也。

国大迁，大师，则贞龟。

《订义》：郑康成曰：正龟于卜位也。《士丧礼》曰："卜人抱龟燋，先奠龟，西面"是也。不亲命龟亦轻于大祭祀。

黄氏曰：大祭祀命龟与凡小事莅卜，皆大卜专职。疏注差次，莅卜以下皆未必然。贞龟与大贞之贞一也。大贞合三兆、三易、三梦而占之。立君、大封既卜，又协之于易、梦。谓之大贞、大封非正封疆。正封疆何用大贞、大封？在司马为军礼，诗颂有乐章，《赍》是也。先王不轻为之，国于天地与有立焉，何敢轻哉！迁国用事，事虽不小，贞龟而已。《诗》曰："宅是镐京，惟龟正之，武王成之。"周公曰："朕遏敢违卜？"

凡旅，陈龟。

《订义》：黄氏曰：水旱兵灾皆旅。旅事不一，故陈其龟，随事用之。

易氏曰：凡旅非大旅陈龟，则轻于贞龟。

郑康成曰：陈龟于馔处。《士丧礼》曰"卜人先奠龟于西塾上南首"是也。

王氏曰：陈而不作，与陈乐器同。

凡丧事，命龟。

《订义》：郑康成曰：重丧礼，次大祭祀，士丧礼则筮宅卜日，天子卜葬兆。

易氏曰：凡丧非大丧为之命龟，则轻于视高命龟。

黄氏曰：亦大卜专职。

郑锷曰：卜龟之法，有陈龟，有贞龟，有莅卜，有命龟，有视高，有作龟，凡六节。事逸者、尊者为之，事劳者、卑者任之。

陈氏曰：大卜或作或命或贞或陈，其事不一。丧祭轻于大贞，则命龟；大迁、大师轻于丧祭，则贞龟；凡旅则陈龟而已。考之《仪礼》，卜人奠龟，宗人视高，及坐命龟，而后卜人坐作龟。然则大卜于大祭祀，凡丧事命之而不作，则作者其属也。国大贞作之而不命，则命者宗伯也。贞龟则正之于卜位，而不亲命也。陈龟则陈之于馔所，而不卜也。

卜师：掌开龟之四兆。一曰方兆，二曰功兆，三曰义兆，四曰弓兆。

《订义》：郑康成曰：开，开出其占书经兆百二十体，此言四兆者。分之为四部，若易之二篇。《书·金縢》曰："开籥见书是谓与？"其云方、功、义、弓之名，未闻。

郑锷曰：方兆者，占四方之事。汉武帝发易占，知神马从西北来，非占四方之事乎？功兆者，占立功之事。楚司马子鱼卜战，令龟曰："鲂也，以其属死之。楚师继之尚大克之，吉。"非立功之事乎？义兆者，占行义之事。南蒯筮得"黄裳元吉"，惠伯曰："忠信之事则可，不然必败。"非占行义之事乎？弓兆者，弓有射意，故后世有覆射之法。东方朔射守宫，有"跋跋缘壁"之语，非为覆射之事乎？

薛氏曰：以意推之，丽于形者，方也。谓之"方兆"，则言其上下阴阳之势。以力兴造者，功也。谓之"功兆"，则言其废兴成败之理。度其宜者，义也。谓之"义兆"，则言其吉凶祸福之宜。能弛张者，弓也。谓之"弓兆"，则言其曲折长短之象。

黄氏曰：卜师扬火作龟，开龟之四兆，正谓灼龟其兆有四，方、功、义、弓，璺坼之象。《龟策传》"首足俯仰开肣"，盖其余法。或曰：注疏家谓卜用龟之腹骨，骨近足者其部高，春灼后左，夏灼前左，秋灼前右，冬灼后右，故谓之四兆。然不知方、功、义、弓，其义当何如。开占书疑若为占人之职，辨龟以上、下、左、右、阴、阳，郑说非。每龟皆有左、右、阴、阳，持龟必当顺其体。

凡卜事，视高。

《订义》：郑锷曰：凡卜，必以龟骨可灼之高处，视于莅卜之人。

王昭禹曰：大卜尊于卜师，故国大贞、大祭祀，视高。卜师卑于大卜，故凡卜事视高，以尊者其事略，卑者其事繁。

扬火以作龟，致其墨。

《订义》：王昭禹曰：扬如火烈，具扬之扬，谓炽其火。扬其火，爇灼之以明其兆。墨谓兆广之大小。

李嘉会曰：扬火令華氏。

贾氏曰：案《占人》注云："墨，兆广也。墨大，坼明，则逢吉。"坼称明，墨称大。今郑云爇灼之明其兆以解墨者，彼各偏据一边而言。其实墨大兼明乃可得吉，故以明解墨。

刘执中曰：兆之体不过五行之气，因燋而成者。其变则旁为兆，微而不可以不辨，故致其墨，食则见而可辩。书曰："我乃卜涧水东瀍水西，惟洛食。"即此也。

凡卜，辨龟之上下、左右、阴阳，

《订义》：郑康成曰：所卜者当各用其龟。上仰者，下俯者，左左倪，右右倪，阴后弇，阳前弇。

以授命龟者而诏相之。

《订义》：项氏曰：凡龟之上、下、左、右、阴、阳不同，即后六龟，辨其名物，各从其所当用，以授命龟之人，又诏相其命辞及其体。

郑康成曰：大祭祀、丧事，大卜命龟，则大贞，小宗伯命龟，其他卜师命龟，卜人作龟，则亦辨龟以授卜师。

刘执中曰：命龟者，大卜必顺而执之，然后即而卜之，故辨上下以授大卜，而诏相之。

郑锷曰：命龟之人，各因其龟为之辞，诏之以言辞，相其礼仪。辞必正，礼必诚，则求于鬼神而吉凶审矣。

龟人：中士二人。府二人，史二人，工四人，胥四人，徒四十人。

《订义》：郑康成曰：工取龟、攻龟。

掌六龟之属，各有名物。天龟曰灵属，地龟曰绎属，东龟曰果属，西龟曰雷属，南龟曰猎属，北龟曰若属。各以其方之色与其体辨之。

《订义》：项氏曰：物，色也。色即物体，即俯仰之形状。

李嘉会曰：龟不一类，以类言之则曰属。其属既辨，而名物可察。

郑锷曰：龟以决疑，而天地四方所生各有名、有物。苟不知其名、其色以别异之，则卜师何从辨之，以授命龟者乎？六龟之名，曰灵，曰绎，曰果，曰雷，曰猎，曰若。考先儒说，谓行而首俯者曰天龟，首仰者曰地龟，甲长前弇者曰果，后弇者曰雷，首之左倪者曰南，右倪者曰北。至论其名有所属之意，则不得而考。以理推之，天龟曰灵，以见降而交乎地道之意；地龟曰绎，地道无成而代有终，以见继续不绝之意；果或以为裸露之名，其形前长而后裸。东方物始生，决于进也，故有果决之意。猎或以为田猎之意，谓自后而逐为猎，南方物浸长，故有猎等之意。雷阴物而动乎阳，西方阴也，其龟宜从乎阴，首左倪则去阴从阳，故《尔雅》以左倪之龟为不类，谓其阴而不类乎阴。若顺也，北方阴，其龟右，则尚乎阴，以阴向阴，可谓顺之至。凡此六龟，上下四方其色不同，天元而地黄，东青而西白，南赤而北黑，非谓其身之色也。《记》曰："青黑缘天子之宝龟也。"《公羊》曰："龟青纯。"何休以为龟甲髯青也。千岁之龟青髯，然则六龟之色盖亦视其髯而已。乃若其体不同，则有俯、有仰、有左、有右、有前、有后也。曰俯、仰、左、右者，以其首言之；曰前、曰后者以其甲言之；曰元、黄、青、赤、白、黑者，以其髯言之，非龟人，孰能辨之哉！

刘执中曰：命名以其形，则经以其形相类者为之属欤！《易》称"锡以十朋之龟"，《尔雅》曰"神龟、灵龟、摄龟、宝龟、文龟、筮龟、山龟、泽龟、水龟、火龟"，以为十朋，岂亦其属哉？

凡取龟用秋时，攻龟用春时。

《订义》：郑康成曰：秋取龟，及万物成也。攻，治也。治龟骨以春，是时干，解不发伤也。

黄氏曰：物之精华，春时皆发见于外。

郑锷曰：龟以甲为用，甲不坚则无以受钻灼之火；秋则阴用事而坚，于是时而取之，其甲坚矣。脱其筒则不能无伤生之害，春则阳用事而物解，于是时而取之，其甲坼矣。顺时而取之可以为钻灼之用，顺时而攻之又以存不忍之心。

各以其物入于龟室。

《订义》：贾氏曰：物，色也。

郑锷曰：六龟所藏，宜各异室，攻其甲矣，各入于室以俟异用，不可杂也。

李嘉会曰：如卜立君，当用天龟，卜大封，当用地龟，四时小事之卜，顺时而各用其龟宜也。

贾氏曰：以蓍龟岁易，秋取春攻，讫即欲易去前龟也。若夫宝龟，非常用之龟，不岁易。

上春衅龟。

《订义》：郑康成曰：上春者，夏正建寅之月。《月令》：孟冬，大史衅龟策相互矣。秦以十月建亥，为岁首，则《月令》秦世之书，亦或欲以岁首衅龟耳。

郑锷曰：至宝之物，神或凭依。及上春则杀牲以血涂之。既以祓其不祥，且以神之也。天府上春衅宝器，及宝镇衅龟必用上春者，亦视为国宝也。

祭祀先卜。

《订义》：郑锷曰：衅龟之时，追报古先，首为龟卜之事以教人者，而祭祀之民不知避凶趋吉，以犯于患害者多矣。有智者出，因神物而教之，使前知吉凶，其仁远矣，乌可忘其功而不报乎？然地曰祭，天曰祀，兼称祭祀以龟卜之事通天地，盖尊之也。祭先牧、祭先啬皆不兼言祀，意可知也。

郑司农曰：祭祀先卜者，卜其日与牲。

易氏曰：先卜，前期以卜。

李嘉会曰：先卜，所以一人心于至敬。

若有祭事，则奉龟以往，旅亦如之，丧亦如之。

《订义》：郑康成曰：奉犹送也，送之于所当卜。

郑锷曰：若有祭祀与大旅之事，莫不有卜。或卜日，或卜牲，皆奉龟而往以待用也。

菙氏：下士二人。史一人，徒八人。

《订义》：郑康成曰：燋焌用荆菙之类。

郑锷曰：燋契之状如捶，故名曰"莖氏"。捶与莖一也。

掌共燋契，以待卜事。

《订义》：王昭禹曰：燋即《庄子》所谓"爝火"之爝，灼龟之木也。契即《诗》所谓"爰契我龟"之契，开龟之凿也。卜则用燋以灼龟，凿以开龟，莖人则共之以待事也。

郑谔曰：燋契者，合众荆以为火矩之名。

聂崇义曰：卜人先奠龟于西塾上，南首，有席，楚焞置于燋，在龟东。注云：楚，荆也。荆焞所以钻灼龟者，燋炬也，所以然火者也。

凡卜，以明火爇燋，遂吹其焌契，以授卜师，遂役之。

《订义》：杜氏曰：明火以阳燧，取火于日。

王昭禹曰：火生于木，缘物为气。古人或取于榆柳，或取于枣杏，或取于槐檀，或取于桑柘，随所取而得之，非不明也，然非明之至；非不洁也，然非洁之至。唯日为阳精之纯，取于阳精则为至明。于精之纯则为至洁，唯其明洁之至，然后可以钻，精，倚神相知休咎。爇，烧也，用所取之明火以烧；灼龟之木，契之锐头谓之焌。《曲礼》曰："进戈者，前其鐏。"盖以契之锐头火吹之，其头若戈鐏焉。故曰"遂吹其焌契"。焌契既燃，乃授卜师，扬火作龟以致其墨，莖氏因而赞相其事，为卜师之所役。

占人：下士八人。府一人，史二人，徒八人。

《订义》：郑康成曰：占，蓍龟之卦兆、吉凶。

掌占龟，以八筮占八颂，以八卦占筮之八故，以视吉凶。

《订义》：易氏曰：龟有颂，筮有故，八卦即上经三易之体，八颂即上经八命之颂，八故即上经八事之故。以筮占颂，以卦占筮，然后两视其从违，而断吉凶。

郑锷曰：卜、筮各立一官，占人专掌占龟，筮人专掌占筮，各不相干。献公立骊姬，卜人知其不可，从长之言，有谓而发，岂曰专以龟为断？以八筮占八颂，事有先以蓍而筮者，又占之于龟兆之颂也；以八卦占筮之八故，事有先用龟以卜者，又占之于筮之辞也。筮有九，此言八筮，盖所筮之八故，事曰征、象、与、谋、果、至、雨、瘳，谓之八筮，亦谓之八故。此因八事之故，乃有此八筮。乃占于颂，颂有千二百。以八颂为占，盖所筮之八事有偶，与八颂相符者，则从而占。于千有二百中之八。至于用龟以卜，既成八卦，双参之于筮以占之，其所占者，乃此

卜筮篇

八故。舍此八故之外，不参以筮，故曰以八卦占筮之八故。然则占人既用卜，又参用筮。

李嘉会曰：六十四卦皆本于乾、坤、艮、巽、坎、离、兑、震之八卦，故曰八卦。

愚案：颂者，命龟之辞。故者，命筮之辞。总言之即邦事作龟，八命之事。古者国大事先筮后卜，既卜之八筮，复举已筮之数，断之以龟，则曰颂既得之于龟，复举龟所应之卦，参酌夫初焉之筮，始之以数，终之以理。此龟筮通占之说。若夫筮自有九筮，则是从筮而不卜之事，与此不同。

凡卜筮，君占体，大夫占色，史占墨，卜人占坼。

《订义》：贾氏曰：此已下皆据卜言兼云筮者，凡卜皆先筮，故连言之。

项氏曰：凡卜筮者，既筮而后卜，是卜其所筮。

王昭禹曰：卜以龟，筮以蓍。占体、占包、占墨、占坼，皆占龟。而曰"凡卜筮"，则筮亦占体也。《诗》曰："尔卜尔筮，体无咎言。"筮占体于此可见。

郑康成曰：体，兆象也。

贾氏曰：谓金、木、水、火、土五种之兆。兆之墨，纵横其形体，象似金、木、水、火、土。凡卜欲作墨之时，灼龟之四足，依四时而灼之。其兆直上向背者为木，兆直下向足者为水，兆邪向背者为火，兆邪向下者为金，兆横者为土。兆是兆象。

刘执中曰：体谓龟兆五行之正体，与卜之时相生相克，有体有主，吉凶可知。

郑康成曰：色，兆气也。墨兆广，坼兆璺。体有吉凶，色有善恶，墨有大小，坼有微明。凡卜象吉、色善、墨大、坼明，则逢吉。

贾氏曰：就兆中视其色气，似有雨及雨止之等，是为色。

郑锷曰：曰雨、曰霁、曰蒙、曰驿、曰克之类，是为色。

刘执中曰：色谓灼龟，既兆以成体，又色以示象，亦与五行四时相为兴废。

贾氏曰：据兆之正，璺处为兆广。

刘执中曰：墨谓兆璺，至微可悉辨，必食以墨，则史得以传于币也。

贾氏曰：就正墨旁有奇璺罅者，为兆璺。

刘执中曰：坼谓兆之璺。坼有首尾，有阴阳，有蒙似而非，有非而是，卜人不可不断其吉凶。

刘执中曰：四者共一卦。

郑锷曰：凡卜君与大夫，卜、史共莅其事。《左传》载齐将伐鲁，宣公卜之，惠伯令龟，卜楚丘占之。以是知君与大夫、卜、史俱在，然君尊大夫卑，卜史又卑，其所占者宜有小大详略。君占其大，臣占其小，礼所当然者。所以各占其一，而君视其大体。周公为武王卜曰体，王其罔害是也。昔汉文帝自代来卜，得大横。繇曰："大横庚庚，余为天王，夏启以光。"大横者，龟文之正，横是其体也。横为土，文帝有土之象。然则君占体，亦君之吉凶系于其体。色则兆之气色，有体然后有色，大夫次君，宜视墨之色。史又次于弋夫，故占其墨。卜人又次于史，故占其坼。太史之职，大祭祀与执事，卜日。先儒谓当卜者，君与大夫亲临之，史掌书，卜人掌作龟。故虽卜他事，而君与大夫、史、卜皆与其体咎。观齐将伐鲁之事，宣公卜之，惠伯令龟，卜楚丘占之，曰："齐侯将不及期，君亦不见令龟，有咎。"卜齐伐鲁知先公之死，惠伯之有咎，则是职主其占，其身之吉凶亦系乎是。然用龟以占，有坼、有墨、有色、有体可用以为占。若夫筮则用蓍，安得有此？乃言"凡卜筮"者，盖筮既成卦则有卦体可占。经每言卜必兼筮以为言，殆指此而已。

易氏曰：凡国之卜事，君无亲莅之文而执事者咸与焉。其次则有大夫之占。《春官》大史、大卜皆下大夫，而此经自有卜史之占。则非此之大夫，此大夫次于君，其上大夫卿如大宰、大宗伯、大司马之莅卜者欤？其次小宗伯、肆师亦以大夫莅卜，此大夫所以占色也。其次又有史与卜人之占，此史所以占墨，卜人所以占坼也。

王氏曰：作龟之而坼，坼而后墨与色，可知卜人先占坼，史占墨，次之大夫占色，又次之众占备焉。而后君占体，以吉凶事之序也，先言占体则以尊卑之序言之。

凡卜筮，既事，则系币以比其命。

《订义》：郑锷曰：卜筮必有币以礼神，必有辞以命龟。卜筮已毕，则取礼神之币，书其占系之于书。

郑康成曰：既卜筮，史必书其命龟之事及兆于策，系其礼神之币而合藏焉。《书》曰："王与大夫尽弁，开金滕之书，乃得周公所自以为功，代武王之说。"是命龟书。

岁终，则计其占之中否。

《订义》：郑锷曰：俟岁终。计会其所占之中否而进退占人，盖卜之所占验与否，常在后，故俟岁终计之。

李嘉会曰：考较优劣，乃大卜事，何为掌之占人？盖占人、下士八人所见异同，于此专之，其事必不苟。

筮人：中士二人。府一人，史二人，徒四人。

《订义》：郑康成曰：问蓍曰筮，其占《易》。

郑锷曰：天地鬼神之妙不逃乎数。圣人通乎幽明之故，谓夫可以数知。故以百岁神蓍四十九茎，揲之以四，因所得之多少以为阴阳之爻，名之以卦，以断吉凶。筮人者，专掌揲蓍之事。

掌三《易》，以辨九筮之名，一曰《连山》，二曰《归藏》，三曰《周易》。九筮之名，一曰巫更，二曰巫咸，三曰巫式，四曰巫目，五曰巫易，六曰巫比，七曰巫祠，八曰巫参，九曰巫环。以辨吉凶。

《订义》：王昭禹曰：《易》以卦言筮，以数言定数，然后成卦。筮定数于始，卦成体于终。《系辞》曰："蓍之德员而神，卦之德方以知。"以蓍始于数，数无定名；卦成于爻，爻有定体。

郑锷曰：大事先筮后卜。筮不吉则止而不卜，小事用筮不用卜，盖尊龟而不敢渫也。大事问于龟，则有八命；小事问于筮，则有九筮。掌三《易》以辨九筮之名；《易》，书也；筮，事也。所筮之事必有其名，更、咸、式、目、易、比、祠、参、环，是谓九筮也。或谓圣人作三《易》之书，首艮者曰《连山》，首坤者曰《归藏》，首乾者曰《周易》。书名不同，同于九筮何邪？盖天下之事不胜其众，事之当筮者然后决之以蓍，所当决者不出乎九事。是则万世之所同，何独三代则同邪？"更"与"更化"之"更"同，国事有可更张，此所以筮"更"。庄子曰"周遍曰咸"，则咸之义为皆；《易·咸卦》言感人心，则咸之义为感也。国家欲有所为，将以感人心使之皆然。此所以筮"咸"。将有所制作而新其法式，此所以筮"式"。目谓事目，欲有所为，未知事目所当用此，所以筮"目"。易谓变易也，如旱干、水溢变置，社稷如诸侯不朝易置其人之类。更者更旧也，易则有所变，此所以筮"易"。比谓与人相亲比。《易》曰"外比于贤"，又曰"比之匪人"，不知其人果可于比否？此所以筮"比"。祠谓祭祀之时，日有吉凶，牺牲可用与否，此所以筮"祠"。车之参乘，或可为御，或可为右，其人可与参乘否，此所以筮"参"。

环谓致师将战，必使勇者挑之。僖十五年，秦与晋战。卜，右庆郑，吉。襄二十四年，晋致楚师求御于郑，郑人卜，宛射犬，吉。宣二年，楚许伯御乐伯，摄叔为右以致晋师，此所以筮"环"。

郑康成曰：更谓筮迁都邑也，易谓民众不说，筮所改易。

黄氏曰：九筮，占法也，犹龟之四兆。如郑康成说，则与大卜、八命何异？大卜以八命赞筮兆之占，占人以八筮占八颂，国之占卜不出此八事者，大卜通掌之矣。筮人不应重出，且其职曰掌三易以辨九筮之名，则九筮出于三易，其为筮法无疑矣。蓍法十有八变而成卦，三变为一爻，三三九变为内卦，又九变为外卦，此所谓九筮。但每变置名，当有其义。虽然，亦不敢谓必如此。

薛氏曰：郑氏改巫为筮不可考。自巫更以至巫环，其义不可知。又以意而附会其说，凿矣。故尝谓古者占筮之名谓之巫。《世本》曰："巫咸作筮，商为巫咸，后世有神巫、季咸，盖祖其名。"筮人九筮之名，自巫更、巫咸以至巫环，或以其人名书，或以其法名书，非若龟之八命。

凡国之大事，先筮而后卜。

《订义》：吕氏曰：卜筮不相袭者，凡常事卜不吉则不筮，筮不吉则不卜也。献公卜纳骊姬不吉，公曰："筮之。"此相袭者也。若大事，则先筮而后卜。《洪范》"谋及卜筮"。晋纳襄王，得黄帝战于阪原之兆，又筮之则遇大有之睽，皆龟筮并用，故知不相袭者非大事。

黄氏曰：以卜协筮，不以筮协卜。

王氏曰：兼用卜筮而尊龟焉，故后之。

郑锷曰：自物有象而后有数观之，则先卜后筮。盖自无而之有，自人求于鬼神。言之则先筮后卜，盖自明而之幽也。

上春，相筮。

《订义》：郑康成曰：相谓更，选择其蓍，蓍、龟岁易者欤？

郑锷曰：上春衅龟，龟可以血涂，筮则但相其可用者，去其不可用者。盖天子之蓍九尺，大夫七尺，士五尺，相而更易其旧。

凡国事，共筮。

《订义》：郑锷曰：国有事而筮，则筮人共蓍以筮，故曰"共筮"。

《仪礼》

《士冠礼》筮卦之仪

《士冠礼》：筮于庙门。主人元冠，朝服，缁带，素韠，即位于门东，西面。有司如主人服，即位于西方，东面，北上。筮与席所卦者，具馔于西塾。布席于门中，闑西阈外，西面。筮人执策，抽上韇，兼执之，进受命于主人。宰自右少退，赞命。筮人许诺，右还，即席坐，西面；卦者在左。卒筮，书卦，执以示主人。主人受、视，反之。筮人还，东面；旅占，卒，进告吉。若不吉，则筮远日，如初仪。彻筮席。宗人告事毕。

《特牲·馈食礼》筮卦之仪

《特牲》馈食之礼：不诹日。及筮日，主人冠端元，即位于门外，西面。子姓兄弟如主人之服，立于主人之南，西面北上。有司群执事，如兄弟服，东面北上。席于门中，闑西阈外，筮人取筮于西塾，执之。东面受命于主人。宰自主人之左赞命，命曰：“孝孙某，筮来日某，诹此某事，适其皇祖某子，尚飨！”筮者许诺，还，即席，西面坐。卦者在左。卒筮，写卦。筮者执以示主人。主人受视，反之。筮者还，东面。长占，卒，告于主人：“占曰吉。”若不吉，则筮远日，如初仪。宗人告事毕。前期三日之朝，筮尸，如求日之仪。命筮曰：“孝孙某，诹此某事，适其皇祖某子，筮某之某为尸。尚飨。”乃宿尸。主人立于尸外门外。子姓兄弟立于主人之后，北面东上。尸如主人服，出门左，西面。主人辟；皆东面，北上。主人再拜，尸答拜。宗人摈辞如初。卒曰：“筮子为某尸，占曰‘吉’，敢宿。”祝许诺，致命。尸许诺，主人再拜稽首。尸人，主人退。

《少牢·馈食礼》筮卦之仪

《少牢》馈食之礼：日用丁巳，筮旬有一日。筮于庙门之外。主人朝服。西面于门东。史朝服，左执筮，右抽上韇，兼与筮执之，东面受命于主人。主人曰：“孝孙某，来日丁亥，用荐岁事于皇祖伯某，以某妃配某氏。尚飨！”史曰：“诺。”

西面于门西，抽下鞬，左执筮。右兼执鞬以击筮，遂述命曰："假尔大筮有常。孝孙某，来日丁亥，用荐岁事于皇祖伯某，以某妃配某氏，尚飨！"乃释鞬，立筮。卦者在左坐，卦以木。卒筮，乃书卦于木，示和人，乃退占。吉，则史韇筮，史兼执筮与卦以告于主人："占曰从。"乃官戒，宗人命涤，宰命为酒，乃退。若不吉，则及远日，又筮日如初。宿，前宿一日，宿戒尸。明日，朝筮尸，如筮日之仪，命曰："孝孙某，来日丁亥，用荐岁事于皇祖伯某，以某妃配某氏，以某之某为尸。尚飨！"筮、卦占如初。吉，则乃遂宿尸。祝擯，主人再拜稽首。祝告曰："孝孙某，来日丁亥，用荐岁事于皇祖伯某，以某妃配某氏，敢宿！"尸拜，许诺，主人又再拜稽首。主人退，尸送，揖，不拜。若不吉，则遂改筮尸。

<h1 style="text-align:center">《礼记》</h1>

<h2 style="text-align:center">曲　礼</h2>

凡卜筮日，旬之外曰"远某日"，旬之内曰"近某日"。丧事先远日，吉事先近日。

陈注：今月下旬筮来。月上旬是旬之外日也。主人告筮者云："欲用远某日。"此大夫礼。士贱职褻时，至事暇可以祭，则于旬初即筮旬内之日。主人告筮者云："用近某日。"天子、诸侯有杂祭，或用旬内或用旬外，其辞皆与此同。丧事谓葬与二样，是夺哀之义，非孝子所欲，但不获已，故先从远日而起，示不宜急，微伸孝心也。吉事谓祭祀、冠昏之属。《少牢》云："若不吉则及远日，是先近日也。"

曰：为日。假尔泰龟有常，假尔泰筮有常。卜筮不过三，卜筮不相袭。

陈注：曰，命辞也。为卜吉日，故曰"为日"。卜则命龟曰"为日假尔泰龟有常"；筮则命蓍曰"为日假尔泰筮有常"。假，因也，托也。泰者，尊上之辞。有常，言其吉凶常可凭信也。此命蓍龟之辞。不过三者，一不吉至再，至三终不吉，则止而不行。袭，因也。卜不吉则止，不可因而更筮。筮不吉则止，不可因而更卜也。

龟为卜，策为筮。卜筮者，先圣王之所以使民信时日、敬鬼神、畏法令也，所以使民决嫌疑、定犹与也。故曰疑而筮之则弗非也。日而行事则必践之。

陈注：策，蓍也；践，履也，必履而行之。疏曰：《说文》：犹，兽名。与，亦兽名。二物皆进退多疑。人之多疑惑者似之，故谓之犹与。吕氏曰：凡常事，卜不吉则不筮，筮不吉则不卜。献公卜纳骊姬不吉，公曰：筮之。此相袭也。若大事则先筮而后卜，《洪范》有"龟从、筮从"或"龟从、筮逆"，龟筮并用也。晋卜纳襄王，得"黄帝战阪泉之兆"，又筮之，遇"大有之睽"，亦龟筮并用也。故知不相袭者非大事也。信时日者，卜筮而用之不敢改也；敬鬼神者，人谋非不足而犹求于鬼神，知有所尊而不敢必也；畏法令者，人君法令有疑者决之，卜筮则君且不敢专，况下民乎？嫌疑者，物有二而相似也。犹与者，事有二而不决也。如建都邑，某地可都，某地亦可都，此嫌疑也。如战，或曰可战，或曰不可战，此犹与也。卜筮以决之、定之。此先圣王以神道设教也。有疑而筮，既筮而不信；诹日而卜，既卜而弗践，是为不诚。不诚之人不能得之于人，况可得之于鬼神乎。

月　令

孟冬之月：命太史衅龟策占兆，审卦吉凶。

陈注：冯氏曰：衅龟策者，杀牲取血而涂龟与蓍策也。古者器成而衅以血，所以攘却不祥也。占兆者玩《龟书》之繇文，审卦者审《易书》之休咎，皆所以豫明其理而待用也。

玉　藻

卜人定龟，史定墨，君定体。

陈注：《周礼》：龟人所掌有天地四方，六者之异各以方色与体辨之，随所卜之事各有宜用，所谓卜人定龟也。史定墨者，凡卜必以墨画龟，以求吉兆，乃钻之以观其所拆。若从墨而拆大，谓之兆广。若裂其旁岐细出则谓之璺，拆亦谓之兆。璺，器破而未离之名也。体者兆象之形体，定谓决定其吉凶也。尊者视大，卑者视小。

《大全》：朱子曰：占龟土兆大横，木兆直，金兆从右邪上，火兆从左邪上，水兆曲。以大、小、长、短、明、暗为吉凶。或占凶事又以短小为吉。又有旋者吉，大横吉、大横庚庚。庚庚是豹地，惩地庚庚，然不是金兆也。

少　仪

不二问。问卜筮，曰：义与？志与？义则可问，志则否。

陈注：不二问，谓谋之龟筮，事虽正而兆不吉，则不可以不正者再问之也。见人卜筮欲问其所卜何事，则曰：义与？志与？义者事之宜为，志则心之隐谋也。故义者则可问其事，志则不可问其事也。一说卜者问求卜之人义则为卜之，志则不为之卜，亦通。

祭　义

昔者圣人建阴阳天地之情，立以为易。易抱龟南面，天子卷冕北面，虽有明知之心，必进断其志焉，示不敢专，以尊天也。善则称人，过则称己；教不伐，以尊贤也。

表　记

子言之：昔三代明王，皆事天地之神明，无非卜筮之用，不敢以其私亵事上帝。是以不犯日月，不违卜筮。卜筮不相袭也。

陈注：刘氏曰：此段经文，言事天地神明无非卜筮之用。而又云大事有时日，吕氏以为冬、夏至祀天地，四时迎气用四立。他祭祀之当卜日者，不可犯。此素定之日，非此则其他，自不可违卜筮也。然《曲礼》止云"大飨不问卜"，《周官·太宰》：祀五帝卜日，祀大神示亦如之。大卜大祭祀视高命龟。《春秋·鲁礼》又有"卜郊"之文，《郊特牲》又有"郊用辛"之语，是盖互相牴牾未有定说。又如卜筮不相袭，大事卜小事筮，而《洪范》有"龟从、筮从"，"龟从、筮逆"之文，《筮人》有"凡国之大事先筮而后卜"，《大卜》又"凡事莅卜"，又如"外事用刚日，内事用柔日"；而《特牲》"社用甲"，《召诰》"丁巳郊，戊午社"，《洛诰》"戊辰烝祭岁"。凡此皆不合礼家之说，未知所以一之也。姑阙以俟知者。

大事有时日，小事无时日。有筮，外事用刚日，内事用柔日，不违龟筮。子曰："牲牷、礼乐齐盛，是以无害乎鬼神，无怨乎百姓。"

陈注：大事祭大神也，小事祭小神也。"不违龟筮"四字当在"牲牷礼乐齐盛"之下。以其一听于龟筮，故神人之心皆顺也。

四四七一

子曰："大人之器威敬。天子无筮。诸侯有守筮。天子道以筮。诸侯非其国，不以筮。卜宅寝室。天子不卜处太庙。"

疏："大人之器威敬"者，谓天子所主之器，当威严敬重不可私亵于小事杂用也。"天子无筮"，天子既尊重大事皆用卜，无用筮也。"诸侯有守筮"，在国居守，有事而用筮。"天子道以筮"者，在国既皆用卜，出行道路有小事则唯用筮也。"诸侯非其国不以筮"者，不敢问吉凶于人之国，筮尚不用，卜不用可知也。"卜宅寝室"者，诸侯既受天子所封，不敢卜其所建之国，但宅及寝室须欲改易者，得卜之。"天子不卜处大庙"者，以建国之时卜其吉，不待更卜处大庙所在，以其吉可知。陈注：诸侯出行则必卜其所处之地，虑他故也，大庙天子所必当处之地，故不卜也。《大全》：蓝田吕氏曰：天子体尊，在国中有事皆卜而不筮，至于巡守征伐在道，则以筮。盖以龟当敬而不可亵也，故曰"天子道以筮"。诸侯卑于天子，在国中居守，有事则筮，降于天子之用龟也。至于出境则不筮。盖不敢问吉凶于人之国，且辟天子也。山阴陆氏曰：诸侯适人之国，虽不用筮，其所宅寝室犹卜。若天子适诸侯，则舍其寝庙不卜也。

子曰："君子敬则用祭器，是以不废日月，不违龟筮，以敬事其君长。是以上不渎于民，下不亵于上。"

缁 衣

子曰："南人有言曰：'人而无恒，不可以为卜筮。'古之遗言与？龟筮犹不能知也，而况于人乎？《诗》云：'我龟既厌，不我告犹。'《兑命》曰：'爵无及恶德，民立而正。事纯而祭祀，是为不敬。事烦则乱，事神则难。'《易》曰：'不恒其德，或承之羞。恒其德贞。妇人吉，夫子凶。'"

第二章 卜筮汇考二

《史记》

龟策列传

太史公曰：自古圣王将建国受命，兴动事业，何尝不宝卜筮以助善！唐虞以上不可记已。自三代之兴，各据祯祥。涂山之兆从而夏启世，飞燕之卜顺故殷兴，百谷之筮吉故周王。王者决定诸疑，参以卜筮，断以蓍龟，不易之道也。

蛮夷、氐羌虽无君臣之序，亦有决疑之卜。或以金石，或以草木，国不同俗。然皆可以战伐攻击，推兵求胜，各信其神，以知来事。

略闻夏殷欲卜者，乃取蓍龟，已则弃去之，以为龟藏则不灵，蓍久则不神。至周室之卜官，常宝藏蓍龟，又其大小先后，各有所尚，要其归等耳。或以为圣王遭事无不定，决疑无不见，其设稽神求问之道者，以为后世衰微，愚不师智，人各自安；化分为百室，道散而无垠，故推归之至微，要洁于精神也，或以为昆虫之所长，圣人不能与争。其处吉凶，别然否，多中于人。至高祖时，因秦太卜官。天下始定，兵革未息。及孝惠享国日少，吕后女主，孝文、孝景因袭掌故，未遑讲试，虽父子畴官，世世相传，其精微深妙，多所遗失。至今上即位，博开艺能之路，悉延百端之学，通一伎之士咸得自效，绝伦超奇者为右，无所阿私，数年之间太卜大集。会上欲击匈奴，西攘大宛，南收百越，卜筮至预见表象，先图其利。及猛将推锋执节，获胜于彼，而蓍龟时日亦有力于此。上尤加意，赏赐至或数千万。如丘子明之属，富溢贵宠，倾于朝廷。至以卜筮射蛊道，巫蛊时或颇中。素有眦睚不快，因公行诛，恣意所伤，以破族灭门者，不可胜数。百僚荡恐，皆曰"龟策能言"。后事觉奸穷，亦诛三族。

夫揲策定数，灼龟观兆，变化无穷，是以择贤而用占焉，可谓圣人重事者乎！周公卜三龟，而武王有瘳。纣为暴虐，而元龟不占。晋文将定襄王之位，卜得黄帝之兆，卒受彤弓之命。献公贪骊姬之色，卜而兆有口象，其祸竟流五世。楚灵将背周室，卜而龟逆，终被乾溪之败。兆应信诚于内，而时人明察见之于外，可不谓两合者哉！君子谓夫轻卜筮，无神明者，悖。背人道，信祯祥者，鬼神不得其正。故《书》建"稽疑"，五谋而卜筮居其二，五占从其多，明有而不专之道也。

余至江南，观其行事，问其长老，云龟千岁乃游莲叶之上，蓍百茎共一根。又其所生，兽无虎狼，草无毒螫。江傍家人常畜龟饮食之，以为能导引致气，有益于助衰养老，岂不信哉！

褚先生曰：臣以通经术，受业博士，治《春秋》，以高第为郎，幸得宿卫，出入宫殿中十有余年。窃好《太史公传》。太史公之传曰："三王不同龟，四夷各异卜，然各以决吉凶；略窥其要，故作《龟策列传》。"臣往来长安中，求《龟策列传》不能得，故之太卜官，问掌故文学长老习事者，写取龟策卜事，编于下方。

闻古五帝、三王发动举事，必先决蓍龟。传曰："下有伏灵，上有兔丝；上有捣蓍，下有神龟。"所谓伏灵者，在兔丝之下，状似飞鸟之形。新雨已，天清静无风，以夜捎兔丝去之，即以𥛅烛此地烛之，火灭，即记其处，以新布四丈环置之，明即掘取之，入四尺至七尺，得矣，过七尺不可得。伏灵者千岁松根也，食之不死。闻蓍生满百茎者，其下必有神龟守之，其上常有青云覆之。传曰："天下和平，王道得，而蓍茎长丈，其丛生满百茎。"方今世取蓍者，不能中古法度，不能得满百茎长丈者，取八十茎已上，蓍长八尺即难得也。人民好用卦者，取满六十茎已上，长满六尺者，即可用矣。记曰："能得名龟者，财物归之，家必大富至千万。"一曰"北斗龟"、二曰"南辰龟"，三曰"五星龟"，四曰"八风龟"，五曰"二十八宿龟"，六曰"日月龟"，七曰"九州龟"，八曰"玉龟"，凡八名龟。龟图各有文在腹下，文云云者，此某之龟也。略记其大指，不写其图。取此龟不必满尺二寸，民人得长七八寸，可宝矣。今夫珠玉宝器，虽有所深藏，之见其光，必出其神明，其此之谓乎！故玉处于山而木润，渊生珠而岸不枯者，润泽之所加也。明月之珠，出于江海，藏于蚌中，蛟龙伏之。王者得之，长有天下，四夷宾服。能得百茎蓍，并得其下龟以卜者，百言百当，足以决吉凶。

神龟出于江水中，庐江郡常岁时生龟，长尺二寸者，二十枚输大卜官，因以吉日剔取其腹下甲。龟千岁乃满尺二寸。王者发军行将，必钻龟庙堂之上，以决吉凶。今高庙中有龟室，藏内以为神宝。

传曰："取前足臑骨穿佩之，取龟置室西北隅悬之，以入深山大林中，不惑。"臣为郎时，见《万毕石朱方》，传曰："有神龟在江南嘉林中。嘉林者，兽无虎狼，鸟无鸱枭，草无毒螫，野火不及，斧斤不至，是为嘉林。龟在其中，常巢于芳莲之上。左胁文书曰：'甲子重光，得我者匹夫为人君，有土正，诸侯得我为帝王。'求之于白蛇蟠杅林中者，斋戒以待，谧然，状如有人来告之，因以谯酒侂发，求之三宿而得。"由是观之，岂不伟哉！故龟可不敬欤？

南方老人用龟支床足，行二十余岁，老人死，移床，龟尚生不死。龟能行气导引。问者曰："龟至神若此，然大卜官得生龟，何为辄杀取其甲乎？"近世江上人有得名龟，畜置之，家因大富。与人议，欲遣去。人教杀之勿遣，遣之破人家。龟见梦曰："送我水中，无杀吾也。"其家终杀之。杀之后，身死，家不利。人民与君王者异道。人民得名龟，其状类不宜杀也。以往古故事言之，古明王圣主皆杀而用之。

宋元王时得龟，亦杀而用之。谨连其事于左方，令好事者观择其中焉。

宋元王二年，江使神龟使于河，至于泉阳，渔者豫且举网得而囚之，置之笼中。夜半，龟来见梦于宋元王曰："我为江使于河，而幕网当吾路。泉阳豫且得我，我不能去。身在患中，莫可告语。王有德义，故来告诉。"元王惕然而悟。乃召博士卫平而问之曰："今寡人梦一丈夫。延颈而长头，衣元绣之衣而乘辎车，来见梦于寡人曰：'我为江使于河，而幕网当吾路。泉阳豫且得我，我不能去。身在患中，莫可告语。王有德义，故来告诉。'是何物也？"卫平乃援式而起，仰天而视月之光，观斗所指，定日处乡。规矩为辅，副以权衡。四维已定，八卦相望。视其吉凶，介虫先见。乃对元王曰："今昔壬子，宿在牵牛。河水大会，鬼神相谋。汉正南北，江河固期；南风新至，江使先来。白云壅汉，万物尽留。斗柄指日，使者当囚。元服而乘辎车，其名为龟。王急使人问而求之。"王曰："善。"

于是王乃使人驰而往问泉阳令曰："渔者几何家？名谁为豫且？豫且得龟，见梦于王，王故使我求之。"泉阳令乃使吏案籍视图，水上渔者五十五家，上流之庐，名为豫且。泉阳令曰："诺。"乃与使者驰而问豫且曰："今昔汝渔何得？"豫且曰："夜半时举网得龟。"使者曰："今龟安在？"曰："在笼中。"使者曰："王知子得龟，故使我求之。"豫且曰："诺。"即系龟而出之笼中，献使者。使者载行，出于泉阳之门。正昼无见，风雨晦冥。云盖其上，五采青黄；云雨并起，风将而行。入于端门，见于东箱。身如流水，润泽有光。望见元王，延颈而前，三步而止，缩颈而却，复其故处。元王见而怪之，问卫平曰："龟见寡人，延颈而前，以何望也？缩颈而复，是何当也？"

卫平对曰："龟在患中，而终昔囚，王有德义，使人活之。今延颈而前，以当谢也，缩颈而却，欲亟去也。"元王曰："善哉！神至如此乎？不可久留，趣驾送龟，勿令失期。"卫平对曰："龟者是天下之宝也，先得此龟者为天子，且十言十当，十战十胜。生于深渊，长于黄土。知天之道，明于上古。游三千岁不出其域，安平静正，动不用力。寿蔽天地，莫知其极。与物变化，四时变色。居而自匿，伏而不食。春苍夏黄、秋白冬黑。明于阴阳，审于刑德，先知利害，察于祸福。以言而当，以战而胜，王能宝之，诸侯尽服。王勿遣也，以安社稷。"

元王曰："龟甚神灵，降于上天，陷于深渊。在患难中，以我为贤。德厚而忠信，故来告寡人。寡人若不遣也，是渔者也。渔者利其肉，寡人贪其力，下为不仁，上为无德。君臣无礼，何从有福？寡人不忍，奈何勿遣？"

卫平对曰："不然。臣闻盛德不报，重寄不归；天与不受，天夺之宝。今龟周流天下，还复其所，上至苍天，下薄泥涂。还遍九州，未尝愧辱，无所稽留。今至泉阳，渔者辱而囚之。王虽遣之，江河必怒，务求报仇。自以为侵，因神与谋。淫雨不霁，水不可治。若为枯旱，风而扬埃，蝗虫暴生，百姓失时。王行仁义，其罚必来。此无它故，其祟在龟。后虽悔之，岂有及哉？王勿遣也。"

元王慨然而叹曰："夫逆人之使，绝人之谋，是不暴乎？取人之有，以自为宝，是不强乎？寡人闻之，暴得者必暴亡，强取者必后无功。桀纣暴强，身死国亡。今我听子，是无仁义之名，而有暴强之道。江河为汤武，我为桀纣。未见其利，恐离其咎。寡人狐疑，安事此宝，趣驾送龟，勿令久留。"

卫平对曰："不然。王其无患。天地之间，累石为山。高而不坏，地得为安。故云物或危而顾安，或轻而不可迁；人或忠信而不如诞谩，或丑恶而宜大官，或美好佳丽而为众人患，非神圣人，莫能尽言。春秋冬夏，或暑或寒。寒暑不和，贼气相奸。同岁异节，其时使然。故令春生夏长，秋收冬藏。或为仁义，或为暴强。暴强有乡，仁义有时。万物尽然，不可胜治。大王听臣，臣请悉言之。天出五色，以辨白黑。地生五谷，以知善恶。人民莫知辨也，与禽兽相若。谷居而穴处，不知田作。天下祸乱，阴阳相错。匆匆疾疾，通而不相择。妖孽数见，传为单薄。圣人别其生，使无相获。禽兽有牝牡，置之山原；鸟有雌雄，布之林泽；有介之虫，置之溪谷。故牧人民，为之城郭，内经闾术，外为阡陌。夫妻男女，赋之田宅，列其室屋。为之图籍，别其名族。立官置吏，劝以爵禄。衣以桑麻，养以五谷。耕之耰之，钼之耨之。口得所嗜，目得所美，身受其利。以是观之，非强不至。故曰：田者不强，囷仓不盈；商贾不强，不得其赢；妇女不强，布帛不精；官御不强，其势不成；大将不强，卒不使令；侯王不强，没世无名。故云：强者，事之始也，分之理也，物之纪也。所求于强，无不有也。王以为不然，王独不闻玉椟只雉，出于昆山；明月之珠，出于四海；镂石拌蚌，传卖于市；圣人得之，以为太宝。太宝所在，乃为天子。今王自以为暴，不如拌蚌于海也；自以为强，不过镂石于昆山也。取者无咎，宝者无患。今龟使来抵网，而遭渔者得之，见梦自言，是国之宝也，王何忧焉。"

元王曰："不然。寡人闻之，谏者福也，谀者贼也。人主听谀，是愚惑也。虽然祸不妄至，福不徒来。天地合气，以生百财。阴阳有分，不离四时，十有二月，日至为期。圣人彻焉，身乃无灾。明王用之，人莫敢欺。故云福之至也，人自生之；祸之至也，人自成之。祸与福同，刑与德双。圣人察之以知吉凶。桀纣之时，与天争功，拥遏鬼神，使不得通。是固已无道矣，谀臣有众。桀有谀臣，名曰赵梁，教为无道，劝以贪狼。系汤夏台，杀关龙逢。左右恐死，偷谀于傍。国危于累卵，皆曰无伤。称乐万岁，或曰未央。蔽其耳目，与之诈狂。汤卒伐桀，身死国亡。听其谀臣，身独受殃。《春秋》著之，至今不忘。纣有谀臣，名为左强，夸而目巧，教为象郎。将至于天，又有玉床。犀玉之器，象箸而羹。圣人剖其心，壮士斩其胻。箕子恐死，被发佯狂。杀周太子历，囚文王昌。投之石室，将以昔至明，阴兢活之，与之俱亡。入于周地，得太公望。兴卒聚兵，与纣相攻。文王病死，载尸以行。太子发代将，号为武王。战于牧野，破之华山之阳。纣不胜败而还走，围之象郎。自杀宣室，身死不葬。头悬车轸，四马曳行。寡人念其如此，肠如涫汤。是人皆富有天下，而贵至天子，然而大傲。欲无厌时，举事而喜高，贪狼而骄。不用忠信，听其谀臣，而为天下笑。今寡人之邦，居诸侯之间，曾不如秋毫。举事不当，又安亡逃！"

卫平对曰："不然。河虽神贤，不如昆仑之山；江之源理，不如四海，而人尚夺取其宝，诸侯争之，兵革为起。小国见亡，大国危殆，杀人父兄，虏人妻子，残国灭庙，以争此宝。战攻分争，是暴强也。故云取之以暴强而治以文理，无逆四时，必亲贤士；与阴阳化，鬼神为使；通于天地，与之为友。诸侯宾服，民众殷喜。邦家安宁，与世更始。汤武行之，乃取天子；《春秋》著之，以为经纪。王不自称汤武，而自比桀纣。为暴强也，固以为常。桀为瓦室，纣为象郎。征丝灼之，务以费民。赋敛无度，杀戮无方。杀人六畜，以韦为囊。囊盛其血，与人悬而射之，与天帝争强。逆乱四时，先百鬼尝。谏者辄死，谀者在傍。圣人伏匿，百姓莫行。天数枯旱，国多妖祥。螟虫岁生，五谷不成。民不安其处，鬼神不享。飘风日起，正昼晦冥。日月并蚀，灭息无光。列星奔乱，皆绝纪纲。以是观之，安得久长。虽无汤武，时固当亡。故汤伐桀，武王克纣，其时使然。乃为天子，子孙续世，终身无咎，后世称之，至今不已。是皆当时而行，见事而强，乃能成其帝王。今龟，大宝也，为圣人使，传之贤士。不用手足，雷电将之，风雨送之，流水行之。侯王有德，乃得当之。今王有德而当此宝，恐不敢受，王若遣之，宋必有咎。后虽悔之，亦无及已。"

元王大悦。于是元王向日而谢，再拜而受。择日斋戒，甲乙最良。乃刑白雉，及与骊羊；以血灌龟，于坛中央。以刀剥之，身全不伤。脯酒礼之，横其腹肠。荆支卜之，必制其创。理达于理，文相错迎。使工占之，所言尽当。邦福重宝，闻于傍乡。杀牛取革，被郑之桐。草木毕分，化为甲兵。战胜攻取，莫如元王。元王之时，卫平相宋，宋国最强，龟之力也。

故云神至能见梦于元王，而不能自出渔者之笼。身能十言尽当，不能通使于河，还报于江。贤能令人战胜攻取，不能自解于刀锋，免剥刺之患。圣能先知亟见，而不能令卫平无言。言事百全，至身而挈，当时不利，又焉事贤。贤者有恒常，士有适然。是故明有所不见，听有所不闻；人虽贤，不能左画方，右画圆；日月之明，而时蔽于浮云。羿名善射，不如雄渠、蜂门；禹名为辩智，而不能胜鬼神。地柱折，天故毋椽，又奈何责人于全？孔子闻之曰："神龟知吉凶，而骨直空枯。日为德而君于天下，辱于三足之乌。月为刑而相佐，见食于虾蟆。猬辱于鹊，腾蛇之神而殆于即且。竹外有节理，中直空虚；松柏为百木长，而守门间。日辰不全，故有孤虚；黄金有疵，白玉有瑕。事有所疾，亦有所徐。物有所拘，亦有所据。罔有所数，亦有所疏。人有所贵，亦有所不如。何可而适乎？物安可全乎？天尚不全，故世为屋，不成三瓦而陈之，以应之天。天下有阶，物不全乃生也。"

褚先生曰：渔者举网而得神龟，龟自见梦于宋元王，元王召博士卫平告以梦龟状，平运式，定日月，分衡度，视吉凶，占龟与物色同，平谏王留神龟以为国重宝，美矣。古者筮必称龟者，以其令名，所从来久矣。余述而为传。

三月　二月　正月

《正义》曰：言正月、二月、三月，右转周环，终十二月者，日月之龟，腹下十二黑点为十二月者，二十八宿龟也。

十二月　十一月

中关内高外下

《正义》曰：此等下至首俯大者，皆卜兆之状也。

四月　首仰　足开　胗开　首俯大

《正义》曰：首仰谓兆首仰起。《索隐》曰：胗音琴，胗谓兆足敛也。俯音免，兆首伏也。

五月　横吉　首俯大

《正义》曰：首俯大，谓兆首伏而大。

六月　七月　八月　九月　十月

卜禁曰：子亥戌不可以卜及杀龟。日中如食已卜。暮昏龟之徼也，不可以卜。

《索隐》曰：徼音叫，谓徼绕不明也。

庚辛可以杀，及以钻之。常以日旦祓龟，先以清水澡之，以卵祓之。

《索隐》曰：祓音拂，拂洗之，以水鸡卵摩之而呪。《正义》曰：以常月朝清水洗之，以鸡卵摩而祝之。

乃持龟而遂之，若尝以为祖。

《索隐》曰：祖法也，言以为常法。

人若已卜不中，皆祓之以卵，东向立，灼以荆若刚木，土。

《索隐》曰：古之灼龟，取生荆枝及生坚木烧之，斩断以灼龟。按：土字合依刘氏说，当连下句。

卵指之者三，

《正义》曰：言卜不中以土为卵，三度指之，三周绕之，用厌不祥也。

持龟以卵周环之。祝曰："今日吉，谨以梁卵焫黄祓去玉灵之不祥。"玉灵必信以诚，知万事之情，辨兆皆可占。不信不诚，则烧玉灵，扬其灰，以征后龟。其卜必北向，龟甲必尺二寸。

《索隐》曰：梁，米也；卵，鸡子也；焫，龟木也，音次第之第，言烧荆枝，更递而灼，故有焫名，一音梯，言灼之以渐，如有阶梯也。黄者以黄绢裹，梁卵以祓龟也，必以黄者，中之色主土而信，故用鸡也。《正义》曰：焫音题，焫焦也，言以梁米鸡卵祓去龟之不祥，令灼之不焦、不黄，若色焦及黄，卜之不中也。

卜先以造灼钻，钻中已，又灼龟首，各三；又复灼所钻中曰正身，灼首曰正足，各三。即以造三周龟，祝曰："假之玉灵夫子。夫子玉灵，荆灼而心，令而先知。而上行于天，下行于渊，诸灵数箣，莫如汝信。今日良日，行一良贞，其欲卜某，即得而喜，不得而悔。即得，发乡我身长大，手足收人皆上偶。不得，发乡我身挫折，中外不相应，手足灭去。"

灵龟卜祝曰："假之灵龟。五筮五灵，不如神龟之灵，知人死，知人生。某身良贞，某欲求某物。即得也，头见足发，内外相应；即不得也，头仰足肣，内外自随。可得占。"卜占病者，祝曰："今某病困。死，首上开，内外交骇，身节折；不死，首仰足肣。"卜病者祟曰："今病有祟无呈，无祟有呈。兆有中祟有内，外祟有外。"

卜系者出不出。不出，横吉安；若出，足开首仰有外。

卜求财物，其所当得。得，首仰足开，内外相应；即不得，呈兆首仰足肣。

卜有卖若买臣妾马牛。得之，首仰足开，内外相应；不得，首仰足肣，呈兆若横吉安。

卜击盗聚若干人，在某所，今某将卒若干人，往击之。当胜，首仰足开身正，内自桥，外下；不胜，足肣首仰，身首内下外高。

卜求当行不行。行，首足开；不行，足肣首仰，若横吉安，安不行。

卜往击盗，当见不见。见，首仰足肣，有外；不见，足开首仰。

卜往候盗，见不见。见，首仰足肣，肣胜有外；不见，足开首仰。

卜闻盗来不来。来，外高内下，足肣首仰；不来，足开首仰，若横吉安，期之自次。

卜迁徙去官不去。去，足开有肣外首仰；不去，自去，即足肣，呈兆若横吉安。

卜居官尚吉不。吉，呈兆身正，若横吉安；不吉，身节折，首仰足开。

卜居室家吉不吉。吉，呈兆身正，若横吉安；不吉，身折节，首仰足开。

卜岁中禾稼孰不孰。孰，首仰足开，内外自桥外自垂；不孰，足胻首仰有外。

卜岁中民疫不疫。疫，首仰足胻，身节有强外；不疫，身正首仰足开。

卜岁中有兵无兵。无兵，呈兆若横吉安；有兵，首仰足开，身作外强情。

卜见贵人吉不吉。吉，足开首仰，身正，内自桥；不吉，首仰，身节折，足胻有外，若无渔。

卜请谒于人得不得。得，首仰足开，内自桥，不得，首仲足胻有外。

卜追亡人当得不得。得，首仰足胻，内外相应；不得，首仰足开，若横吉安。

卜渔猎得不得。得，首仰足开，内外相应；不得，足胻首仰，若横吉安。

卜行遇盗不遇。遇，首仰足开，身节折，外高内下；不遇，呈兆。

卜天雨不雨。雨，首仰有外，外高内下；不雨，首仰足开，若横吉安。

卜天雨霁不霁。霁，呈兆足开首仰；不霁，横吉。命曰横吉安。以占病，病甚者一日不死；不甚者卜曰瘳，不死。系者重罪不出，轻罪环出；过一日不出，久毋伤也。求财物买臣妾马牛，一日环得；过一日不得。不得行者不行。来者环至；过食时不至，不来。击盗不行，行不遇；闻盗不来。徙官不徙。居官家室皆吉。岁稼不孰。民疾疫无疫。岁中无兵。见人行，不行不喜。请谒人不行不得。追亡人渔猎不得。行不遇盗。雨不雨。霁不霁。

命曰呈兆。病者不死。系者出。行者行。来者来。市买得。追亡人得，过一日不得。问行者不到。

命曰柱彻。卜病不死。击者出。行者行。来者来。而市买不得。忧者毋忧。追亡人不得。

命曰首仰足胻有内无外。占病，病甚不死。系者解。求财物买臣妾马牛不得。行者闻言不行。来者不来。闻盗不来。闻言不至。徙官闻言不徙。居官有忧。居家多灾。岁稼中孰。民疾疫多病。岁中有兵，闻言不开。见贵人吉。请谒不行，行不得善言。追亡人不得。渔猎不得。行不遇盗。雨不雨甚。霁不霁。故其莫字皆为首备。问之曰，备者仰也，故定以为仰。此私记也。

命曰首仰足胻有内无外。占病，病甚不死。系者不出。求财买臣妾不得。行者不行。来者不来。击盗不见。闻盗来，内自惊，不来。徙官不徙。居官家室吉。岁稼不孰。民疾疫有病甚。岁中无兵。见贵人吉。请谒追亡人不得。亡财物，财物不出得。渔猎不得。行不遇盗。雨不雨。霁不霁。凶。

命曰呈兆首仰足肣。以占病，不死。系者未出。求财物买臣妾马牛不得。行不行。来不来。击盗不相见。闻盗来不来。徙官不徙。居官久多忧。居家室不吉。岁稼不孰。民病疫。岁中无兵。见贵人不吉。请谒不得。渔猎得。少行不遇盗。雨不雨。霁不霁。不吉。

命曰呈兆首仰足开。以占病，病笃死。系囚出。求财物买臣妾马牛不得。行者行。来者来。击盗不见盗。闻盗来不来。徙官徙。居官不久。居家室不吉。岁稼不孰。民疾疫有而少。岁中无兵。见贵人不见吉。请谒追亡人渔猎不得。行遇盗。雨不雨。霁。小吉。

命曰首仰足肣。以占病，不死。系者久毋伤也。求财物买臣妾马牛不得。行者不行。击盗不行。来者来。闻盗来。徙官闻言不徙。居家室不吉。岁稼不孰。民疾疫少。岁中毋兵。见贵人得见。请谒追亡人渔猎不得。行遇盗。雨不雨。霁不霁。吉。

命曰首仰足开有内。以占病者，死。系者出。求财物买臣妾马牛不得。行者行。来者来。击盗行不见盗。闻盗来不来。徙官徙。居官不久。居家室不吉。岁孰民疾疫有而少。岁中毋兵。见贵人不吉。请谒追亡人渔猎不得。行不遇盗。雨霁。霁小吉，不霁吉。

命曰横吉内外自桥。以占病，卜曰毋瘳死。系者毋罪出。求财物买臣妾马牛得。行者行。来者来。击盗合交等。闻盗来来。徙官徙。居家室吉。岁孰。民疫无疾。岁中无兵。见贵人请谒追亡人渔猎得。行遇盗。雨霁，雨霁大吉。

命曰横吉内外自吉。以占病，病者死。系不出。求财物买臣妾马牛追亡人渔猎不得。行者不来。击盗不相见。闻盗不来。徙官徙。居官有忧。居家室见贵人请谒不吉。岁稼不孰。民疾疫。岁中无兵。行不遇盗。雨不雨。霁不霁。不吉。

命曰渔人。以占病者，病者甚，不死。系者出。求财物买臣妾马牛击盗请谒追亡人渔猎得。行者行来。闻盗来不来。徙官不徙。居家室吉。岁稼不孰。民疾疫。岁中毋兵。见贵人吉。行不遇盗。雨不雨。霁不霁。吉。

命曰首仰足肣内高外下。以占病，病者甚，不死。系者不出。求财物买臣妾马牛追亡人渔猎得。行不行。来者来。击盗胜。徙官不徙。居官有忧。无伤也。居家室多忧病。岁大孰。民疾疫。岁中有兵，不至。见贵人，请谒不吉。行遇盗。雨不雨。霁不霁。吉。

命曰横吉上有仰下有柱。病久不死。系者不出。求财物买臣妾马牛追亡人渔猎不得。行不行。来不来。击盗不行，行不见。闻盗来不来。徙官不徙。居家室见贵人吉。岁大孰。民疾疫。岁中毋兵。行不遇盗。雨不雨。霁不霁。大吉。

命曰横吉榆仰。以占病，不死。系者不出。求财物买臣妾马牛至不得。行不行。来不来。击盗不行，行不见。闻盗来不来。徙官不徙。居官家室见贵人吉。岁孰。岁中有疾疫，毋兵。请谒追亡人不得。渔猎至不得。行不得。行不遇盗。雨霁不霁。小吉。

命曰横吉下有柱。以占病，病甚不环有瘳无死。系者出。求财物买臣妾马牛请谒追亡人渔猎不得。行来不来。击盗不合。闻盗来来。徙官居官吉，不久。居家室不吉。岁不孰。民毋疾疫。岁中毋兵。见贵人吉。行不遇盗。雨不雨。霁。小吉。

命曰载所。以占病，环有瘳毋死。系者出。求财物买臣妾马牛请谒追亡人渔猎得。行者行。来者来。击盗相见不相合。闻盗来来。徙官徙。居家室忧。见贵人吉。岁孰。民毋疾疫。岁中毋兵。行不遇盗。雨不雨。霁霁。吉。

命曰根格。以占病者，不死。系久毋伤。求财物买臣妾马牛请谒追亡人渔猎不得。行不行。来不来。击盗盗行不合。闻盗不来。徙官不徙。居家室吉。岁稼中。民疾疫毋死。见贵人不得见。行不遇盗。雨不雨。大吉。

命曰首仰足肣外高内下。卜有忧，无伤也。行者不来。病久，死。求财物不得。见贵人者吉。

命曰外高内下。卜病不死。有祟。而市买不得。居官家室不吉。行者不行。来者不来。系者久毋伤。吉。

命曰头见足发有内外相应。以占病者，起。系者出。行者行。来者来。求财物得。吉。

命曰呈兆首仰足开。以占病，病甚死。系者出，有忧。求财物买臣妾马牛请谒追亡人渔猎不得。行不行。来不来。击盗不合。闻盗来来。徙官居官家室不吉。岁恶。民疾疫毋死。岁中毋兵。见贵人不吉。行不遇盗。雨不雨。霁。不吉。

命曰呈兆首仰足开外高内下。以占病，不死。有外祟。系者出，有忧。求财物买臣妾马牛，相见不会。行行。来闻言不来。击盗胜。闻盗来不来。徙官居官家室见贵人不吉。岁中。民疾疫有兵。请谒追亡人渔猎不得。闻盗遇盗。雨不雨。霁。凶。

命曰首仰足胕身折内外相应。以占病，病甚不死。系者久不出。求财物买臣妾马牛渔猎不得。行不行。来不来。击盗有用胜。闻盗来来。徙官不徙。居官家室不吉。岁不孰。民疾疫。岁中有兵不至。见贵人喜。请谒追亡人不得。遇盗凶。

命曰内格外垂。行者不行。来者不来。病者死。系者不出。求财物不得。见人不见。大吉。

命曰横吉内外相自桥榆仰上柱上柱足足胕。以占病，病甚不死。系久，不抵罪。求财物买臣妾马牛，请谒追亡人渔猎不得。行不行。来不来。居官家室见贵人吉。徙官不徙。岁不大孰。民疾疫有兵。有兵不会。行遇盗。闻言不见。雨不雨。霁霁。大吉。

命曰头仰足胕内外自随。卜忧病者甚，不死。居官不得居。行者行。来者不来。求财物不得。求人不得。吉。

命曰横吉下有柱。卜来者来。卜曰即不至。未来。卜病者，过一日毋瘳死。行者不行。求财物不得。系者出。

命曰横吉内外自举。以占病者，久不死。系者久不出。求财物得而少。行者不行。来者不来。见贵人见。吉。

命曰内高外下疾轻足发。求财物不得。行者行。病者有瘳。系者不出。来者来。见贵人不见。吉。

命曰外格。求财物不得。行者不行。来者不来。系者不出。不吉。病者死。求财物不得。见贵人见。吉。

命曰内自举外来正足发。行者行。来者来。求财物得。病者久不死。系者不出。见贵人见。吉。

此横吉上柱外内内自举足胕。以卜有求得。病不死。系者毋伤，未出。行不行。来不来。见人不见。百事尽吉。

此横吉上柱外内自举柱足以作。以卜有求得。病死环起。系留毋伤。环出。行不行。来不来。见人不见。百事吉。可以举兵。

此挺诈有外。以卜有求不得。病不死。数起。系祸罪。闻言毋伤。行不行。来不来。

此挺诈有内。以卜有求不得。病不死。数起。留祸罪毋伤系出。行不行。来者不来。见人不见。

此挺诈内外自举。以卜有求得。病不死。系毋罪。行行。来来。田贾市渔猎尽喜。

此狐狢。以卜有求不得。病死，难起。系留毋罪难出。可居宅。可娶妇嫁女。行不行。来不来。见人不见。有忧不忧。

此狐彻。以卜有求不得。病者死。系留有抵罪。行不行。来不来。见人不见。言语定。百事尽不吉。

此首俯足胻身节折。以卜有求不得。病者死。留系有罪。望行者不来。行行。来不来。见人不见。

此挺内外自垂。以卜有求不晦。病不死，难起。系留毋罪，难出。行不行。来不来。见人不见。不吉。

此横吉榆仰首俯。以卜有求难得。病难起，不死。系难出，毋伤也。可居家室，以娶妇嫁女。

此横吉上柱载正身节折内外自举。以卜病者，卜日不死。其一日乃死。

此横吉上柱足胻内自举外自垂。以卜病者，卜日不死，其一日乃死。

为人病首俯足诈有外无内。病者占龟未已，急死。卜轻失大，一日不死。

首仰足胻。以卜有求不得。以系有罪。人言语恐之毋伤。行不行。见人不见。

大论曰：外者人也，内者自我也；外者女也，内者男也。首俯者忧。大者身也，小者枝也。大法，病者。足胻者生，足开者死。行者，足开至，足胻者不至。行者，足胻不行，足开行。有求，足开得，足胻者不得。系者，足胻不出，开出。其卜病也，足开而死者，内高而外下也。

第三章　卜筮汇考三

《龟经》

形　兆

甲乙。正形云：甲乙象乙，头高身旺足管，是为正当。依乡之兆，否则拗乡，其拗处是动，详其爻，占断以吉凶。

丙丁。正形云：丙丁象丁，头足齐平，是为正当。依乡之兆，否则拗乡，其拗处是动，详其爻，占断以吉凶。

腰金甲乙。正形云：头平、身直、旺足管，如蛾眉覆月之状。是为正当。依乡之兆，否则拗乡，其拗处，是动，详以断之。

腰金丙丁。正形云：如腰金甲乙同。

上乡木兆。正形云：宜如木形而活，根柱竖牢而粗，是为正当。依乡或头野，或头回，或头就，或身靠，或身空，看所占事情如何，祷祝，否则为拗乡，其拗处动也。

下乡倒龙。正形云：如上木兆同。倒龙者，如倒挂龙也，其形要活；又名悬针者，如倒挂针也，其形要直。二名总言直而活也。有云下木兆者，盖二兆者俱属木，其形无二也。否则拗乡。其拗处，便是动。看其动而断之。

兜才。正形云：此卦乃水乡发火，故要头起、身重、足发，如仰月形，又如船载物形，故名兜才也。详其爻，占断以吉凶。

四时灼法

春灼后左，夏灼前左，秋灼前右，冬灼后右。其后左者，乃下丙丁也，是寅卯之位，故为木兆。前左者，乃上丙丁也，是巳午之位，故为火兆。前右者，乃上甲乙也，是甲酉之位，故为金兆。后右者，乃下甲乙也，是亥子之位，故为水兆。

断　法

轻清者，细身净秀丽也。　轻清，宜占脱事，求晴，不宜求雨。

平者，头足无高下也。

直者，不曲也，不斜也。　平直，事须逢吉，平安无咎。

伏者，头足垂下也。　伏，凡事见迟，难脱亦难成，病难痊。

高者，头扬起也。　高头，小见成，宜进身无咎。足高，宜财价高。

低者，头之垂也。　低头无气，身主迟滞。足无气，价廉。

野者，头向外，不回顾也。　野，难成，好脱，宜出。占吉不吉，凶不凶。

就者，向内不背也。　就，易成难脱，宜入。

回者，头高而再转也。　回，易成难脱，宜进。

临者，头低也。　低，同占。

戴，白头之白也。　戴白，主体废，主孝服。

垂者，伏也，低也。　低，同占。

纤活，反足而回换也。　纤活，凡事皆吉。

有情，回顾和顺也。　有情，凡事吉。

昂者，起仰也，高也。

溇，如水滴下也。浑蒙也。　溇虽迟滞，宜占财田；占病主重。

休囚者，蒙昧也。　休囚，凡事不利。

生我者吉，克我者凶。　暗，作事暗损。

旺相者，洪润明静也。　洪，谋事有气。明，作事皆利。

拗者，不依乡也。　拗，凡事皆不利。

乖违者，拗乡也。　乖违，主事皆不利也。

静者，六爻不动也。　静，不宜求动，宜求静，只守旧。

摺者，四叠也。　摺，凡事转摺，进退迂回。

折者，断也。　折，凡事不利，旺中有损。

颠狂者，起伏大也。

枯朽者，休囚也。　枯朽，凡事暴凶。

衰者，无力细微也。

震者，大动也。　震有吉有凶，不能静。

驿者，微动也。　驿与健同，不宜守旧。

豁者，喜也，召也。　豁，宜脱事，不宜成事，防走，不宜止。

发者，大起也。豁同用。

落者，足垂垂也。　垂同用。

滞者，足下重也。　滞，凡事迟滞，不宜脱事。

蕾者，如叠蕾也。绵续也。　蕾，下凶上吉。

蛀者，如虫生。又昂者欲上也。　蛀，凡事不利。

促者，摺折也。　促与折同，凡事不长。

纵横者，枝利也。　纵横驳杂，不顺阻碍。

窈窕者，进退之形也。　窈窕进退，凡事未有一定。

枝者，生枝也。　枝有吉有凶。

浮者，微起也。　发同占。

脱者，发不管也。　与落稍同。

铃者，平伏清敬而管也。　铃，难脱宜成也。

管者，铃也。　铃同占。

漏者，落也，枝下垂也。　落同占。

刚者，坚也；齐者，平也。　刚、齐，无咎，有吉。

夹丝者，中破也。　夹丝，凡事不利。

拖者，枝生外也。

坠者，枝生内也。　拖、坠，能凶能吉。

推六神行法配入五乡飞换例

凡此法，阳月从甲乙数至壬癸，阴月从下壬癸至甲乙为例。

阳月：寅、辰、午、申、戌、子。阴月：卯、巳、未、酉、亥、丑。阳月：六神横看。阴月：六神横看。

甲乙 木	丁丙 火	己戊 土	辛庚 金	癸壬 水		乙甲 木	丁丙 火	己戊 土	辛庚 金	癸壬 水
甲乙日青龙用事	丙丁日朱雀用事	戊己日勾陈用事	己日腾蛇用事	庚辛日白虎用事	壬癸日元武用事	甲乙日青龙用事	丙丁日朱雀用事	戊己日勾陈用事	己日腾蛇用事	庚辛日白虎用事	壬癸日元武用事
龙雀勾蛇虎	雀勾蛇虎武	勾蛇虎武龙	蛇虎武龙雀	虎武龙雀勾	武龙雀勾蛇	龙武虎蛇勾	武虎蛇勾雀	虎蛇勾雀龙	蛇勾雀龙武	勾雀龙武虎	雀龙武虎蛇

《周易古占》

占 例

六爻不变，以卦象占。内卦为贞，外卦为悔。

《春秋左传·昭七年》：孔成子筮立卫元，遇屯，曰"利建侯"，僖十五年，秦伯伐晋，卜徒父筮之，遇蛊，曰"贞风也，其悔山也者"是也。

一爻变，以变爻占。

闵元年，毕万筮仕，遇屯之比，初九变也。蔡墨论乾曰："其同人九二变也。"僖二十五年，晋侯将纳王，遇大有之睽，九三变也。庄二十二年，周史筮陈敬仲，遇观之否，六四变也。昭十二年，南蒯之筮，遇坤之比，六五变也。僖十五年，晋献公筮嫁伯姬，遇归妹之睽，上六变也。他仿此。

二爻三爻四爻变，以本卦为贞，之卦为悔。

《国语》重耳筮尚得晋国，遇贞屯悔豫皆八，盖初与四、五，凡三爻变也。初与五用九变，四用六变，其数不纯，其不变者二、三、上，在屯为八，在豫亦八。故举其纯者而言，皆八也。下章详出。

五爻变，以不变爻占。

襄九年，穆姜始往东宫，筮之，遇艮之八。史曰：是谓艮之随。盖五爻皆变，唯八二不变也。刘禹锡谓变者五，定者一，宜从少占是也。然谓八非变爻，不曰有所之。史谓艮之随，为苟悦于姜者，非也。盖他爻变，故之随；惟之随，然后见八二之不变也。杜征南引《连山》《归藏》以七八占，其失远矣。

六爻变，以乾坤二用为例。此占法之大略也。若神而明之，则存乎其人。

昭二十九年，蔡墨对魏献子曰："在乾之坤，曰'见群龙无首吉'。"此六爻皆变也。

占　说

重耳筮尚得晋国，遇贞屯悔豫，皆曰利建侯。屯初九无位而得民，重耳在外之象。九五虽非失位而所承所应者，皆向初九，惠怀无亲之象。至豫，则九四为众阴所宗，无有分其应者。震为诸侯，坤为国土，重耳得国之象。利行师，一战而霸之象。九四总众阴以安上，犹簪之总发以庄首，重耳率诸侯以尊周室之象。

穆姜比于叔孙侨如，欲废成公，侨如败，迁穆姜于东宫，筮之遇艮之八。史曰：是谓艮之随。其辞曰："艮其腓，不拯其随。其心不快。"腓附下体六二，随九三当艮止之，时上下不相与，不见拯者也。艮之随，亦随之艮，其辞曰："系小子失丈夫。"应九五顺也。宜应而失，乘初九逆也。宜失而系，且诸爻皆动，以明八二之不动，不可出也。

闵元年。初，毕万筮仕，遇屯之比。辛廖占之曰："吉，屯固比入，吉，孰大焉？"昭七年，孔成子筮立卫絷，遇屯之比。史朝曰："嗣吉，何建？建非嗣也，孟将不列于宗。"其筮同而占异者，事不同故也。非忠信之事，遇"黄裳元吉"，反以为凶。则占法大概可知已矣。

孔子筮《易》，遇贲，愀然，色不平。贞离，文明柔中而当位，其君位止而不应，此圣人道不行于当世之象。

孙权闻关羽败，使虞翻筮之，遇节之临。占曰：不出二日，断头。节自泰卦中来，乾为首，九三之五，凡迁二位，故有是象。

纬书有以世应占者，以八纯卦自初变为某宫一世卦，以至于五。其上爻不变，复变第四爻，为游魂。其后举内卦三爻同为一变，为归魂。是故一卦变八卦，其不相通者五十有六。按《易经》六爻皆九、六用变，今乃上爻不变，五既变而不复，自四而下所复不同。以其数不密，不得不用六神以配时日，由是与辞象乖矣。《连山》、《归藏》，宜与《周易》数同而其辞异。先儒谓《周易》以变者占，非。《连山》《归藏》以不变者占，亦非。古之筮者兼用三《易》之法。卫元之筮，遇屯，曰"利建侯"，是《周易》或以不变者占也。季友之筮遇大有之乾，曰"同复于父，敬如君所"，此固二《易》辞也。既之乾，则用变矣。是《连山》《归藏》或以变者占也。

一卦变六十四卦，一爻变六十四爻。谓如乾初变姤，则自二至上亦变。姤之九不

待本爻变，而后谓之变也。二篇之中，其变二万四千五百七十六。

天地数衍爻数，一不用，二衍四，三衍九，四衍十六，五衍二十五，六衍三十六，七衍四十九，八衍六十四，九衍八十一，十衍百，以上积为三百八十四爻。

揲蓍详说

蓍四十九分于两手，挂一于左之小指。以左手之半四揲之，归奇于扐。扐，指间也。复以右手之半四揲之，再扐，是为十有八变之一。初揲之扐不五则九，第二、第三揲之扐，不四则八。八九为多，四五为少。三少得老阳之数九，三多得老阴之数六。两多一少，得少阳之数七；两少一多，得少阴之数八。皆取过揲之策而四之也。

第一揲：左手余一，或余二，或余三，则并挂一与别手者共为五，是少也；左手余四，则并挂一与别手者共为九，是多也。

第二揲：取第一揲所余之数，或四十四，或四十，复分二挂一揲之，以四归奇于扐，又再扐以求之。左手者余一，或余二，则并挂一与别手者，其为四，是少也。余三或余四，则并挂一与别手者共为八，是多也。

第三揲：取第二揲所余之数，或四十、或三十六、或三十二，如第二揲求之，左手得一二为少，三四为多。是故三少之余，其策三十有六，故四之而得九，谓挂与扐者十有三也。三多之余，其策二十有四，故四之而得六，谓挂与扐者二十有五也。两多一少之余，其策二十有八，故四之而得七，谓挂与扐者二十有一也。两少一多之余，其策三十有二，故四之而得八，谓挂与扐者十有七也。

以上三变，然后一画立。其三变之间，其别六十有四。老阳十二，老阴四，少阳二十，少阴二十八，是故以四营之而得一、三、五、七之数，皆天数也。蓍得天

数，故能圆而神。卦得地数，曰两仪，曰四象，曰六爻，曰八卦，故能方以智。今详推变数为之图，只点左手扐数，其挂于右手，即此可推，皆自下而之中，自中而之上，以效爻画云。三少为老阳者，十二谓四营，得天三之数，积有数一百八，其策四百三十有二。

右阴阳各九百九十二策，合为一千九百八十有四策，是为一爻之变数，总六爻之变，得万有一千九百四策，内爻位当三百八十四。二篇之策，当万有一千五百二十位数也者，合九六而一之也。策数也者，离九六而分之，而又四营之也。《太元》始于十八，终于五十四，并始终七十二，为一日。与此义同。

《邵康节易数》

一撮金

其法以楷书字，数其笔画，以起数得卦。须要诚心祈祷，随其所占。信手写二字，数其笔画，即一点一撇亦算。乾一，兑二，离三，震四，巽五，坎六，艮七，坤八。九复起乾，十复起兑，余仿此。上字为内卦，下字为外卦，合二字之画，共成一卦，即以总数六除取爻，如剩一数，是初爻，剩二数是二爻。余仿此。乃以爻诀断之，无不奇中。不可再占。

八卦诀

一，乾，为天：天泽履，天火同人，天雷无妄，天风姤，天水讼，天山遁，天地否。

二，兑，为泽：泽天夬，泽火革，泽雷随，泽风大过，泽水困，泽山咸，泽地萃。

三，离，为火：火天大有，火泽睽，火雷噬嗑，火风鼎，火水未济，火山旅，火地晋。

四，震，为雷：雷天大壮，雷泽归妹，雷火丰，雷风恒，雷水解，雷山小过，雷地豫。

五，巽，为风：风天小畜，风泽中孚，风火家人，风雷益，风水涣，风山渐，风地观。

六，坎，为水：水天需，水泽节，水火既济，水雷屯，水风井，水山蹇，水地比。

七，艮，为山：山天大畜，山泽损，山火贲，山雷颐，山风蛊，山水蒙，山地剥。

八，坤，为地：地天泰，地泽临，地火明夷，地雷复，地风升，地水师，地山谦。

乾为天

二爻^{九二 上上}：得意宜逢贵，前程去有缘。

　　　　利名终有望，三五月团圆。

四爻^{九四 中中}：欲行不止，徘徊不已。

　　　　藏玉怀珠，片帆千里。

六爻^{上九 下下}：心戚戚，口啾啾，一番思量一番忧，说了休时又不休。

天泽履

初爻^{初九 上中}：不远不近，似易似难。

　　　　等闲入手，云中笑看。

三爻^{六三 下下}：桃李谢春风，西去又复东。

　　　　家中无意绪，船在浪涛中。

五爻^{九五 中中}：狂风吹起黑云飞，

　　　　月在天心遮不得。

　　　　时闲无事暂相关，

　　　　到底依然无刻剥。

天火同人

二爻^{六二 上上}：心和同，事和同，门外好施工，交加事有终。

四爻^{九四 中平}：意孜孜，心戚戚。

　　　　要平安，防出入。

六爻^{上九 上中}：一水绕一水，一山绕一山。

水尽山穷处，名利不为难。

天雷无妄

初爻 ^{上上}：事扛扶，在半途。
　　　　翻覆终可免，风波一点无。

三爻 ^{下下}：浅水起波澜，平地生荆棘。
　　　　言语虚参商，犹恐无端的。

五爻 ^{上上}：喜喜喜，春风生桃李，
　　　　不用强忧煎，明月人千里。

天风姤

二爻 ^{下中}：欲济未济，欲求强求。
　　　　心无一定，一车两头。

四爻 ^{下下}：居下当亲上，人心易散离。
　　　　事机才一失，万事尽皆灰。

六爻 ^{下下}：见不见，也防人背面。
　　　　遇不遇，到底无凭据。

天水讼

初爻 ^{上中}：嘹呖征鸿独出群，
　　　　高飞羽翼更斜分。
　　　　云程正北堪图进，
　　　　好个声名处处闻。

三爻 ^{上中}：贵客相逢便可期，
　　　　庭前枯木凤来仪。
　　　　好将短事求长事，

休听旁人说是非。

五爻 ^{上上}（九五）：檐前鹊噪正翩翩，

　　　　　忧虑潜消喜自然。

　　　　　一人进了一人退，

　　　　　下梢终有好因缘。

天山遁

二爻 ^{中中}（六二）：兀兀尘埃又待时，

　　　　　幽窗静处有谁知。

　　　　　若逢青紫人相引，

　　　　　财利功名自可期。

四爻 ^{上中}（九四）：一得一虑，宜后欲先，

　　　　　路通大道，心事安然。

六爻 ^{上上}（上九）：一番桃李一番新，

　　　　　谁识阳和气象明。

　　　　　林下水边多活计，

　　　　　见山了了称人情。

天地否

初爻 ^{上中}（初六）：相引更相牵，殷勤喜自然。

　　　　　施为无不利，愁事变团圆。

三爻 ^{下下}（六三）：无踪又无迹，远近终难觅。

　　　　　平地起风云，似笑还成泣。

五爻 ^{下下}（九五）：身不安，心不安。

　　　　　动静两三番，终期事必欢。

兑为泽

二爻 ^{九二} 上上 ：玉出昆冈石，舟离古渡滩。

行藏终有望，用舍不为难。

四爻 ^{九四} 下下 ：难难难，忽然平地起波澜。

易易易，谈笑平常终有忌。

六爻 ^{上六} 下下 ：乐之极矣悲相望，

引兑来兮吉与凶。

未能光大终须暗，

日落西山返炤中。

泽天夬

初爻 ^{初九} 下中 ：神黯黯，意悠悠。

收却线，莫下钩。

九三 ^{九三} 中平 ：虎伏在前途，行人莫乱呼。

路旁须仔细，灾祸自然无。

五爻 ^{九五} 下下 ：所事纵云难，平地起波澜。

笑谈终有忌，事回心觉喜。

泽火革

初爻 ^{初九} 下中 ：意迷心不迷，事宽心不宽。

要知端的事，犹隔两重山。

三爻 ^{九三} 中中 ：道路迢遥，门庭闭塞。

雪拥未分明，云开方见日。

五爻 ^{九五} 上中 ：虎变高山别有期，

望人目下尚狐疑。

雁来嘹呖黄花发，

此际声名达帝畿。

泽雷随

二爻 ^{六二}^{中平}：一事已成空，一事还成喜。

若遇口边人，心下堪凭委。

四爻 ^{九四}^{下中}：鱼上钩，丝纶弱。

收拾难，力再著。

六爻 ^{上六}^{上上}：可蓄可储，片玉寸珠。

停停稳稳，前遇良图。

泽风大过

初爻 ^{初六}^{中中}：心有余，力不足。

倚仗春风，一歌一曲。

三爻 ^{九三}^{下下}：荆棘生平地，风波起四方。

倚阑惆怅望，无语对斜阳。

五爻 ^{九五}^{中中}：一人两事，一人两心。

新花枯树，须待交春。

泽水困

二爻 ^{九二}^{上中}：足不安，心不安。

两两事相得，忧来却又欢。

四爻 ^{九四}^{上中}：目下志难舒，有客来徐徐。

金车虽历险，吝必有终软。

六爻 ^{上六}^{下下}：缺月恐难圆，残花不再鲜。

苦求名与利，到处遇迍邅。

泽山咸

初爻 ^{初六} ^{中中}：意在关中信未来，
故人千里自徘徊。
天边雁足传书至，
一点梅花喜色开。

三爻 ^{九三} ^{下下}：休道事无讹，其中进退多。
桂轮圆又缺，光彩更揩磨。

五爻 ^{九五} ^{下中}：事了物未了，人圆物未圆。
要知端的信，月影上阑干。

泽地萃

二爻 ^{六二} ^{上中}：笑中生不足，内外见愁哭。
云散月光辉，转祸当成福。

四爻 ^{九四} ^{中中}：言语参商，波涛鼎沸。
事久无伤，时间不利。

六爻 ^{上六} ^{中中}：无非应有忌，未为先恐踬。
路险风波事更非，要得称心须借势。

离为火

二爻 ^{六二} ^{上上}：谋已定，事何忧。
明月上重楼，云中客点头。

四爻 ^{九四} ^{下下}：遇不遇，逢不逢。
月沉水底，人在梦中。

六爻 ^{上九} ^{中中}：诛战中邦利出征，
一朝获丑在王庭。

风衔一诏堤杨畔，

得个佳名四海荣。

火天大有

二爻 ^{九二} ^{上中}：一重水，一重山。

风波道坦然，壶中别有天。

四爻 ^{九四} ^{上上}：遇险不为忧，风波何足惧。

若遇草头人，咫尺青云路。

六爻 ^{六五} ^{上上}：奇奇奇，地利与天时。

灯花传信后，动静总相宜。

火泽睽

初爻 ^{初九} ^{下中}：上下分，忧愁决。

千嶂云，一轮月。

三爻 ^{六三} ^{下下}：鼎沸风波，孤舟渡河。

巧中藏拙，人事蹉跎。

五爻 ^{六五} ^{下中}：船棹中流急，花开春又迟。

事宁心不静，惹起许多疑。

火雷噬嗑

初爻 ^{初九} ^{上中}：人倚楼，许多愁。

淡然进步，事始无忧。

三爻 ^{六三} ^{上中}：暗中防霹雳，猜疑浑未实。

转眼黑云收，拥出扶桑日。

五爻 ^{六五} ^{下下}：堪叹枕边忧，更嗟门里闹。

意绪甚萦缠，心神亦颠倒。

火风鼎

二爻^{上上}：小子出门庭，青衣久问程。

九二

贵人来助力，花谢子还成。

四爻^{下中}：鼎折足，舆脱辕。

九四

有贵人，重整续。

六爻^{上上}：贵客自相亲，功名唾手成。

上九

获金须积德，仰望太阳升。

火水未济

初爻^{中中}：桑榆催晚景，缺月恐难圆。

初六

若遇刀锥客，方知有喜缘。

三爻^{下中}：万里片帆轻，波平浪不惊。

六三

行行无阻滞，远虑更通津。

五爻^{上上}：芰荷香里许恩材，

六五

桂魄圆时印绶来。

从此威名山岳重，

光辉玉节位三台。

火山旅

二爻^{上上}：悲脸笑颜开，秋月挂高台，人从千里来。

六二

四爻^{中中}：花落正逢春，行人在半程。

九四

事成还不就，萦绊两三旬。

六爻^{中中}：憔悴无人问，林间听杜鹃。

上九

一声山月笛，千里暗销魂。

火地晋

初爻 ^{初六} ^{上中}：须著力，莫游遨。

长竿钓向蟾蜍窟，直欲云中得巨鳌。

三爻 ^{六三} ^{上上}：两两意和同，轻帆遇顺风。

道逢人得意，歌唱急流中。

五爻 ^{六五} ^{中中}：万里涉江山，风波尽日闲。

已吞钩上饵，何必遇波澜。

震为雷

二爻 ^{六二} ^{下下}：无踪又无迹，远近终难觅。

旱海莫行舟，何劳空著力。

四爻 ^{九四} ^{上中}：白玉隐尘，黄金埋土。

久久光辉，也要人举。

六爻 ^{上六} ^{下中}：细雨濛濛湿，江边路不通。

道途人未达，凭仗借东风。

雷天大壮

初爻 ^{初九} ^{下下}：江阔渡无船，惊涛恐拍天。

月斜云淡处，音信有人传。

三爻 ^{九三} ^{下中}：平地起风烟，

时下未能安，高处觅因缘。

五爻 ^{六五} ^{下中}：正直宜守，妄动生灾。

名通利达，叶落花开。

雷泽归妹

二爻 ^{九二} 下中：门外事重叠，阴人多遇合。
贤女虽助巧，渺渺终难洽。

四爻 ^{九四} 中中：缺月重圆，枯枝又鲜。
一条坦路，翘首青天。

六爻 ^{上六} 中中：美红颜，休挂怀。
人在车中，舟行海底。

雷火丰

初爻 ^{初九} 上中：过尽风波三五重，
谁知浪尽又无风。
须知明达青云路，
用舍行藏不费功。

三爻 ^{九三} 下下：纷纷复纷纷，欹歟独掩门。
敛眉望灯火，伴我坐黄昏。

五爻 ^{六五} 下中：门内佳音来，生涯应有庆。
名利有更迁，雁行终拆阵。

雷风恒

初爻 ^{初六} 下下：深潭月，明镜影。
一场空，妄报信。

三爻 ^{九三} 下下：桥已断，路不通。
登舟理楫，又遇狂风。

五爻 ^{六五} 下下：湖水悠悠，孤舟浪头。
来人未识，残月山楼。

雷水解

二爻 ^{九二} ^{上上}：万里波涛静，一天风雨闲。
许多闲口语，利名无阻隔，行路出重关。

四爻 ^{九四} ^{上上}：湖海意悠悠，烟波下钓钩。
若逢龙与兔，名利一齐周。

六爻 ^{上六} ^{上中}：一箭青云路，营求指日成。
许多闲口语，翻作笑歌声。

雷山小过

初爻 ^{初六} ^{下下}：物不牢，人断桥。
重整理，慢心高。

三爻 ^{九三} ^{下下}：深户要牢扃，须防暗里人。
莫言无外事，纵好定遭迍。

五爻 ^{六五} ^{上上}：空空空，空里得成功。
蟠桃千载熟，不怕五更风。

雷地豫

二爻 ^{六二} ^{中中}：凿石得玉，淘沙得珠。
眼前目下，何用踌躇。

四爻 ^{九四} ^{上上}：名成利遂勿忧煎，
菊里秋风道坦然。
得意便垂三尺钓，
长竿获得锦鳞鲜。

六爻 ^{上六} ^{下下}：独钓寒潭涧，中途兴已阑。
水寒鱼不饵，小艇月明还。

巽为风

二爻^{下下}_{九二}：下著占先机，其中路不迷。

目前无舍意，争免是和非。

四爻^{上上}_{六四}：江海悠悠，烟波下钩。

六鳌连获，歌笑中流。

六爻^{下下}_{上九}：一月圆，一镜缺。

少团圆，无可说。

风天小畜

二爻^{上中}_{九二}：金鳞入手，得还防走。

若论周旋，谨慎戒口。

四爻^{中中}_{六四}：上下不和同，劳而未有功。

出门通大道，从此保初终。

六爻^{上中}_{上九}：拟欲迁而未可迁，

堤防喜处惹勾连。

前途若得阴人引，

变化鱼龙出大渊。

风泽中孚

初爻^{上中}_{初九}：一点著阳春，枯枝朵朵荣。

志专方遇合，初忌二三心。

三爻^{中中}_{六三}：欲行还止，徘徊不已。

动摇芦强，得止且止。

五爻^{上上}_{九五}：倾一杯，转愁眉。

天地合，好施为。

风火家人

二爻 ^{六二} ^{下中}：一镜破，照两人。
心中结，合同心。

四爻 ^{六四} ^{上上}：珠玉走盘中，田园足阜丰。
休言谋未遂，此去一时通。

六爻 ^{上九} ^{上中}：心下事悠然，周旋尚未全。
遇龙终有吉，人月永团圆。

风雷益

初爻 ^{初九} ^{上中}：大事可成功，有益还无咎。
云内执鞭人，报在三秋后。

三爻 ^{六三} ^{下下}：无踪又无迹，远近终难觅。
旱海莫行舟，何劳空费力。

五爻 ^{九五} ^{上上}：子结花残，花开枯树。
屋头春意，喜笑嘻嘻。

风水涣

初爻 ^{初六} ^{上上}：云静日当中，光辉到处通。
道途逢水顺，千里快如风。

三爻 ^{六三} ^{中中}：望处应重山，高深渐可攀。
举头天上看，明月出人间。

五爻 ^{九五} ^{中中}：不归一，劳心力。
贵人旁，宜借力。

风山渐

二爻 ^{六二} 上上：阆苑一时春，庭前花柳新。
　　　　　　鹊声传好信，草木尽欣欣。

四爻 ^{六四} 上上：欲捉月中兔，须凭桃李梯。
　　　　　　高山来接引，双喜照双眉。

六爻 ^{上九} 中中：意迷心不迷，事宽心不宽。
　　　　　　一场双喜会，不久出重关。

风地观

初爻 ^{初六} 上上：野鬼暗张弧，射中主人惊。
　　　　　　红日沉江海，空中事不成。

三爻 ^{六三} 上上：双燕衔书舞，指日一齐来。
　　　　　　寂寞淹留客，从兹下钓台。

五爻 ^{九五} 下中：云暧暧，月朦胧，
　　　　　　一雁入云中，残花谢晓风。

坎为水

二爻 ^{九二} 下中：梦里说江水，波深下钓难。
　　　　　　利名终有望，目下未开颜。

四爻 ^{六四} 上上：莫怪事迟留，休言不到头。
　　　　　　长竿终入手，一钓上金钩。

六爻 ^{上六} 下下：疑疑疑，一番笑后一番悲。
　　　　　　落红满地无人扫，独对西风抹黛眉。

水天需

初爻 ^{上中}（初九）：过尽山前后，艰阻往来难。

若得清风便，扁舟过远山。

三爻 ^{上中}（九三）：君子升，小人阻，征战生离苦。前途自有吉人逢，信在马羊人在楚。事可忧，要营求。

五爻 ^{中中}（九五）：久历惊涛，东风便好。

太平身退，目下尚早。

水泽节

二爻 ^{下下}（九二）：休眷恋，奔前程。

终闹乱，出门庭。

四爻 ^{上上}（六四）：用则行，舍则藏。

一骑出重关，佳音咫尺间。

六爻 ^{下下}（上六）：渴穿井，饥画饼。

漫劳心，如捕影。遇龙虎，方可省。

水火既济

初爻 ^{上上}（初九）：鹿逐云中出，人从月下归。

新欣盈笑脸，不用皱双眉。

三爻 ^{上中}（九三）：入而易，出而难。

忞忞到再三，交加意不堪。

五爻 ^{中中}（九五）：积德施功有子孙，

杀牛祭佛及西邻。

功名两字垂成日，

回首山前万物新。

水雷屯

二爻 ^{六二} 上中：事迟志速，而且反覆。

直待岁寒，花残果熟。

四爻 ^{六四} 上上：乘马班如，求婚媾吉。

随时谐义，缺月重明。

六爻 ^{上六} 下下：不足不足，难伸心曲。

野塘雨过月如钩，梦断邯郸眉黛蹙。

水风井

初爻 ^{初六} 中中：月在云间，昏迷道路。

云散月明，渐宜进步。

三爻 ^{九三} 下下：安静事难疑，云中一雁飞。

桃花逢骤雨，水畔女频啼。

五爻 ^{九五} 上中：美有甘，甘有美。

始有终，终有始。

水山蹇

初爻 ^{初六} 下中：岸阔水深舟易落，

路遥山险步难行。

行行自有通津日，

目下香消月未明。

三爻 ^{九三} 下下：事虑淹留，人不彻头。

往来闭塞，要见无由。

五爻 ^{九五} 中中：道路任招呼，风波一点无。

时间心绪乱，全仗贵人扶。

水地比

二爻 ^{六二} ^{中中}：一人去，一人来。

清风明月两相猜，获得金鳞下钓台。

四爻 ^{六四} ^{下中}：无端风雨吹春去，

落尽枝头桃李花。

枕畔有人歌且笑，

教君心事乱如麻。

六爻 ^{上六} ^{下下}：喜未稳，愁已遭，大雨狂风临古木，人人尽道不坚牢。

艮为山

二爻 ^{六二} ^{中中}：易非易，难非难。

忽然平地起波澜，歌笑须教三两番。

四爻 ^{六四} ^{中中}：山山有路，有终有始。

似月如花，守战而已。

六爻 ^{上九} ^{上上}：宝镜无尘染，金貂已剪裁。

也逢天意合，终不染尘埃。

山天大畜

二爻 ^{九二} ^{中中}：蜗角蝇头利，而今已变通。

草头人笑后，宜始不宜终。

四爻 ^{六四} ^{下中}：鹊噪高枝上，人行古渡头。

半途不了事，日暮转生愁。

六爻 ^{上九} ^{上上}：事有喜，物有光。

始终好商量，壶中日月长。

山泽损

初爻 ^{初九}^{下中}：喜喜喜，终防否。

获得骊龙颔下珠，忽然失却还沉水。

三爻 ^{六三}^{中中}：事未完，心未安。

疑虑久，得安然。

五爻 ^{六五}^{中中}：莫言枳棘恶，终为鸾凤栖。

目前应有待，何用早踌躇。

山火贲

二爻 ^{六二}^{上上}：月已圆，花再发。

事悠悠，无不合。

四爻 ^{六四}^{上中}：曲中应有直，心事还成戚。

云散月重圆，千里风帆急。

六爻 ^{上九}^{上上}：明月重圆，颜色欣然。

风云相送，和合万年。

山雷颐

初爻 ^{初九}^{下下}：红叶无颜色，凋零一夜风。

邻鸡醒午梦，心事总成空。

三爻 ^{六三}^{下下}：事宜休，理多错。

日掩云中，空成担阁。

五爻 ^{六五}^{下中}：进不安，退不可。

上下相从，明珠一颗。

山风蛊

二爻^{九二}^{上中}：暗去又明来，忧心事可谐。
终须成一笑，日下莫疑猜。

四爻^{六四}^{中中}：可以委，可以托。
事迟迟，无差错。

六爻^{上九}^{上中}：深渊鱼可钓，幽林鸟可获。
只用久长心，不用生疑惑。

山水蒙

初爻^{初六}^{下中}：门外起干戈，亲朋两不和。
朱衣临日月，始觉笑呵呵。

三爻^{六三}^{下下}：娶女无攸利，花间又及秋。
严霜将荐至，退步不存留。

五爻^{六五}^{下下}：乘病马上，
危坡防失，跌见蹉跎。

山地剥

初爻^{初六}^{下下}：上接不稳，下接不和。
相缠相扰，平地风波。

三爻^{六三}^{上上}：玉石犹蒙昧，那堪小悔多。
终无咎，笑呵呵。

五爻^{六五}^{中中}：圆又缺，缺又圆。
低低密密要周旋，时来始见缘。

坤为地

二爻 ^{六二} ^{上上}：师征千里福绵绵，

造化生成信自然。

功名得就神明助，

蛇鬼相逢自变迁。

万顷波涛无点化，

一天风月更幽闲。

大明在在红轮照，

名利何须自作难。

四爻 ^{六四} ^{下下}：路不通，门闭塞。

谨慎堤防，月藏云黑。

六爻 ^{上六} ^{下中}：月缺花残，镜破钗分。

休来休往，事始安宁。

地天泰

初爻 ^{初九} ^{上中}：东边事，西边成。

风物月华明，高楼弄笛声。

三爻 ^{九三} ^{下下}：和不和，同不同。

翻云覆雨几成空，进退须防终少功。

五爻 ^{六五} ^{上上}：添一人，获一宝。

事团圆，门外讨。

地泽临

二爻 ^{九二} ^{上上}：和合事，笑谈成。

喜音在半程，平步踏青云。

四爻 ^{六四}^{上上}：事团圆，物周旋。

一往一来，平步青天。

六爻 ^{上六}^{上中}：朦胧秋月映朱扃，

林外鸡声远处生。

自有贵人相接引，

何须巧语似流莺。

地火明夷

初爻 ^{初九}^{中中}：乘翼遥飞去，皆因避远行。

一途经济意，又是满园春。

三爻 ^{九三}^{上中}：虚名虚位久沉沉，

禄马当头未见真。

一片彩云秋后至，

去年风物一时新。

五爻 ^{六五}^{下下}：重关深锁闭，谨慎要堤防。

小节不知戒，因循成大殃。

地雷复

二爻 ^{六二}^{上中}：悲后笑嘻嘻，中行道最宜。

所求终有望，不必皱双眉。

四爻 ^{六四}^{上中}：临渊放钓，清绝点埃。

巨鳌随得，何用疑猜。

六爻 ^{上六}^{下下}：进步且徘徊，春风柳絮催。

水边行客倦，枕畔有忧怀。

地风升

初爻 ^{初六}^{上上}：明月为钩，清风作线。

举网烟波，锦鳞易见。

三爻 ^{九三} 上中：舟离古渡月离云，

人出重关好问津。

且向前行求去住，

何须疑虑两三旬。

五爻 ^{六五} 上上：佳信至，见笑颜。

飞腾一去，披云上天。

地水师

二爻 ^{九二} 上上：秋月云开后，薰风雨过时。

若逢楚国旧知己，等闲一荐不须疑。

四爻 ^{六四} 下中：青毡终复旧，枝上果生风。

莫谓一时喜，还疑此象凶。

六爻 ^{上六} 上上：谋已定，事何忧。

金鳞已上钩，功名一网收。

地山谦

初爻 ^{初六} 下中：恐惧正忧煎，忧非满目前。

若逢明鉴照，挠括信空传。

三爻 ^{九三} 上中：劳心慢劳心，劳心终有成。

清风来借力，欢笑见前程。

五爻 ^{六五} 下中：莺语燕呢喃，花开满院间。

倚阑春梦觉，无语敛愁颜。

《祛疑说》

龟卜之法

龟卜之法自古有之。《周官》立龟人之职，《洪范》叙稽疑之畴，太史著龟策之传，理不可废。自官失其守，世莫有精其术者。《洪范》所载曰雨、曰霁、曰蒙、曰驿、曰克，而食墨不食墨之说，未闻焉。太史公分四时而定吉凶，以横正安节观其身；以胁开俯太观其首足，而雨蒙之说不及焉。今之龟人，又不过定五乡、动静、首、足、胁、直而已。小得大遗，莫诣其奥。然其说亦复有三焉。一兆固有五乡，首甲乙而足壬癸，此举世之所通用。或以日辰为祖而定五乡之变，如丙丁日则首起丙丁而次戊己，庚辛居戊己之中位，甲乙仍居足焉，十干皆然。而甲乙之日乃居甲乙之正位，谓古人以甲乙日为起例，而后人遂以为定例也。或又以本位为祖而变五乡之用，如腰金之兆，金位也，则以甲乙为财爻，金克木也；以丙丁为官鬼，火克金也；木兆则以戊己乡为财爻，庚辛乡为官鬼，其说尤为合理。而又有一法则以五乡之动者，察其为金、木、水、火、土之象，随本乡而定吉凶，如甲乙之乡动，而有金之象，则为官鬼；有水之象则为父母。战则不祥，相生则吉，所谓动者驿也，战者克也，霁者食墨也，蒙者不食墨也。太史公以四时定吉凶，其亦日辰变五乡之义乎？世无造妙之学，其就从而质之。

淘沙见金

占者以方来之事，叩之于神，卜之卦爻，灾祥有准者，在乎诚敬而已。诚者无一念不实，敬者无一念不诚。诚本于心，心契于神，神机于卦，卦成则有像，有像则有兆，有兆则有理。动则变，变则吉凶生焉。飞换之说，亦本乎日辰动爻之中。变见所以取金、木、水、火、土，定五属父母、子孙、兄弟、财、鬼，以日辰起六神，龙、雀、勾、蛇、虎、武，系于六爻之间，有飞有换，灼然可见。或飞动自吉而向凶，或自凶而趋吉，各以类断者。如乾为天、为圆、为君、为父、为玉、为金；坤为地、为母、为布之类。又如青龙主喜，朱雀主讼，元武主盗之类。盖离宫白虎见，主甲胄兵戈之事；兑宫朱雀见，为公讼口舌是非；坎宫元武见，为盗失之像。故飞换之诀，不外乎象，不离乎理，妙可通神。不传之元机，一事一理，贯通更不疑。诸家秘诀有此卦，则知有此象。知有此象，则理数昭然。吉凶悔吝，由此推之，万无一失。

六神论解

先定五形，

五形者，金、木、水、火、土也。

次论六神。

六神者，龙、雀、勾、虎、蛇、武也。虽然有吉有凶，尤看相生相克。

虎伏南山，爪牙退缩。

南山火乡，虎属金，遇之无气，不能为祸；一云主外服。

龙眠东海，头角峥嵘。

东海水乡，龙属水，遇之主财利大获，春、夏尤盛，秋、冬平平。

朱雀起炎而招祸，

朱雀属火，又入火乡，其祸愈大，官灾并见，春夏尤甚。

腾蛇抱木以兴灾。

腾蛇属火，入木受生，主人口有灾，家宅不宁。

失财因元武之烧身，

元武属水，入火为祸，主损财。

退产缘，勾陈之倚树。

勾陈属土，入木受伤，主退产因田土之事。

可畏者，衔刀之猛兽，

白虎入金则盛，必致灾祸，主脚足痛、刀斧血光、跌蹼折伤之灾。

可喜者，戏水之青龙，

青龙入水，主财喜、添人、生产、婚姻、六甲、名利遂成之事。

朱雀投江，塞翁失马，

朱雀入水，受制，则祸变为福，先失后收，又云阴人防患病。

腾蛇入宅，牧人梦鱼。

腾蛇入土穴不能为毒，仍主家丰富。

贼扰元武足遄河，

元武入水则盛，主贼盗、阴谋、失财，小人、女子受欺，又主水厄不利。

病怕勾陈之献宝。

勾陈入金主疾病，迁延服药未效，又主口舌之事。

卜商丧子，皆因虎渡南河，

白虎入水反主不利，小口，又主瘟瘴、时气。

庄子哭妻，盖为龙蟠丽水。

青龙入金受克，不利阴人，及阴人婚姻，六甲之事。

朱雀衔金忧口舌，

朱雀入金相克，主口舌，仍得薄财、横物，因财起事，防官事。

腾蛇赴火虑婴儿。

腾蛇入火，主小口、灾忌、阳火之厄，蛇犬、血光之灾。

莫逢探海之勾陈，

勾陈入水相克，主疮疖、血光或塘水、河决之事，有气主进产业。

怕遇扳枝之元武。

元武入水反主产妇灾忌、树木之厄。

见龙在田，陶朱进喜。

青龙入土，主进财，一切之事皆喜。

老虎啸岩，冯妇添忧。

自虎入土，主人宅不利，宅母有灾。

腾蛇破浪以施威，

腾蛇入水则不静，主孕妇不利，忌水灾，春夏盛，秋冬平。

朱雀衔泥而作毒。

朱雀入土及生，主公门文书动，春平，夏凶，秋冬平。

勾陈吹火，杨妃有害齿之忧，

勾陈入火，主妇人齿痛、迟留或争山田之事。

元武贪财，郭巨有得金之喜。

元武入金，主财在外旺，又云女人口舌。

渴龙烧尾，父母惊惶，

青龙入火，主子孙灾惊，一云进六畜。

卧虎入林，门庭凶变。

虎入水，主家宅生横祸、丧服、血光之事。

讼怕勾陈之塞穴。

勾陈入土，主官家文书，主田园、山林起争讼事。

病嫌元武之登坛。

元武入土，主疾病、迟滞，忌盗贼侵损。

螣蛇吞宝以非宜。

螣蛇入金，主女人病，有卒，暴及饮食，中得灾，家宅目疾。

朱雀穿林而尚可。

朱雀入木，盛得小利，主不宁之事，小可不凶。

若论六神之凶吉，须察事意之轻重。要察休、囚、生、旺之乡，更分金、木、水、火、土之位。熟明此理，祸福无差。

第四章　卜筮汇考四

《卜筮全书》一

易卦全书凡例

　　易之为义，从日从月。阴阳之变，会意成名。《易》曰："变动不居，周流六虚。"故卜筮之道，贵在通融，勿泥形迹。

　　吾人戴天履地，气血精神莫不禀承天命。圣人作《易》，以泄造化之妙。故人于日用事物，进退行藏，行天地之正，合天地之宜。一念才萌，神明斯应。今人以非义不轨，而思趋吉避凶，欲求卦之灵验，未之有也。《易》不可以占险，其是之谓乎！

　　凡有所占，当必诚必敬。斋心盥沐，焚香祈祷，则能感格神明，洞垂元鉴。苟或不然，难望响应。

　　卜以决疑，既卜之后，若可若否，悉凭卦象，毋率己意。欲其吉而必使之吉，虑其凶而必使之凶，再覆再占，以渎先圣，不惟怠忽神明，抑且反无张主。《易》曰：初筮告，再三渎，渎则不告。

　　凡自占或与人占，事在六亲之中，当以用爻推看。或有事出异常，难以生克剖断者，须将世应日辰为主。或旺生扶合，或衰克刑冲，定其吉凶悔吝。元元妙妙，惟在人之变通。

　　卜筮固当郑重其事，预发虔诚，专心致志。倘事在急迫，又何暇论其时日哉？古有子不问卜之说，亦不足泥。曾于子日占验诸事，详见《黄金策注》中。

　　是书删削繁芜，增刊秘本，始著入门之节要，次列元奥之篇章，末附吉凶之星曜。条贯有伦，灿然不紊，同志之士一览自知，无烦絮语。

八卦方位之图

旧刻载有《河图》《洛书》《蓍室》等图，此上古圣人参赞元机，非后学所易晓，且以京房、管辂以钱代蓍之法行之，有似乎赘，今并删去，惟存一图如上。俾学者知八宫之方隅定位、五行所属，开卷了然。斯亦造诣之捷径云。

《启蒙节要》

六十甲子歌

甲子乙丑海中金，丙寅丁卯炉中火。

戊辰己巳大林木，庚午辛未路旁土。

壬申癸酉剑锋金，甲戌乙亥山头火。

丙子丁丑涧下水，戊寅己卯城头土。

庚辰辛巳白蜡金，壬午癸未杨柳木。

甲申乙酉井泉水，丙戌丁亥屋上土。

戊子己丑霹雳火，庚寅辛卯松柏木。

壬辰癸巳长流水，甲午乙未砂中金。

丙申丁酉山下火，戊戌己亥平地木。

庚子辛丑壁上土，壬寅癸卯金箔金。

甲辰乙巳覆灯火，丙午丁未天河水。

戊申己酉大驿土，庚戌辛亥钗钏金。

壬子癸丑桑拓木，甲寅乙卯大溪水。

丙辰丁巳沙中土，戊午己未天上火。

庚申辛酉石榴木，壬戌癸亥大海水。

五行相生相克

金生水，水生木，木生火，
火生土，土生金。金克木，
木克土，土克水，水克火，
火克金。

六亲相生相克

生我者为父母，我生者为子孙，克我者为官鬼，我克者为妻财，比和者为
兄弟。

八卦象例

乾三连☰，坤六断☷。

震仰盂☳，艮覆碗☶。

离中虚☲，坎中满☵。

兑上缺☱，巽下断☴。

八宫所属

乾兑属金，震巽属木，坎属水，离属火，坤艮属土。

以钱代蓍画法

以钱三文熏于炉上，致敬而祝，祝曰："天何言哉？叩之即应；神之灵矣，感

而遂通。今有某人有事，关心罔知休咎，罔释厥疑，惟神惟灵，望垂昭报，若可若否，尚明告之。"祝毕，掷钱，一背为单，画—，二背为拆，画— —，三背为重，画○，纯字为交，画×。自下而上三掷，内卦成。再祝曰："某宫三象，吉凶未判，再求外象，三爻以成一卦，以决忧疑。"祝毕，复如前法再掷，合成一卦，而断吉凶。至敬至诚，无不感应。

诀曰：两背由来拆，双眉本是单。浑眉交定位，总背是重安。单单单曰☰为乾，拆拆拆曰☷为坤。或单拆单曰☲为离，拆单拆曰☵为坎。余卦仿此。重变为拆，交变为单。

六十四卦名

乾宫八卦俱属金	乾为天 天风姤 天山遁 天地否 风地观 山地剥 火地晋 火天大有
坎宫八卦俱属水	坎为水 水泽节 水雷屯 水火既济 泽火革 雷火丰 地火明夷 地水师
艮宫八卦俱属土	艮为山 山火贲 山天大畜 山泽损 火泽睽 天泽履 风泽中孚 风山渐
震宫八卦俱属木	震为雷 雷地豫 雷水解 雷风恒 地风升 水风井 泽风大过 泽雷随
巽宫八卦俱属木	巽为风 风天小畜 风火家人 风雷益 天雷无妄 火雷噬嗑 山雷颐 山风蛊
离宫八卦俱属火	离为火 火山旅 火风鼎 火水未济 山水蒙 风水涣 天水讼 天火同人
坤宫八卦俱属土	坤为地 地雷复 地泽临 地天泰 雷天大壮 泽天夬 水天需 水地比
兑宫八卦俱属金	兑为泽 泽水困 泽地萃 泽山咸 水山蹇 地山谦 雷山小过 雷泽归妹

八卦次序

乾一，兑二，离三，震四，巽五，坎六，艮七，坤八。

五行次序

水一，火二，木三，金四，土五。

六十四卦次第歌

乾坤屯蒙需讼师，比小畜兮履泰否。

同人大有谦豫随，蛊临观兮噬嗑贲。

剥复无妄大畜颐，大过坎离三十备。

咸恒遁兮及大壮，晋与明夷家人睽。

蹇解损益夬姤萃，升困井革鼎震继。

艮渐归妹丰旅巽，兑涣节兮中孚至。

小过既济兼未济，是为下经三十四。

系辞八卦象类歌

乾为君兮首与马，卦属老阳体至刚。

坎虽为耳又为豕，艮为手狗男之详。

震卦但为龙与足，三卦皆名曰少阳。

阳刚终极资阴济，造化因知不易量。

坤为臣兮腹与牛，卦属老阴体至柔。

离虽为目又为雉，兑为口羊女之流。

巽卦但为鸡与股，少阴三卦皆相侔。

阴柔终极资阳济，万象搜罗靡不周。

十天干

甲乙东方木，丙丁南方火，戊己中央土，庚辛西方金，壬癸北方水。

十二地支

子水鼠，丑土牛，寅木虎，卯木兔，辰土龙，巳火蛇，午火马，未土羊，申金猴，酉金鸡，戌土狗，亥水猪。

纳甲歌

乾金甲子外壬午，坎水戊寅外戊申。

艮土丙辰外丙戌，震木庚子庚午临。

巽木辛丑并辛未，离火己卯己酉寻。

坤土乙未加癸丑，兑金丁巳丁亥凭。

上诀每句后小注，凡学者皆宜熟读。然自后升前，一如点画卦爻法。

安放世应歌

八卦之首世六当，已下初爻轮上扬。

游魂八位四爻立，归魂八位三爻详。

世初应四，世二应五，世三应六，世四应初，世五应二，世六应三。假如乾卦，世在六，应在三；姤卦便世在初，应在四；遁卦世在二，应在五；否观剥皆从其序各进一位，至晋卦不得上至第六爻，仍缩下，安在第四爻，应在初爻，是为游魂卦；至大有卦又退下一爻，世在第三爻，应在第六爻，为归魂卦。各宫各卦，皆依此例推之。

安身诀

子午持世身居初，丑未持世身居二。

寅申持世身居三，卯酉持世身居四。

辰戌持世身居五，已亥持世身居六。

起月卦身诀

阴世则从五月起，阳世还从子月生。

欲得识其卦中意，从初数至世方真。

看世在交、拆爻为阴，在重、单爻为阳，俱从初爻上数至世，便知何月卦，即是卦身也。吉神照临则吉，凶煞克害则凶。假如乾卦世爻是单，便以十一月从初爻数上去，到第六爻世上，即是四月卦也。又如明夷卦世爻是拆，从初爻以五月数起，至世即八月卦也。

甲例乙例丁日丙日 青元六 龙武爻 元白五 武虎爻 白螣四 虎蛇爻 螣勾三 蛇陈爻 勾朱二 陈雀爻 朱青初 雀龙爻	**起六神诀** 甲乙起青龙，丙丁起朱雀。 戊日起勾陈，己日起螣蛇。 庚辛起曰虎，壬癸起元武。 今以甲、乙、丙、丁日所起，附载为式，余仿此。

飞伏神歌

乾坤来往换，艮兑两边求。

震巽相抽取，坎离递送流。

乾卦伏神从坤卦寻，坤卦伏神从乾卦取，两宫互相交换，下六宫一如此例。假如乾卦六爻子、寅、辰、午、申、戌，其伏神用坤卦未、巳、卯、丑、亥、酉。又如天风姤卦，外三爻是本宫出现，不必看其伏神；内三爻是巽宫来，方要察其本宫子、寅、辰伏在丑、亥、酉内也。至风地观、山地剥、火地晋，内外卦皆是别宫，其本宫六爻皆伏藏于内。至火天大有，归魂卦外三爻是伏藏，内三爻是出现。余宫各卦可以类推。凡看伏神，因用爻不上卦，或被冲克。不得已而搂索之，学者自宜变通，不可拘泥。

不全爻象各卦歌

试论泰复央需旅，鼎解大畜豫贲推。

十卦本来无父母，若卜父母非所宜。

更有观剥恒升井，大过六卦兄弟亏。

若占兄弟切须忌，纵无大患主灾危。

遁履姤孚渐谦涣，屯睽既济革明夷。

小过咸蒙并蹇卦，十六卦中妻财亏。

无子亦有十六卦，二过否蛊并颐随。

大畜贲观中孚井，遁升归妹晋损儿。

小畜未济家人卦，更逢旅讼涣益颐。

八者之中都无鬼，求官谒贵岂相宜。

五件俱全各卦歌

五位各爻兼备者，二十之卦报君知。

八纯节丰及大有，比临无妄大壮师。

萃卦噬嗑同人困，财官父子兄皆宜。

游魂八卦歌

明夷与颐晋，需讼及中孚。

小过并大过，游魂应在初。

归魂八卦歌

归妹及同人，师随蛊渐轮。

比还兼大有，八卦是归魂。

年上起月歌

甲己之年丙作首，乙庚之岁戊为头。

丙辛之位从庚上，丁壬壬位顺行流。

更加戊癸从何起，甲寅之上好追求。

　　假如甲己年，其正月便是丙寅，二月是丁卯，挨顺轮去。乙庚年正月是戊寅，二月是己卯，其余仿此。

日上起时歌

甲己还加甲，乙庚丙作初。

丙辛从戊起，丁壬庚子居。

戊癸何方发，壬子是直途。

假如甲己日甲子时起，乙庚日丙子时起，余例推。

定寅时法

正九五更二点彻，二八五更四点歇。

三七平光是寅时，四六日出寅无别。

五月日高三丈地，十月十二四更二。

仲冬才到四更初，便是寅时君须记。

纳甲法

坤	巽	艮	乾
西	卯	寅	戌
亥	巳	子	申
丑	未	戌	午
卯		申	辰
巳		午	寅
未		辰	子
		属四阴卦	属四阳卦

兑	离	震	坎
未	巳	戌	子
酉	未	申	戌
亥	酉	午	申
丑	亥	辰	午
卯	丑	寅	辰
巳	卯	子	寅

其法皆下而上，阳甲隔位顺轮，阴甲隔位逆轮。

逐卦爻辞

（乾）

乾为天 乾上 乾下 金属 母父 —— 世 戌壬 弟兄 —— 身 申壬 鬼官 —— 午壬 母父 —— 应 辰甲 财妻 —— 寅甲 孙子 —— 子甲 大龙御天 之卦广大 包容之象	判曰：乾者健也。大哉乾元，荫覆无偏。元运造化，万物资始。云行雨施，变化不言。东西任意，南北安然。 六爻断： 初九，潜龙勿用。 九二，见龙在田，利见大人。 九三，君子终日乾乾，夕惕若，厉，无咎。 九四，或跃在渊，无咎。 九五，飞龙在天，利见大人。 上九，亢龙有悔。用九，见群龙无首，吉。

（姤）

天风姤 乾上 巽下 金属 母父 —— 戌壬 弟兄 —— 申壬 鬼官 —— 应 午壬 弟兄 —— 酉辛 孙子 —— 身 亥辛 母父 —— 世 丑辛 风云相济 之卦君臣 会合之象	判曰：姤者遇也。以阴遇阳，以柔遇刚，本无所望而卒然值之，不期而遇。占者得之，所谋无不吉也。 六爻断： 初六，系于金柅，贞吉。有攸往，见凶。羸豕孚，蹢躅。 九二，包有鱼。无咎，不利宾。 九三，臀无肤，其行次且。厉，无大咎。 九四，包无鱼。起凶。 九五，以杞包瓜。含章，有陨自天。 上九，姤其角。吝，无咎。

（遁）

天 山 遁 艮 乾 下 上 金属 母父 —— 戌壬 弟兄 —— 申壬 应 鬼官 —— 午壬 丙 弟兄 —— 申丙 鬼官 —— 午丙 世 母父 —— 辰丙 身 豹隐南山 之卦迁善 远恶之象	判曰：遁者退也。处遁之时，阳道欲亏。恶事即起，善事欲衰。欲进欲退，疑惑难为。以小制大，君子避之。 六爻断： 初六，遁尾，厉，勿用，利有攸往。 六二，执之用黄牛之革，莫之胜说。 九三，系遁有疾，厉。畜臣妾吉。 九四，好遁。君子吉，小人否。 九五，嘉遁。贞吉。 上九，肥遁。无不利。

（否）

天 地 否 坤 乾 下 上 金属 母父 —— 戌壬 应 弟兄 —— 申壬 鬼官 —— 午壬 身 财妻 —— 卯乙 世 鬼官 —— 己乙 母父 —— 未乙 天地不交 之卦人口 不圆之象	判曰：否者塞也。天地不交，阴阳闭塞。夫妇不和，别离南北。君子道消，小人道长。人物乖违，不通之象。 六爻断： 初六，拔茅茹以其汇，贞吉，亨。 六二，包承，小人吉，大人否，亨。 六三，包羞。 九四，有命，无咎，畴离祉。 九五，休否，大人吉。其亡其亡，系于苞桑。 上九，倾否，先否后喜。

（观）

风地观
巽上坤下
金属

财妻——卯辛
鬼官——巳辛（世）
母父——未辛
财妻——卯乙（身）
鬼官——巳乙（应）
母父——未乙

云卷晴空
之卦春花
竞发之象

判曰：观者观也，观国之光。风在地上，万物荣昌。财不破散，爵禄加彰。

六爻断：

初六，童观，小人无咎，君子吝。

六二，窥观，利女贞。

六三，观我生，进退。

六四，观国之光，利用宾于王。

九五，观我生，君子无咎。

上九，观其生，君子无咎。

（剥）

山地剥
艮上坤下
金属

财妻——寅丙
孙子——子丙（世）
母父——戌丙
财妻——卯乙
鬼官——巳乙（应）
母父——未乙（身）

去旧生新
之卦群阳
剥尽之象

判曰：剥者落也。山高岌岌，其形似剥。阴道将盈，阳道衰弱。卦临九月，霜叶凋落。人离财散，求官失爵。

六爻断：

初六，剥床以足，蔑贞，凶。

六二，剥床以辨，蔑贞，凶。

六三，剥之，无咎。

六四，剥床以肤，凶。

六五，贯鱼以宫人宠，无不利。

上九，硕果不食，君子得舆，小人剥庐。

（晋）

离上 火地晋 金属 坤下

鬼官——巳己
母父——未己
弟兄——酉己 身世
财妻——卯乙
鬼官——巳乙
母父——未乙 应

遇君之象 龙剑出匣 之卦以臣

判曰：晋者进也。日出于地，柔而上行。巡运照耀，升进其明。居官益位，祸灭福生。利见王侯，任意必亨。

六爻断：

初六，晋如，摧如，贞吉。罔孚，裕无咎。

六二，晋如，愁如，贞吉。受兹介福于其王母。

六三，众允，悔亡。

九四，晋如鼫鼠，贞厉。

六五，悔亡，失得勿恤，往吉，无不利。

上九，晋其角，维用伐邑，厉吉，无咎。贞吝。

（大有）

离上 火天大有 金属 乾下

鬼官——巳己 应
母父——未己 身
弟兄——酉己
母父——辰甲 世
财妻——寅甲
孙子——子甲

中天之象 金玉满堂 之卦大明

判曰：大有者宽也。柔得尊位，官禄日实。掩恶扬善，丰财和义。广纳包容，成物之美。自天祐之，吉无不利。

六爻断：初九，无交害。匪咎艰则无咎。

九二，大车以载，有攸往，无咎。

九三，公用亨于天子，小人弗克。

九四，匪其彭，无咎。

六五，厥孚交如，威如，吉。

上九，自天祐之，吉，无不利。

坎上
坎下
坎为水
水属

弟兄_世子戊
鬼官一戊戊
母父一申戊
财妻一午戊
鬼官一辰戊
孙子_身寅戊

中实之象　之卦外虚　船渡重滩

判曰：坎者陷也。逢流则注，遇坎则止。出入艰险，随坎不已。阴愁伏愿，共相谋计。千里辞家，始免迍否。

六爻断：

初六，习坎，入于坎窞，凶。

九二，坎有险，求小得。

六三，来之坎，坎险且枕。入于坎窞，勿用。

六四，樽酒，簋贰，用缶，纳约自牖，终无咎。

九五，坎不盈。祗既平，无咎。

上六，系用徽纆，置于丛棘，三岁不得，凶。

坎上
兑下
水泽节
水属

弟兄_身子戊
鬼官一戊戊
母父_应申戊
鬼官一丑丁
孙子一卯丁
财妻_世巳丁

有节之象　之卦寒暑　船行风横

判曰：节者止也。天地得节，四时所成。节以制度，俭以丰盈。内忧外悦，不出户庭。于身谨节，无不康宁。

六爻断：

初九，不出户庭，无咎。

九二，不出门庭，凶。

六三，不节若，则嗟若，无咎。

六四，安节亨。

九五，甘节，吉，往有尚。

上六，苦节，贞凶，悔亡。

（屯）

坎上　水
震下　雷屯
　　　水属

龙居浅水
之卦万物
始生之象

弟兄—子戊
鬼官（应）戊戊
母父—申戊
鬼官—辰庚（身）
孙子（世）寅庚
弟兄—子庚

判曰：屯者难也。象屯之时，动则难生。如常之事，先易后争。时方屯难，切忌远行。婚姻即吉，谋望不亨。

六爻断：

初九，盘桓，利居贞，利建侯。

六二，屯如邅如，乘马班如。匪寇婚媾，女子贞，不字，十年乃字。

六三，即鹿无虞，惟入于林中。君子几，不如舍，往吝。

六四，乘马班如，求婚媾，往，吉。无不利。

九五，屯其膏，小贞吉，大贞凶。

上六，乘马班如，泣血涟如。

（既济）

坎上　水
离下　火既济
　　　水属

舟楫济川
之卦阴阳
配合之象

弟兄（身应）子戊
鬼官—戌戊
母父—申戊
弟兄（世）亥己
鬼官—丑己
孙子—卯己

判曰：既济，合也。水火相遇，会合之义。往渡得船，成功必济。所求必从，所欲必遂。斯不失时，谓之既济。

六爻断：

初九，曳其轮，濡其尾，无咎。

六二，妇丧其茀，勿逐，七日得。

九三，高宗伐鬼方，三年克之，小人勿用。

六四，繻有衣袽，终日戒。

九五，东邻杀牛，不如西邻之禴祭，实受其福。

上六，濡其首，厉。

（革）

泽火革
离下　兑上
水属

鬼官——未丁
母父——酉丁（身）（世）
弟兄——亥丁
弟兄——亥己
鬼官——丑己
孙子——卯己（应）

豹变为虎
之卦改旧
从新之象

　　判曰：革者改也。改故就新，变易之道。交易其所，君子豹变。时有不遇，并宜改革。守旧则凶，从新则吉。

六爻断：

初九，巩用黄牛之革。

六二，已日乃革之，征吉，无咎。

九三，征凶，贞厉。革言三就，有孚。

九四，悔亡。有孚，改命吉。

九五，大人虎变，未占有孚。

上六，君子豹变，小人革面，征凶，居贞吉。

（丰）

雷火丰
离下　震上
水属

鬼官——戌庚
母父——申庚（世）
财妻——午庚
弟兄——己（身）
鬼官——丑己（应）
孙子——卯己

日丽中天
之卦背暗
向明之象

　　判曰：丰者大也。日中见斗，幽而不明。此事适大，隐映其形。水中见日，无所取呈。求财未得，事卒难明。

六爻断：

初九，遇其配主，虽旬无咎，往有尚。

六二，丰其蔀，日中见斗。往得疑疾，有孚发若，吉。

九三，丰其沛，日中见沫，折其右肱，无咎。

九四，丰其蔀，日中见斗，遇其夷主，吉。

六五，来章，有庆誉，吉。

上六，丰其屋，蔀其家，窥其户，阒其无人，三岁不觌，凶。

（明夷）

地炎明夷　坤上
离下
水属

母父——酉癸
弟兄——亥癸
鬼官——丑癸 世
弟兄——亥己
鬼官——丑己 身
孙子——卯己 应

入暗之象　凤凰垂翼　之卦出明

判曰：明夷者伤也。火入地中，掩伤明德。君子在厄，三日不食。文王之难，困于丛棘。百凡谋望，且宜止息。

六爻断：

初九，明夷于飞，垂其翼；君子于行，三日不食。有攸往，主人有言。

六二，明夷于左股，用拯马壮，吉。

九三，明夷于南狩，得其大首，不可疾贞。

六四，入于左腹，获明夷之心，于出门庭。

六五，箕子之明夷，利贞。

上六，不明悔，初登于天，后入于地。

（师）

地水师　坤上
坎下
水属

母父——酉癸 应
弟兄——亥癸
鬼官——丑癸
财妻——午戊 世
鬼官——辰戊
孙子——寅戊 身

伏众之象　天马出群　之卦之寡

判曰：师者众也。独行越师，最不宜动。君子有命，小人勿用。其相克伐，政道成讼。

六爻断：

初六，师出以律，否臧凶。

九二，在师中，吉，无咎。王三锡命。

六三，师或舆尸，凶。

六四，师左次，无咎。

六五，田有禽，利执言，无咎。长子帅师，弟子舆尸，贞凶。

上六，大君有命，开国承家，小人勿用。

（艮）

艮下　艮为山　艮上　土属

鬼官 ——世 寅丙
财妻 —— 子丙
弟兄 —— 戌丙
孙子 ——身应 申丙
母父 —— 午丙
弟兄 —— 辰丙

成高之象　之卦积小　游鱼避网

判曰：艮者止也。纯艮危危，安静无亏。时止则止，时移则移。钱财散失，失在小儿。寻求不得，东北宜之。

六爻断：

初六，艮其趾，无咎，利永贞。

六二，艮其腓，不拯其随，其心不快。

九三，艮其限，列其夤，厉，薰心。

六四，艮其身，无咎。

六五，艮其辅，言有序，悔亡。

上九，敦艮，吉。

（贲）

离下　山火贲　艮上　土属

鬼官 —— 寅丙
财妻 —— 子丙
弟兄 ——身 戌丙
财妻 —— 亥己
弟兄 —— 丑己
鬼官 ——应 卯己

通泰之象　之卦光明　猛虎负嵎

判曰：贲者饰也。光彩烜赫，火色含丹。文章交错，应杂其间。进退荣益，束帛戋戋。

六爻断：

初九，贲其趾，舍车而徒。

六二，贲其须。

九三，贲如濡如，永贞吉。

六四，贲如皤如，白马翰如，匪寇婚媾。

六五，贲于丘园，束帛戋戋，吝，终吉。

上九，白贲无咎。

（大畜）

山天大畜
乾下　艮上
土属

鬼官—寅丙
财妻—子丙　应
弟兄—戌丙
弟兄—辰甲　身世
鬼官—寅甲
财妻—子甲

积小成高
之卦龙潜
大壑之象

判曰：大畜者聚也。刚健笃实，积聚丰隆。居官食禄，建立其功。论讼有益，道里亨通。利涉大川，后吉先凶。

六爻断：

初九，有厉，利已。

九二，舆说輹。

九三，良马逐，利艰贞，日闲舆卫，利有攸往。

六四，童牛之牿，元吉。

六五，豮豕之牙，吉。

上九，何天之衢，亨。

（损）

山泽损
兑下　艮上
土属

鬼官—寅丙　应
财妻—子丙
弟兄—戌丙
弟兄—丑丁　世
鬼官—卯丁　身
母父—巳丁

凿石见玉
之卦握圭
为山之象

判曰：损者益也。损上益下，后易先难。本非走失，事主忧官。必损而已，何以为安。

六爻断：

初九，已事遄往，无咎。酌损之。

九二，利贞，征凶，弗损，益之。

六三，三人行则损一人，一人行则得其友。

六四，损其疾，使遄有喜，无咎。

六五，或益之十朋之龟，弗克违，元吉。

上九，弗损益之，无咎，贞吉，利有攸往。得臣无家。

（睽）

火 离
泽 睽 上
兑 下
土属

母父 —— 巳 己己
弟兄 —— 未 己己
孙子 —— 酉 身世
弟兄 —— 丑 丁丁
鬼官 —— 卯 丁丁
母父 —— 巳 应丁

猛虎陷阱
之卦二女
同居之象

判曰：睽者背也。志不相得，作事乖违。口舌相争，财散人离。病者难瘥，行者不归。

六爻断：

初九，悔亡。丧马勿逐，自复，见恶人，无咎。

九二，遇主于巷，无咎。

六三，见舆曳，其牛掣，其人天且劓，无初，有终。

九四，睽孤遇元夫，交孚，厉，无咎。

六五，悔亡。厥宗噬肤，往何咎。

上九，睽孤，见豕负涂，载鬼一车。先张之弧，后说之弧，匪寇婚媾。往遇雨则吉。

（履）

天 乾
泽 履 上
兑 下
土属

弟兄 —— 戌 壬壬
孙子 —— 申 世壬
母父 —— 午 壬壬
弟兄 —— 丑 身丁
鬼官 —— 卯 应丁
母父 —— 巳 丁

如履虎尾
之卦安中
防危之象

判曰：履者礼也。如履虎尾，防虑宜深。坚冰之患，戒慎兢兢。安中防危，忧中望喜。眇而能视，跛而能履。

六爻断：

初九，素履往，无咎。

九二，履道坦坦，幽人贞吉。

六三，眇能视，跛能履，履虎尾，咥人凶，武人为于大君。

九四，履虎尾，愬愬，终吉。

九五，夬履，贞厉。

上九，视履考祥，其旋元吉。

（中孚）

风泽中孚
巽上
兑下
土属

鬼官——卯辛
母父——巳辛
弟兄—— 未辛（世）
弟兄——丑丁
鬼官——卯丁
母父——巳丁（身）（应）

鹤鸣子和
之卦事有
定期之象

　　判曰：中孚信也。天地养育，万物安居。泽被草木，信及豚鱼。利涉大川，厄难消除。

六爻断：

初九，虞吉，有他不燕。

九二，鸣鹤在阴，其子和之。我有好爵，吾与尔靡之。

六三，得敌，或鼓或罢，或泣或歌。

六四，月几望，马匹亡，无咎。

九五，有孚挛如，无咎。

上九，翰音登于天，贞凶。

（渐）

风山渐
巽上
艮下
土属

鬼官——卯辛（应）
母父——巳辛
弟兄——未辛
孙子——申丙（世）
母父——午丙
弟兄——辰丙

高山植木
之卦积小
成大之象

　　判曰：渐者进也。渐进之义，动静皆宜。食无求饱，款曲施为。婚姻和合，行人将归。

六爻断：

初六，鸿渐于干，小子厉，有言，无咎。

六二，鸿渐于磐，饮食衎衎，吉。

九三，鸿渐于陆，夫征不复，妇孕不育，凶。利御寇。

六四，鸿渐于木，或得其桷，无咎。

九五，鸿渐于陵，妇三岁不孕，终莫之胜，吉。

上九，鸿渐于陆，其羽可用为仪，吉。

中华传世藏书

钦定古今图书集成 精华本

卜筮篇

（震）

判曰：震者动也。重雷发响，百里飞声。无事之者，愕然而惊。求谋和遂，官爵难成。空闻其响，不见其形。

震上　震地豫　属木

坤下

财妻——戌庚　世
鬼官——申庚　身
孙子——午庚
财妻——辰庚　应
弟兄——寅庚
母父——子庚

发荣之象　鸾凤生雏　之卦万物

六爻断：

初九，震来虩虩，后笑言哑哑，吉。

六二，震来厉，亿丧贝。跻于九陵，勿逐，七日得。

六三，辰苏苏，震行无眚。

九四，震遂泥。

六五，震往来厉，亿无丧，有事。

上六，震索索，视矍矍，征凶。震不于其躬。于其邻。无咎。婚媾有言。

（豫）

判曰：豫者悦也。雷出于地，开蛰鼓翼。天地顺动，日时不忒。先王制礼，殷荐崇德。凡事无疑，上下悦怿。

震上　震地豫　属木

坤下

财妻——戌庚　世
鬼官——申庚　身
孙子——午庚
财妻——辰庚　应
弟兄——寅庚
母父——子庚

发荣之象　鸾凤生雏　之卦万物

六爻断：

初六，鸣豫，凶。

六二，介于石，不终日，贞吉。

六三，盱豫，悔；迟，有悔。

九四，由豫，大有，得，勿疑，朋盍簪。

六五，贞疾，恒不死。

上六，冥豫，成有渝，无咎。

（解）

雷　震
水　解　上
坎　木
下　属

财妻—身—戌庚
鬼官——申庚　应
孙子——午庚
孙子——午戊
财妻——辰戊　世
弟兄——寅戊

喜生之象

之卦忧散

春雷行雨

判曰：解者散也。出于险难，恶事消散。狱讼可释，共相歌赞。婚不和谐，人如隔面。久患在床，今当冰泮。

六爻断：

初六，无咎。

九二，田获三狐，得黄矢，贞吉。

六三，负且乘，致寇至，贞吝。

九四，解而拇，朋至斯孚。

六五，君子维有解，吉。有孚于小人。

上六，公用射隼于高墉之上，获之，无不利。

（恒）

雷　震
风　恒　上
巽　木
下　属

财妻——戌庚　应
鬼官——申庚
孙子—身—午庚
鬼官——酉辛　世
母父——亥辛
财妻——丑辛

不忒这象

之卦四时

月月长明

判曰：恒者久也。长久安静，不动为良。四时变化，天道之常。日月运转，普照其光。君子以立，不易其方。

六爻断：

初六，浚恒，贞凶，无攸利。

九二，悔亡。

九三，不恒其德，或承之羞，贞吝。

九四，田无禽。

六五，恒其德，贞妇人吉，夫子凶。

上六，振恒，凶。

（升）

地风升　坤上　巽下　属木

鬼官——酉癸
母父——亥癸
财妻丗丑癸
鬼官——酉辛
母父身亥辛
财妻应丑辛

灵鸟翔翔
之卦显达
光明之象

判曰：升者进也。木生于土，萌芽渐长。积小成大，升进而上。宜见王公，褒嘉叹赏。出暗向明，亨通之象。

六爻断：

初六，允升，大吉。

九二，孚乃利用禴，无咎。

九三，升虚邑。

六四，王用享于岐山，吉，无咎。

六五，贞吉，升阶。

上六，冥升，利于不息之贞。

（井）

水风井　坎上　巽下　属木

母父——子戊
财妻身戊戊
鬼官——申戊
鬼官——酉辛
母父应亥辛
财妻——丑辛

珠藏深渊
之卦守静
安常之象

判曰：井者静也。邑乃可改，井不可移。安身勿动，守道无亏。所作于人，且宜修之。逃亡难得，应没还期。

六爻断：

初六，井泥不食，旧井不禽。

九二，井谷射鲋，瓮敝漏。

九三，井渫不食，为我心恻，可用汲。王明，并受其福。

六四，井甃，无咎。

九五，井冽，寒泉食。

上六，井收勿幕，有孚元吉。

（大过）

<table>
<tr><td>

竞上
泽风大过　木属
巽下

财妻—身—末丁
鬼官—酉丁　世
母父—亥丁
鬼官—本辛
母父—亥辛
财妻—丑辛　应

寒木生花
之卦本末
俱弱之象

</td><td>

判曰：大过者祸也。四阳过盛，上下不胜。栋桡之象，事卒难明。两刑两克，所求不成。枯杨借生，自灭之征。

六爻断：

初六，藉用白茅，无咎。

九二，枯杨生稊，老夫得其女妻，无不利。

九三，栋桡，凶。

九四，栋隆，吉。有他吝。

九五，枯杨生华，老妇得其士夫，无咎无誉。

上六，过涉灭顶，凶，无咎。

</td></tr>
</table>

（随）

<table>
<tr><td>

兑上
泽雷随　木属
震下

财妻—末丁　应
鬼官—酉丁　身
母父—亥丁
财妻—辰庚
弟兄—寅庚　世
母父—子庚

良工琢玉
之卦如水
推车之象

</td><td>

判曰：随者顺也。上刚下柔，随时之义。改故鼎新，众美俱至。士子得官，宜增禄位。百事遂意，吉无不利。

六爻断：

初九，官有渝，贞吉，出门交有功。

六二，系小子，失丈夫。

六三，系丈夫，失小子。随有求得，利居贞。

九四，随有获，贞凶。有孚在道，以明，何咎。

九五，孚于嘉，吉。

上六，拘系之，乃从维之，王用亨于西山。

</td></tr>
</table>

（巽）

巽上 巽下 巽为风
木属

弟兄 — 卯辛 世
孙子 — 巳辛
财妻 — 未辛 身
鬼官 — 酉辛 应
母父 — 亥辛
财妻 — 丑辛

风行草偃
之卦上行
下效之象

判曰：巽者顺也。乃顺成天，动用相尚。消息交通，无诸蔽障。恶事不同，风飘其响。所作随顺，进达之象。

六爻断：

初六，进退，利武人之贞。

九二，巽在床下，用史巫纷若，吉，无咎。

九三，频巽，吝。

六四，悔亡，田获三品。

九五，贞吉，悔亡，无不利，无初有终。先庚三日，后庚三日，吉。

上九，巽在床下，丧其资斧，贞凶。

（小畜）

巽上 乾下 风天小畜
木属

弟兄 — 卯辛
孙子 — 巳辛
财妻 — 未辛 应
财妻 — 辰甲
弟兄 — 寅甲
母父 — 子甲 世 身

匣藏宝剑
之卦密云
不雨之象

判曰：小畜者塞也。密云不雨，夫妇反覆。信息不通，出行却伏。求事不成，迟而未速。

六爻断：

初九，复自道，何其咎，吉。

九二，牵复，吉。

九三，舆脱辐，夫妻反目。

六四，有孚，血去惕出，无咎。

九五，有孚，挛如，富以其邻。

上九，既雨既处。尚德载妇，贞厉。月几望，君子征凶。

（家人）

<table>
<tr><td>
巽上
离下
风火家人
木属

弟兄——卯辛
孙子——巳辛 应
财妻——未己
母父——亥己 身世
财妻——丑己
弟兄——卯己

入海求珠
之卦开花
结子之象
</td>
<td>
　　判曰：家人者同也。阴阳得位，夫妇克隆。田禾增广，财入本富。婚姻之道，以存始终。不求自合，家庆融融。

六爻断：

初九，闲有家，悔亡。

六二，无攸遂，在中馈，贞吉。

九三，家人嗃嗃，悔厉，吉。妇子嘻嘻，终吝。

六四，富家，大吉。

九五，王假有家，勿恤，吉。

上九，有孚威如，终吉。
</td></tr>
</table>

（益）

<table>
<tr><td>
巽上
震下
风雷益
木属

弟兄——卯辛 应
孙子——巳辛 身
财妻——未辛
财妻——辰庚 世
弟兄——寅庚
母父——子庚

鸿鹄遇风
之卦滴水
天河之象
</td>
<td>
　　判曰：益者损也。风雷相举，益道如然。小人达情，刑狱之愆。君子位变，见善则迁。利有攸往，行人速还。

六爻断：

初九，利用为大作，元吉，无咎。

六二，或益之十朋之龟，弗克违，永贞吉。王用享于帝，吉。

六三，益之用凶事，无咎。有孚中行，告公用圭。

六四，中行告公从，利用为依迁国。

九五，有孚惠心，勿问元吉，有孚惠我德。

上九，莫益之，或击之，立心勿恒，凶。
</td></tr>
</table>

（无妄）

天雷无妄　乾上　震下

属木

财妻——戌壬
鬼官——申壬
孙子——午庚　世
财妻——辰庚
弟兄——寅庚　身
母父——子庚　应

石中蕴玉之卦　守旧安常之象

判曰：无妄者天灾也。天雷震响，惊怖如摧。病勿与药，虽凶可为，百凡谋望，居安虑危。

六爻断：

初九，无妄，往吉。

六二，不耕获，不菑畲，则利有攸往。

六三，无妄之灾，或系之牛，行人之得，邑人之灾。

九四，可贞，无咎。

九五，无妄之疾，勿药有喜。

上九，无妄行有眚，无攸利。

（噬嗑）

火雷噬嗑　离上　震下

属木

孙子——巳己
财妻——未己　世
鬼官——酉己
财妻——辰庚
弟兄——寅庚　身
母父——子庚　应

日中为市之卦　颐中有物之象

判曰：噬嗑者啮也。上下相合，物在颐间。饮食之事，聚会相延。财爻持世，求之不难。所为事理，内外俱安。

六爻断：

初九，屦校灭趾，无咎。

六二，噬肤灭鼻，无咎。

六三，噬腊肉，遇毒，小吝，无咎。

九四，噬干胏，得金矢，利艰贞，吉。

六五，噬干肉，得黄金，贞厉，无咎。

上九，何校灭耳，凶。

(颐)

山雷颐 艮上
震下
属木

弟兄—寅丙
母父—身子丙
财妻—世戌丙
财妻—辰庚
弟兄—寅庚
母父—应子庚

龙隐深潭
之卦迁善
远恶之象

判曰：颐者养也。谨言节食，能养其身。震动艮止，万物皆春。恶事消散，不害于人。

六爻断：

初九，舍尔灵龟，观我朵颐，凶。

六二，颠颐，拂经，于丘颐，征凶。

六三，拂颐，贞凶，十年勿用，无攸利。

六四，颠颐，吉。虎视耽耽，其欲逐逐，无咎。

六五，拂经，居贞，吉。不可涉大川。

上九，由颐，厉吉，利涉大川

(蛊)

山风蛊 艮上
巽下
属木

弟兄—应寅丙
母父—子丙
财妻—身戌丙
鬼官—世酉辛
母父—亥辛
财妻—丑辛

三蛊食血
之卦以恶
害义之象

判曰：蛊者事也。干父之体，任用于先。三虫在器，阴害相连。厌昧之事，其疾难痊。求谋欲起，虑恐相干。

六爻断：

初六，干父之蛊，有子，考无咎。厉，终吉。

九二，干母之蛊，不可贞。

九三，干父之蛊，小有悔，无大咎。

六四，裕父之蛊，往见吝。

六五，干父之蛊，用誉。

上九，不事王侯，高尚其事。

（离）

离上 离
离为火
火属 离下

弟兄 ——身世 巳己
孙子 —— 未己
财妻 —— 酉己
鬼官 ——应 亥己
孙子 —— 丑己
母父 —— 卯己

飞禽遇网
之卦大明
当天之象

判曰：离者丽也。光明美丽，不利出师。二鸟同飞，雄失其雌。婚姻未合，易起官非。口舌相尚，财散人离。

六爻断：

初九，履错然敬之，无咎。

六二，黄离，元吉。

九三，日昃之离，不鼓缶而歌，则大耋之嗟，凶。

九四，突如其来如，焚如，死如，弃如。

六五，出涕沱若，戚嗟若，吉。

上九，王用出征，有嘉折首，获匪其丑，无咎。

（旅）

离上 火
山 艮下 旅
火属

弟兄 —— 巳己
孙子 —— 未己
财妻 ——身 酉己
财妻 ——应 申丙
弟兄 —— 午丙
孙子 ——世 辰丙

如鸟焚巢
之卦乐极
哀生之象

判曰：旅者客也。长途落落，羁旅凄凄。火行山上，逐草高低。如鸟焚巢，无枝可栖。虽然先笑，后有悲啼。

六爻断：

初六，旅琐琐，斯其所取灾。

六二，旅次即怀其资，得童仆贞。

九三，旅焚其次，丧其童仆贞，厉。

九四，旅于处，得其资斧，我心不快。

六五，射雉，一矢亡，终以誉命。

上九，鸟焚其巢，旅人先笑，后号咷。丧牛于易，凶。

（鼎）

离上
火风鼎
巽下
火属

弟兄—己己 身
孙子——己未 应
财妻——己酉
财妻——辛酉
鬼官——辛亥 世
孙子——辛丑

取新之象
调和鼎鼐之卦
去旧

判曰：鼎者定也。鼎象九州，和羹之器。变生为熟，以成香味。鼎乃易溢，不宜争事。官鬼持世，求官最利。

六爻断：

初六，鼎颠趾，利出否，得妾以其子，无咎。

九二，鼎有实，我仇有疾，不我能即，吉。

九三，鼎耳革，其行塞，雉膏不食，方雨亏悔，终吉。

九四，鼎折足，覆公餗，其形渥，凶。

六五，鼎黄耳，金铉，利贞。

上九，鼎玉铉，大吉，无不利。

（未济）

离上
火水未济
坎下
火属

弟兄—己己 应
孙子——己未
财妻——己酉
弟兄——戊午 世
孙子——戊辰 身
母父——戊寅

望喜之象
竭海求珠之卦
忧中

判曰：未济者失也。水火不交，刚柔失位。求事未成，多有壅滞。如狐渡水，必濡其尾。积小成大，谓之未济。

六爻断：

初六，濡其尾，吝。

九二，曳其轮，贞吉。

六三，未济征凶，利涉大川。

九四，贞吉，悔亡。高宗伐鬼方，三年有赏于大国。

六五，贞吉，无悔，君子之光，有孚，吉。上九，有孚，于饮

酒无咎，濡其首，有孚，失是。

坎水　山水蒙　艮上
火属

母父一寅丙
鬼官身子丙
孙子世戊丙
弟兄一午戊
孙子一辰戊
母父应寅戊

始生之象　之卦　人藏烟草　万物

判曰：蒙者昧也。蒙以养正，山下有泉。回旋反覆，迷闷相连。多忧过失，病患相缠。欲进欲退，疑惑不前。

六爻断：

初六，发蒙，利用刑人，用说桎梏，以往吝。

九二，包蒙吉，纳妇吉，子克家。

六三，勿用取女，见金夫，不有躬，无攸利。

六四，困蒙，吝。

六五，童蒙，吉。

上九，系蒙。不利，为寇；利御寇。

坎水　风水涣　巽上
下　火属

母父身卯辛
弟兄世巳辛
孙子一未辛
弟兄一午戊
孙子应辰戊
母父一寅戊

吹物之象　之卦　顺水行舟　大风

判曰：涣者散也。逐波随水，患难将消。恶事离身，狱讼出牢。利涉大川，舟楫遥遥。出入无滞，福德滔滔。

六爻断：

初六，用拯马壮，吉。

九二，涣奔其机，悔亡。

六三，涣其躬，无悔。

六四，涣其群，元吉。涣有丘，匪夷所思。

九五，涣汗其大号，涣王居，无咎。

上九，涣其血去，逖出，无咎。

（讼）

天水讼
坎下乾上
火属

孙子—戊壬
财妻—申壬
弟兄—午壬（世）
弟兄—午戊
孙子—辰戊
母父—寅戊（身应）

从鹰逐兔
之卦天水
相违之象

判曰：讼者论也。天道西往，水脉东流。求事未遂，心常怀忧。争讼宜止，可用和休。

六爻断：

初六，不永所事，小有言，终吉。

九二，不克讼，归而逋，其邑人三百户无眚。

六三，食旧德，贞厉，终吉。或从王事，无成。

九四，不克讼，复即命，渝安贞，吉。

九五，讼，元吉。

上九，或锡之鞶带，终朝三褫之。

（同人）

天火同人
离下乾上
火属

孙子—戊壬（身应）
财妻—申壬
弟兄—午壬
鬼官—亥己（世）
孙子—丑己
母父—卯己

游鱼从水
之卦管鲍
分金之象

判曰：同人者亲也。同心之言，其臭如兰。二人同心，其利断金。所求皆得，无不称心。

六爻断：

初九，同人于门，无咎。

六二，同人于宗，吝。

九三，伏戎于莽，升其高陵，三岁不兴。

九四，乘其墉，弗克攻，吉。

九五，同人，先号咷而后笑，大师克相遇。

上九。同人于郊，无悔。

（坤）

坤为　坤
坤下　地上
　　火属

孙子一世—酉癸
财妻——亥癸
弟兄—身—丑癸
鬼官—应—卯乙
母父——巳乙
弟兄——未乙

无疆之象　　之卦博厚　　生载万物
　　　　　　　　　　　　　无疆之象

判曰：坤者顺也。乃顺成天，万物资生。用动则浊，用静则清。所作有顺，万物皆成。

六爻断：

初六，履霜，坚冰至。

六二，直方大，不习无不利。

六三，含章可贞，或从王事，无成有终。

六四，括囊，无咎，无誉。

六五，黄裳元吉。

上六，龙战于野，其血元黄。用六，利永贞。

（复）

地雷　坤
震下　复上
　　土属

孙子——酉癸
财妻——亥癸
弟兄—应—丑癸
弟兄——辰庚
鬼官—身—寅庚
财妻—世—子庚

往来之象　　之卦反覆　　淘沙见金

判曰：复者反也。内悦外顺，举动无违。世应相合，迁官益财。失而复得，往而复来。婚姻占得，夫妇和谐。

六爻断：

初九，不远复，无祇悔，元吉。

六二，休复，吉。

六三，频复，厉，无咎。

六四，中行，独复。

六五，敦复，无悔。

上六，迷复，凶。有灾眚。用行师，终有大败。以其国君凶，至于十年不克征。

（临）

地泽临
坤上
兑下
土属

孙子—酉癸 应
财妻—亥癸
弟兄—丑癸 身
弟兄—丑丁
鬼官—卯丁 世
母父—巳丁

临下之象
凤入鸡群
之卦以上

判曰：临者大也。以大临小，以上临下。内柔外和，人非欺诈。居官进升，文才和雅。纵有灾害，不能相惹。

六爻断：

初九，咸临。贞吉。

九二，咸临，吉，无不利。

六三，甘临，无攸利。既忧之，无咎。

六四，至临，无咎。

六五，知临，大君之宜吉。

上六，敦临，吉，无咎。

（泰）

地天泰
坤上
乾下
土属

孙子—酉癸 应
财妻—亥癸
弟兄—丑癸
弟兄—辰甲 世
鬼官—寅甲
母父—子甲

大来之象
天地交畅
之卦小往

判曰：泰者通也。天地交泰，阴阳和光。麒麟悉出，丹凤来翔。小人道灭，君子道昌。求谋顺遂，恶事消亡。

六爻断：

初九，拔茅茹以其汇，征吉。

九二，包荒，用冯河。不遐遗，朋亡，不用于中行。

九三，无平不陂，无往不复，艰贞无咎，勿恤其孚，于食有福。

六四，翩翩，不富以其邻，不戒以孚。

六五，帝乙归妹以祉，元吉。

上六，城复于隍，勿用师，自邑告命，贞吝。

（大壮）

雷天大壮
土属

震上
乾下

弟兄——戌庚
孙子——申庚
母父——午庚 世
弟兄——辰甲
鬼官——寅甲 甲
财妻——身世

触藩之象　先顺后逆　之卦羝羊

　　判曰：大壮者志也。羝羊触藩，其道难全。令人刚强，已成过愆。非利勿贪，善莫大焉。

六爻断：

初九，壮于趾，征凶，有孚。

九二，贞吉。

九三，小人用壮，君子用罔，贞厉。羝羊触藩，羸其角。

九四，贞吉，悔亡。藩决不羸，壮于大舆之輹。

六五，丧羊于易，无悔。

上六，羝羊触藩，不能退。不能遂，无攸利，艰则吉。

（夬）

泽天夬
土属

兑上
乾下

弟兄——未丁
孙子——酉丁 世身
财妻——亥丁
弟兄——辰甲
鬼官——寅甲 应 甲
财妻——子甲

后益之象　之卦先损　神剑斩蛟

　　判曰：夬者决也。乾兑相刑，恶闻其声。文字契约，事未易成。必须刚断，始得吉亨。

六爻断：

初九，壮于前趾，往不胜，为咎。

九二，惕号，莫夜有戎，勿恤。

九三，壮于頄，有凶。君子夬夬，独行遇雨若濡，有愠，无咎。

九四，臀无肤，其行次且，牵羊悔亡，闻言不信。

九五，苋陆夬夬，中行无咎。

上六，无号，终有凶。

（需）

水天需
坎上
乾下
土属

水天需
坎上
乾下

财妻—子戊
弟兄—戊戊
孙子世申戊
弟兄身辰甲
鬼官—寅甲
财妻应子甲

不雨之象
之卦密云
云霭中天

判曰：需者须也。云行于天，见险不前。身将有厄，恐被勾连。大事欲至，忧虑悬悬。光亨贞吉，利涉大川。

六爻断：

初九，需于郊，利。用恒，无咎。

九二，需于沙，小有言，终吉。

九三，需于泥，致寇至。

六四，需于血，出自穴。

九五，需于酒食，贞吉。上六，入于穴，有不速之客三人来，敬之，终吉。

（比）

水地比
坤下坎上
土属

财妻应子戊
弟兄—戊戊
孙子身申戊
鬼官世卯乙
母父—巳乙
弟兄—未乙

地上之象
之卦水行
众星拱北

判曰：比者和也。抚临万国，内通外流。水行于地，本性和柔。先王制礼，以亲诸侯。元永贞吉，百事无忧。

六爻断：初六，有孚比之，无咎。有孚盈缶，终来有他，吉。

六二，比之自内，贞吉。

六三，比之匪人。

六四，外比之，贞吉。

九五，显比，王用三驱，失前禽。邑人不诫，吉。

上六，比之无首，凶。

（兑）

兑上
兑为泽
金属
兑下

母父 —— 世 未丁
弟兄 —— 酉丁
孙子 —— 亥丁
母父 —— 应 丑丁
财妻 —— 身 卯丁
鬼官 —— 巳丁

江湖养物
之卦天降
雨泽之象

判曰：兑者悦也。泽润万物，恩惠兆民。居上爱下，悦而忻忻。利有攸往，无不亨贞。

六爻断：

初九，和兑，吉。

九二，孚兑，吉，悔亡。

六三，来兑，凶。

九四，商兑，未宁介疾，有喜。

九五，孚于剥，有厉。

上六，引兑。

（困）

兑上
泽水困
金属
坎下

母父 —— 未丁
弟兄 —— 酉丁
孙子 —— 应 亥丁
鬼官 —— 身 午戊
母父 —— 辰戊
财妻 —— 世 寅戊

河中无水
之卦守己
待时之象

判曰：困者危也。水在泽下，万物不生。君子困穷，小人滥盈。三山幽谷，向暗背明。占者有难，守而勿争。

六爻断：

初六，臀困于株木，入于幽谷，三岁不觌。

九二，困于酒食，朱绂方来，利用亨祀，征凶。无咎。

六三，困于石，据于蒺藜。入于其宫，不见其妻，凶。

九四，来徐徐，困于金车，吝，有终。

九五，劓刖，困于赤绂。乃徐有说，利用祭祀。

上六，困于葛藟，于臲卼，曰动悔，有悔，征吉。

（萃）

泽地萃 兑上
坤下 金属

母父——丁未 身
弟兄——丁酉 应
孙子——丁亥
财妻——乙巳
鬼官——乙巳 世
母父——乙未

鱼龙会聚
之卦如水
就下之象

判曰：萃者聚也。内外喜悦，上下俱柔。万事蕃息，利禄悠悠。求谋有济，解释忧愁。

六爻断：

初六，有孚不终，乃乱乃萃。若号，一握为笑。勿恤，往无咎。

六二，引吉，无咎。孚乃利用禴。

六三，萃如嗟如。无攸利。往无咎，小吝。

九四，大吉，无咎。

九五，萃有位，无咎。匪孚，元永贞，悔亡。

上六，赍咨涕洟，无咎。

（咸）

泽山咸 兑上
艮下 金属

母父——丁未 应
弟兄——丁酉
孙子——丁亥
弟兄——丙申 世
鬼官——丙午
母父——丙辰

山泽通气
之卦至诚
感神之象

判曰：咸者感也。天地感应，万物和平。男女感应，夫妇康宁。感应之事，无有不亨。

六爻断：

初六，咸其拇。

六二，咸其腓，凶。居，吉。

九三，咸其股，执其随，往吝。

九四，贞吉，悔亡。憧憧往来，朋从尔思。

九五，咸其脢，无悔。

上六，咸其辅、颊舌。

（蹇）

水山　坎上
山蹇　艮下
　金属

孙子——子戊
母父——戌戊
弟兄—世申戊
弟兄—身申丙
鬼官——午丙
母父—应辰丙

飞雁衔芦
之卦背明
向暗之象

判曰：蹇者难也。利往西南，不利东北。向暗背明，多有壅塞。求事未遂，尚多疑惑。

六爻断：

初六，往蹇，来誉。

六二，王臣蹇蹇，匪躬之故。

九三，往蹇，来反。

六四，往蹇，来连。

九五，大蹇，朋来。

上六，往蹇，来硕，吉。利见大人。

（谦）

地山　坤上
山谦　艮下
　金属

弟兄—身酉癸
孙子—世亥癸
母父——丑癸
弟兄——午丙
鬼官——午丙
母父——辰丙

地中有山
之卦仰高
就下之象

判曰：谦者退也。谦而受益，满而受亏。谦谦君子，尊人自卑。利用谦逊，万事无违。

六爻断：

初六，谦谦君子，用涉大川，吉。

六二，鸣谦，贞吉。

九三，劳谦，君子有终，吉。

六四，无不利，拗谦。

六五，不富以其邻，利用侵伐，无不利。

上六，鸣谦，利用行师征邑国。

（小过）

<table>
<tr><td>
震上
艮下
雷山小过
金属

父母——戌庚
兄弟——申庚
官鬼——午庚世
兄弟——申丙
官鬼——午丙
父母——辰丙身应

下顺之象
之卦上逆
飞鸟遗音
</td>
<td>
　　判曰：小过者过也。飞鸟翩翩，音彻于天。进则有咎，退则无愆。多忧过失，疾病相缠。出入不利，必有迍邅。
六爻断：
初六，飞鸟以凶。
六二，过其祖，遇其妣；不及其君，遇其臣。无咎。
九三，弗过防之，从或戕之，凶。
九四，无咎，弗过遇之，往厉必戒，勿用，永贞。
六五，密云不雨，自我西郊，公弋取彼在穴。
上六，弗遇过之，飞鸟离之，凶，是谓灾眚。
</td></tr>
</table>

（归妹）

<table>
<tr><td>
震上
兑下
雷泽归妹
金属

父母——戌庚应
兄弟——申庚
官鬼——午庚
父母——丑丁世
妻财——卯丁身
官鬼——巳丁

不交之象
之卦阴阳
浮云蔽日
</td>
<td>
　　判曰：归妹者大也。归妹未吉，其道将穷。天地不交，闭塞不通。有殃有咎，无始无终。所作不顺，必见其凶。
六爻断：
初九，归妹以娣，跛能履，征吉。
九二，眇能视，利幽人之贞。
六三，归妹以须，反归以娣。
九四，归妹愆期，迟归有时。
六五，帝乙归妹，其君之袂不如其娣之袂良，月几望，吉。
上六，女承筐无实，士刲羊无血，无攸利。
</td></tr>
</table>

附：六爻诸占定位

占事	六爻	五爻	四爻	三爻	二爻	初爻
天时	天 天	雨 日月	虹 雷	霞 风	露 电	云 云
家宅	祖宗 栋宇	父 人口	母 门户	兄弟 床	妻妾 灶	小口 井
国事	太庙	天子	公侯	大夫	士子	庶民
鬼神	天神	社司	土地	家先	出命	井神
求谋	国事	官事	人事	家事	身事	心事
疾病	头脑	心肝	肺	腰骨	皮肉	五脏
六畜	马	牛	羊	猪	犬	鸡
出行	店舍	道路	车马	行李	伴侣	自身
买卖	地头	店舍	中途	伴侣	己身	行货
蚕桑	茧箔	桑	桑	人	苗	种
田禾	水	天	牛	人力	秧	种
行人	地头	道路	户	门	身	足
产育	公婆	收生婆	夫身	看生	胞胎	产妇
斗殴	官司	刀枪	梃杖	拳手	骂詈	口舌
词讼	圣驾	部台	监司	府	州县	耆保
盗贼	外省	外府	外县	街市	都里	家贼
逃亡	外境	州	县	镇	市	乡

第五章　卜筮汇考五

《卜筮全书》二　《通元妙论》

无鬼无气

鬼者无形而有用，卦中不可无，宜静不宜动。带吉神动，亦能为福。加凶煞动，无不为殃。占身无鬼，资财聚散不常，多招兄弟嫉妒。占婚无鬼，婚难成，纵成，夫当夭折。占官无鬼，功名难就，卦中纵有贵人，终为贵而无位。失脱无鬼，必自遗失，不然，贼亦难获。求财无鬼，兄弟必争权，主在他人，手下趁财，财亦薄。占宅无鬼，谓之无气。鬼者，财之主也。财虽旺，必有主张，然后能聚。无鬼，无主也。必主破耗多端，资财不聚。占病无鬼，必无叩告之门，乃天年命尽也，其病难疗。唯有占产、出行、行人、田蚕无鬼，方为大吉之兆也。

绝处逢生

且如申日占卦，遇用爻属木，木见申则绝，木爻无用矣。若得水爻，发动来相生，木爻仍复有用。譬人当困穷之际，得遇贵人扶持，必有寒谷回春之象，此乃是绝处逢生也。占婚，遇世应绝处逢生，事将解而后成，意久淡而后浓。或可断其贫乏无力，得人扶策，其事亦可成。占产，遇子孙绝处逢生，子将死而复生。妻财绝处逢生，妻将危而有救，财几失而仍得。先难后获，其利反厚。非比旺相之财有限，资生之财无穷也。占官，遇父母绝处逢生，文书虽有阻节，终有贵人主张，其事必成。占讼，遇官鬼绝处逢生，讼必有理，若见财动相生，须用资财嘱托。出行遇世爻绝处逢生，本意已懒，被人纠合。行人若应爻绝处逢生，必遇故人同回。家宅吉神绝处逢生，复有兴隆之象。凶神绝处逢生，灾欲退而祸复来，病治瘥而官事至。占病，用爻与吉神绝处逢生，病将死而复活。鬼爻与忌神绝处逢生，病欲安而复作。

合处逢冲

且如占得雷地豫卦，世应相生，六爻相合，吉无不利，乃事事可成之象也。却在子日占得，子冲应上午害世上未，此乃合处逢冲也。占婚遇之，必然被人毁谤，当见将成而解。占官遇官鬼，文书暗冲，其中尚有反覆变动。占财遇之，财将入手而不得。谋事遇之，必因人阻滞，将成而有变。唯有占讼与病，喜遇合处逢冲，合则事必成，逢冲灾必散；决然事将危而有救，病欲死而复生，吉神合处不可冲，凶神合处喜逢冲也。

随官入墓

随官入墓，其目有三：有身随鬼入墓，有世随鬼入墓，有命随鬼入墓。且如丑日占得雷水解卦，身鬼俱在五爻，乃身随鬼入墓也。若未日占得山天大畜，世在二爻，属木，乃世随鬼入墓也。又如来日寅生人占得地雷复，卯生人占得火泽睽，本命皆在鬼爻，此乃命随鬼入墓也。以上三墓，不问占何事意，皆非吉兆。占身遇之，须防目下有灾，终身不能显达。占婚遇世随鬼入墓，男家贫乏，女财不备。占产遇命随鬼入墓，须防妻命入黄泉。求官遇之，事体难成，虽成终不能振，若入杀墓，更为大凶。占讼遇之，有牢狱、禁系之忧，或讼散身危，或讼中有病。求财遇之，勤劳备历，终归他人。出行遇之，多是去不成，若去愈为不美，必主去后有病。家宅遇之，宅长有忧。占病逢之，十占九死。略举一二卦为例，其余各以类推。

逢冲暗动

且如六爻安静，不遇冲则不动。若日辰相冲，名曰暗动。暗动者，有吉有凶，各有所用，不可一概而论。若遇凶煞暗动，伤身克世，件件皆非所宜；吉神暗动，合世生身，事事无不为吉。余推其义，暗者必非明也，乃阴私潜伏也。福来而不知，祸来而未觉，爻吉则暗中有补，爻凶则暗中有伤。占婚遇之，吉则暗中有人纲维，凶则暗中有人破败。占产遇胎爻或子孙暗动，必会转胎。求官遇之，吉则有无心之机会，凶则阴中有人损害。占讼遇之，吉则得人解救，凶则被人暗算。失脱遇之，吉则暗中捕捉可获，凶则暗昧难寻。求财遇之，吉则隐然求之，利益殊厚，凶则被人劫骗，利不可得。行人遇之，吉则心欲动而未发，凶则暗中有阻未能起身。家宅遇之，吉则暗中有补，福已至而不知，凶则暗中有害，祸欲萌而未觉。占病亦随其所遇之神而定其吉凶也。

助鬼伤身

生助官鬼者，不过妻财也。不宜发动，动则衰鬼变成旺鬼，旺鬼遇之，其势愈凶。且如申日占得离卦，鬼临应爻克世，本非佳兆，更兼妻财发动，生助鬼爻，其凶愈不可当，此乃助鬼伤身也。凡卦鬼克身世者，无财凶有限，若有两财皆动，其祸不可胜言。倘得子孙发动，福神来解，庶可反凶成吉，转祸为祥。

六亲取用

父　母

生我者谓之父母也。能为凶，能为吉，各有所用。遇财则有伤本体，逢鬼则增长光辉，发动则克伤子孙，生扶兄弟。审其动静衰旺，各有所宜，学者自宜详玩。

兄　弟

比和者谓之兄弟也。大抵不能为福，亦不能为大凶。无非破败、克剥、阻滞之神也。怕逢官鬼，发动则受制，喜遇父母兴隆则有依。动则伤克妻财，扶持福德，此理弘深，自宜推测。

子　孙

我生者谓之子孙也。逢之者无不为佳，背之者莫能为福。卦无父母则无克爻，有兄弟则有依，动则生财，克伤官鬼。

妻　财

我克者谓之妻财也。诸事逢之无不为吉。唯占父母及文书不宜见之。值兄弟则有损，遇福德则愈佳，逢官鬼则泄气，动静皆吉。虽然动则生鬼，亦不宜发动也。后之学易者，自当通变。

官　鬼

克我者谓之官鬼也。大抵为凶处多，为福处少，所畏者福德，所恃者妻财。动则克伤兄弟，生扶父母。然卦中虽凶而不可无，但宜静而不宜动耳。占身，命带贵人，当为贵用，加凶煞仍作鬼推。遇吉必进禄加官，逢凶必丧亡疾病。占婚姻，为夫旺相，带青龙者必聪明俊雅之人；加贵人必有勾当，不然亦是宦家子弟，若在胎养沐浴爻上，今虽未仕，他日必贵；最宜持世或临阳象，皆名得地。其余所占不及尽述，详具《天元赋·总论》中。

断易总论

且如四时之旺相，实专八卦之吉凶。春木旺而夏火炎，秋金坚而冬水盛。木火兼用于春天，火土用事于夏月，金水专三秋之令，水木主一冬之权。临用爻为福不浅，临忌爻为祸非轻。先定财官出现伏藏，次论支神休囚旺相。父母辅佐于官鬼，子孙辅佐于妻财。父母于官鬼同气相求，子孙于妻财同声相应。私用以妻财为主，公用以官鬼为尊。最忌动摇，大宜安静。出现旺相可为远日之图，有气伏藏只利暂时之用。用爻无气伏藏急要日辰生合，日辰旺相方能生合相扶，用爻休囚，最怕逢空、冲克。旺相能克休囚，休囚难克旺相。交重能克单拆，单拆难克交重。伏藏不论旬空，出现怕临月破。用官忌子孙持世，求财忌兄弟临身，财官若遇生扶，谋望并无阻滞。身世若无救助，所为必主参商。兄弟动摇，买婢求财空费力，子孙兴发，求官应举枉劳心。父母为饕餮之神，兄弟为克剥之鬼。寻常占卜不宜父母交重，一应谋为切忌兄父发作。鬼动祸起切莫与人交争，财动耗财甚勿与人争讼。父母动劳心劳力，兄弟兴为诈为虚。用官宜伏父母，用财宜伏子孙。官伏子孙，用官必无成就，财伏父母，用财一半亏伤。用财伏官怕侵匿之扰，用官伏兄怕阻隔之挠。用父伏财皆为患，用财伏兄总不中，用神要拱合生扶，忌神须刑冲克破。散官治病全赖子孙，兴讼求名须凭官鬼。口舌是非争竞，为缘兄弟爻兴，谋为重叠艰辛，皆因父母爻动。应动事变，托人相反不相从；世动理亏，凡事改求宜改作。世应相生人扶助，世应相克事迟疑。应空吉凶不成，间动谋为多阻。月建临于用爻，求官必定迁高职；月破临于用爻；作事无成病不痊。八纯克世克用，作事有始无终；五墓临世临身，问病一生九死。明用爻之得失，定事体之吉凶。求安求乐求长久，最宜爻象安宁；图借图赊图脱卸，看取用爻兴旺。休囚独发事体迟疑，旺相若兴事情急速。世临五墓如醉如痴，用值三刑遭伤遭损，略言机妙，全在推详。外演爻辞定六亲之象，内占八卦决百事之疑。洞烛纤毫，包含万象，下通人事，上应天时。

《阐奥歌章》（上）

碎金赋

子动生财，不宜父摆；兄动克财，子动能解。

摆，动也。盖子动生财，若是父动克子，子不能生财矣。兄动则能克财，若得子动，兄必贪生于子，忘克于财，谓之贪生忘克，而财反得生矣。

财动生鬼，切忌兄摇；子动克鬼，财动能消。

摇，动也。盖财动能生鬼，若是兄动克财，鬼不能生矣。若子孙发动，则能克鬼，若得财爻发动，则泄子孙之气而生官鬼之精神矣。

父动生兄，忌财相克；鬼动克兄，父动能泄。

父乃兄之元辰，忌财克之；鬼乃兄之忌神，喜父泄之。父动生兄，若见财爻动则父无用而不能生兄矣。官鬼发克兄弟，若见父母动则漏泄官鬼之气而不能为大害矣。

鬼动生父，忌子交重；财动克父，鬼动能中。

交重，动也。鬼动能生父，若是子动则克制官鬼，不能生父矣。财动则能克父，若得鬼动财必贪生于鬼，忘克于父，是鬼为财之中人也。

兄动生子，忌鬼摇扬；父动克子，兄动无妨。

摇扬，动也。盖兄动则生子，若鬼动克兄，子失元辰矣。父动能克子孙，若得兄动则泄减父之凶势而子得无妨也。

子兴克鬼，父动无妨；若然兄动，鬼必遭伤。

子动必伤官鬼，若得父动克子，则鬼无事；若兄动生子，子愈有力，其鬼必遭伤害也。

财兴克父，兄动无忧；若然子动，父命难留。

财动必克父，若得兄动克财，财不能克父也。若是子孙发动，生助妻财，其势转盛，其父必难救援也。

父兴克子，财动无事；若是鬼兴，其子必死。

父动克子，若得财动克父，子孙有救。若是鬼动愈生，父怒其子，必死无疑矣。

鬼兴克兄，子动可救；财若交重，兄弟不久。

官动克兄，若子动克鬼，则兄弟有救；若财动生鬼，则鬼恶愈盛，兄必难救。

兄兴克财，鬼兴无碍；若是父兴，财遭克害。

兄动克财，若得鬼动克兄，财得无事；若父动生兄，其兄愈加狂戾，财必遭于克害也。

断易通元赋

《易》爻不妄成，

《易》本天机之事，岂妄成也。

神爻岂乱发。

卦中六爻，神圣灵机，岂有乱发。

体象或既成，

本卦为体，支卦为象。

无者形忧色。

所占之事若不上卦，定可忧也。

始须论天喜，

如正月起戌，二月亥，顺行十二位是也。

次看贵人方。

贵人见后《神杀章》内。

三合百事吉，

三合见后《神杀章》内。

禄马最为良。

如甲日有寅爻，则是禄也。即甲禄在寅，乙禄在卯。申子辰日有寅爻，则是马也。即申子辰马居寅，若有此爻临世应，求官可进，名利俱成。禄马全篇歌诀俱见后《神杀章》内。

爻动始为定，

看卦之动爻而定其吉凶。

次吉论空亡。

吉神忌空，凶杀喜空。

彭城有密诀，切记不可忘。

诀云：子落空亡忧远行，病值空亡宜作福，久病空亡身下亡，财若空亡难把捉，鬼遇空亡官事停，妻值空亡妻有厄，室女空亡有外情，宅值空亡急作福，父母空亡忧病生，兄弟空亡不得力，子孙空亡主伶仃。

四冲主冲并，

辰、戌、丑、未为四冲，纵然占，吉也成凶。

刑极俱主伤。

寅申巳亥为四刑，凡作十事无一成；婚姻、官事俱不吉，纵得相生也不真。

世应俱发动，必然有改张。

世应俱动，定见不宁之兆。

龙动家有喜，

青龙动主有喜庆。

虎动主有丧。

白虎动定有凶丧。

勾陈朱雀动，须忌有文章。

勾陈朱雀动，主文书立至。

日动忧尊长，

看所卜之日辰属何爻，遇动则尊，长有灾咎。

辰动损儿郎。

看所卜之时辰属何爻，遇动则小儿损。

阳动男人滞，

阳爻动主男人疾。

阴动女人殃。

阴爻动主女人灾。

出行宜世动，

凡占出行，世动则吉，且无阻隔。

归魂不出疆。

归魂卦主踌躇不进。

应动值三合，行人立回庄。

应爻若动，行人主在三合日到家。

占宅青龙旺，豪富冠一乡。

占宅若见龙旺，定主富贵。

父母爻兴旺，为官至侯王。

印旺主大贵。

天喜若持世，公事定无妨。

天喜持世，讼必有理。

勾陈克元武，捕贼不须忙。

若勾陈克元武，捕盗易获。

父病嫌大杀，

父病杀爻，上卦定死。

空亡母不长。

母病若空亡，定主丧。

无鬼病难疗，

占病无鬼，定主不治。

鬼旺主发狂。

鬼旺财兴，难保命。

请看《考鬼历》，祷谢得安康。

须看《考鬼历》属何鬼，祭之则吉。

占婚嫌财死，占产看阴阳。

财爻生旺吉，死墓婚不利，子爻阳男阴女。

若要问风水，三四世吉昌。

葬喜三四世卦大吉。

长生沐浴诀，卦卦要审详。

金长生在巳，其法详见后《神杀章》内。

分别各有类，无物不包藏。

后数卷分门别类，包藏万象，不出此《易》卦也。

诸爻持世诀

世爻旺相主安康，作事亨通大吉昌。
谋望诸般皆遂意，从他刑害不能伤。

父母持世事忧否，身带文书及官鬼。
夫妻相克不和同，到老用求他姓子。

子孙持世事无忧，官鬼从今了便休。
求失此时应易得，营生作事有来由。

鬼爻持世事难安，占身不病也遭官。
财物时时忧失脱，骨肉分离会合难。

财爻持世益财荣，若问求财定称心。
更得子孙临应上，官鬼从他断不成。

兄弟持世克妻财，忧官未了事还来。
鬼旺正当防口舌，身强必定损其财。

世应生克动静空亡诀

世应相生则吉，世应相克则凶。

世应比和事却中，作事谋为可用。

应动他人反变，应空他意难同。

世空世动我心慵，只恐自家懒动。

世应间爻诀

世应当中两间爻，发动所求多阻隔。

假饶有气事分明，必定叨叨方始得。

世应当中两间爻，忌神发动莫相交。

元辰与用当中动，事到酕醄始得梢。

身爻喜忌诀

身上临官不见官，

所忧毕竟变成欢。

目前凶事终须吉，

紧急还来渐渐宽。

身临天喜与青龙，

定期喜事入门中。

若逢驿马身临动，

出路求谋事事通。

身爻切忌入空亡，

做事难成且守常。

化入空亡尤要忌，

劝君安分守家邦。

飞伏生克吉凶歌

伏克飞神为出暴，

飞来克伏反伤身。

伏去生飞名泄气，

飞来生伏得长生。

爻逢伏克飞无事，

用见飞伤伏不宁。

飞伏比和为有助，

伏藏出现审来因。

断《易》勿泥神杀歌

易卦阴阳在变通，

五行生克妙无穷。

时人不辨阴阳理，

神杀将来定吉凶。

忌神歌

看卦先须看忌神，

忌神宜静不宜兴。

忌神急要逢冲克，

若遇生扶用受刑。

元辰歌

元辰出现志扬扬，

用伏藏兮也不妨。

须要生扶兼旺相，

最嫌冲克及刑伤。

用爻泄气歌

用逢泄气动摇摇，
做事消疏不遂头。
最喜元辰相救助，
忌神发动切须愁。

六爻安静诀

卦遇六爻安静，须看用与日辰。
日辰克用及冲刑，其事最当谨慎。
更在世应推究，忌神切莫加临。
世应临用及元辰，作事断然昌盛。

六爻乱动诀

六爻乱动事难明，
须向亲宫看用神。
用若休囚遭克害，
须知此事费精神。

用爻不上卦或落空亡诀

用象如无或落空，
就将本卦六亲攻。
动爻生用终须吉，
若遇交重克用凶。

夫用爻者，假如问子孙则子孙为用爻。不上卦或落空亡，就将本宫六亲用爻审明飞伏、生克，以定吉凶。《元微赋》云：明用爻之得失，定事体之吉凶。

用爻伏藏诀

用在旁宫号伏藏，

若遭刑克定非祥。

纵然生旺无刑克，

作事平平不久长。

卦中无本宫之卦，故曰伏藏。若各宫之第五、第六、第七之卦是也。《元微赋》云：无气伏藏，只利暂时之用。

用爻出现诀

用爻出现在亲宫，

纵值休囚亦不凶。

更得生扶兼旺相，

管教作事永亨通。

假如庚申日占卦得寅木，子孙为用爻却被甲辰、庚申金克了，是日辰克用凶也。若得卦中亥子元辰发动，则又无事。又如庚申日占卦得子水，妻财为用爻，却喜庚申金能生子水。又申、子、辰三合，是日辰与用相生合也。《元微赋》云"用爻急要日辰生扶是也"。

用爻空亡诀

空在旁宫不断空，空如出现却为空。

空在旁宫即伏藏，不论空亡也。

忌神最喜逢空吉，用与元辰不可空。

春土夏金秋见木，三冬逢火是真空。

春之辰戌、丑未，夏之申酉，秋之寅卯，冬之巳午，四季月之亥子是也。

旬中占得真空卦，纵吉须知到底凶。

日辰诀

问卦先须问日辰，

日辰克用不堪亲。

日辰与用相生合，

做事何愁不称心。

六神空亡诀

青龙空亡家虚喜,
朱雀空亡讼得理。
勾陈空亡无勾连,
腾蛇空亡怪异已。
白虎空亡病可痊,
元武空亡盗贼死。

六神吉凶诀

青龙百事尽和谐,
朱雀文书公事来。
勾陈克世争田土,
腾蛇入梦十分乖。
白虎主多惊与厄,
若言元武失其财。

六亲发动诀

父动当头克子孙,
病人无药主昏沉。
姻亲子息应难得,
买卖劳心利不存。
观望行人书信动,
论官下状理先分。
士人科举登金榜,
失物逃亡要诉论。

子孙发动伤官鬼,
占病求医身便痊。

行人买卖身康泰，
婚姻喜美是前缘。
产妇当生子易养，
词讼私和不到官。
谒贵求名休进用，
劝君守分听乎天。

官鬼从来克兄弟，
婚姻未就生疑滞。
病困门庭祸祟来，
耕种蚕桑皆不利。
出外逃亡定见灾，
词讼官非有囚系。
买卖财轻赌博输，
失脱难寻多暗昧。

财爻发动克文书，
应举求名总是虚。
将本经营为大吉，
亲姻如意乐无虞。
行人在外身将动，
产妇求神易脱除。
失物静安家未出，
病人伤胃更伤脾。

兄弟交重克了财，
病人难愈未离灾。
应举雷同为大忌，
官非阴贼耗钱财。

若带吉神为有助，
出路行人尚未来。
货物经商消折本，
买婢求妻事不谐。

六亲持世歌

父母持世及身宫，
旺相文书喜信逢。
田宅禾苗皆遂意，
占胎问病却成凶。
子孙持世为福神，
事成忧散榖财盈。
占胎问病重重喜，
谒贵求官反不亨。

官鬼持世必得官，
文书印信两相看。
占婚问病俱凶兆，
破宅伤财身不安。

阴为妻妾阳为财，
持世持身总称怀。
商贾田蚕收百倍，
若占病产鬼为胎。

阳为兄弟阴姊妹，
所问所谋皆退悔。
又使凶神同位临，
到头不遂空劳费。

六亲变化歌

父母化父母，文书定不许。
化子进人丁，化鬼身遂举。
化财宅长忧，兄弟本身取。

子孙化子孙，人财两称情。
化父田蚕旺，化财加倍荣。
化鬼忧病产，兄弟必相争。

官化官为禄，求官宜疾速。
化财占病凶，化父文书逐。
化子必伤官，化兄家不睦。

妻财化妻财，钱龙入宅来。
化官忧戚戚，化子笑哈哈。
化父宜家宅，化兄当破财。

兄弟化兄弟，凡占无所利。
化父父忧惊，化财财未遂。
化官身有灾，化子却如意。

六神歌断

发动青龙万事通，
进财进禄福无穷。
临凶遇杀都无碍，
唯忌临金与落空。

朱雀交重文印旺，

杀神相并谩劳功。
是非口舌皆因此，
持水临空却利公。

勾陈发动忧田土，
累岁迍邅与杀逢。
持水落空方脱洒，
纵饶安静也迷蒙。

螣蛇发动忧萦绊，
怪梦阴魔暗里攻。
持木落空方始吉，
交重旺相必然凶。
白虎交重丧事恶，
官司病患必成凶。
持金坐世妨人口，
遇火临空便不同。

元武动摇多暗昧，
若临旺相贼交攻。
土爻相并邪无犯，
带杀依然咎在躬。

年建天符

天符青龙木，发动加官禄。
在外益资财，内摇生眷属。
天符朱雀火，文书非小可。
杀并是非生，内摇家事琐。
天符勾陈土，田蚕十分许。

杀并事勾连，螣蛇同类取。
天符白虎金，经营必称心。
杀神如并者，祸患定来侵。
天符元武水，阴私并贼鬼。
若与吉神交，变忧而成喜。

月建直符

月建为青龙，动则不雷同。
内摇人口旺，外动禄财丰。
前三为朱雀，文书不待约。
吉助有升迁，杀交遭系缚。
后三为元武，所谋皆不许。
在外损钱财，在家忧宅主。
对宫为白虎，凡占当忌取。
外动有忧惊，内摇生疾苦。
后一为勾陈，连连碎事侵。
旺相尤为咎，休囚祸福深。
螣蛇正辰起，逐月逆流行。
内外皆为咎，空亡却称情。

日建传符

日建加青龙，财禄喜重重。
朱雀宜施用，勾陈事未通。
螣蛇多怪异，白虎破财凶。
元武阴私挠，应在日辰中。

神杀断例

问喜宜天喜，消愁天解星。
大杀休施用，咸池莫问婚。

病遇天医瘥，囚因血忌刑。

求雨占雷杀，占身忌杀神。

往亡休出入，负结好饶人。

三丘并五墓，飞廉及浴盆。

四般休问病，占孕亦忧惊。

公讼忌刑害，亡劫事难伸。

天德与财德，万事得圆成。

吉凶随例断，慎勿顺人情。

凶处忌有气，吉处忌凶神。

子旬无戌亥，六甲细推论。

第六章　卜筮汇考六

《卜筮全书》三　　《阐奥歌章》（下）

阴晴雨晦章

乾为天象震雷龙，
坎兑为阴巽起风。
坤艮往来无雨象，
火山交动日和融。
乍雨乍晴离坎并，
半阴半晦兑离重。
杀临未济终须济，
既济虽阴雨不充。
巽入坎来风后雨，
兑临坤位细蒙蒙。
畜过密云终不雨，
随临沾渥岁时丰。
天地不交膏不降，
阴阳相并荷天公。
八纯火动游魂木，
火伞炎炎张太空。
地火明夷天色晦，
火雷噬嗑电光红。

离爻带杀晴明断，

朱雀飞扬事一同。

大有不重天朗朗，

同人安静日烘烘。

晋有龙爻终雨少，

屯无雷杀只云浓。

龙动泽山咸大吉，

虎交天水讼无功。

勾陈带土来持世，

纵有阴云不济农。

元武水爻霖大作，

青龙木德泽无穷。

坎宫雷杀交重并，

大雨倾盆霹雳攻。

最喜子辰来坎位，

却嫌戌午到离宫。

阳重阴现阴须准，

阴变阳爻阳不从。

壬丙电光禾谷润，

乙庚雷雨岁丰隆。

应身白虎成虚设，

克世勾陈更不中。

元武克身收稻谷，

火神伤世损田公。

纯阳安静多应旱，

发动纯阴四海通。

内外相生奇耦合，

滂沱如注听淙淙。

雷杀水神双入坎，

不忧无雨却忧洪。
火神变水加龙虎，
东畔才阴西见虹。
不动龙爻元武水，
徒劳举目望苍穹。
欲占雨信期何日，
水旺龙生身对冲。
龙水身雷俱不动，
九江四渎被天封。
艮火相交可决晴，
水衰火旺日光明。
占晴但看庚交甲，
卜雨休教甲变庚。
庚甲互交龙虎助，
狂风猛雨听雷声。
火神摇动加离位，
皎皎金乌漾赤轮。

凡人占卦问阴晴，
水动雨兮火动晴。
木动风生土阴晦，
金爻发动雨沉沉。
财兴云雨鬼兴雷，
子动红霞霁色开。
父动乍晴还乍雨，
兄兴风雹雪霜摧。

占雨以初爻为云、二为电、三为风、四为雷、五为雨、六为天。初动，云奔铁骑；二动，电掣金蛇；三动，狂风拔木；四动，雷撼山川；五动，大雨倾盆；六动，翻江倒海。占晴以初爻为云、二为露、三为霞、四为虹、五为日月、六为天。

初动，云归岩穴；二动，露滴花梢；三动，霞明锦绣；四动，虹驾津梁；五动，日张火伞；六动，天浸冰壶。水化火骤雨晴明，火化水晴天变雨，六爻无水火逢空，不晴不雨阴天气。

禾苗田地章

应为种子世为田，
世应相生获万全。
种子克田犹小吉，
世来克应俭时年。
财与旺相禾丰足，
子孙发动为天福。
更得青龙天喜重，
高低远近皆成熟。
子孙发动合天符，
财与龙爻出现扶。
无杀无冲仓廪实，
若逢二耗却成虚。
交重官鬼应难断，
金鬼蝗虫火鬼旱。
大杀同宫总不收，
发动喜神犹减半。
鬼爻无水水来伤，
土木同宫却不妨。
鬼化为财宜晚种，
财交父母两重祥。
官爻旺相浑无望，
鬼落空亡事反常。
财在外兴迟下种，
龙来内发早栽秧。

六爻安静禾平吉，
乱动青苗必受殃。
妻财二耗同爻动，
虽熟应知半人仓。
财兴内卦收千倍，
财落空亡必有伤。
龙与子孙同类取，
克身克世谷无疆。
若逢朱雀交重恶；
白虎张牙总不良。
元武更加官鬼并，
虽收只好办官粮。
火天大有都成熟，
地火明夷遍处荒。
天地不交休指望，
阴阳和合好收藏。
吉凶悔吝分明断，
六位旁通更审详。

六爻不可鬼相临，
若值空亡逐一寻。
金世生虫火世熟，
木与土世主丰谷。
若无诸杀相冲克，
定许其年十倍盈，
若值震离相配合，
自然丰稔动欢声。
凡人占卦问耕田，
子旺财明大有年。

兄位交重防损坏，
父兴诚恐不周全。
世贞为年为田地，
应悔为种为荒芜。
世克应兮仓廪积，
外克内兮仓廪虚。
初爻为田二为种，
三为主长四苗秀。
五爻为禾主收成，
六是田夫主灾咎。
初爻鬼克田瘦瘠，
二爻鬼克重耕植。
三爻鬼克多秽草，
四爻鬼克费耘力。
五爻鬼克阻收成，
六爻鬼克忧病疾。
金爻为鬼旱虫多，
火爻大旱年荒饥。
水鬼水灾木鬼耗，
土爻为鬼总非宜。
大抵水空财旺相，
丰年稔岁乐无虞。

住居宅第章

住宅休占火泽睽，
鬼临人口定分离。
龙交大壮人财旺，
虎并同人宅舍衰。
二畜见龙财帛进，

杀交两过栋梁摧。
贵持震巽生财本，
喜人风雷立福基。
离坎交重宜谨慎，
艮坤安静莫迁移。
户无徭役占逢贲，
家有余粮卜得颐。
田宅兴隆因大有，
血伤财损为明夷。
乾坤旺相增人口，
泽地生成聚宝资。
革鼎长男能干事，
晋升宅长有操持。
妻财内旺为财断，
官鬼爻兴作怪推。
木鬼寿棺停有日，
金官硬物畜多时。
休囚铜铁皆先定，
旺相金银尽预知。
水鬼井池中出现，
土官墙壁内偷窥。
火官内动无他事，
古器多年再发辉。
克世克身都不用，
生身生世始堪为。
水财内旺宜穿井，
内发土财堪作池。
金旺妻财金玉进，
火财内发火光飞。

木财到底宜营建，

若犯空亡总是非。

子若空亡家绝后，

父母空亡宅必危。

父子妻爻都旺相，

丰盈财货莫猜疑。

更兼天喜青龙助，

富贵康宁天赐伊。

凡占家宅之凶吉，初井二灶三床席。

井乃在内之物，故初爻见之；灶又在井之外，故二爻见之；床席又在灶之外，故三爻见之。

四为门户五为人，

门户又在床席之外，故四爻见之；人乃屋之主，故五爻见之。

六为栋宇兼墙壁。

栋宇墙壁，至外之物，故六爻见之。

六爻俱静人宅安，

占家宅若得六爻安静，未论其他吉凶，居住定然安稳。

好与随爻仔细看。

若值卦中有一爻变动，随其所动而推详之，则吉凶不逃藻鉴矣。

鬼临门户家不宁，

若官鬼在第四爻，主有官非口舌之事。

螣蛇妖怪梦魂惊。

螣蛇本主怪异、邪魔之事，若在四爻发动，主妖怪出现人口梦魇也。

杀爻旺相官灾起，

占宅最怕勾陈动、鬼谷起，《勾陈杀例》云：正月起辰，二月卯，每月逆行一位，如正月占宅，辰爻动便是杀，旺主官灾起也。

杀遇休囚疾病生。

旺主官非，衰主疾病。

六爻动多带土木，若非起造即修营。

卦中土木爻动，虽不建造，亦当修理墙垣。

六爻动多带水火，水火之灾不暂停。

卦中水火爻动，主有水火灾厄也。

更被空亡并杀害，狼藉破败少人丁。

空亡、杀害俱非吉兆，主人家人丁损失，衰微破耗。

初为小口二妻妾，

小口至卑，故在初爻；妻妾处小口之上，故在二爻。

三为次长弟连兄，

次长乃伯叔兄弟也，位在三爻。

四为母位五为父，

五爻至尊之位，母本从父而行，故以四爻母而五爻为父也。

六为祖宅及坟茔。

六爻又在尊位之上，舍祖宅坟茔之外，他非所尊，故六爻见之。

五行亲属更取用，

五行，金、木、水、火、土也，以亲戚本命所属合卦，浑天甲所属取用也。

一家祸福自然明。

若依上法取用，则一家内外亲眷，祸福了然可知也。

大凡欲要论血财，卦中仔细与推排。

血财乃六畜也，卦中造化当仔细与推详也。

一爻数至四五六，鸡犬猪羊牛马畜。

若问六畜亦当次第论之，初鸡、二犬、三猪、四羊、五牛、六马，所占何畜，以其爻有气无气断之。

有形无气即伤残，

当看所属，爻分有无形气，形即畜之本命，气即看其衰旺耳。

有气无形即生育。

虽无本肖，假如占羊第四爻是财，有气无形为吉兆也。

仍于十二肖中求，

六畜各有生肖，当与求之，依前法断。

未为羊兮丑为牛。

未羊丑牛，他可类推。

坤牛乾马卦中求，

《说卦》：坤为牛，乾为马。此但举其大概，若以《说卦》考之，虽万殊可知。

更论旺相与休囚。

论其衰旺，以断凶吉。

乾兑休囚鼎铛破，

乾、兑二卦皆属金，若遇休囚，主鼎铛破碎不全。

卦如死气分明课。

大凡卦值死气，岂能为好，当分明与占也。

坎衰古井及枯池，

坎本水象，休囚主人家有涸井枯池。

离衰灶鬼将兴祸。

离为火，若值休囚，主人家灶神欲为祸患。

震巽伤兮梁栋摧，坤艮伤兮土动来。

震巽属木，若杀神伤克及休囚死绝，必主梁崩柱坏，坤艮属土，若被冲克及休囚，必主墙坍土陷也。

卦中震巽重重旺，

两宫旺相乃木象兴隆也。

兴工欲创新楼台。

木爻大发宜其建造宏丽也。

卦中坤艮杀兼鬼，

丙丁日得地山谦卦，二爻是鬼，是勾陈杀，则是坤艮杀兼鬼也。

因知坟墓欲为灾。

若鬼杀蕴于坤艮，主人家坟墓不安，兴灾作祸也。

内卦为宅外为人，

先有宅后有人，故以宅为内人为外。又一说云：若占宅未住以外为人；若住，以外为宅，其说亦有理，姑两存之。

内外相生宅可亲。

若内卦生外卦，则其宅可相亲，如山天大畜是也。

宅若克人居不稳，

若内克外，则人口连遭是非疾病，如火泽睽卦是也。

人能克宅住无屯。

若外克内则吉，乃能整旧鼎新，修营刨造，如风泽中孚卦是也。

灾衰鬼杀交重恶，

鬼杀动，故人家陵替灾伤也。

祸患游魂及八纯。

占宅得游魂及八纯卦，主有连年祸患也。

世在二三为大吉，

占主二世三世大吉。

身居三四守常伦。

若身在三、四爻，正可安常守静。

世辰克应那能好，世应相生福可臻。

若世克应为不吉，世应相生福庆绵远。

本宫旺相宅堪居，

立春则震旺艮相，占得二宫，宅可住也。

卦内休囚祸未除。

立春坤休兑囚，占宅得二宫卦，祸未除也。

财若动时妻有疾，

若值妻财发动，则妻宫有悔也。

空亡死气主儿孤。

空亡死气，子息必孤。

忽逢白虎家防哭，

白虎杀例，正月起申，二月酉，顺行十二位，若遇此爻动，其家主有哭声。

更值丧门暴病殂。

丧门杀例，正月未，二月辰，三月丑，四月戌，只此四位轮十二月。若遇此杀在内，三爻更发动，主其家必有暴病死也。

阴化为阳忧女子，阳化为阴损丈夫。

阴变阳，女子疾；阳变阴，丈夫灾。

世间占卜能推类，天地神明可感孚。

占卜不可一言以尽，但当融通活变，一切事机以例而推，通一而万事毕。既能类推，则天地神明自然可以感格也。

凡人占卦问家宅，五事俱全不可克。子兴有喜没官非，更无灾病与盗贼。财动田园多进退，音书不就家长厄。兄动耗财妻妾病，是非谋望多阻隔。父兴小口不安宁，屋庐摇动滋牲没。鬼动官非灾悔来，户门不利弟兄厄。人能审实此章歌，卦象吉凶无差忒。

凡占家宅起盖同，先寻父母在何宫。最要财爻无损害，子孙出现得荣丰。官鬼交重灾祸至，动爻克世主大凶。父动自家多恼眊，绝命游魂最不通。

六爻无水者，其家沟不流而水不决；无土者，离平地而在高楼；无火者，香火冷而灶不修；无金者，家资乏而人不居；无木者，床榻破而椅桌损。火多则人事烦，木多则人清秀，水多则阴人旺，金多则妇女众，土多则财帛盛。

附风水

凡占风水要推详，

五件俱全不可伤。

财动田园多进退，

不然尊长有灾殃。

父兴必是还魂地，

小口孳牲总不昌。

鬼动弟兄多忤逆，

户门不利惹官妨。

兄兴财物多消耗，

或是阴人主少亡。

子动虽然无讼事，

儿孙不贵外人殃。

但得子孙无损害，

枝枝叶叶永无疆。

移徙章

迁居先以动爻求，
动爻旺相决无忧。
初爻旺相乡村吉，
二爻旺相好居州。
三爻市井四坊镇，
五近京师住最优。
上爻好向山林住，
龙扶子动获祥休。
白虎当头休妄动，
螣蛇缠足莫狂谋。
朱雀交重防口舌，
元武迁移被贼偷。
朱雀又临官鬼位，
官司口舌有来由。
那更世克兼持世，
病遭危困讼遭因。
六爻安静休搬动，
乱动移居又不周。
外克内兮应克世，
旧宅不如新宅利。
内克外兮世克应，
迁徙不如居旧地。
世应相生内外和，
守旧迁居总如意。
若教动处落空亡，
不利迁移利守常。
五世游魂搬则吉，

内爻旺相住无妨。
若然内外俱衰败，
守又灾危搬又殃。
此是命途多舛错，
何须怨恨费商量。
鬼化子孙移富贵，
财爻化鬼住安康。

移居须忌鬼交重，
世值空亡不可逢。
卦入墓中难起离，
若逢动处路头通。
内休外旺移终吉，
内旺外休行必凶。
内外若然俱有炁，
纵横去住任西东。

迁徙先将父母推，
财兴克父必生灾。
子孙发动须兴旺，
兄鬼交重祸患来。

坟墓章

若占坟冢静为强，
发动之时便反常。
初世出官为大吉，
二爻持世次为良。
三爻主世平平稳，
四爻半吉保安康。

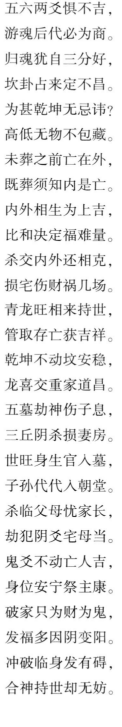

五六两爻惧不吉，
游魂后代必为商。
归魂犹自三分好，
坎卦占来定不昌。
为甚乾坤无忌讳？
高低无物不包藏。
未葬之前亡在外，
既葬须知内是亡。
内外相生为上吉，
比和决定福难量。
杀交内外还相克，
损宅伤财祸几场。
青龙旺相来持世，
管取存亡获吉祥。
乾坤不动坟安稳，
龙喜交重家道昌。
五墓劫神伤子息，
三丘阴杀损妻房。
世旺身生官入墓，
子孙代代入朝堂。
杀临父母忧家长，
劫犯阴爻宅母当。
鬼爻不动亡人吉，
身位安宁祭主康。
破家只为财为鬼，
发福多因阴变阳。
冲破临身发有碍，
合神持世却无妨。

身命章

占身身世要先知，
神杀交重次第推。
身旺龙持多吉庆，
身衰虎并定忧疑。
子孙持世明而喜，
兄弟临身悔足危。
切忌勾陈临鬼旺，
却宜天喜与财依。
财临福动财源广，
阴位妻交妻妾宜。
禄马贵人三合并，
临身妙义福根基。
子孙发动添人口，
父母交重官可期。
内卦为身外为命，
身命比和任意为。
世为身分应为命，
世应相生更是奇。
世命应身刑又克，
不伤自己即伤妻。
妻财不现财无聚，
卦没子孙难立儿。
更将八卦推心属，
内坎机圆心满足。
内兑柔和有主张，
内乾果断无私曲。
离明坤厚性融通，

巽顺艮卑谦自牧。
身命但能依此推，
青龙天喜皆为福。

六亲章

立命先推父母乡，
青龙同位最为祥。
腾蛇白虎忧尊长，
元武勾陈宅母当。
父母休囚离祖早，
两重父母过亲房。
杀神朱雀同时并，
重病如何得起床。
子孙发动为全吉，
若值青龙子异常。
子坐勾陈多朴实，
孙临朱雀擅文章。
腾蛇犯子愚而浊，
白虎持孙智与刚。
元武子孙同位发，
男为盗贼女猖狂。
子孙逢马爻不静，
有子生来好远方。
阳化阴爻端正女，
阴交阳化好男郎。
妻财发动青龙助，
因妻致富妙难量。
财临朱雀妻智慧，
妻犯勾陈妻病殃。

腾蛇共位妻应拙，
白虎同行妻性刚。
妻临元武多阴暗，
心意瞒人必不良。
两位妻财俱旺相，
一妻一妾美容光。
卦若无妻常独自，
妻财安静保安康。
妻财合世夫妻顺，
妻位生身家道昌。
官鬼青龙同一位，
家荣子贵寿延长。
朱雀并官多讼事，
勾陈带鬼损田庄。
腾蛇犯鬼多萦绊，
白虎交官大害伤。
元武当官奸与盗，
两重官鬼必忧丧。
若占官府反为吉，
福厚官高名誉扬。
兄弟加龙犹且可，
若同朱雀必相妨。
腾蛇白虎皆凶兆，
元武勾陈总不祥。
吉处只宜常旺相，
凶爻却要落空亡。

婚姻章

内身阳鬼丈夫持，

外应财阴总是妻。
世应相生婚大吉，
比和世应配相宜。
青龙六合扶为美，
三合子孙临更奇。
应动三刑刑莫问，
外交六害害无疑。
三爻并耦生成少，
六位纯阳养育稀。
男女和同咸泰益，
夫妻反目革睽离。
夬宫阳壮妻难保，
姤卦阴强家不齐。
不有其躬蒙里断，
夫征不复渐中推。
一奇一耦成亲顺，
双鬼双财匹配违。
杀遇妻财妻子厄，
杀临官鬼丈夫哀。
妻财官鬼青龙助，
富贵男儿福德妻。
官鬼两重相克应，
女人曾许两家期。
白虎临财莫问婚，
勾加官位克夫身。
杀临兄弟多争竞，
朱雀临身公讼因。
勾陈阴杀休求女，
元武加财休问亲。

龙并子孙全吉兆，
喜重父母福相邻。
坤变坎宫男破体，
乾来离位女非真。
欲知女子如何性，
坎主心聪艮沉静。
兑必和柔巽必恭，
坤爻宽厚乾刚正。
文明女子为逢离，
智慧男儿因见震。
乾宫面部大而宽，
坤主魁肥莫小看。
艮卦决然身体小，
坎爻定是脸团圆。
兑家女子莹而白，
震位妻儿奇且端。
巽体容颜如瑞雪，
离宫和润可人观。
有亡有劫都无用，
无子无财总不堪。

阴阳得位俱称吉，
纯阴枉使心和力。
纯阳退悔不成婚，
纵使强成终郁郁。
金爻主妻好容光，
木爻瘦小更修长。
土主形骸肥且矮，
火爻定是发稀黄。

水爻心性多聪慧，
六合发动最为昌。
青龙旺相临财位，
娶妻万倍有资妆。
若逢天寡天鳏杀，
夫妇应知不久长。

凡人占卦问婚姻，
财鬼双全便可成。
鬼是夫爻愁子动，
财为妻也怕兄兴。

鬼爻持动女妨害，
妇意嫌夫不相爱。
财爻持动夫妨妻，
此则终身应不泰。

鬼旺克财妻不就，
子旺伤夫事可疑。
八纯动者生离别，
五世游魂损小儿。

占婚本要阴与阳，
动时皆动且为良。
阴阳不动一财鬼，
应阴世阳最吉祥。
更得世爻居内卦，
团圆男女百年昌。

本宫无杀财有炁，
妇舍虽贫女容媚。
本宫旺相财囚死，
妇舍虽贫女不美。

胎孕章

占产先须看子孙，
子孙旺相吉堪论。
母宫无杀为祥兆，
子上加龙是善根。
易产好占离与兑，
难生休卜艮和坤。
坎乾龙动身无虑，
震兑勾陈命不存。
父母莫教临白虎，
子孙切忌坐勾陈。
腾蛇持世忧阴杀，
元武临身忌浴盆。
最忌土爻埋子位，
更嫌刑杀克儿孙。
子孙发动忌空亡，
白虎勾陈并不祥。
子变为官胎里死，
官爻为子产而亡。
母动子摇俱难保，
母静子安皆吉祥。
子母两爻都旺相，
有龙有喜复安康。
阴中阳现奇男子，

阳变阴爻好女娘。
子与母爻虽变动，
青龙持世亦无妨。
子孙重见龙交喜，
决定齐生子一双。
欲叩孩儿分娩日，
胎神冲破子生方。

凡人占卦问六甲，
子怕休囚父怕发。
财为产母怕兄兴，
男女阴阳衰旺察。

生产未知临儿时，
日月长生子当乳。
兄爻旺相母生难，
子孙受克儿遭苦。
飞去克伏子不收，
阳卦男兮阴是女。
两爻旺相喜神临，
必是双胎天赐予。

蒙童章

蒙童幼学子先推，
子会青龙为上奇。
朱雀克身多智慧，
勾陈持世大愚痴。
卦无父母难垂训，
身犯六神争禁持。

朱雀空亡无学分，
青龙旺相有镃基。
龙生身世攻书子，
马旺游魂逃学儿。
父母喜神同位动，
断然博学广闻知。
两重父母多移学，
乱动无常不守规。
朱雀入离能写字，
青龙人兑会吟诗。
坤中变动能修德，
乾上交重善滑稽。
乾震交重成事早，
艮坤安静立身迟。
姤屯蹇困灾须准，
渐晋需升吉可推。
地水火风能主事，
前程定做贵人师。

教授章

欲求教授训童儿，
情性先将八卦推。
离体中虚明且智，
坎宫内实信而威。
震雷主动常游学，
巽顺无常镇改移。
兑泽和柔能讲习，
艮山沉静好谦卑。
乾金刚果多严厉，

坤土包容足礼仪。
父子空亡都莫用,
世身衰败总休推。

儒业科举章

凡占儒业究诸身,
身世相生艺必精。
父母生身文可立,
子孙克世学无成。
父爻旺相加朱雀,
雄辩高言大有声。
兄动妻交身不旺,
却因聪慧误前程。
阴阳互旺宜参请,
内外比和足讲明。
子旺身空穷措大,
财因世害困书生。
弟兄若犯螣蛇上,
纵有文章不显名。
元武克身休合伴,
勾陈伤世莫亲朋。
青龙持世功名大,
天喜同宫道业亨。
朱雀并财宜作馆,
勾陈同鬼莫游行。
世应既和身又旺,
上书献策必成名。
日辰龙德俱生旺,
县宰州官照福星。

禄马贵人临月建，

公侯责任职非轻。

天符值土应多阻，

月建持金必有惊。

父母最宜逢六合，

世身切忌犯三刑。

刑杀克身兼克世，

陷身取辱误平生。

朝君不可逢屯蹇，

面圣偏宜见晋升。

那更天符持木德，

高迁重任禄光荣。

凡占科举事如何，

子动兄摇榜下过。

父发鬼兴财又旺，

断然一举便登科。

要问举人荣达时，

先将六爻为根基。

主司之位在月建，

天子之爻太岁推。

一带喜神来合卦，

今秋荣达定无疑。

若占南省事如何，

六爻旺相始登科。

父母发时为印绶，

妻财动处必蹉跎。

空亡入鬼忧空返，

劫杀临官节节蹉。

更看子孙如发动，
此人平昔枉吟哦。

应举求官问后先，
官旺文书有怎前。
父作文书为直事，
月建扶官做状元。

仕宦章

凡占进职与升官，父动为先鬼次看。父鬼旺兴须有分，兄财子动枉心欢。求官鬼吏克身贤，

初爻是吏，若鬼临初爻，来克本身，却主为廉察慈惠贤明官员也。

驿马相扶官职迁。

若驿马扶身，或临官位，定主升迁也。

坎离二卦冬三月，

坎阳离阴，水火既济，宜于冬三月也。

震巽明知申酉年。

震巽木，得申酉金，官旺也。

世应驿马相合吉，

世应与驿马合，求官大利也。

坎咸复卦定狐疑。

此三卦主心中疑惑。

申酉辰戌持世吉，任官遇禄好施为。

申酉持世及得禄，最吉也。

鬼临身世得官真，卦爻旺相为欢忻。驿马空亡徒费力，卦遭胎没枉劳神。

若卦遇胎没，定枉劳神。立春后巽胎离没，若得家人卦之类是也。

旺爻克应是不良，应入墓时忧死亡。世爻受克遭贬谪，若克他爻倍俸粮。

世受克遭贬罚，世克他爻主倍得俸粮。

人吏空亡难立脚，

初为人吏，爻若值空亡，纵使为官清正，吏人无炁，谁与奉行？如树无枝，所以难立。

内外纯阴名不扬。

阴柔不立之象，若内外卦俱阴，安能振作，是以名不扬也。

子爻克鬼无官禄；福德爻交反不昌。

子动克伤官鬼，故不昌也。

卦克世身职不安，

若卦身所属克世爻并身位，定主不能安职，如乾宫遁卦本属金，遇世属火是也。

身克人吏百忧攒。

太刚则折，若身世克初人吏爻，定主吏皆退避，凡百事业，主有忧攒之兆。

白虎动时惊恐至，

若白虎旺动，惊恐立至也。

子孙持世必隳官。

子动乃求官大忌必至隳坏也。

若问文官并武职，唐符国印求端的；

唐符国印求官必须用之。

寅申之年巳亥为，

寅申之年，巳为唐符亥为国印，以下类推。

巳亥之年寅申觅。子午之年卯酉求，卯酉之年子午出。辰戌之年丑未方，丑未之年在辰戌。鬼临符印最为佳，当做朝中资辅翼。宜静而动必升迁，宜动而静多掩抑。巽象摇时东与南，乾位交重出西北。君臣世应上下交，

世为君应为臣，上为君下为臣，若上下相生主君臣赓歌吁咈一堂也。

练行宜往兴功绩。

练者，训练士卒也，遇卦中世应相生有命训练之，行往之，必建功也。

欲知卦内作何官，先向身中仔细看。火是文章喉舌位，

火乃文明之象，故主翰苑之官。

土为守令渐盘桓。

盘桓者，修理城垒土爻持世，故应此职也。

水是江滨巡守职，金带兵刑生杀权。木主工科司建创，大小皆随衰旺言。

随动爻之休囚、旺相而定其官爵之尊卑也。

喜神驿马临官鬼，美削重重有知己。

美削者，举纸笺也。因有喜神驿马临于官鬼，故美削重重，得知己之多也。

就多符印两爻权，

更以唐符国印二爻推之，若果上卦发动定主符印入手，符印爻所系重故再言。

早晚当随诏书起。

符印既动，诏书立至。

卦无太岁只升迁，

太岁上卦则主入朝，若无，但能迁改。

太岁合时见天子。

太岁若与世爻合，身位合，主入朝而见天子也。

更得雷火杀重重，

雷火寅猪申巳求，四孟从之岁一周。即时冲破为天后，便见求官驿马流。其法正月起寅二月丑，逆数十二位是也。不欲赘言，故以四孟提起，遇动大吉之兆，应如下文。

看看名位至王公。天乙贵人更相合，

天乙贵人，正月在巳二月申，三月在亥四月寅，五九依然居巳上，未月至丑三位轮。若还遇动定为吉，子孙代代作公卿。其法只以巳、申、亥、寅四位，周而复始轮行十二位，正月巳，二月申，余仿此。

代代为官受赠封。

雷火贵人既合，非唯己身享禄，主代代受封赠也。

此是天纲元妙诀，劝君细绎莫匆匆。

国事章

若筮国家占天子，卦从本宫世上取。本宫为国世为君，

本宫者，看所占之卦，在何宫即为国，世爻即为君王也。

旺相比和得圣主。初民二士三大夫，四做公侯君在五。六为宗庙社稷神，动静刚柔宜得所。

六爻各要生合旺相，苟一位不得其所，则一国不宁矣。

大杀为灾金主兵，

大杀，正戌、二巳、三午、四未、五寅、六卯、七辰、八亥、九子、十丑、十一申、十二酉是也。

水为昏垫土攻城。

水动主有洪水之灾，土动主有修治城垒之事。

震离坎兑四方见，

若遇此四官应在边方也。

坤艮宫中事未宁。六爻不动卦无杀，天下人民歌太平。

出兵交战子当强，鬼旺他赢我必亡。财是草粮兄莫克，父为旗帜忌摇扬。水爻带鬼来克我，须防劫寨及攻营。却看有气并无气，方断兵机输与赢。

若决胜负，以世应日辰官鬼论之。世为我将，应为彼军，日辰为我卒，官鬼为彼兵。我克他我胜，他克我我负。若财兴克父，必斩将夺旗；兄弟交重，必夺粮劫草。

僧道章

羽士缁流来问占，

身安世静最为先。

身爻克世堪谋用，

世应比和乐自然。

世若克身当退守，

财来克世好求缘。

六爻不动为清福，

一位交重事变迁。

财旺正宜收布施，

鬼交偏好谒官员。

世临白虎官司绕，

身遇勾陈心事缠。

父母克身师接引，

青龙持世贵周全。
勾陈带杀遭魔障，
元武临财被贼冤。
兄弟勾陈同位动，
谨防法眷外勾连。
贵临父母师通圣，
福德龙交弟子贤。
父母重重身受克，
断然身被俗家牵。
财空注疏徒劳力，
鬼旺营谋枉费钱。
乱动坐关为大忌，
八纯却好去参元。
艮坤只可栖岩壑，
离巽偏宜隐市廛。
龙凤交驰宜访道，
坎离辐辏好安禅。
游魂带杀休云水，
一世休囚莫置田。
子动妻交还俗汉，
世空身旺地行仙。
身空不动头头道，
应旺无魔处处禅。
应耦世奇生又合，
神清身静寿绵绵。
忽然负结财身动，
未免填还俗债缘。
世应不和身妄动，
了身达命待驴年。

木神太岁临身命，

即日逢神得正传。

太岁火神加父母，

天边恩命定来宣。

问予末后天机事，

拈笔书将一个缘。

求财买卖章

求财交易财为主，

发动临身财必取。

卦若无财及落空，

一切营谋不堪许。

财爻持世及克世，

一买二卖利百倍。

克身又得青龙扶，

积玉堆金何算计。

财爻外动较艰难，

财在内兮人送至。

外生内兮应生世，

假使财轻也容易。

应克世兮世克身，

有财到底难成遂。

世应比和身又安，

资财平稳无忧滞。

财生库旺聚钱财，

子动龙交应称意。

财爻若值废休囚，

货贱如尘宜措置。

财爻旺相贵如金，

有货必须乘早弃。
财爻不动财平安，
遇杀逢空终破费。
外鬼牵将元武来，
官灾盗贼重重悔。
劫杀临身兼克身，
暗昧阴私须切忌。
财爻驿马木神扶，
买卖成交还遇贵。
兄弟螣蛇是悔神，
财忧散失身忧否。
莫将朱雀又当头，
官司口舌相连系。
兄弟化财虽有财，
切须忌落人圈圆。
折本伤财因甚么，
只为妻财化兄弟。
子孙化财宜利多，
财化子孙更非细。
却又青龙水上来，
登山涉海多饶利。
勾陈交鬼必淹留，
行货临官被贼偷。
忽尔妻财化官鬼，
虽然获利被官收。
行商坐贾营财赋，
切忌官爻临本库。
不是官司送祸来，
定然被贼偷将去。

地头克身世未周，
阴爻必是女人留。
满船载宝荣归者，
盖为身爻克地头。
欲问钱财何日得，
应在身财生旺日。
假令乾用水为财，
亥卯日辰为准则。

世应是财求易得，
卦若无财少准凭。
财爻化鬼成凶象，
鬼化为财定吉神。
财落空亡难把捉，
若逢二杀贼相侵。
难求外怕财爻动，
易觅财时在内兴。
世若克财休启齿，
财来克世得千金。
诸爻若总无财象，
子动龙交亦可寻。
世应若合最为吉，
子孙合时为福德。
月德月建要相扶，
求财数倍终须得。
内为人兮外地头，
人克地头有淹留。
地头克人兼旺相，
若遇求财数倍收。

日辰克身货出手，
财克地头贼相守。
青龙发动最为佳，
阴阳得位财须有。
外爻无气应克身，
若值空亡忧病生。
土爻持世如何离，
阴爻持世主阴人。
凡人占卦问求财，
父动艰难鬼动灾。
子旺财明须得利，
兄兴迟滞是非来。

附：添人口

添人进口要财明，
子旺财兴便可成。
父发兄摇难永远，
鬼爻发动祸相亲。

附：交易

凡占买卖与交易，
子动财明为大吉。
兄鬼爻摇合不成，
父兴费尽千钧力。

出行章

凡卜出行先看身，
身爻发动是行人。
子孙外动克身世，

决定前途获宝珍。
出去当头忧白虎，
归来足下忌勾陈。
内克外兮世克应，
临行有阻去无因。
外克内兮应克世，
打叠行装在即辰。
身宫见鬼因官去，
若不因官定有迍。
父母克身父母留，
兄弟克身兄弟忧。
青龙子孙克身位，
一路无虞到地头。
乾宫旺相乘肥马，
坎卦克身乘巨舟。
震卦克身身便动，
坤卦克身徒步游。
艮卦克身行必止，
巽卦克身去又休。
白虎克身行有厄，
青龙克身为大吉。
朱雀克身文字催，
元武克身必遭贼。
若见勾陈来克身，
事绪勾留行未得。

出行谒贵及寻人，
兄鬼交重不可亲。
子旺财兴须吉利，

父兴既去又回程。

附：关津

关津把隘苦难过，
且看其中鬼苦何。
父鬼兄摇休进步，
子孙发动莫蹉跎。

行人章

欲卜行人何日回，
父克子孙为定期。
初爻发动足下动，
二爻身动定无疑。
三四发动临门户，
五爻在路较迟迟。
上爻心动身犹住，
安静行人定未归。
虽动动临元武方，
中途定有小人伤。
交重白虎多惊恐，
发动青龙大吉昌。
朱雀爻交先有信，
子孙发动喜非常。
鬼兄并发多应病，
官化为官更不祥。
子落空亡身入墓，
行人准定不归乡。

子来占父几时回，

父鬼兴隆一定来。

兄弟摇摇多阻隔，

父兴子动定无归。

子回财动定迟留，

父发无归更可忧。

若是子兴兄弟动，

双亲顿解倚门愁。

手足情深久别离，

兄兴父动是归期。

鬼摇财动无回日，

子若兴隆定是迟。

妻掷金钱问藁砧，

鬼财内发即回程。

子兴兄动他乡客，

父发归迟却有音。

主因奴婢特来求，

子助财兴即转头。

父发兄摇归未得，

鬼摇阻滞更淹留。

凡占家人子墓期，

他人来者合为时。

震宫子爻言在戌，

六合他人言未知。

欲知行人何日到，

月卦合神年月告。

假令丙子水为身，

辛丑之辰以时道。

凡占行人在何处，

子变应爻父母拟。

变作本宫兄弟边，
若变财爻贱人处。
子爻若是本宫子，
行人出家寺观止。
行人子孙处鬼爻，
必是官僚人吏矣。

附：音信

约定人来何不来，
只因兄鬼发如雷。
财兴子旺须臾到，
父动中间书信回。

内外之间辨信音，
内爻旺相望盈盈。
外爻发动相空内，
一纸家书抵万金。

若占音信看应父，
应父合处是归期。
外阴内阳书即到，
外阳内阴书未回。
父母生克应爻动，
须臾路上信如飞。

附：健否

旺相不入墓爻活，
囚死空亡随水沫。
又看上下卦如何，

旺相相生行泼泼。
卦爻不化入墓中，
皆为平善得安隆。
反之必死不须望，
但去招魂作殡宫。

六畜章

凡占六畜畜为身，
假使占牛丑是真。
喜见子孙并父母，
怕逢劫杀及亡神。
卦内若无所肖者，
却将八卦象来轮。
乾马坤牛艮狗当，
巽鸡离雉兑为羊。
震龙艮马一般断，
坎豕为乌细审详。
巽兑白兮离又赤，
乾元震翠艮坤黄。
更有旁通推本位，
次推所属身宫义。
本身旺相保无虞，
若值死囚灾立至。
本身发动子孙持，
正是生财长育时。
更得青龙相助吉，
杀神相并虑倾危。
本肖空亡分外愁，
交重白虎血财忧。

午爻带杀当忧马，
未虑羊兄丑虑牛。
更须推究本宫卦，
坤旺牛兮乾旺马。
遇子加龙旺主人，
元武同宫防盗者。
死绝休囚本位持，
牛不耕兮马不骑。
更遇杀来应病死，
十占八九定无疑。
青龙旺相生财厚，
六爻安静无殃咎。
若逢羊刃及三刑，
决定遭他屠子手。
财值青龙化子孙，
猪羊鸡鸭密如林。
牛强马壮无他事，
外旺乾刚内旺坤。
父母重重化父母，
一畜经年三换主。
大杀来伤本肖爻，
今朝换主明朝死。
困颐噬嗑及明夷，
鬼杀交重定剥皮。
纵得青龙来救助，
虽无残害也尪羸。
但占牛马泰成殃，
坤腹乾头是倒装。
央是力强宁畏热，

若逢益卦怕刀伤。
离为虚市遭屠杀，
坎卦重爻入镬汤。
噬嗑颐需咸入鼎，
怕逢坤艮被分张。
更以刀砧分上下，
若无诸杀始为昌。
买牛买马只求财，
大怕兄兴鬼发灾。
若是父摇空费力，
子孙发动却佳哉。

蚕桑章

应为蚕子世为人，
世应相生福德臻。
财是蚕宫身是主，
身财和合获珠珍。
主若生蚕多遂意，
蚕儿受克枉劳辛。
六爻安静为平稳，
一位交重验六亲。
有子有财全吉兆，
见凶见鬼大凶征。
交重父母平平断，
旺相休囚逐位轮。
财爻若也持身世，
管取丝绵千万斤。
更得青龙同位助，
获财百倍大光荣。

本宫见子为生炁，
财世逢官是耗神。
鬼旺初爻苗不出，
二爻蚕子有灾迍。
三四鬼爻无桑叶，
最上官兴茧不成。
金爻是鬼二眠亡，
木鬼三眠定受殃。
水鬼定是遭风雨，
土鬼多应病肿黄。
鬼落空亡翻作吉，
鬼爻休废反为良。
鬼化子孙财帛厚，
鬼化妻财大吉昌。
鬼化弟兄收一半，
鬼化父母晚丝强。
青龙发动丝绵绵，
白虎交重蚕白僵。
元武克蚕忧水厄，
勾陈带杀为虫伤。
水财到底无多利，
金土为财些小偿。
木财旺相财无数，
火旺财爻更倍昌。
天喜青龙财子合，
生身生世获嘉祥。
凡人占卦问蚕桑，
子旺财明甚是强。
兄鬼交重防损坏，

父摇一半落空亡。

舟车章

船车元以父为尊，
父动船车不久存。
兄鬼动摇防盗贼，
子孙出现免灾迍。

疾病章

疾病先将身命看，
逢龙见子放心宽。
妻财入命多沉重，
官鬼临身更不堪。
身犯勾陈凶有准，
命加元武瘥应难。
螣蛇白虎忧丧事，
身命空亡定入棺。
金鬼值身伤骨节，
身临水鬼血脓攒。
贴身火鬼疮痍恼，
木鬼身宫百骨酸。
土鬼在身身肿胀，
杀刑加命命摧残。
水为腰肾金为肺，
火主心经木主用。
土爻脾胃休逢杀，
发动交重仔细观。
虎鬼同兴应哭泣，
龙孙并旺保平安。

乾为首兮坤为腹，
巽为手兮震为足。
兑为口兮艮为鼻，
坎主耳兮离主目。
一宫杀旺一般灾，
子动龙兴保平复。
丰兼蛊困及明夷，
夬与同人一例推。
冬旅春需都困重，
夏观秋剥并倾危。
六爻安静尤难瘥，
杀鬼交重便莫医。
财旺身空身必丧，
官生命死命应衰。
两重官鬼因劳复，
鬼化为兄病不宜。
鬼化为财凶有准，
鬼爻化子瘥无疑。

凡若有人占疾病，
先从卦中寻本命。
仍看来者是何人，
克者是何加世应。
福德持世鬼暂退，
官旺之日又加进。
卦中无鬼病难医，
鬼旺财兴难保命。
鬼杀临身五墓侵，
鬼神不应药无灵。

一为五脏二皮肉，
三为体骨腰并足。
四肺心经五六头，
游魂恍惚如神烛。
唯有归魂渐向安，
吉凶细细为君嘱。
占病先须问六亲，
吉凶须要讨分明。
父母空亡防父母，
财爻无气损妻身。
子孙化鬼须遭死，
兄弟杀临定不贞。

明夷蛊夬剥丰同，
六卦那堪占病凶。
财鬼二爻俱发动，
丧门吊客闹丛丛。
丰观需节旅贲临，
明夷蛊夬及同人。
占病若还逢此卦，
归家急急办前程。
子占亲病几时痊，
子要兴隆父要安。
兄动缠绵难脱体，
子兴财发入黄泉。
子病亲来问卦灵，
兄兴子动死还生。
鬼摇父动终难保，
财动缠绵病转增。

夫问其妻疾病煎，
财明子动便安然。
鬼爻发动还沉重，
父发兄摇定断弦。
妻占夫病未安宁，
鬼静财兴可放心。
兄子交重恩义绝，
父摇难愈病沉沉。
兄弟来占疾病缠，
父兴兄静自安全。
鬼摇财动黄泉客，
子动留连数日眠。
奴婢淹延疾病缠，
鬼摇疾病更连绵。
财安子发无他事，
父动兄兴不得痊。

医药章

子孙出现是医人，
生世生身药必灵。
两个子孙齐发动，
换医困厄即时平。
子囚医拙无功效，
子旺医明有准绳。
无子病人难服药，
子空患者便归程。
子孙值土宜丸散，
值火须当艾火蒸。
遇木咬咀方应病，

逢金针刺保亨贞。

子孙值水宜汤药，

天喜扶持妙莫评。

青龙独发最为良，

持世生身便离床。

那更子孙同位发，

不须服药保安康。

鬼财安贴无忧虑，

身世比和大吉祥。

欲问病人何日瘥，

鬼衰身旺世生方。

夫病欲医须卦静，

爻须旺相子扶身。

应爻及外为医者，

内卦身爻是病人。

医来克病人方愈，

病若克医药不灵。

鬼爻持世人难保，

吉曜加临大利贞。

词讼章

公讼先推身杀鬼，

身克杀爻应有理。

劫杀克身理不明，

身旺杀空忧散矣。

告人切要杀扶身，

被诉却忧刑克世。

身旺杀空诉者输，

身衰杀旺身遭捶。
杀身俱旺事迁延，
身杀俱空公事止。
劫杀临官官事兴，
财加劫杀因财起。
三刑持世莫兴词，
六害临身休后悔。
父母勾陈与劫并，
决定争差田屋契。
外来克内被渠伤，
内克外因渠不是。
弟兄化鬼卒难休，
鬼化弟兄多暗昧。
元武临官防小人，
腾蛇犯鬼多淹滞。
青龙入鬼遇贵人，
白虎临官受刑制。
鬼共勾陈牢狱灾，
鬼临朱雀文书累。
太岁克官赦解由，
月建冲官官恕罪。
日辰克鬼脱应难，
鬼克日辰尤不易。
身世克刑日下和，
相并相冲还又至。
噬嗑明夷被杖答，
屯蒙大壮遭囚系。
虽云涣解保无忧，
也要世身爻有气。

天喜贵人要生身，

大杀亡神莫持世。

世应相生内外和，

决定两头都没事。

劫杀官爻是祸根，

空亡却是相和义。

妻财持世喜神扶，

却宜托个人调议。

青龙子孙是解星，

主世生身谢天地。

世旺身生命合神，

是日官司当脱离。

更有常赢决胜方，

诉人被诉都当记。

讼心克己最为良，

挫锐解纷为至贵。

赢尽世间多少人，

省财又不伤和气。

禁系忧官两未萌，

应为对主世为身。

鬼旺墓乡须下狱，

官临岁动达朝廷。

鬼爻出现催公判，

卦若伤财理不明。

应爻坐鬼他遭责，

世下藏官我不赢。

卦值两官因旧事，

兄爻发动起同人。

财多损子灾难脱，

轻者徒流重死刑。
脱事遇官寻福德，
父兴财发事关身。
动爻克世人来损，
兄动虚忧假作真。
日辰克鬼我身赢，
鬼克日辰他身旺。
日辰生鬼事迟延，
鬼生日辰事摇漾。
日辰与鬼不相克，
此事终须有比和。
日辰或与鬼冲并，
两边相见自消磨。
若值解神官事散，
更逢天喜乐陶陶。
世前为锁后为关，
鬼旺克身主脊杖
身克宗庙有刑宪，
宗庙克身道理强
身衰怕被日辰克，
死绝年年狱里藏。
宗庙死绝事当宁，
大壮知他理不明。
子孙临身官事散，
鬼来克世是输名。
明夷卦主幽囚禁，
父母爻交事未亨。
鬼在伏中难解脱，
财居飞位易调停。

众阳在外无输象，
刑杀临身自杀刑。

我欲兴词去告人，
兄财子动状难成。
父兴鬼发须成讼，
财动文书断不成。
他人告我果何如？
子动兄摇定是虚。
父鬼旺兴成大讼，
财兴必定克文书。
是非官讼几时休，
父鬼摇扬最可忧。
子动旺时容易散，
兄兴财发事悠悠。

青龙动主和，朱雀官偏拗。
勾陈公差来，白虎杖比较。
螣蛇铁锁拘，元武吏典狡。
若依此诀推，百试无不效。

盗贼章

占盗先推财鬼乡，
财爻安静便无妨。
内摇不离无安处，
外动多因出远方。
鬼化为财须有望，
财爻化鬼莫思量。
妻财入墓无踪迹，

财犯勾陈在土藏。
捉贼提防亡劫害，
寻财切虑刃刑伤。
子孙旺相终寻见，
官鬼休囚必捉将。
元武鬼爻家里动，
元来家贼最难防。
两重官鬼勾连至，
鬼落空亡自失忘。
一世二世亲邻盗，
三世四世不离乡。
五世六世他方贼，
鬼若生身必见赃。
木鬼东方人是贼，
金西水北细推详。
火官本是南方盗，
土鬼元来只在房。
欲问贼人藏物处，
鬼家父母处推详。
譬如火鬼木为父，
木竹堆中及树旁。
不惧五行无准则，
只愁财物落空亡。

捕盗先推飞伏神，
飞伏相生贼不真。
飞克伏神须捉住，
伏伤飞者反伤身。
伏神带杀休追赶，

伏入勾陈贼自陈。
内外世身依此例，
内还克外定无因。
应爻又是偷财者，
若来克世屈难伸。
欲知捕获当何日，
鬼败财生定日辰。
卜筮遗亡皆准此，
身衰财发不由人。

凡人占卦问失物，
官鬼交重必是贼。
父兴兄动恐难寻，
子发财安必易获。
若是逃亡兼走失，
用鬼为贼财为物。
财爻在内不空亡，
子位交重物终得。
鬼在二三邻里偷，
若在初爻未将出。
八纯奔走他方去，
归魂物不离亲戚。
世应相生内外和，
家中自匿虚啾唧。
游魂内外且追寻，
木鬼东方人是实。

断易总诀

占卦须占用是谁，

却将出现伏藏推。
凶中得吉逢生救，
吉里成凶被克欺。
若被克欺宜制伏，
如逢生救要扶持。
有人会得其中意，
卦理虽深可尽知。

第七章　卜筮汇考七

《卜筮全书》四　　《天元赋》（上）

混沌之初，茫然未判。始因盘古立太极而分两仪，爰及伏羲定阴阳而画八卦。周室文王演易，鲁邦孔子系辞。察飞伏于八八六十四卦之中，定吉凶于三百八十四爻之内。包罗天地，可知物外。黿缘道合乾坤，何况人间祸福。

总论提纲

吾人问卜，必因动静吉凶。学者推占，要识浅深高下。秘旨虽传于人口，奥妙实出乎天然。事有万殊，理无二致。须识静中有动，当明吉处藏凶。静者动之机，吉者凶之本。如逢卦静，专寻暗动及空亡。若见爻兴，便察吉凶分造化。诸爻并吉，更防吉处藏凶。大象皆凶，须识凶中有吉。若逢乱动，先观用爻。用爻有彼我之分，得失从衰旺而决。六爻上下，吉凶全系乎日辰。一卦中间，主宰莫逃乎世应。细察生旺墓绝，精详克害刑冲。吉凶由此而分，祸福从兹而定。贵人乘禄马，纵非吉庆也无凶。天喜会青龙，虽遇悲哀终有喜。白虎动本非佳况，唯孕育反作吉神。子孙兴总曰祯祥，问功名偏为恶客。官鬼不宜持世，求名婚娶两相宜。妻财俱喜扶身，父母文书偏畏忌。元武阴私兼失脱，腾蛇怪异及虚惊。朱雀本主官非，仕宦当生喜美。勾陈职专田土，行人终见迟留。

身命章

凡占身命，先察用爻。

造化生物之初，先有人身而后有万物，故首章先言身命，未可便将卦名妄断。

剖决高低，必须参究用爻动静、兴衰、刑冲、克害及空亡等象，取其端的，方可决吉凶、祸福、贵贱、贤愚，伯子公侯从兹定矣。

刑克害冲，断一生之得失。

刑者三刑：子刑卯，卯刑子，寅刑巳，巳刑申，申刑寅，丑刑戌，戌刑未，未刑丑，辰、午、酉、亥自刑。以上所言，刑者为阴阳反德。凡占有日辰刑，动爻刑。若刑父母则双亲损，刑财爻则妻妾伤。骨肉逢刑，无不伤残，却看在何限中，便知何年刑克，余仿此推详。克者阴阳不和，故相克也。凡遇财福吉神克我仍吉，鬼杀凶神克我大凶。害者，穿心六害也。乃恩未结，怨已生也。子冲午，午合未，是谓子未六害；寅冲申，申合巳，是谓寅巳六害；卯冲酉，酉合辰，是谓卯辰六害，余皆仿此。六害见之，骨肉情疏，六亲分薄，夫妻不协，子息难招。冲者，子午、卯酉、辰戌、丑未、寅申、巳亥对冲是也。有年月冲、日辰冲、世应冲，凡财福逢冲则凶，鬼杀逢冲则吉。爻虽安静见冲则为暗动，动爻遇冲则散；空亡遇冲则不空。冲则动，动则战，战则争矣。

兴衰动静，决三限之荣枯。

有大象旺衰，有爻象旺衰。凡卜身命，得大象旺亦是好处，称是壮实根基，更得爻象吉利，乃十全之造化。大抵卦旺不如爻旺，人之根源系于卦，不系于爻。命之吉凶在乎爻不在乎象，更看动静吉凶三限荣枯，实决于此。

遇财福则富贵荣华，

妻财、子孙二者，虽为吉神，若旺相有气或带贵人并进，神临于卦中得地之处，却来生合世爻，贵则加官进禄，富则发福生财。更得日辰、月建青龙同位，乃大发大旺。纵临螣蛇、白虎亦不为凶，小有盘折，不能伤害大体。但怕冲破并受克，方为无用。凡占须看立于何限中，便知何时发达。若临正卦外三爻、支卦内三爻，称为得地。临于正卦内三爻名为落陷。若在支卦外三爻，称为晚景之福。

遇兄鬼则贫穷破败。

兄弟、官鬼二者，皆非吉神，卦中若遇兄弟发动，争讼是非、分门割户，或破耗资财，或生涯冷淡，皆因此也。官鬼主疾病患难，加朱雀官符，有口舌官灾；加元武天贼有逃亡、失脱；加白虎丧门主丧亡、孝服。凡占遇之，无气不动犹可，旺相发动最凶。若冲散受克及落空亡，此等限中以平为福。若正卦外三爻支卦内三爻，遇之最为不佳。正当成立之时，遭此凶恶之辈，安有发福之象？若在蚤岁，颠沛灾迍，或当暮年，终无结果。

世是平生之本，应为百岁之妻。

人生一世，贵贱高低合为何等人物，但将世爻为主，若得天贵禄马并立，又有吉神生扶，无凶杀冲克，乃富贵根基，清高品格。若与凶杀并立，或被恶杀刑冲，别无吉神救解，乃贫贱之征，无成之兆。若遇世空最为不美，当有大难。唯有九流术士之人及僧道之辈，反为吉兆。是空手求财，财去财来，终无积聚。世应二爻乃一卦之主。凡占以世为己，应为妻，若与青龙吉神并立，其妻必贤。咸池、元武并立，其妻必淫。世爻无气受应克，必然妻夺夫权。应爻若落空亡，妻官有损。

相生相合必然偕老齐眉，相克相冲决定终朝反目。

世应二爻若得相生相合，一生如鱼得水；如逢相克相冲，百岁似冰投炭。生合之处，逢冲始谐和，其后被人搬弄。若应来克世，本不为佳，却得动爻克应，或被日辰冲破，则始虽不和，以后得人解劝，终归好合。若世应比和，自然两无高下。

财爻动则父母刑伤，兄弟兴则妻宫重叠。

财爻持世或动，则父母受克。其人必早失怙恃，或过房离祖，重拜爹娘。若兄弟交重，或临世位，其人妻宫受伤，必主断弦再续，晚岁重婚。父母动则难为子息，官官兴则损害弟兄。唯有子孙持世，财爻有气，一生衣禄自然亲贤近贵，永年和合。

若临旁位，稍减灾殃。

言前妻财兄弟之类，不临世上，在他爻发动，其灾殃稍减。以是推之，学者自当通变。

咸池凶杀临身，出处必然微贱。

咸池杀见后《神杀章》内，此杀若临世爻，或临父母爻，皆主出身微贱之家，更看卦无贵人吉神，必非高尚之士。

禄马贵人持世，立身须主清高。

贵人，天乙也。凡占得贵人持世，禄马同乡，必然立身清高，不可断曰庸人。

卦值六冲，半世求谋蹭蹬。

子午、卯酉之类为六冲。凡占得之。其人做事有始无终，少成多败。前卦六冲，三十年前生涯冷淡；后卦六冲，三十年后渐觉萧条。前后皆值六冲，一世不能成就。爻中纵有吉神为事，亦当蹭蹬。

爻逢六合，一生动用和谐。

子与丑合之类。凡占卦逢六合，其人和悦秀气，善与人交，谋事多成，行藏无阻。前卦六合，三十年前步步春风；后卦六合，三十年后滔滔发福。前后皆逢六合，一生遂意到老荣华。

男带合则俊秀聪明，喜见青龙财福。

卦中吉凶不可以概论，亦有浅深之分。且如卦逢六合，爻象皆凶，难以吉断。然须参究浅深，剖分高下。若占男子命，卦中带合必须青龙财福，旺相得地，方可断曰聪明、秀俊之士。依此推之，庶无差忒。

女带合则浇浮淫佚，怕逢元武咸池。

女人得六合却不为佳。若有吉神贵人在位则无虞，反主秀气聪明、仪容端正。若见元武咸池在位，必主浇浮淫佚、放荡无端、行多不正之妇矣。

遇进神则吉盛凶多；遇退神则吉衰凶减。

进神者，甲子、甲午、己卯、己酉；退神者，壬戌、壬辰、丁丑、丁未。凡遇进财福吉神则吉，遇鬼杀凶神则凶。大凡进神遇吉则吉盛，逢凶则凶多；退神遇吉则吉少，逢凶则凶减矣。

元武持世，为人悭吝奸雄。白虎扶身，赋性刚强狠毒。

青龙持世，为人慈祥恺悌，见人和颜悦色。朱雀持世，急于言辞，多招诽谤。勾陈持世，为人稳重，行事迟钝。腾蛇持世，为人多心机，无信实，虚浮诈伪。白虎持世，为人刚强好勇，狠戾心毒。元武持世，为人阴谋暗算，狡谲多端；若与兄弟同居，其人贪财吝啬。

此则一生之祸福，须言三限之荣枯。

以上所言吉凶休咎，总论一生祸福，犹未及于三限。此后分别三限以证前言，得失荣枯，从兹定矣。初爻管五年，二爻管五年，三爻管五年，共十五年；后三爻亦管十五年，共三十年。支卦亦管三十年，却看爻上无阻，一年一位数至寿终。

内三爻管十五年，遇吉神则大人荫庇。

吉神、贵人、禄马，幼年荫庇之下，享现成之福，不可便断发福发财。若动爻临于鬼杀，自幼多灾多患。

外三爻管十五年，遇凶神则小辈欺凌。

十六至三十正当成立之初，未免为人所欺负。若见官鬼凶神发动，多因小人侵侮。大则官府逼胁，当究浅深，断其凶吉。若是吉神发动，从此享福无穷。

要知发福发财，支卦内三爻为主宰。

人生世间，成立家业皆在三旬以上，五旬以下。未至此，其力未加；若过此光阴已错。凡占论成立专看支卦内三爻，若财福兼全者，有成之造化。晚景纵不佳，终须有根底。若遇鬼杀空亡，一生虚负心机，徒劳奔走，终无结果收成也。

若欲断生断死，支卦外三象为提纲。

支卦外三爻管十五年。自四十五至六十称为晚景，乃结局之时。无毁无誉，不过论寿，凡观至此，紧着眼看凶神恶煞，若有克战，须忌倾危。

遇吉神则见险无危，遇凶神则逢屯即死。

如遇吉神则虽经险阻之处，亦可转祸成祥，不至危殆。若遇凶杀，则稍有坎坷，便成大咎以至绝地。

后卦如无凶杀，前爻世上重寻。一年一位细推详，万死万生从此决。

后一卦如无凶杀，其寿在六旬之上，却从前卦世上重寻，一年一位数至寿终。若步步遇吉神，其寿绵远，若逢凶恶杀，即便丧黄泉，万死万生从兹定矣。

莫将紧节，亦比常占。

占人之命，关乎大造，非可轻断。必须潜究根源，察其衰旺、动静、克害、刑冲。自家把捉得定，方可与人决断吉凶，剖分得失。若不察其浅深高下，妄行决断而无差误，未之有也。

伉俪章

天命禀有生之初，非今可易。

死生有命，富贵在天。命禀有生之初，非今可易，莫之为而为，非我所能必，但当顺受而已。

夫妇乃人伦之大，自古为先。

有夫妇然后有父子，故五伦之中首先夫妇。

世为婚应为姻，须要相生相合；

世为男家，应为女家，相生相合定有成就之象。生合处须防冲克，恐将成而被破阻；冲克处若得生扶，不成之际得人赞协矣。

鬼为夫财为妇，最嫌相害相刑。

财鬼皆要旺相为吉，最嫌三刑六害发动成凶。

阴阳得位为佳，夫妇俱全协吉。

阴阳得位有两端，有卦象外阴内阳，有应阴世阳，二者皆为得位。一阴一阳之谓道，纯阴纯阳之谓鬼，纯阴不生，纯阳不化，一阴一阳为夫为妇。又曰：占婚用爻首要财鬼，二者俱全称为大吉。一云男占妇以财为主，女占夫以鬼为主，其理仿此。设或财鬼不上卦或落空亡，其婚难成，纵成亦为不吉。

世生应乃男求女，应生世乃女贪男。

且如应虽生世，奈应逢墓绝，虽然相贪尚在踌躇之际，若得动爻相生，必赖媒妁之力；如世爻生应，奈世被日辰冲克，男意虽浓被人间阻，事体又在难成也。

世位逢空，当见男心退悔。应爻有动，必然女意更张。

世空男悔，应空女悔。纵有吉神亦难成，若世应俱发动，必然事有改张。动处若逢日辰合，任君不愿也须成。

世应比和，功全资于媒妁。阴阳交错，事亦系乎因缘。

世应比和本无成就之理，若得媒爻动合世应，其事亦成；阴阳交错乃世应不得位也。若大象可成，亦当入赘，不然夫妇相凌也。

应旺则女室丰隆，世墓乃男家贫乏。

夫占妇，若应位月建旺，乃素封之家；若月建虽旺，日下休囚，必近年稍退资财；若妇占夫，要世爻旺相，则男家豪富；入墓体囚，必主贫乏，本官虽旺，而世鬼俱衰，止是虚名而已。

子孙发动，中途必见伤夫。兄弟交重，异日终须失妇。

子孙为福德，卦中不可无，宜静不宜动。若临吉神动，乃妻夺夫权，或鬼旺受克。若加天寡及凶杀，必主伤夫。旺相则急，休囚则缓。兄弟为克财，若发动必丧其偶，若得鬼动及日辰冲破，庶可解。

财空妻失，鬼空夫亡。

财鬼空亡占婚大忌，本非成就之象，若干支相合，世应相生，半世夫妻也。

男子两财，逢二姓丝萝之好。阴人两鬼，再一番桃李之鲜。

男占女，见两财一旺一空，曾作两度新郎；若两财不空唯带桃花，必一正一偏。女占男，见两鬼一旺一空，定主重婚再醮；若两鬼旺不空，日辰刑冲，财爻或动爻克财，必是生离改嫁。

财动则伤克翁姑，父兴则难为子息。

财爻持世，必不能奉事翁姑，安静犹可，若发动则主刑伤也。父母发动，主难于子嗣，若带凶杀，主生后有损，遇救犹可，逢冲则无害。

财鬼同居一卦，必然亲上成亲。前后皆值六冲，当见退后还退。

财鬼共一卦中，此易成之兆。若世应财鬼相生相合，必然亲上成亲。前卦值六冲，必曾许聘复退。后卦又六冲，成后又当见退，若被日辰合住，虽欲退悔，不可得也。前卦冲而后卦合，当见退后还就。

日辰合世，须逢贵客维持。恶杀冲身，必被他人说破。

日辰临天喜，或贵人合世应，必有权贵之人前来维持说合。若日辰恶杀冲克身世，必有小人破阻，若得动爻来救则无害也。

卦无父母，应无雁币迎门。财值青龙，会见鸾妆耀目。

父母为主婚，又为聘仪，卦中无父母必无雁币之礼。财与青龙会合，必妆奁之资茂盛绚彩夺目。

鬼化鬼终须反覆，兄化兄见阻方成。

鬼本动爻，不宜变动，静化犹可，动化非宜，必主事体反覆迟滞。兄弟乃阻隔之神，兄又化兄，若大象不吉，婚难成。

世应三合咸池，拟定先通后娶。财鬼一临元武，定知眼去眉来。

应与财若加咸池，临元武与世并鬼合，必是先通后娶。若与旁爻合，必与外人有情。应加咸池元武，妇淫；世爻夫淫。咸池若逢日辰冲，虽淫不滥。若见贵人动来克却不淫，主其人容仪美丽，多情好欢，逢旺更甚，死绝稍轻。若咸池会进神动来生合，其人淫心荡漾，恣意非为；若会退神或退神来克，虽有欲心，未尝有实，不过眼去眉来。

要知女貌妍媸，推究财临九曜。

推九曜以别妍丑，若财带贪狼俊好；财带巨门，其面貌团圆，颜色紫黑；禄存，主有色；廉贞主淫貌美，武曲洁白中貌；破军必有破相；文曲形貌瘦长，为人柔弱，左辅右弼同已上好者。忌冲，恶者怕扶。

欲识男材长短，参详鬼值五行。

凡人禀五行而生，其形象亦不离于五行，当用推详。

若穷两处精微，更互六神推究。

若遇青龙，为人和气、俊秀、工巧、晓事、能家；朱雀，快言语，多口舌，加杀多招诽谤，喜生是非；勾陈，为人纯厚、稳重、有规矩，不动则无转变；螣蛇，有心机、多疑虑；白虎，性急、狠毒、不仁；元武，私曲、奸邪，若有吉神临制，则反主聪明伶俐。

咸、恒、节、泰，百年似鱼水之相投，

咸、恒、节、泰，但取其阴阳得位。世单应拆，不相夺伦。若论财鬼俱全，咸卦未得尽美也。以上四卦若又有日辰生合，吉神发动者，欢谐到底，如鱼得水也。若见用爻落空，凶神冲克，又不可以一概断为吉也。

睽、革、解、离，一见如炭冰之相遇。

睽者乖也，上火下泽，金火同居，岂无伤克？故不利。革者变也，革故鼎新之象，占婚遇之当有争婚改嫁；解者散也，占婚宜合不宜分；离者六冲之卦，纯阴之象，故云不吉。

间爻旺相，须知月老英豪；

世应中间爻象，似乎媒妁，若旺相，主冰人豪侠有力。

兄位交重，定是冰人诡谲。

兄弟动，主作伐之人从中诈伪也。

与世应相生相合，必然一处沾亲；

间爻与世应生合，必主亲朋结契。

如雀虎相克相冲，拟定两家相怨。

朱雀、白虎临于世应冲克，虽联姻眷，终结两边怨恶。

欲知退步，须察空亡。

此说上文世应相生合，及雀虎相冲克，若值空亡即当退步，不可如彼断。

六甲章

既已论于婚姻，次合占其产育。子孙旺相，若临阳象定生男。福德休囚，更值阴爻当是女。

子孙在单重爻为男，拆交爻为女。或子孙虽属阴爻，得日辰及动爻天喜扶持，亦主男；子孙虽属阳爻，被日辰刑冲及动爻克泄，亦主女。

阴包阳则桂庭添秀，阳包阴则桃洞得仙。

若子孙爻属阳，初爻、六爻属阴，此阴包阳也，主生男。子孙爻属阴，初爻、六爻属阳，此阳包阴也，主生女。

发动青龙，当见临盆有庆。

青龙为孕育之神，最宜旺相当权，发动必生贵子。

交重白虎，乃知坐草无虞。

白虎为血刃，他事不宜，唯临产最喜，若辅于庚申、辛酉爻上发动，更快，缘白虎为破胎、为催生故也。

定吉凶于内一卦之中，乾、离、坎、兑则易产，

乾为首，离为目，坎为耳，兑为口，此四卦在内象则易产，言其头、目、耳、口先出，是顺行，故产为易也。

决祸福于外三爻之下，坤、艮、震、巽则难生。

坤为腹，艮为手，震为足，巽为股，此四卦若在内象必是难生，逢旺愈难，有解救半吉。

兄弟空则妻位无伤，父母兴则子宫有损。

克妻财乃兄弟也，兄弟空，其妻无伤。子孙所制者父母，若父母独发，子孙必不全矣。

若加凶杀，立见刑伤。

以上兄弟、父母带吉神发动，虽凶弗咎，若加凶杀，必定伤胎害母。

天喜若值腾蛇，定叶麒麟之梦，

腾蛇者乃虚幻恍惚之神，临阳鬼日，主虚惊，临阴鬼夜，生怪梦。更加天喜，必会感应吉梦而生麟凤之子。

咸池倘临元武，必生汗血之驹。

咸池元武皆淫泆之神，若二神相会合，必生汗血之驹。汗血者，婢妾所生之子。

六爻最怕空亡，诸位皆嫌鬼值。

六爻之中，初产母，二胞胎，至上皆有关系，故不宜。空鬼为占产所忌，故六爻皆恶之。

鬼临初位，必然产母当灾。鬼入二爻，当见胞胎不稳。

初爻产母，鬼在初爻故产母有灾，二为胞胎，鬼若临之主胞胎不实。

空亡必堕胎虚喜，带杀则临产艰难。

子孙空及二爻空，主堕胎。若带杀神，主分娩时受苦。

若逢鬼值五爻，始得福生万汇。

五爻为收生婆，官鬼临之则吉。

求仕章

有子万事足，当如仪俨侃称僖；无官一身轻，谁佐禹汤及文武。欲作大廷之宰辅，须凭《易》卦以推详。谋望利名，先要鬼爻旺相；斟量宣敕，但观父母兴衰。

凡卜求官，官鬼是用爻，宜旺不宜衰，喜日辰扶拱怕刑害克冲。宣敕者，父母是也。卦中不可无，最宜旺相扶世，不加凶杀则吉。若被刑冲根脚不正，加临大耗，广费资财。若太岁月建旺者多是宣也，若贵人、禄马同乡不过是敕也。若虽有吉神散漫而不当权者无过，是吏掾文书，冲世凶，生世吉。若不落空亡，纵有艰辛费力终当成就。

印绶旺则职守弥高，官鬼衰则声名卑小。

父母官鬼乃占官之根本，阙一则事难成，二者若逢生旺，必然官职高大。若值休囚，只是卑小职分。若父母强旺而官鬼无炁，职虽平等，身居镇静冷淡衙门，无威耀权柄。若遇进神声名益大，如逢退神必减前任政声。此举大纲，后仿此推之。

欲知品秩，无倦推详。

以上两节只言大体，精妙之理具陈于后。

禄马扶身，万里风云际会。

禄者十干五行，譬之人生一世，幼、壮、老、死也。于长生为学堂，甲乙生亥，丙丁生寅，戊己、壬癸生申，庚辛生巳，皆学堂，喻人之幼而学也，以旺为禄则甲禄在寅之类。在临官帝旺之处，喻人之长而食禄也；马者驿马，如寅、午、戌马，居申乃长生谓之驿马。若临身世或临官鬼、父母及动来生扶身世，乃大吉，唾手成名之象。大忌空亡与刑害也。

贵人持世，九天雨露承恩。

贵人有二：有天乙贵人，有福星贵人。宜旺相怕刑冲。若临官鬼及文书，主官职高迁，必登相位。福贵持世，主人有福德，一生见险无虞，临凶无咎也。

青龙动则事业易成，朱雀空而文书难就。

青龙者，吉庆福德之喜神，其动有三：有年建青龙，月建青龙，日建青龙。若见发动必加官进禄，与天马并立自有升腾进益之喜。不宜落空，必主虚喜。若得兴隆，事事称心吉，无不利。朱雀占官之用爻，宜旺不宜衰，若见空亡，文书必难成就，或被刑克，文书必遭伤坏。

子孙发动，纵然在任也休官。

子孙乃剥官之神，若发动虽在任所，亦当休致，其求仕者不必言也。

劫杀交重，当见承恩方损己。

劫杀见后《神杀章》内，若官鬼临之发动，必因官损命。

妻财持世，诰牒岂得如心？兄弟扶身，俸禄安能称意。

妻财持世克文书，纵成不如意。兄弟为克剥之神，俸资必非厚也。

父化父文书不实，官化官事体翻腾。

父母为文书，父化父文书虚而不实也。官化官事体翻腾反复也。

卦中两父两官，必是鸳鸯求仕；

卦中遇之必有两意干事，此失彼得之兆，此乃鸳鸯求仕。若前鬼旺后鬼空，只宜守旧不可改谋；前鬼衰而后鬼旺，宜舍旧图新；前后皆旺所求遂意。

爻上月德月建，须逢獬豸为冠。

月德月建皆清正之吉神，诸杀莫敢仰视，若见加临，贵人扶持，官鬼及世爻，必非州县之官，乃风宪之职，更看日下衰旺，便可断其擢官赴任，此又不忌凶杀。逢杀则威风凛凛，动止惊人，操权轰烈。

太岁动则在任有除，劫杀空则逢凶无咎。

太岁地杀之主宰，诸神不敢当。若值青龙月建加临，父官发动，虽见居任所又当升擢美职也。若加劫杀则当贬责，如落空亡逢凶无咎。

鬼爻持世，应知到任把权；印绶扶身，必定临庭掌案。

持世、扶身卦之主宰，若见用父加临定主到任把权、临庭掌案也。

卦无父母，终无所任之邦。爻隐妻财，未得养廉之俸。

父母为任所之地，若不出现或落空，恐无所任之处。妻财隐伏及落空，养廉之俸未足也。

一世二世，任所非遥。五世八纯，仕途远涉。

一、二、三世在内卦，故曰非遥；四、五、八纯在外卦，故曰远涉也。

要识宦情好恶，须凭卦象推详。

假如隔手来占，要知本官为人及形貌性情，但将鬼爻论之，看在何官，论其形体并六兽之形貌、情性了然可见，奥义开列于后。

世在离官，眼露聪明性急。身居乾象，面圆正大仁慈。

离属火为目，乾属金为首，各取其体德而言之也。

金为武职之官，掌生杀之重柄。火乃文章之士，探礼义之根源。

金有断制之义，故取为武职；火乃文明之象，必职司儒业。

词讼章

伟哉行事有功，广播声名于天下。必也使民无讼，须存正直于心中。大争则兵革交征，小竞则文词相诉。欲分胜负，先将世应推详。

凡争讼曲直，世克应者我胜，应克世者他胜。然应虽克世而世旺，彼虽害我而不能深伤。世静而克应，而应发动，彼有通变之谋，终不受克。若有吉神扶持，必有贵人倚靠，终不能侵。若世应皆旺，胜负之机未可决，但究日辰生合何爻，并刑克那爻，便知端的。

要决因依，但把鬼爻推究。

占讼以鬼爻为主，更以六神参究，来历因依了然在目矣。青龙鬼，婚姻讼；朱雀鬼，骂詈口舌、文书契约、吏人争斗、喧闹是非；勾陈鬼，田土、屋宅、山林树木讼。若兄化鬼，房族致争；螣蛇鬼被人连累；白虎鬼，与人斗殴杀伤，若带凶杀动。事属刑名；元武鬼，奸淫盗贼讼。

官克应他人受责，鬼伤世自己逢屯。

凡占讼，世应相克以决输赢。一说世克应我讼他，应克世他讼我。输赢从官断，鬼克世官事不顺，我费资财；鬼克应他人遭责，彼亏我胜。应空不受克，他人亦无妨，世空同断。又云世应俱空两家退悔，官司将有解散之意。

一卦两官，权柄何曾归一。六爻无父，文书终久难成。

一卦之中不宜见两鬼出现，权不归一事体反复。若一鬼旺动即取其方向，便知那一官执权。父母为文书案卷，卦无父母案卷未成。父母旺空文书未就，休囚空亡其事不成，或父母逢太岁月建，冲上司必有驳父；母加太岁动，主上司提案卷。父母带吉神终无大咎，凶神同位则事凶。

他诉讼看鬼位休囚，我兴词怕财爻旺相。

凡他讼我，要鬼位休囚不宜旺相，不然其讼必成。妻财本克父母，若我兴词不宜见之，若逢动或持世，状词终不准。若得日辰冲散财爻，我事庶几可振。又云他兴诉须要官鬼休囚墓绝，则无大害。

官鬼空亡墓绝，须知无贵主张。

凡占，不问原告、被告，若官鬼空亡墓绝，或卦无官鬼，决无官府主张其事。鬼虽墓绝而财爻旺动相生，此之谓绝处逢生，须用贵财嘱托，姑待官鬼旺相，月日方可成讼。更值子孙发动仍复无气，纵然费尽贵财亦无益于事。

世应带合比和，终究有人和会。

若世应带合，事体本要成。若但比和而不相害，两家有和会之心。若子孙动，当劝和。公事世应比和，而官鬼旺动克伤世应，两家欲休，官府不放。若遇解神庶几可散。

鬼化鬼移权更案，兄化兄荡产倾家。

若遇鬼化鬼，其事反复或移权更案。事干两司或旧事再发，前卦鬼衰，后卦鬼旺。昔日之事虽小今日番成大事。前鬼旺后鬼衰，其事先重后轻，虎头蛇尾。兄弟乃克财之神，若旺动不免广费贵财，休囚稍可。若又化出兄弟，必主使两重财或两处使钱，更加大耗，主荡产倾家。若加劫杀及咸池，必被小人阴私趁势劫骗，若逢鬼动终究必知之也。

太岁鬼临其事，必干台宪。天狱杀动此身，须入牢房。

占讼，若鬼加太岁及月建，必干台宪。鬼衰难用此断，自宜通变，取人事决之，庶无失矣。天狱杀关锁杀，俱见后《神杀章》内，若动则有锁禁。

官旺日则面折庭净，鬼休时则停囚长智。

占讼欲知何日兴何日息，但把鬼爻推究。鬼旺日，其事必兴，当见临庭折证。若值鬼衰，其事必停；鬼值冲，官司有冗未及究问。鬼值日辰刑，上司有言责其事稍缓。

欲识何时结断，鬼爻墓绝推详。

占讼，始、终、成、败皆从鬼断，其事有定限，庶可推详。夫结绝决断，实为难事，其或动，经一年半载必须先达人事，度其轻重，知其时务，复取其占之卦爻。子孙发动，官鬼空亡，无炁入墓，穷其鬼绝月日，然后方可雍容推其意而言之。

要知不受刑伤，子位兴隆剖决。

子孙为福德之神。官讼牵连，狱囚禁系，杖责临身，此爻发动，一概可免。

盗贼章

世上论官诉讼，多因性气赀财。其中暗昧阴私，莫出奸淫盗窃。用鬼为贼，须寻来处之踪由。

以鬼为贼，若见持世，乃贴身之贼。在初爻是家贼，二、三爻邻里贼，在外是外贼，在六爻是远处贼。鬼带羊刃劫杀悬针，是强盗贼。贼来须捕鬼生方，且如鬼属金，乃西方贼。从东南方上来，看在何爻，却详微细之处，其余仿此。鬼属阳，日间来；鬼属阴，夜间来；阴鬼化阳，夜至日方退；阳鬼化阴，日至夜方偷。男贼、女贼，亦不出于阴阳推断。

推物凭财，当捕墓中之方向。

推物当以财属五行辨之；欲知其藏因何方，但寻财墓处便是。且如金财在丑，艮方；木财在未，坤方；水土财在辰，巽方；火财在戌，乾方。凡占，欲知何处失财，但看财绝方向是也。财在内，家中失落；居外，在外失落；若五爻动，路上遗失。若鬼空亡无炁，日辰扶合财爻，财爻化入墓中，此乃未经贼手，不曾失脱，藏于器皿之中。

财化鬼必无寻路，鬼化财终可获赃。

凡卦中财化鬼，其物已变化，了后无踪迹影响。鬼若逢冲而日辰扶合财爻，其物未散，若非子孙发动，亦未可知。如鬼动化财，物虽偷去，尚未出薮，终可捕获。但看子孙旺、官鬼受制时日，自然败露。

妻财最怕空亡，官鬼岂宜扶合。

财在内卦，不落空亡，其物可见；财在外动，物已去远，终难得见。鬼若日辰扶合，乃真贼惯得，其中滋味必有人做脚，须防再来，且日辰合住鬼爻，必有窝顿之家，深藏固闭，贼不易败也。

金爻带鬼，便言割壁穿窬；木位逢官，定是锄泥掘洞。

金爻带鬼，用刀铁撬开门户、挖毁墙垣；木爻属鬼，锄泥掘洞，过屋悬梁，其他当以类推。

看在那爻发动，便知何处归来。

如金爻发动，贼向西方来；木爻发动，贼在东方来。

子动伤官，目下须当捉获。

子孙为捉贼之人，旺动，必当时下便能捉获。偷时被人撞见，要知踪迹，但寻子孙方位便知着落。如卯爻子孙动，见穿青妇人，便知消息。属寅，乃穿青男子，或遇草头及木字旁姓人说消息。若遇巳爻，子孙动，必见红衣女子，方知带杀乃曲脚妇人，胎养乃小女子。午乃穿红男子，旺相是银铁等匠。休囚乃挑柴炭人，问之可知。申乃穿白衣人，或弄猴针匠。酉乃卖酒人、持酒人，可知消息。亥乃穿黑衣人，或守田土之人，或挑水之人，或洗衣之人，皆可问消息。子是穿黑衣、不顶帽子及捕鱼人，静中看见，问其消息。辰乃竹木林中墓边人家，可问。戌有黄犬吠人家或牵引犬人，可问。丑是守牛人，或是耕夫。未是牧羊人可知其的。以上当别旺相、休囚，可知少、壮、老、弱，若鬼化子孙必须告官方能捉获。勾陈乃捕贼之人，若克元武其贼必擒。

日辰克鬼，当时曾被惊疑。

凡日辰冲克官爻上，盗时被主家惊觉。如金鬼畏火，若遇日辰冲上，盗时见灯明复退隐；若火爻动来冲克，其时有人从灯外窥见形迹。木鬼值日辰冲克，行窃时曾触铜铁器皿做声，贼心惊恐，或金爻空动克鬼，乃人之声，胎养小儿啼，库墓老人嗽，未敢下手。水鬼值日辰冲克，畏墙壁坚固，路径高低，其贼疑惧终无十分偷掠。若戌土动来克，多是犬吠带杀，被犬伤。火鬼被日辰冲克，主贼人被追落水。土鬼被日辰冲克，畏门户牢紧，若见木来克，必闻门户声惊疑。以上数端皆以类而推，唯占者至诚至敬，自然灵验也。

一卦两官，内外二人谋计。

若两鬼俱动，必是内外勾连，二人同窃。若外鬼动内鬼不动，不过知情；若两鬼皆不动，但取其临武劫杀当权者为正贼。

六爻无鬼，中间恐自遗亡。

六爻无鬼财、不空亡，乃自遗失，非人偷也。财旺可寻，若财带亡神动、鬼爻不动，亦是自失，被人获去，终不可见。若无鬼而兄弟化鬼，或加青龙动者，非人偷或曾有人借去，遗亡在彼。若鬼虽动又兼兄弟旺动，物虽贼偷非能入已，又被他人将去。

财立内爻，珍宝不离于井灶。财居外卦，金珠岂远于栋梁。

财爻在内，其物必在家之井灶间；财爻在外，未动必藏匿于栋梁。

须教仔细参详，方可雍容断决。要占轻微之失脱，更加元妙之工夫。鬼属阳，男子偷，细察休囚旺相；鬼属阴，女人窃，精详库墓胞胎。

小可失脱不可一概论，但当分别阴阳，较量衰旺，方知的实。若阳鬼男子偷，阴鬼女人窃，鬼旺后生偷，墓库老人偷，胎养童稚偷。若阴化阳，妇人偷，男子将去；阳化阴，男子偷，藏女人处。不然日间见物夜间偷，或夜间窃日中将去。此亦举其大纲，更宜详审。

定人形以五行推，决面目以六神断。

人形面目，大抵以婚姻内面貌参看。

财逢生气，必亡走兽飞禽。

凡论生气，正月子上顺行，一月一位数至岁终。卦中财临生气，必是能走动之物，子与丑合皆言牛，寅与亥合皆言猪，卯与戌合皆言犬，辰与酉合皆言鸡。凡遇生气，其物未曾杀害，若化为死气库墓，必被烹宰。死气者，正月起午上顺行，不问是何物遇之皆不吉。

墓值刑冲，徒有坚墙固壁。

占失脱最忌财墓逢冲。假如辰日占得震卦，世上财入墓，正被日辰冲散，库中之财，最为不吉。纵有恶犬藩篱亦难防御。

若见卦无财位，便当推究鬼爻。

凡占失物当究财爻，若是财不上卦，当以鬼爻衰旺决之。

水鬼兴隆，无出绫罗锦绣。火官衰死，不过铜铁锅铛。

若卦里无财，当考鬼之所属。水鬼兴隆，必是绫罗锦绣缎匹之类，若休囚不过丝绵绢帛，余鬼仿此推之。火鬼加贵兴隆，必是金银无气铜铁，若在二爻必是锅铛之类。

欲知何日亡财，但看鬼逢生旺。要决何时捉获，精详官被刑冲。

凡占家宅，若鬼临元武发动，当有盗贼起心，要知何时，但看官鬼生旺，远以月断，近以日推。如特占失脱不可用月，但鬼爻生旺日是也。若卦逢六合，鬼值动爻刑克，便可断其动爻生旺日捉捕。凡日辰刑冲，最急，若旁爻动来相生，必有人救。若大象可获，亦待旁爻受制日可捉获。

求财章

饥寒起盗心，亦为困穷而至此。富贵享遐福，莫非营运而后能。赍财于蛟龙，背上行舟。负命于虎狼，丛中取路。欲决心中之疑虑，端详爻上之吉凶。

求财之言艰险，于斯可见。但能信占卜，必无不测之祸。若出外求财，须言祸福之分；在家求财，亦有得失之别。学者可不究哉？卜以决疑，不疑何卜？凡来占者必有疑虑之事，当详吉凶衰旺，见财福如值故人，遇兄鬼如逢仇敌。

将本求财，妻位偏宜旺相。空拳问利，官爻喜遇兴隆。

凡占求财，先达人事，然后决断。若将本求财，必要财爻旺相，克世生世则吉，世克财则凶。若卦有两财，外财旺而内财冲，本虽少而利则多；若内财旺而外财冲，利息淡薄，但可正本。若内外财爻俱死绝，将本生涯，敛手折财。不上卦及空亡，买卖经商连本灭。财爻绝处又逢生，利息依然动欢悦。妻财虽旺不克世，劫向爻中看亡劫。先生若也问求财，请看天仙元妙诀。空手求财者不过是百工技艺之人，以鬼爻为用，鬼旺则财丰厚。

鬼化为财，克世须云大吉；财爻化鬼，逢空可谓全凶。

鬼化财，从空而至且来克世，是利追我而走，故云大吉。财化鬼，自有化无，又落空亡，是消磨殆尽，故曰全凶。

父化妻爻，当涉艰辛始得；财连兄位，纵然积聚当分。

凡父化财，必先难后获，父旺财衰，则艰辛多而财少，父衰财旺，则用力少而财多。财化弟兄，将有侵夺之患，虽有积蓄亦当分散也。

凶神冲散财爻，切忌风波险阻。劫杀加临兄位，须防盗贼相侵。

凡凶神来冲克财爻，行船便见风波之患。世爻若值吉神，身虽无咎，财必飘零。凶神若遇虎蛇鬼劫，财命不可保全。若就家中求，却不如此断，必是凶人搅乱，或因财引惹公事。若值解神却得无事。劫杀乃求财之大忌，若临财位，必不可得，若临兄弟发动，得财之后，防有失脱。若更元武加临，必有盗贼劫掠之祸。若得贵人临鬼持世，虽有贼来无伤于我。如逢鬼动兄弟受制，纵有凶神亦无大患。鬼爻无气则无权，兄弟依然来作祸。

子动会青龙，乃生财之大道。父兴临白虎，为绝利之根源。

若卦内无财而子孙旺动，亦可求谋。更临青龙比同有财之卦，若值休囚更宜斟酌。若鬼化子孙，谓之鬼运财来付好人。苍屏有歌曰：鬼化为财及子孙，求财最利称心情；更逢福德来生世，安坐高堂也获珍。若子孙化子孙，财从两处生。财既是两处生，宜两处求，或与人同求，大吉。子孙乃生财之神，如水之有源，源头受克则泉竭，泉水旺盛则流长。若财位逢长生福德临官，此等求财绵绵不绝，或财虽旺子孙死绝，只许一度，后再难求。子孙虽旺父母来克谓之绝，生财之源虽有钱财亦无接济。若遇日辰相合，庶几不被克伤。

世克动财，若赶沙场之马。财生静世，如逢涸泽之鱼。

大凡求财，财来生世克世则易。财来逐我，如涸泽取鱼，伸手便得。若世克动财，是我去逐利，如沙丘劣马愈赶愈奔，终难上手。

克害刑冲迫兄鬼，则灾殃消散。

兄鬼皆求财之忌神，今彼受制，不唯求财有望，抑且灾散祸消矣。

生扶拱合辅财福，则货宝丰盈。

妻财子孙生涯紧要，且有生扶拱合，岂不财货盈溢，珍宝满箱？

前卦有财，后卦无不利于后。前卦无财，后卦有艰难在前。

前卦有财，后卦无宜速求，迟则难得。前卦无财，后卦有宜待时行事，或看财爻旺相年月，方可谋望。

财合日辰，方能入手。财逢墓库，便可归怀。

财与日辰合，财爻入墓日，方可断其上手。

出行章

坐贾行商，皆为厌贫求富贵。晓行夜算，只因图利起经营。欲财溢于千箱，须奔驰于万里。未卜其中之得失，便言路上之行藏。世克应爻，直到地头无阻节。鬼临飞位，未离门户费趑趄。

凡占出行以世为主，旺相吉，无咎凶。世克应坦然一路无凶兆；应克世或旁爻发动来相克，当有吉凶之辨。若逢财福克我则吉，鬼杀克我则凶。若当世墓凶，方决不可行，鬼持世上多是去不成。若子孙发动来解，庶几可行。如或鬼爻带贵，必因贵人迟滞，未得起身。鬼加官符、朱雀，必因官事牵连。鬼加白虎，丧门吊客，死符病符，恐有丧亡、疾病之事。鬼若临应到彼，谋事终难成就。

世爻更值空亡，出往终难成就。

世若逢空，多是去不成。纵然强去，终是不得意而回。凡占，必须看何人。若本身出最忌世空，因经商出行，可谓大凶，必主陷本他乡，徒劳奔走。若九流艺术及公家勾当人占，反为吉。但空手得财，不能聚也。

子孙动，则路逢好侣。官鬼兴，则途遇凶人。

子孙持世吉无不利，必主善去吉回。若发动，必逢好侣。官鬼为凶人发动克世，为害非轻，休囚受制终无大事。

父母休囚，背负一琴登蜀道。妻财持世，腰缠十万上扬州。

父母为行李，旺相则多，休囚则少，一琴一剑言其少也。妻财为钱钞，财爻旺相则腰缠十万贯，言其多也。

马爻发动，坤宫遇吉神则驿程安逸；木位交重，坎位加白虎则舟楫倾危。

马在坤象，动必陆路行，更加青龙，一路自然安逸。木在水上动，必是水程，若加白虎，恐遭风浪颠覆之忧。

五位逢空，路上凄凉无旅店；六爻临鬼，地头寂寞有忧愁。

初爻空亡无脚子，二爻空亡身有阻，三爻空亡伴侣稀，四爻空亡难出户，五爻若也值空亡，旅店荒凉受辛苦，更看六爻若逢空，地头寂寞无人住。六爻俱不落空亡，任意挥鞭千里去。以上论空亡者，不可一概论，必从吉凶分别。凡吉神空则凶，凶神空则吉，依此推之，万无一失。占出行不宜见官鬼，六爻遇之皆不利。初爻主脚痛，二爻身有灾，三爻伴侣有疾，四爻去后户庭有官事相缠，五爻道路梗塞，六爻地头不利，不得意而归。

参详一卦吉凶，推究六神持克。

青龙临财发动，满载而回；朱雀官爻发动，必有是非口舌；勾陈临水动，必有雨水；腾蛇带鬼，必有忧惊怪异；白虎带杀，必有疾病；元武临财，必有失脱。以上凶神持世克世，最忌旺相，亦忌休囚，受制庶无大事。

金爻持世，岂宜远涉南方；木位安身，唯利高登北阙。

南方属火，金畏之，故不宜往。北方属水，水生木，故宜去。余仿此例。

行人章

秋风飒飒，动行人塞北之悲；夜月沉沉，兴游客江南之梦。剔银灯喜占音候，当金钗为卜归期。若问子孙，须要福神生旺；或占父母，不宜印绶空亡。

父母出行看父母，子孙出行看子孙，兄弟朋友皆看兄弟，奴仆亦看子孙。吉神临之吉，凶神临之凶。

应动青龙克世，行人立至。父临朱雀爻交，音信须来。

应动克世即来，世动克应未来。青龙临应动，行人立至，世克动应，行人则往他处。若世应俱静，但看生克制化，若世生应克应，决未来；应生世克世，身虽未动已有归意。但看冲动月日起程，生旺日必到。父母、朱雀皆为音信，若见发动，必有信至。克世来速，世克来迟。若当五爻动，有信在路，带天喜、吉神克世，是喜信，加大杀凶神克世，是凶信。若父母、朱雀动处逢空，音信虽有，被人沉匿；父母并勾陈发动，音信虽有，带书有耽阁，稽迟未到也。

欲知车马将回，细看门户。要卜舟船未发，但看地头。

初爻足，二爻身，身足俱动则来。三、四为门户，动则速至。五爻动在途，六爻动在地头。凡旺动则来速，动无气则来迟。或用爻或应爻于门户上动，行人即到。凡动爻亦有吉凶，若动爻克应克用，虽当门户亦有迟滞。

阴官际遇螣蛇，当有还乡之梦。咸池若临元武，恐逢觅水之欢。

阳鬼会螣蛇，当有虚惊；阴鬼会螣蛇，当有夜梦。若在内动，此是家人梦见人回；在外动，必行人有还乡之梦。其梦决于鬼生旺日，重动已往，交动未来。用爻若加咸池、元武，行人主有外情牵惹不归。

兄弟动则多费盘缠，官鬼兴则不谐同侣。

兄弟若当权，旺动决然多费盘缠。若更化兄弟，不免有两倍之费，不然有分争之患，休囚无气稍轻。兄化为鬼，行李至中途必有变，不可托人。若财化兄弟，或加元武，多是被人诬骗。兄弟若逢刑克，无害。若官鬼旺或兄弟空，必路无伴侣，独自登程。

更被凶神持克，须防世墓空亡。若有吉曜来临，庶免身遭否塞。

若作出行人本名占，最忌官鬼、白虎、大杀动来克世，及怕世墓世空，自身有疾，患难有险。若占他人，怕鬼伤克用爻，及用爻入墓空亡，须防危难。若得子孙旺动，贵人及解神来相解，或日辰刑冲囚凶，庶免身遭否塞。

动爻值退，登程复返他乡。应位逢冲，触景方思故里。

丁丑、丁未、壬辰、壬戌四者，为退神。凡用爻及动爻逢退神，行人登途仍复返去。若动爻逢空，亦作返去断。看在那位爻上空，便知何地转去。要知行几里回去，但依生成数推断，生旺倍加，死绝减半。六爻不动，本无归意，若日辰冲动应爻，必是睹物思归。

勾陈发动，若逢位上便淹留。折杀交重，须向途中防跌蹼。

勾陈发动必主淹留。若在地头，未能起离；若在五爻动，半路人留。勾陈旺动，克持用爻及应爻，行人卒急难来。折伤煞云：折伤四体要君知，正月鸡栖逆向离，生怕高枝防跌蹼，此爻发动恐颠危。谓正月从酉上逆行也。

妻财旺动加元武，则杳绝音书。福德兴隆遇青龙，则丰盈财宝。

财兴克父，元武动伤朱雀，若相并而动，主音书杳绝。望信须看世应中，信来两处起交重，他兴我静鱼传信，我动他安雁绝踪。子孙乃福德之神，遇青龙则满载而回。

欲详物数，五行妻位兴衰。要决归期，六合动爻生旺。

要知物数，但看财临五行，旺相多，休囚少，逢生倍加，受克减半。数目照河图数，取水一、火二、木三、金四、土五。动爻属金，期在己日并申酉日可到，余仿此例。

锦城虽云乐，不如早还家。茆屋未为贫，但愿安乐业。

家宅章

要察卦爻内外，可知人宅兴衰。

内三爻为宅，外三爻为人。宅去克人，主病患连年，击括多端；人去克宅，主修居创屋整旧更新。内卦旺，屋宅多；外卦旺，人丁夥。

初观住宅之根基，相连井位。次睹华堂之境界，兼接灶司。

初爻住宅基址，带财福吉。井亦相连，初爻属土，则浑浊；水则清冷盈溢；木则井上有树；火则泉上常干；金则沉莹香洁，带鬼逢空，必废井。二爻为堂屋，生旺则深沉广阔，无气则窄狭低猥；带青龙，龙德贵人必新创整齐；加白虎，刑冲克害必旧居破败。二爻灶亦兼焉，生旺则灶修曓闹，休囚则灶冷无烟。朱雀带官，定有灶前咒咀；鬼连白虎，须防脓血淋漓。

三门若值官爻，不离五行分剖。四户悦临鬼杀，须加六兽参详。

三爻为大门，与太岁日辰生合，其向大利；与太岁日辰刑冲，其向不吉。带财福、青龙、吉神动者，决主门庭清吉，人口康宁。加官鬼、白虎、凶神动者，多招口舌官非，迭遭恼眯。加兄弟者，主破耗多端，资财不聚；加父化父者，一合两样门扇；逢刑冲或加破军，必有破坏。已上动者甚，静者轻。若三、四爻相冲，有两门相穿，不生财。第四爻为户，即中门带吉神动吉，连凶煞动凶。

五为道路之爻，六为栋梁之位。

五爻为路，与世合则委曲有情，与世冲则直长带杀。六爻为栋梁墙壁，带青龙则新刌整齐；加白虎则崩颓破败。

虽辨其中之奥妙，须详就里之精微。掺索六爻，总是家庭小事；推明一语，可惊王公大人。月建会青龙，当主婚姻、妊喜；丧门加白虎，须忧疾病、丧亡。

月建即正月建寅之类，与青龙会合一处发动，主重重喜庆，士夫当加官进禄，庶民则增进钱财，婚姻产育无不吉也。丧门、白虎谓之四利三元，乃凶神，见后凶煞内。若见此爻动者，则有病患连绵，丧亡叠至，种种不祥自当细审。

朱雀空则门绝官灾，勾陈旺则户增田业。

月建朱雀，正月从巳上顺行。在内动，主是非口舌；在外加贵人动，主有文书音信之喜。若带官符、官鬼动者，月内必有口舌官事。又云月建朱雀即天烛杀，若与日辰朱雀并动，须防火烛。若朱雀空亡，官事无妨，是非潜伏，火烛消烊。月建勾陈，正月从丑上起顺行。带鬼杀内动，主宅神不安、人口不宁；在外动，谋事多见迟滞。若临财爻旺动克世，其月内必有增进产业之象；更加日建青龙，必然广置田园，横发钱谷，大利田土之事。

元武须防盗贼，加咸池必有私情。螣蛇本主虚惊，遇阴鬼多生怪梦。

月建元武，正月从亥上顺行。在内动，主有奴婢走失；在外加鬼杀动，主有穿窬割壁之贼。若元武与咸池同乡，主阴私淫乱之事。动来合世，宅长必然不正，若临财爻，若妻必淫；若临父母出处卑贱，或临福德及第六爻，皆主奴仆有阴私之事。若逢生旺，其事张扬；或值休囚，犹可隐匿。如逢冲散，必然被人说破，不复作矣。凡此章皆是非之端，古人所以具述此事者，既造精微之地，不得不言，后学不可妄谈。暗藏胸中，以为观人邪正之法，不宜轻泄。月建螣蛇，正月从辰上逆行。若动，主有牵连事，至遇阴鬼，主夜生怪梦。克世临世，宅长夜梦不安；克应临应，宅母梦寐不宁。

卦列六十四象，怪分一十二宫。

六十四卦之中，其怪不过十二宫。分子动鼠怪、寅卯申狐狸怪、巳动蛇怪、午动火光怪、酉是鸡怪、戌是犬怪、辰丑未是虚响怪，见怪爻动处逢冲，则无害也。

推占六爻，全凭四季。

诀曰：怪爻季是两头居，仲月逢之二五随。三四怪爻当孟月，动成骇怪静无之。杀神在世灾应实，鬼杀伤身祸不虚。更被官爻持世上，怕逢衰病患难除。以上所言怪爻，须凭四季取。季月初爻六爻动为怪，仲月二五爻动为怪，孟月三四爻动为怪，其余发动不可乱言。

既有浅深之辨，莫辞祸福之分。

凡有怪异亦有浅深。怪浅祸亦浅，怪深祸亦深，祸福于斯可辨。

世在游魂，常有迁移之意；身居墓库，终无起离之时。

占宅得游魂卦，主居处不定、常有迁移之意。占移居，怕见世爻入墓，虽言移，终不能动身。

外卦兴隆，徙舍须云大吉。内爻旺相，移居必见灾殃。

立春，艮旺、震相、巽胎、离没、坤死、兑囚、乾休、坎废；春分，震旺、巽相、离胎、坤没、兑死、乾囚、坎休、艮废；立夏，巽旺、离相、坤胎、兑没、乾死、坎囚、艮休、震废；夏至，离旺、坤相、兑胎、乾没、坎死、艮囚、震休、巽废；立秋，坤旺、兑相、乾胎、坎没、艮死、震囚、巽休、离废；秋分，兑旺、乾相、坎胎、艮没、震死、巽囚、离休、坤废；立冬，乾旺、坎相、艮胎、震没、巽死、离囚、坤休、兑废；冬至，坎旺、艮相、震胎、巽没、离死、坤囚、兑休、乾废。以上八卦之休旺，凡占移居，外卦旺宜迁，内卦旺宜守。反之必见灾殃。

青龙外动宜迁，白虎外动宜静。

大抵青龙为吉，白虎为凶。守旧迁移，随其变动而作趋避。

刑害翻成六合，挈家去后亨通；游魂化入归魂，返舍回来大吉。

占移居得三刑六害卦，本非吉兆，若变得六合卦，去后必亨。游魂化归魂，必当仍还旧地，乃为大吉。

欲遂迁居之志，须求分烛之邻。

初爻为左邻、后邻，四爻为右邻、前邻。加财福吉神必慈祥、恺悌之家，带鬼杀凶神乃无籍凶狠之辈。

香火章

欲究治家之本，莫过敬鬼为先。卦中三爻，总论天神地鬼。其中六兽，可知作福兴灾。

凡占家宅香火之法，以卦中第三爻为主，若福德临之，则家神兴旺。以六兽推测鬼神，难以言尽，大率吉神宜发动，凶神宜安静。

单拆须辨阴阳，衰旺可推新旧。

鬼爻是单属阳，乃天神佛像，或祀典正神。鬼爻见拆属阴，必见依草附木，暴死伤亡，投河自缢之鬼。欲知人家神像新旧如何，但依衰旺推究，自长生至帝旺，皆可言新；自衰至墓绝，必须言旧；但以衰病略旧，墓绝最旧。

要察神前之供器，更详卦内之鬼爻。鬼位逢金，必主香炉破损。官爻遇木，决然牌位崩摧。

欲察供器，但看三爻。临鬼要更分别五行，自然必中。鬼位逢金主香炉破碎，鬼爻遇木主牌位崩摧，鬼爻临水神堂上定有漏处，临火神位前供具必有一件被火烧者，临土必主尘埃满案，无人拂拭，修葺重新，庶几六神安稳兴隆。

六畜章

若问家先，内宫看鬼。崇奉百神安妥，自然六畜兴隆。鸡鸭元在初爻，遇青龙则四时旺盛。猫犬端居二位，加白虎则两件难全。

初爻鸡鸭位，带鬼或空亡，难为鸡鸭。加大小耗，必有狐狸、黄鼠所伤。若临青龙大吉。二爻为猫犬，寅爻旁动克戌爻，虎伤犬；戌爻克二爻，犬伤猫；猫爻若加吉杀，必善捕鼠。杀带鬼，家有恶犬，逢空不利，旺空有犬无猫，有猫无犬，不能两全。加白虎必然有伤，带青龙必然旺相。

三四猪羊，怕见官杀兄弟。五六牛马，喜逢福德妻财。

三爻为猪，带子孙妻财必旺，带兄弟猪不长，带官逢空猪有损失，带子孙胎爻其家猪有胎。若见申酉二爻动，或克三爻，猪决有损失。四爻为羊，带财福则旺，带鬼杀则损失，逢空无羊，胎养临爻则羊母旺，劫杀临爻则羔羊多。朱雀临大杀在兑宫、乾宫动，羊生臊口；遇青龙动则吉，白虎动则凶。五爻为牛，带子孙其家有子母牛，带胎爻其家牛有胎，凡遇青龙财福则吉，鬼杀白虎则凶。青龙临爻多是水牛，勾陈螣蛇多是黄牛。若五爻带金，鬼主牛夜啼；水鬼败肚，木鬼脚痛；火鬼因触热土，鬼时气发瘴。兄弟化兄弟，与人相合牛只；旺相墓库老牛胎养小牛。六爻为驴马，带财福则吉，带鬼杀则凶。如子日冲午爻，主走热饮水，火动则无妨，此一爻依牛爻断之。

最嫌本命逢冲，须忌分宫受克。

丑爻为牛，寅爻为虎，亦作猫爻断。午爻为马，未爻为羊，酉爻为鸡，戌爻为犬，亥爻为猪，以上六畜之本命；怕逢鬼杀、大小耗相刑相克，又嫌本命空亡，皆主损折、狸伤。一云：初鸡鸭，二猫犬，三猪四羊，五牛六马及驴骡，以上乃分宫也。如本命上卦当看分宫为主，若吉神动来相生则吉，凶杀动来克害则凶。更得日辰扶挟，亦吉，若日辰刑冲则凶。能依此断，万无一失。

命逢生旺，当别吉凶。

生旺若逢本命，本为吉兆，却看临财福、旺相则吉，临鬼杀大小耗则凶；反不如不旺。凡吉神扶命旺处，六畜必盛；苦加鬼杀得是休囚，庶几损折亦轻。凡本命旺临财福，却加大小杀于其上，孳生虽盛损失亦多，得失相半之兆，不可概论而断吉凶。

爻值刑冲，须分表里。

分宫若日辰刑冲，或动爻刑冲，当有吉凶之辨、表里之分。凡分宫会财福、青龙，若逢刑冲则凶；若临鬼杀、白虎逢、刑冲反吉，必主前虽损失以后必然旺盛。大凡旺处逢冲则损，绝处逢冲则散，空处逢冲不空。

六兽可知颜色，斟酌相克相生；八宫细论身形，定夺居中居外。

欲知颜色，不过是猪、犬、牛、马，凡遇六神所临，六爻安静，别无冲破，但言一样颜色。若动相生相克，方可言杂色。假如元武临用爻被白虎动来克，此乃黑白相间，元武旺则黑多，白虎衰则白少，两爻衰旺相停，黑白相半。且如青龙临用爻白虎动来克，又加勾陈动来生，此乃三色花黄白黑相间，即玳瑁色。乾首、坤腹、离目、坎耳、兑口及尾，艮前足、震后足、巽腰。凡用爻临元武在乾象，更无别爻相克相生，乃是通身黑色。若逢坤象白虎动来生克，必是黑头白腹。若遇休囚其白少，若逢生旺通腹白。又如勾陈临用爻在坤象，被震宫或艮宫白虎动来相克，乃黄身白脚。震言前脚，艮言后脚。以上略举一二以为法，其余分宫仿此推详。凡占，须以用爻所临为本身颜色。若遇别爻冲克及生扶，方可看其在脚言脚，在腰言腰。

第八章　卜筮汇考八

《卜筮全书》五　　《天元赋》（下）

田蚕章

家有千钟，皆出田中之玉粒；库藏百宝，安如筐内之银丝。先言农力之勤劳，熟稻岂辜于八月；次论育蚕之节目，植桑不负于三春。

凡占农田，以世为田，以应为天。应爻临水生世及加青龙元武生合世爻，丰稔之岁可卜矣。若见应加朱雀动克世爻，田禾必损。或世临勾陈动克应爻，主缺水。若应爻相合比和，看卦中何爻发动，水动生克世吉，火动生克世凶。内卦为蚕，外卦为养蚕人。内生外吉，外克内凶。内生旺蚕旺，外兴隆人多。内外相生吉，相克凶。凡占须要己午上卦为吉，己午发动乃大吉，艮卦、离卦大吉，坎卦、兑卦大凶。逢四五月卦大吉。

剖分内外，三爻总合农桑二事。

凡占农，以初爻为种，二爻为秧，三爻为人力，四爻为牛，五爻为天，六爻为水。若占蚕桑，以初爻为种，二为苗，三为人，四为桑，五为箔，六为茧。以上六爻旺相者吉，休囚库墓者凶。若逢大杀、大耗小耗，皆为凶兆。

六卦遭逢鬼杀，可谓全凶。五行弗遇官爻，方为大吉。

农田若见鬼在初爻，种不对或不萌；鬼在二爻必欠秧；鬼在三爻农力不到，若加凶杀田夫有病；鬼在四爻欠牛力，或牛有损，空亡无牛，鬼化兄或兄化鬼，与人合牛工作不利；鬼在五爻天意不顺；鬼在六爻必缺水。占蚕，鬼在初爻种不出；在二爻出后不能旺盛；在三爻蚕娘有病；在四爻叶必贵；在五爻上箔有损；在六爻财微薄，必无好蚕，亦无好丝。六爻无鬼，田蚕自然兴旺。凡遇鬼爻，须看五行所属，及观衰旺动静。鬼爻属金发动持克世爻，主蝗虫之灾；水爻动带鬼，狂霖损稼；火鬼必主亢旱；土鬼里社兴灾。占蚕，水鬼防鼠耗，木鬼二眼有伤，金鬼多白僵，其年吃叶多，火鬼头黄壳不生，土鬼蚕沙发热蒸伤。

阴阳相半，须加四兽参详；财福俱全，更互六神推究。

田蚕皆宜阴阳相和、水火相半，庶能昌盛。纯阴不生，纯阳不化；阴阳交合然后万物生。凡占得阴阳相半，外阴内阳，内外相生，大吉之兆。占蚕须看六神持克，仓屏云：青龙旺相入财福，春蚕盈盈满筐簇，管取竿头白雪香，会看箱内银丝足。朱雀旺相入兄弟，必定桑悭食不济，若当离象动凶神，蚕室须防火灾至。勾陈带鬼多黄死，若遇财爻黄茧多。卦中发动并迟滞，若值凶神可奈何；螣蛇水鬼害头蚕，正要烘时却受寒，纵得丝来筐筐内，明朝绵绤也应难。白虎若临财福中，箔中多是白头公；更逢兄弟交重恶，急急祈求一半空。元武若临咸池动，多是女人带厌来；急求蚕福来扶救，庶免春蚕目下灾。田蚕皆以财爻为主，生旺全收，无炁半收，空亡大折。鬼空财旺必称心，有鬼无财主大损。若遇子孙持世旺，六爻有鬼亦无妨。

兴衰得位，方能保其丰穰；动静有常，庶可明其得失。

凡占，先看空亡，次看财鬼衰旺。若鬼财衰，荒歉之征，财旺鬼衰，丰稔可卜。田蚕二卦相去不远，其中所主各有分辨。占田以世为主，水火不可相胜，水动生世，春有滋膏，夏多时雨。水旺克世，淫淋不止，巨浸漂泊。卦中有水火爻生世，水火既济丰登可拟。占蚕以巳午为蚕命，发动旺相皆大吉之象，旁爻动来生有利，来克主有大损。

雨旸章

既言地利之广博，必假天时以发荣。若问阴晴，全凭水火。

若占晴雨，水火二爻乃一卦之主宰。六爻无水必无雨，六爻无火不开晴。若见水爻动来克世，骤雨忽然至，生世乃细雨。又云：水爻旺动是骤雨，无炁是细雨。若水动土亦动，虽雨亦无多。卦中虽有水，若逢土动决是无雨，只是雨意，若水化水，冬可言冰雪。若火动克世，必遭亢旱。若水火兼动，乃雨顺风调之象。水化火，骤雨晴明。火化水，晴天变雨。六爻无水火，逢空不晴不雨阴天气，故曰：若问阴晴，全凭水火。

动静生克，测天上之风云。旺相休囚，决人间之祸福。

苍屏云：世为地，应为天。应克世无雨，世克应大雨。动则急，静则缓。初旺浓云密布，无炁淡烟薄雾；二旺飞电扬光，无炁云中虚闪；三旺大风卷屋，无炁布暖微风；四旺轰雷大震，无炁隐隐轻雷；五旺滂沱大雨，无炁细雨沾濡。占晴，初旺天虽晴云尚密，无炁薄云将散；二旺革缀露珠，无炁微施薄露；三旺朝霞散漫，无炁日落霞明；四旺长虹截雨，无炁半扫浮云；五旺大明中照，无炁日色淡泊。五爻属阴旺，月转冰轮，无炁如纱罩镜。

三冲六位，仁看掣电腾空；四克五爻，会见长虹贯日。

三爻动克初爻，风卷残云散九霄；三爻动生初爻，风送浓云六合包；二四爻相生，电掣雷轰尽吃惊；三六爻相冲，骤雨倾盆搅六龙。卦中遇晴，却是初爻动生二爻，或二爻动克初爻，必主云散雾收。五爻动生三爻，或合三爻，日照霞明。四爻克五爻，长虹贯日。五爻属阴，被初爻动来克，月当明也，被云遮。略举大纲，余当推究。

推究六神际会，须知五属参详。

青龙临水动，甘雨即沾濡。若值木爻动，阴云亦不舒。朱雀入火动，必然启大明。飞入土爻发，云中光射人。勾陈临土动，阴雾接天涯。若遇卯辰动，光中云渐开。腾蛇申酉动，掣电走金蛇。纵使天无雨，阴云尽日遮。白虎临木动，须防折木风。走入坎宫发，滔滔水接空。元武临水动，连朝雨不休。更值鬼爻发，阴云暗九州。

卦值六冲，云虽凝而复散。爻逢六合，雨未至而可期。

卦值纯阳并六冲，雨未可望，云烟纵合亦必解散。若阴化为阳，虽有云意而雨不至，纵有亦少。凡占，水爻虽动，被日辰并冲，动爻刑害，虽雨亦微。水爻安静见冲，则有雨。凡遇阴阳相半，故能六合。更看水爻有炁，雨虽未至，可以预期。若阳变为阴，虽晴亦当变雨，纵有火动亦无久晴。若遇纯阴卦静，则有雨，动则生阳，雨未可望。水动则可许，加大杀白虎，则有暴雨而至。

但逢雨顺及风调，自然民安而国泰。

国朝章

五爻为天子，近亲贤而远去奸邪。

凡占国家，以本宫为国，世为君。又云：五爻为天子，若带财福青龙贵人者，仁君也。临太岁、月建、勾陈者，威震天下，守正之君。加大杀、白虎，暴虐之君。带咸池，淫乱之君。加劫杀，居位不久。若与吉神相生相合，必能亲近贤者。若吉神来克，必有贤臣相辅。若动克凶神，必能远小人、去奸邪，或与凶杀相生相合，及凶杀动来相克，辅相不得其人，皆奸佞相辅，君爻纵遇吉神，亦不能去奸佞。

四位列公侯，上忠君而下安黎庶。

三公九卿之位，皆在四爻，若临吉神旺相克世，乃是敢言敢谏社稷之臣也。若加鬼杀旺相克世，乃是欺君僭上昧主把权之辈也。若世值吉神，庶无大害。四爻若与世相生，阿谀之臣也，纵带吉神亦不能规君之过，正君之失；带凶神亦不能害君之正，丧君之德。四爻动生初爻，必有忧民之心；初爻生四爻，民有仰慕之意。四爻加凶杀克初爻，民受无辜之害；初爻动克四爻，民视之如仇雠。四爻生合二爻，必能招贤纳士；二爻生四爻，士有景羡之心。四爻生克三爻，必能任用百官，进贤退不肖。以上细心详察，无不应验。

子孙临大杀，秦扶苏中赵相之谋；君位合咸池，唐玄宗受杨妃之祸。

占国家，以子孙为国嗣，若得日辰扶合或动爻相生，或临月建旺相及加青龙贵人者，若东宫已立，他日拟登宝位，更无改易。子孙若带咸池，非正官所生，福德临劫杀大杀，恐有变易。更被四爻伤克，必有赵高谋扶苏之事。卦无子孙，无国嗣。世爻与五爻若带咸池元武，上必荒淫。卦有咸池却被君爻相克，虽有西施之美，无害于国政。应爻加咸池飞入五爻旺相，又兼世爻空亡，必有武氏乱唐之患，后必当见女主治天下。若加吉神，天下庶几安定。更带凶神，四海必乱。君位若合咸池带杀旺相，必有女祸，如唐皇之于杨贵妃故事也。

福神克世，重观折槛之朱云；将曜加刑，再睹登坛之韩信。

子孙发动伤克世爻，主有直臣奏事，颇类朱云折槛之风。若与日辰相生合，上必允其奏。与日辰刑冲，龙颜大怒，终遭贬责。子孙临太岁，月建动克四爻而生五爻，子孙旺日必有御史劾权臣，四爻鬼杀旺相不受克，须防有变。寅午、戌午是将星，巳酉、丑酉是将星，申子、辰子是将星，亥卯、未卯是将星，若将加白虎羊刃生世，必得强将。将星若带贵人青龙生世，当得忠良之将。将星若加劫杀动来克世，须防弑君之祸。此爻将星名为刺客。以上三节皆在旺相，年月日可见也。

金爻带鬼，一方有兵革之兴；土位逢凶，四海尽干戈之难。

大杀若临，金鬼旺动，必兴兵革，世克庶无大事，克世必凶。若土鬼带杀发动旺相，四海皆乱，克世必有攻城之贼。卦中有杀无鬼，克世亦凶；有鬼无杀，虽凶弗咎。有神制杀，鬼动无妨；鬼位休囚，财兴有害。鬼空杀旺，纵乱无成；鬼旺杀空，虽凶无害。若鬼带劫杀，或化为兄弟，无过是劫财之贼；若加元武，是阴私暗害之贼。卦中蛇虎不动，纵有大杀不为急迫，若并官鬼恶杀动，实为大害，却以生旺克害何方，方可决断。

以遏寇贼，全凭将帅专征。要决输赢，先察世辰相克。

以世为我将，应为彼帅。又云：以子孙为我将，及先锋。子孙得地旺相，将军必胜，若加青龙，乃忠良之将，若加白虎，乃勇悍威猛之将。若得持世，虽有鬼亦无伤害，若得旺相发动，决胜千里。更日辰扶拱，有百战百胜之功。所嫌者，父母发动，虽有子孙，不可当其锋，若入墓无炁，虽动无伤。凡专征伐，以世为我，应为彼。世克应，我胜，应克世，彼胜。世墓只宜坚壁自守，不可妄动。若世旺相应入墓，彼必折人丁。世空我有难，应空彼有伤。世在阴宫，不宜先动；世在阳象，不利后兴。世动克应，我必进；应动克世，他欲来。鬼爻克世，他胜我。鬼爻克应，他欲退。鬼持世，须防围困，金火持世应，两家流血交征。世应比和皆旺相，此两强敌手胜败未可决，但以所长断之。世应相生相合，将帅有允和之心，士卒无攻战之意。

妻财发动，当成易帜之功；兄弟交重，须御夺粮之患。

父母为旗帜，旺相发动必然兴兵，若在内动，我欲兴兵，外动他行军马。克世欲来侵我，克应乃回头之旌帜，他必自退。凡父母不动妻财动，当有夺旗易帜之事，财在内动，克外之父爻，我必夺彼之旌旗；妻财外动，克内之父母，彼将夺我旌旆。财为粮草，卦若无财，必绝粮，财空粮欲缺，财无炁，粮不多，财动送粮与贼。若兄弟交重，须防劫粮夺草。

听轰雷之战鼓，金爻发动逢空；看如雨之炮砖，土位交重逢旺。

土为炮石，旺相临未上发动，方可言之。若带大杀必遭伤害。如遇退神，须防自损。金空则鸣，动处逢冲俞鸣，若发动必然金鼓轰雷，须防战斗。金爻发动，不空亡，刀刃森森明似雪，内动，我器械备具；外动，彼之兵刃整齐。以上细细掺求，自然有准。

木乃济川之舟楫，火为系马之军营。

征战不免登山涉水，若无舟船之便，五月安可渡泸？凡占以木为舟楫，发动旺相，必有济川之利。木爻受冲，舟必破漏，木爻受克，船车难行。卦无水爻，恐无水，木爻逢空必无船。木爻带鬼乃贼船。凡战于野，不免安营下寨，虽处山谷之险，亦宜占其吉凶。凡占，以世为主将，火爻为营寨，与世爻相生相合，其地得利，与世爻相克相冲不吉。火爻若带鬼，贼寨必相近，火爻旺相宜宽阔，无炁宜小结构。苍屏云：水爻带鬼来克我，须防劫寨及攻营，却看有炁并无炁，方可斟量道败赢。假如火爻旺相，水无炁，纵来克世亦无伤。

父加虎杀，外兴莫纵军兵来出阵；鬼带劫亡，内动须防奸细暗临城。

子孙为我兵卒，官鬼为彼贼徒。子衰兵卒怯，鬼旺贼军强。鬼空他必灭，子旺我必昌。怕父母带白虎，外动必克子孙，宜守不宜战，战则必伤军卒。父母若持世动，主将不能养士卒，上下有相离心未相安之道。若带凶神须防自变。亡神杀，正月从亥起顺行，劫杀见后。若鬼带二杀于内动，须防奸细之人在城池之内；若被世克，须探事情不至漏泄。世爻无炁鬼杀旺，军机透漏祸终来。内外鬼爻俱发动克世，必有内应外合之患，子动必无妨。鬼爻不带杀，为害亦不凶。

若逢暗动伤身，须遇阴谋刺客。

凡鬼爻暗动，更加劫杀大杀，刑克世爻，主将须防刺客。卦内若得子孙发动来救，刺客决然被擒，比同燕太子丹使荆轲刺秦王之类。若日辰冲动伏鬼伤飞爻，须防自己手下有人谋己。卦中无救，祸将及身，鬼旺日决见应验也。

虎蛇皆动，正当离乱之时。世应俱空，宜见升平之乐。

大杀若动，加白虎腾蛇，必是大乱，卒难休息。大杀若当胎养长生位上，乃丧乱发萌之时。若在临官帝旺之地，正当大乱，过此渐息。若当墓绝位上，将次太平。离乱已经历过，要知何年离乱最甚，何年稍息，依长生法断之。六爻无鬼，卦无杀，世应俱空即太平。

疾病章

国家治乱，莫非风俗纪纲；人寿夭长，岂论尪羸壮盛。养生非道，终有疾病存焉。请祷能占，便见死生决矣。杀临父母，当忧堂上之亲；空及妻财，灾虑闺中之妇。

凡占疾病，看来者何人。子占父母要父母上卦；妻占夫看鬼；夫占妻看财；父占子看子；占兄弟看兄弟；占朋友亦看兄弟；占奴仆亦看子孙。凡用爻不上卦，或空亡者，则多凶少吉。凡占何爻空亡，何爻受克，吉凶依此而断之。

决轻重存亡之兆，专察鬼爻；定金木水火之乡，可分证候。

鬼爻旺日沉重，库日困迍，绝日轻可。鬼化鬼，其病进退，或有变证，或旧病发，或证候驳杂。鬼持世，病难除根。鬼爻带杀持世，此乃瘵疾。卦中鬼爻日辰旺，乃暴病。月建旺乃经月之疾。鬼爻无炁临身者，乃久病卒难痊可。卦中无鬼，病难安。鬼动伤身证候急。凡占，旺鬼不死则易愈，衰鬼不死其病难疗。欲定证候须看鬼临之五行：若金鬼，肺腑病，咳嗽，或疮疖，血光或筋骨疼痛；木鬼，四肢不利，风气肝胆，左瘫右痪，口眼喎斜，头疼发热，三焦口渴，加朱雀狂言乱语，阳证伤寒；水鬼，沉寒痼冷，遗精白浊，小便淋沥，吐泻呕逆；火鬼，寒热往来，脾寒虐疾；土鬼，乃脾胃发胀，水肿虚浮，瘟疫时气。若前卦火鬼，后卦水鬼，必前之证候为阳，服冷药过多变为阴证。若午前占，遇此两鬼，当言勿服药，过后当必有变化。火鬼于火旺月日占是也。

青龙得位，终见安康；白虎伤身，必成凶咎。

青龙若临子孙克世，期日痊安，或临应克世，服药有效。若临用爻发动，纵有凶险亦不伤也。若带鬼爻亦非凶恶、发狂之病。若在三爻动，香火为福。苍屏云：青龙空亡并福德，病人平日无阴骘。若逢土动虎伤身，管取其年有悲泣。君来占病决存亡，白虎加临主哭丧，临克父爻当有咎，并财妻位必遭伤。子孙际会终成否，兄弟相逢更不昌，更值官爻持世上，己身须恐有灾殃。凡遇白虎交重，乃占病之大咎，无炁犹可，旺相大凶。若临丧门、吊客、死符、丧车、持克用爻者，决主不起之兆。若得子孙旺动月解，兴隆庶可回生。

月解交重灾渐退，天医发动便回生。

月解见后《吉神》章，天医亦见后。卦中若得发动持世或持克用爻者，虽重病不死，旺相最吉，日下即愈。墓绝稍慢，直待旺日方安。若值空亡，其病难疗。

明夷、观、贲、需、临，切忌世身入墓；大畜、丰、同、蛊、夬，莫逢财鬼俱兴。

占病，怕身世随鬼入墓，决不瘥也。如风地观二爻，乙巳鬼身亦在二爻，设或入墓，乃身随鬼入墓也。山火贲初爻己卯鬼，世亦在初爻，倘入墓乃世随鬼入墓也。举此为例，余仿此。苍屏云：乾化入艮父忧丧，坤化入巽母忧亡，震化入坤长男厄，巽化入坤长女当。坎化巽中中男厄，离化入乾中女卒，艮化风内少男倾，兑化山中少女卒。此是八官来入墓，十人得疾九人故。以上所言卦墓，不可以乾化入墓。艮止忧父亡，但看病皆不吉。设若子占父遇乾化艮，谓之应题，乃大凶。大畜等六卦占病大忌，财鬼不动未必丧亡，财鬼空亡虽病不死。必须把其条贯，力可断曰全凶。上文所言则鬼发动，亦有吉凶之分。且如雷火丰卦，鬼动忌占兄弟，财动忌占父母及本身，妻占夫终无凶，余卦仿此。

男怕长生，兼怕未来之节；女嫌沐浴，最嫌过去之辰。

男子怕鬼爻长生日得病，与鬼同衰旺。卦无子孙、青龙、天医发动，鬼爻墓绝日却死。又云：寅日遇火鬼，巳日遇金鬼，申日水土鬼，亥日木鬼，谓之长生鬼，占者遇之大凶，在后沉重方来。凡决安危，先以鬼爻衰旺推断，次以节气论之。凡男怕未来节，近节必重，过节无伤，节前不重者必无妨。若是久病，当以四时节候论之。且如木鬼忌秋间节气，遇节不重，过节必安。女人最忌鬼爻，沐浴日得病。又云：卯日遇火鬼，午日遇金鬼，酉日遇水土鬼，子日遇木鬼，谓之沐浴鬼，遇之难痊，至后反加沉重。次看节后必重，不重无伤，女人极怕过后之节。

不宜丘墓同宫，安可雷风合卦。

三丘五墓俱见后。二杀俱动，病人作福也。难留雷风者棺椁、杀也。震为棺，巽为椁，坤为墓，艮为冢，占病若全必死。

既论染灾之表里，须言得病之因由。

凡占病，先断证候端的，然后议论病因，更能明此一章，诚可谓通神之卜矣。

六兽临官，当分内外；八宫值鬼，宜别阴阳。

但逢鬼临六神，看在何爻。在内则在家得病，在外则他处招殃。青龙鬼是酒色过度，或因财有伤，妇人因喜有疾；青龙鬼空，堕胎有患。朱雀鬼口舌及咒咀，在二爻灶下咒咀，在三爻当门咒咀，或家堂神前咒咀，如朱雀临金鬼动，敲锅铛咒咀。勾陈鬼饮食不节，伤饥失饱，脾胃不调。临木鬼因修造动土处得病；螣蛇鬼事务萦心，忧愁思虑，或虚惊怪异因而染病，此爻多是心家受病。白虎鬼斗殴跌蹼，伤筋损骨，或寒酸冲肺。元武鬼色欲过度，伤饥冒雨。卦若无鬼，其病难医，证候难决，但以克杀动爻断之。不动以克用爻者断，又以伏鬼断。若鬼伏父母下，忧心得病，或穿衣服得病，过与不及，冬言衣单，夏言衣重。鬼伏兄弟下，赌博争财。

鬼伏子孙下，外情牵惹。鬼伏财下，饮食太过。鬼伏杀下，旧病再发，亦难除根。老人卦忌生旺，小儿卦忌休囚，最宜病人本命上卦，大吉也。值阴鬼，夜重日轻，阳鬼夜轻日重，阴阳各依爻上看。世人有疾病者，亦有贤愚之分。贤者以医药为重，愚者以祷告为先。占者不可不察其情状，一览其人可知高下，庶几贤愚皆可共语其道，方能流行。鬼神者儒家本不言此，今为患者占，不得不据理推详，以为阴功默佑。木主东狱天齐圣帝，七十二司，三十六案之神，并自吊伤亡。水是河泊水府，沿江七十二庙之神，并溺水伤亡。土是瘟瘟疫疠，中央土府之神，并饥饿绝食伤亡。金是衔刀、五道、飞廉、白虎、金神、七杀吟呻、三杀、九良星杀、丧殃、丧杀之神，并自刎、被刑、阵亡一应伤亡。火是南方火部赤睛朱发鹤神、毛头毒火之神，并赴汤蹈火伤亡，若二爻鬼为灶神，三爻鬼为香火神，子孙动为福神。依此推之，万无一失。

伏克飞爻，药奏通神之效；子临应位，医逢济世之才。

世为病人，应及外卦为医药。药如克病，病即愈；病者克药，药无灵。外卦及应生世，药虽对证作效迟。世动克应，若是水鬼，服药不纳；金鬼无恙，久病犯真，服药无效；木鬼，其病必犯条贯，虽药亦无益；火鬼，旺相其证必刚，虽药不能止其热；土鬼，其病沉重，药不对证，不能疗病，应爻加鬼克世，则误药损人矣。占病以子孙为医药，临应动克世必遇良医，其病即愈。卦无子孙，服药无效。世应比和，卦无子孙，宜换医人。子孙临应被世克，虽遇良医，病未瘳。外卦及应虽克世，卦无福德亦难安。可言有药须当疗，但恐良医未有缘。子孙虽克世，外爻及应却不克，虽有良医，药饵不中，终无大害。虎杀若临子孙动，须防医者不精详。

必须参究五行，方可攻医万病。

火鬼宜凉剂，水鬼宜温剂，或丸药，木鬼宜针，金鬼宜灸，土鬼宜锉散，火鬼月建旺，宜大寒之剂，无恙不过清凉之药，余仿此推。金鬼利南方医人，木鬼利西方医人，水鬼利四散医人，火鬼利北方医人，土鬼利东方医人。若前卦水鬼后火鬼，先须四散压治，终于北方，医人收功。

卦爻安静，重为济世之人；土杀俱兴，定做黄泉之客。

凡占病，六爻安静为吉，其病可治。一卦中凶杀常多，而吉神常少，吉凶悔吝皆出乎动。动则成咎，且如六亲之中，不过子孙动者吉；六神之中，不过青龙动者吉，余者未必皆凶，亦不能为福，发动何益于我哉！此乃吉少凶多，不如卦爻安静，虽有凶杀，终未遭伤，若有吉神当权，自能为福。土杀者，即辰戌丑未，是交相换易，行乎四时之间，占病逢之多凶少吉。所有诸杀俱见后《凶杀章》内，若有一件，动便成凶咎。

地理章

生死票修于前定，寿天各尽其天年。阴阳荫庇于后人，理义合凭其地理。

天地之间，纯阴不生，纯阳不化。一阴一阳，二气交感化生万物。且如天欲降生人才，必假地之气脉，阴阳融结，必有贤者出。故凡人子须当以亲之体安厝得所，则亡者安而生者庇。

凡占风水，漫求元妙与元微。且把卦爻端详，是地不是地。六合则风藏气聚，六冲则水走沙飞。

夫六合者，阴阳相配而不相离，初四、二五、三六更相朝顾，是为有情。凡地理不过山环水抱，四兽朝迎，拱卫有情，罗城无缺，似此卦中六合之义也，大吉之地。若卦无六合，世在内象四兽有情者，乃次吉之地也。世爻虽在外象，却得宾主有情，左右回顾明堂宽广，水口关阑，乃小结局，亦可用也。若遇六冲卦，乃山飞水走之地，不必更详。

龙因地势详观，即得天元妙理。

此二句乃一章之要旨。

入山寻水口，不宜六位空亡。到穴看明堂，喜见间爻旺相。

第六爻为水口，与世相生相合，是为有情，若加青龙、贵人、财福者。水口重重关锁，必有奇峰秀岭拱照回环。若第六爻与世相冲克，山直无情，地枯无恙。六爻若值空亡，水口散漫不能聚恙。间爻者，世应中之二爻也。旺相临月建谓之万马明堂。有云：明堂容万骑，水口不通风，大吉之地。明堂众水所聚，宜静不宜动，静则聚高，动则倾泻，水带吉神生克间爻，乃四水入明堂也。

世乃主山之骨，当明九曜之规模；应为宾对之峰，须察五行之定体。

世为坐下之山。又云：初爻二爻为坐山。生旺坐山高厚，休囚、空亡坐山微薄。世持巳亥寅申，必定山雄地壮。世持辰戌丑未，必居广阔平洋。世持亥子，穴中出水。世持辰巳带杀，主有地风。白虎带杀逢空，主有白蚁。若临诸吉神，则坐山尊严，穴中洁净。属木必林茂，属水必近流泉，当类而推之也。九曜详婚姻章内，旺相则吉。案山带子孙贵人旺相，其山耸拔秀丽。若生世合世，端正有情。空亡向山不正。带杀逢冲乃欹斜破相之山。若应临墓绝，必是案山低小。应若属金，即言金星，属水即言水星之类是也。

向列二十四位，事分百千万端。

木爻持世，主东震寅甲卯乙。金爻持世，主西兑申庚酉辛。火爻持世，主南离午丙巳丁。水爻持世，主北坎亥癸子壬辰戌丑未。却言艮乾巽坤，各有所宜。

发动青龙克世，须防嫉主；刚强白虎逢冲，切忌昂头。

山间之龙虎，即卦中之龙虎。青龙虽吉，亦忌克世，相生乃妙。白虎大旺，便是昂首刚强，皆为不吉。

青龙断左畔之峰，白虎言右边之嶂。所喜者相生相合，所忌者相克相冲。

青龙旺，带木主林木葱蔚，带土则山岭崔巍，其秀气从左而来。白虎盛，临水主流泉派远，加金则岩石奇丽，其秀气从右而至，皆喜相生，最恶相克。

鬼在局中，必有伏尸古墓。空临左右，岂无凹缺招风。

若世下有本宫官鬼伏藏，必有旧穴在下。左右者龙与虎也，若见何爻空亡，便知有凹缺招风之处，主墓穴不安，为不吉也。

勾陈若在世中，一路来龙振起。朱雀加临应上，两重对案相迎。

勾陈乃龙之祖，若在木爻或临世上，来龙必远也。朱雀为案山，若临应上，必有两重对案。

若问螣蛇当为穴法，旺相与吉神共位，乃是真龙。空亡或墓绝同乡，当为绝穴。

卦中以螣蛇为穴，旺相真龙休囚为绝穴。

论山既备，于水合言。寻亥子方知有无，观动静可分死活。

卦中无亥子，必无池塘溪涧，虽有水爻，却逢墓绝，乃是干流之地。但看水爻，动者活水，静者死水而已。

要识根源远近，但看水位兴衰。欲推缠绕多情，且察水爻生合。

水爻旺相，流派绵长；水位休囚，根源浅少。有水爻相生相合，主委曲有情；若相克相冲，主直来无㤰。

若见卦无水位，便当推究元爻。

倘六爻无水，竟将元武爻推看。

遇吉则吉，逢凶则凶。

元武临吉神，是水于我有益有情，大吉；若临凶杀，则无益无炁，主凶。

第九章 卜筮汇考九

《卜筮全书》六 《黄金策》(一)

总断千金赋

动静阴阳,反覆迁变。

迁变者互化也。如乾象三连,下动化巽,上动化兑,中动化离,三爻俱动则化坤,中爻不动则化坎之类。或以安静卦单化拆、拆化单者,非。盖卦爻有动则变,无动则不变。假如谷之一物,若不动则终于谷耳,及舂之则成米,又炊之则成饭。其舂与炊犹卦爻之动也;其米与饭犹卦爻之变也。然谷之舂为米也,有成粒而为粮者,有不成粒而为秕者,又有糠秕而不为人所用者;及其米之为饭也,有精凿而为人所爱食者,亦有饐餲而为人所恶弃者,是米与饭皆有美恶不同,犹变出之爻,亦有吉凶不同也。予见《天元赋》有静化、动化之说,是不动亦变矣,今人乃祖其法。每有变安静之卦者,凡此之类,皆卜易之失,不可不辩。予故不得已而为之说。又有止变一爻者,若乱动则不变此又予所不知也。

虽万象之纷纭,须一理而融贯。

象即空、刑、生、合等象,理即生、克、制、化之理。

夫人有贤不肖之殊,卦有过不及之异。太过者损之斯成,不及者益之则利。

贤、不肖之殊,人生之不齐也;过、不及之异,卦爻之不齐也。人以中庸之德为至,卦以中和之象为美。德至中庸则无往而不善,象至中和则何求而不遂哉!故凡卜易,须抑其过,引其不及归于中道则凡事皆不期然而然矣。此卜《易》之大旨,故揭于篇首。今人但知不及者不成,不知太过者亦不能成也。何谓太过?主事爻重叠是太多,太多则不专一,所以不成福,故宜损之。何谓不及?主事爻只一位而又不得其时，是不及，不及则无炁，所以不成事，故宜益之。损益之道，生、扶、拱、合及克、害、刑、冲是也。且如土为主事，爻有三、五重太过，须得寅卯月或寅卯日或卦有寅卯爻动克之，然后成事，所谓损之也。又如金为主事，爻在夏月令无炁，须得月建辰戌之扶，或动爻合助，方能有成，所为益之也。大抵太过者，吉不能成其吉，凶不能成其凶。

生、扶、拱、合，时雨滋苗。

生谓相生，如用爻是金却在辰戌、丑未日占得，或卦中动爻属土是也。扶者谓卯爻见寅日，酉爻见申日，子见亥，午见巳，丑未见辰戌之类是也。拱者如寅爻见卯日，申爻见酉日，亥见子，巳见午之类是也。合者二合三合，二合子与丑合之类，三合即申子辰合成水局之类是也。以上四者皆能维持调护。爻象弱者遇之则强，衰者见之则旺，伏者见之则起，故如时雨滋苗也，然亦有吉凶之辨。用爻见之则吉，忌爻见之则凶，所谓助桀为虐，其恶愈甚。学者自当辨用，下三条仿此。

克、害、刑、冲，秋霜杀草。

克者相克，五行制压之神也；害者六害，地支相凌之神也；刑则三刑，意同仇敌；冲则对冲，势如战斗。以上四者，能伤身，能败德，能制伏，能坏事，故喻之如秋霜杀草，惟忌爻见之反吉。

长生帝旺，争如金谷之园。

长生、帝旺十二座星中至吉者也。六爻遇之，虽衰弱者亦作有气论，故以金谷譬焉。若推成事则帝旺主速成，长生为差迟耳。盖长生犹人初生未即强盛，帝旺犹壮年之时，血气方刚，其力进锐，所以长生迟而帝旺速也。

死墓绝空，乃是泥犁之地。

死、墓、绝皆从长生起，空是空亡，四者遇之无不陷溺，虽得时旺相亦不成事，故以泥犁喻之。盖死者亡也，犹人患病而死也。墓者蔽也，犹人死而葬于墓也。绝者厌绝也，犹人葬于墓而根本断绝也。空者虚也，犹深渊薄冰处不可临之履之也。泥犁，地狱名，言其至凶也，但凶神遇之则又反吉。

日辰为六爻之主宰，喜其灭项以安刘；

日辰乃卜筮之主，不看日辰则不知轻重。盖日辰能冲动安静卦之爻象，能并起安静卦之爻神。发动者能制之，凶恶者能抑之，强旺者能挫之，衰弱者能扶之，生合者能破之。古人云：日辰能救事能坏事者，此也。故为六爻主宰。且如占文书，卦有财爻发动是文书坏矣。若得日辰合住财爻，或冲散财爻，或克制财爻，不使之去伤害父母，故得文书，有炁，其事可成，此能救事也。又如占子孙，卦中父母不动，福爻不空，其兆吉矣。若被日辰冲扶父母、刑害子孙，则变吉为凶，此能坏事也。日辰扶持用爻则吉，扶持忌爻则凶，克制忌爻则吉，克制用爻则凶。假如七月乙未日占兄弟病，得同人之无妄卦，卦中鬼爻动，克主象，绝爻又动，其凶可知矣；幸得日辰未土克坏官爻，合起主象，所谓灭项以安刘也。后果应无事。

月建乃万卜之提纲，岂可助桀而为虐。

月建乃龙德之神，故卜卦以是为提纲。须详其有无刑冲克害，有无生扶拱合与世身主象，有无干涉便见吉凶。月建中有乃是真有，如坏事乃真正坏事也。且如占财，卦中无财，月建是财，向后终须可得；若卦中有财，月建克财，定多艰阻，须过此一月方可得；如卦中无财，月建又无财，而日辰是财，可许当日便有些，财少受克则不中矣。盖月建成得事，日辰即可扶也。且如五月内占小儿病，得大过卦，卦中无子孙爻而月建午火正旺，为主象不断其死，余仿此。凡看月建与日辰同，亦喜其扶持。用爻克制忌爻，忌爻旺动而又生扶之，其祸尤甚。

最恶者岁君，宜静而不宜动；

太岁乃天子之爻，若来冲克世身，主象主灾厄不利，一岁中多不宁静，故此星为最恶，但贵人反宜见之。若带三刑六害，其祸尤甚，虽贵人亦不宜。若为主事爻入卦，其事必干朝廷，利于求官谋职，常人用事多凶少吉。然此爻喜安静不喜发动，若被日辰动爻冲起，必有灾患。

最要者身位，喜扶而不喜伤。

身即月卦身也，其法与诀见《全书·一》。大抵成卦之后，先看卦身现与不现，与月建、日辰动爻有无干涉，则吉凶便见，故卜《易》以身为最要而不可不看者也。且如占得困卦，身爻在午，兑宫以午火为官鬼，旺则官非，衰则疾病。又如未济卦，卦身在寅，若日辰是申巳冲刑之，离宫以寅木为父母，便知莫长挠括，或文书相干也。又如兄弟爻动与卦身相并，衰则虚诈，旺则口舌怪异也。若出现变动，依五类所主推之。如占人贵贱，身遇财爻化出父母，必是有艺富人，余仿此。大凡卦身，占事为事体，占人为人身，喜扶而不喜伤。凡言扶则生、并、拱、合皆在其中；而曰伤者则又兼刑、冲、克、害而言也。世人多以子午持世、身居初之身爻用之，多有不验且未晓其义。予见《卜易元机》《金锁元关》用卦身之身甚为得旨，故舍彼而取此焉。

世为己，应为人，大宜契合；

卜卦分世、应者，宾主之象。世为己，应为人与事，人事有彼此，所以辨人情之好恶也。求谋用事须得生合比和，则有成就，若刑冲克害必主艰难，此其所以大宜契合也。海底眼云，世应相克，总然好事也须费力。

动为始，变为终，最怕交争。

交重为动，动则阴变为阳，阳变为阴。卦中遇此，当以动爻为事之始，变爻为事之终。如占人来得小畜之乾卦，辛未爻动，变出壬午子孙，合必妇人带小儿来，他仿此。最怕交争者，如主事爻临子水动，变出未土来克害，于我乃大凶之兆，纵得用爻旺相，后亦不能称心遂意。余仿此。

应位遭伤，不利他人之事；世爻受制，岂宜自己之谋？

应受伤不利代占，盖代占以应为主也。世受伤不利自占，盖自占以世为主也。若世应逢凶而遇此者，则勿以此断之。

世应俱空，人无准实。

世应二爻不宜在空亡之地，世空为自己不实，应空为他人不实，世应俱空彼此皆无准实，谋事必有阻节。若安静卦世应空合谓之失约无诚信，若忌爻发动旺相，则宜其落空也。

内外竞发，事必翻腾。

卦中一爻二爻发动，则变化有常，生克不乱，或吉或凶自有条理。若内外爻象纷纷竞发，则吉凶靡定，人情不常，必主事体反覆，卒无定论。海底眼云，独发易取，乱动难寻，是也。

世或交重，两目顾瞻于马首；应如发动，一心似托于猿攀。

世应皆不宜动，动则反变不常。马首是瞻，或东或西，猿猱攀木，身心靡定，皆言其变迁更改，不能一其思虑也。但世以己言，应以人言，海底眼云，应动他人心易变，以应推之，世可知也。

用爻有气无他故，所作皆成；主象徒存更被伤，凡谋不遂。

用爻即主事爻也。如占文书或尊长音信等事，则以父母为主象；求财、妻妾、妇人等事，则以财爻为主象之类是也。喜旺相有气，不宜衰弱无力，若用爻有气，别无月建、日辰、动爻刑冲克害，乃为上吉好卦，从心所欲，无不称意。若用爻无

气而又被日辰、动爻克害刑冲，乃是大凶下卦，枉费心力，必无可成之理。盖用爻衰弱别无生助比同空伏之象，虽然出现亦是无用之物耳。故曰：徒存被伤，凡谋不遂。

有伤须救，

伤者，身世主象见伤于他爻也；救者，动爻日辰制伏于忌爻也。且如用临申金而被午火动克，则申爻受伤矣，若得日辰是未字合住之，不使之克，或日辰是子字冲散之，不能来克，或日辰是亥字制伏之，不许其克，皆为有救也。其他刑害等类，皆仿此。若世身主象见伤于月建、日辰者，则真受其祸，盖二者在卜卦之主，无可救之道也。

无故勿空。

夫旬中空亡，有有故而空者，有无故而空者。凡遇日月动爻伤克而在空亡，谓有故而空，避之可也；若无刑冲克害，而身世主象自落空亡，此为无故而空，大凶之兆。占病必死，占事不成，占人有难，盖空则虽有日辰、动爻，难以扶持救拔之故也。

空逢冲而有用，

凡遇卦爻空亡，今人不拘吉凶，概以无用论之。殊不知见冲亦有可用之处，盖冲则必动，动则不空，所以虽空而可用也。假如戊午日占天时得井卦，卦中子水父母空亡，却被日辰冲动定有雨，唯忌火空，见冲则不吉。

合遭破以无功。

卦中有合，所谋易遂。如两人同心协力，事必克济。唯恐奸诈小人两边破说，则未必不生疑贰猜忌之心也。故凡遇合，须防刑冲克害以破之，则不成合。且如寅、亥两爻本相和合，若有申字动则申金克了寅木，又害了亥水，故虽合亦无功用矣。三合同看《天元赋》，有合处逢冲之论，宜详味之。

自空化空，必成凶咎；

六甲空亡犹深渊大壑，人不可履之地。若世身主象无故而自入于空，或发动而入于空者，皆为大凶之兆，作事不利。惟忌爻见之反吉。

刑合克合，终见乖违。

合者，和合也。凡占，见之无不吉利。然人不知合中有刑有克，合而有克毕竟不和，合而有刑终成乖戾。且如用午字为财爻，未字为福爻，午与未合，然午带自刑，名为刑合，占妻妾多不正，占财亦是不正之财也。克合如丑子之类是也，余俱仿此。

动值合而绊住，

大凡动爻不遇合爻然后为动，若有合则绊住而不能动矣，故虽动亦作静爻论之。然有吉有凶，不可一概而论。且如用财而兄弟发，若有日辰合住，兄弟则不能克，而财爻不受其伤矣。子孙发动而被日辰合住，子孙则不能生，而财爻不蒙其惠矣。故凡所忌之爻动而合住则不成凶，所喜之爻动而合住则不济事。三合三爻俱动为合住，六合两爻俱动为合住。

静得冲而暗兴。

大凡占得六爻不动之卦，不可便以为安静，若被日辰冲之，则虽静亦动。譬如夜卧之人，无所挠括则不醒寝；苟或被人冲唤及推摸摇拽，百计叫醒，莫能安然而熟睡矣。故《天元赋》以为逢冲暗动，但不可止以日辰取之，有旺动之爻亦能冲起，其吉凶详见《天元赋》中。

入墓难克，

墓者滞也，动爻遇之亦沉滞而不能脱洒矣。且如寅为主象，而卦中动出酉字、丑字，本嫌酉金克伤寅木，喜得丑，乃金之墓库，则酉贪入墓而寅木不为其所伤矣。余仿此。刑冲克害亦当同看。

带旺匪空。

旺者旺相爻也。谓春月木旺火相；夏月火旺土相；秋月金旺水相；冬月水旺木相；四季之月土旺金相。古人所谓当生者旺，所生者相是也。此爻空亡不作空论，以其有气故也。虽日下见阻，过旬则成。古人云：旺相空亡过一旬。谓直过此一旬则不空，而谋事始成矣。

有助有扶，衰弱休囚亦吉；

此指主事爻而言也。且如主事爻无气本为不美，喜得日辰、动爻、月建生扶合并，则虽无气不作衰弱论。譬如贫贱之人而遇贵人提拔，则困苦相忘于扶持之下矣。但忌爻无气则不可扶也。

贪生贪合，刑冲克害皆忘。

刑、冲、克、害四者，皆凶恶之神。若得旁有生爻、合爻，则彼贪生贪合自不为患矣，故曰忘。假如世坐子而动出卯字，此正无礼。刑本为凶兆，如得旁爻动出戌字，则卯贪戌合不暇刑子，此贪合忘刑之例也。又如世坐巳字，而卦中动出寅字，木能生火所以忘其刑也。又如用临巳字，动出亥字，亥水冲巳，若得动出卯字，则亥水贪生卯木，不暇冲于巳矣。此乃贪生忘冲之例。余皆仿此推详之可也。

别衰旺以明克合，辨动静以定刑冲。

夫地支有不合者，无怪乎其相克也。相冲相刑相害是也。然不别衰旺、辨动静，则胶于所用也。盖旺爻能克衰爻，衰爻克不得旺爻，旺爻合得起衰爻，衰爻合不起旺爻，动爻刑得静爻，静爻刑不得动爻，动爻冲得静爻，静爻冲不得动爻故也，余皆仿此。又如日辰与卦爻，则日辰害得卦爻，卦爻害不得日辰，余亦仿此。或问：静与衰爻伤不得，动与旺爻若遇动爻反衰，静爻反旺，则如之何？曰：两爻俱静以旺为先，有动以动为急，盖动犹人之起，静犹人之伏，虽旺何畏哉？故曰：动爻急如火，如占婚以间爻为媒，间有两爻亦当以此定之。若俱静俱动，或无旺无衰，则当取动爻。日辰冲之者为正，无冲则看并起者为媒也。又无合并，然后看日辰生扶之爻，如此则事归于一而无两端之疑矣。此篇乃卜筮之精微处也，故凡此类不能不杀，不得不载，学《易》者勿以琐碎目之可也。

并不并，冲不冲，因多字眼；刑非刑，合非合，为少支神。

卦爻既成，未免有合、并、刑、冲之类，然多一字则不能成其名，而少一字亦不能成其名也。且如子日卜者，卦中有一子字则谓之并，若有二子字，则太过矣，名虽为并而实不能并也。二午则不冲，二丑则不合，二未则不害，二卯则不刑，二巳则不克，此多一字而不成其名也。又如寅、巳、申为三刑，若有寅巳二字而无申字，或有寅申二字而无巳字，或有申巳二字而无寅字，则不成刑。又如亥、卯、未为三合，或有卯未而无亥，或有亥卯而无未，或有亥未而无卯，则不成合，此少一字而不成其合也。三刑三合须见两爻动刑合得一爻起，一爻动刑合不得两爻起，此又不可不知三刑。古诀谓丑刑戌，戌刑未，未刑丑类最误初学。盖三者相见，彼此皆刑，非谓丑能刑戌而不能刑未，未能刑丑而不能刑戌也。如辰、午、酉、亥为自刑，问卜易览，以辰见辰，午见午、酉见酉、亥见亥定之尤为谬妄。盖自刑者以其自刑而不与他爻刑之谓也，又奚必见辰见午为刑哉？

爻遇令星，物难我害。

令星者四季月令之辰。春木、夏火、秋金、冬水亦是得时健旺之星，虽见刑冲克害不能挫其势，故曰：物难我害，逢空半力。

伏居空地，事与心违。

伏，伏神也。卦上六爻为飞神，飞之下本官六爻为伏神。飞为显，伏为隐。若卦有主事爻，不必更寻伏神，若不出现，须寻伏在何爻之下，看其虚虚实实以定吉凶。若六爻既无主象，伏神又临空亡，事决不成。假如丙申日占文书，得泰卦，六爻无父而本官父母却伏在九二宫爻下，仍旧空亡，所以无成也。

伏无提挈终徒尔，飞不摧开亦枉然。

伏神空亡，凡事不利，不须再看。若不空亡，必须冲开飞神，提起扶神，然后有望。假如占文书得贲卦六爻无父，而丙午文书却伏在六二己丑他官兄弟下，可言相识，把住文书也。得日辰动爻，有未刑冲得丑破，或有寅卯克得丑，方可露出伏神。文书为用爻，又须得子冲起午，有未合起午，有寅卯生扶午，方得其力，否则迟滞难成，不可便指为有用也。故伏要提，飞要开，二者不可偏废也。六冲最紧，六害不能出，亦不能破。卜《易》不可不知六爻所伏，是事情有根有苗，终须再发。无动、无伏、无生、无化、无旺气，又世坐空亡，永无再发之理。如十二月甲辰日占被人诉讼，得贲卦，世坐卯鬼空亡，便为无始，其事已散，却不知丙午文书伏在他官兄弟爻下，当时未曾损坏；又日辰并起空爻下，本官丙辰兄弟口舌尚存，春来木鬼旺相，生起文书，其事必再发，此看伏神法也。又如丁亥日占讼，得观卦，世应比和，父在空亡，谓之两无心，而世下伏神又落空亡，后必不争论，此为不再发之例也，宜细玩之。

空下伏神，易于引拔；

伏神若得伏于空亡爻下，易于扶持，盖飞爻既空，犹无阑绊。盖一遇日辰动爻生扶冲合，即出为用，不待伏爻上飞神破与不破也，故易于引擢。古人论伏神不看用爻现与不现，皆以世上一爻为飞神，世上本官一爻为伏神，故八纯卦世下无伏则有乾家伏神坤家取之说。愚谓既有用爻，何必又取伏神？因无用爻不得已而搜索之也。纵然伏神有用亦成得迟，必主费力，些少受制便不谐矣。如遇伏神透得出来，而月建、日辰又带用爻，方可以速成断之。

制中弱主，难以维持。

用爻休囚又被月建、日辰制伏，纵遇生扶亦不济事。盖衰弱遇克，如人攀枯枝朽木，岂不挫折也哉？总有如膏之雨，难以望其发生。

日伤爻真罹其祸，爻伤日徒受其名。

日辰为六爻主宰，总理其事者也，六爻为日辰，臣属分治其事者也。是以日辰能刑、冲、克、害得卦爻，卦爻不得刑、冲、克、害乎日辰也。月建与卦爻亦然。

墓中人不冲不发，

大抵用爻入墓则被阻滞，诸事费力难成，须得日辰动爻冲破，或克破其墓，方有用也。假如戊寅日占财，得同人之乾卦，用爻入墓，喜得日辰克破之，果有此一卦，或见用空入墓，以为无财，殊不知虽空而遇冲，虽墓而克破，冲空则实，破墓则开，所以为有用财也。

身上鬼不去不安。

六亲中惟官鬼为凶杀，世爻临之，若非职役人卜，多凶少吉。须得日辰动爻克去之，然后无事。或忌爻临于身世者，亦然。然亦不可克之太甚，则我亦受伤。圣人有曰：人而不仁，疾之已！甚乱也，惟贵得乎中耳。予曾于二月丁丑日占身，得鼎卦不动，然不数日而泄泻。自后七月甲戌日，占身亦得鼎卦不动，竟安然无事。盖前丁丑日也，二月正旺，又并动卦中子孙，辛丑爻克之，此则云太甚也。七月土衰所以无事。又如癸巳日有乡人同卜官事者，一人得遁卦，乃受刑责，一人得恒卦，两边和释。盖此二卦官鬼俱带刑爻持世，皆非吉兆。然遁卦鬼爻虽空而被日辰扶起，且无去官之爻；恒卦则喜日克去之，又应生世，所以无事也。

德入卦而无谋不遂，

德者德爻也，谓天地合其德也，盖天干地支上下皆合是也，亦谓之龙神。生合为妙，克合次之。如戊寅见癸亥、甲子见己丑之类。此爻为主象所谋皆遂。如九月己酉日占文书，得小畜之蛊卦，五爻动出丙子，文书与世上辛丑作合，此正天地合其德也，果应在戊子日成了文书。

忌临身而多阻无成。

忌者忌爻也。如用财则兄弟为忌爻，用官则子孙为忌爻之类。此爻持临身世，不拘公私，皆主阻滞而不顺。若或休囚无气，亦见费力艰难。如旺则必不成矣，其余所用仿此。

卦遇凶星，避之则吉；

凶星者，刑冲克害也。避之者六甲空亡也。夫空之一字，极有元妙。若执真空便失先天之旨，盖百物自空中来，无中生有，递归于空。空中不受伤克，反有可成趁机。如六爻安静，用爻无故自空，此为真空，万事无成，若被日辰、动爻刑、冲、克、害于用爻，而用爻在空，此为避凶而空。《金锁元关》所谓克空为用是也。即是不坏但目下略阻，过旬即成。如六月壬申日占子病，得姤之大过卦，父母旺动，用爻无气，本为凶兆，喜得用爻在空避之，果至丙子日愈。盖至丙子则前面已过，又遇用爻帝旺之地故也。

爻逢忌杀，敌之无伤。

忌爻发动，凡事不利，喜得比肩，同类帮助；用爻以敌之，不弱于彼，事亦可成。假如用爻在未而卦中动出寅卯字，则土被木克而受其伤矣。若得月建、日辰上有辰戌丑未帮扶，未土以敌之，则彼将寡不敌众而自止矣。又如七月乙未日为脱役事占，得损之节卦，官鬼发动，财爻助鬼伤身，本不可脱，喜得日辰，未土六五又变戌土，扶助世上丑土有气敌之，鬼不能伤，果应无事。

主象休囚，怕见刑冲克害；

休囚则不能敌杀，故怕见之。如五月乙未日占财，得泰之大畜卦，用爻无气，又被日辰克害，果无望。

用爻变动，忌遭死墓绝空。

死、墓、绝、空乃陷阱之地，大凶神也。死不复生，绝不复续，入墓则不能出，堕空则不能起。若主象发动而化入者，不问公私大小之事，皆主不成，占病逢之必死无疑。

用化用，有用无用；

卦中既有用爻不可再化出来，谓之化去。且不独用爻自化，或旁爻化出，皆不济事，故虽有用爻亦同无用爻之卦一般，占病尤忌。

空化空，虽空弗空。

假如甲辰旬中占卦，卦中寅动空亡而化出卯字亦空，谓之空化空，可作一半用。盖本寅字当了空亡，后来卯字不作空矣。故虽空而不为空也。《金锁元关》谓重空不空，亦此意也。

养主狐疑，

养，涵养之象，即长生中第十二位之星是也。若主象化入此爻，主凡事未决，狐疑不定。诀云：金养于辰，木养于戌，火养于丑，水土养于未。若用爻属申、酉、金，动而化出之爻是辰字，木动而化入于戌之类是也。

墓多暗昧。

大抵凶爻要入墓，吉爻不要入墓。《金锁元关》有人墓、事墓、鬼墓之别。《天元赋》有身世命随鬼入墓之论，皆大凶之兆。占病遇之九死一生，捕获遇之深遁难觅，人物遇之愚蒙不振，失脱遇之暗藏不见。盖墓者滞也，暗昧不明之象。卦中主象带刑动入墓者，占病必死，占讼入狱。

化病兮伤损，

病即长生对冲之神也，主象化出病爻，凡事有损。占病未痊，占物不中，占药不效，占文书有破绽，占行人未回，占身命带疾，占妇人必不贞洁，占容貌必有破相，故曰伤损。

化胎兮勾连。

胎即长生中第十一位之神也。诀云：金胎在卯，木胎在酉，火胎在子，水土胎在午。若主象化入胎爻者，主迟滞不响快；占行人主象化入胎爻，必有羁绊，未能动身；如占盗贼及失脱，若官鬼化入胎爻者，主外勾内连也。

凶化长生，炽而未散。

主事爻化入长生者，皆吉，即是成得迟耳。唯坏事之爻化入长生者，则其祸根始萌，日渐增长，其势必盛而后已。如占病，福化长生日渐减可，鬼化长生日加沉重，直至墓绝日始杀其势。

吉连沐浴，败而不成。

沐浴即四败也。诀云：金败在午，木败在子，火败在卯，水土败于酉。如用爻及所喜之爻化入败爻者皆凶，盖败之名即不成之义也。若忌爻化入此爻，则不成凶，或赌博、争斗、成谋之事，尤为大忌。予卜供膳，得临之兑卦，应临财爻生世本吉，但嫌其化入败爻，后果应不能济事。

戒回头之克我，

回头克乃用爻化出忌爻也，亦谓之本爻受克。凡事遇之不吉，世身亦不宜，如金化火，水化土之类也。

勿反德以扶人。

古人有"相生须用他生我，相克须还我克他"之句。若主事爻不生合世身而反生合应爻，或应爻不生世而世反生应者，皆谓之反德扶人。凡占遇此等之卦，必主费力艰难。必代人占卦乃为顺利，事必易成，此又学者之所当知也。

恶曜孤寒，怕日辰之并起。

刑冲克害乎我者，为恶杀，非大杀、劫杀类。若得无气而又孤立无助，虽来伤我，必能敌之，即是不坏。惟怕日辰扶并起来，则必仗其势而肆毒于我，乃可畏也。

用爻重叠，喜墓库之收藏。

用爻重叠太过，若无日辰、动爻损之，必须得墓库收藏，然后可望。且如丁丑日占财，得益之萃卦，卦中有两重财，初九、上九又化出两重财，日辰又是财，卦有五重财，本为太过，不济事。喜得世上有辰爻为库，谓之财有库，可收此财也，余仿此。

事阻隔兮间发，

古云世应当中两间爻发动，所求多阻隔。盖此二爻居世应之中，隔彼此之路，动则两边隔绝故也。要知何人阻隔，以五类推之，如父母动乃尊长之属。

心退悔兮世空。

占事若应不克世，日辰无伤用爻，有炁而世自落空，其人心情意懒，不能勇往精进以成其事也。

卦爻发动，须看交重。

凡遇卦不安静，当以动爻交重论之。交主未来，重主过去。如占逃亡，卦有父动主有音信；若交爻，当有人报信；如重爻则信已先知，他仿此。

动变比和，当明进退。

动爻变出之爻若比和，则当以进退论之。若寅化卯为进神，卯化寅为退神，进主上前，退主落后。如占行人，用爻发动，若化进神不日可望；化退神则虽起程亦他往未归也。又如占宅，火在二爻动可言其家灶当迁改，若化进神必移于前；化退神必移于后，他仿此。

杀生身莫将吉断，用克世勿作凶看。盖生中有刑害之两防，而合处有克伤之一虑。

夫世身二爻，莫不喜生合而恶伤克。若执定是法推之，则所谓胶柱调瑟而不能达其变矣，岂所谓变易之道耶？且如日辰、动爻来生合世身，而日辰、动爻系是主象之忌辰，则虽生合于我亦何益哉？况生合之中有刑、有克、有害，故见杀生身者，不以为吉。又如主事爻动来克世、克身，乃是事来赶我，必然易成易就，我虽见克亦何伤哉？故云克世者不以为凶。此乃卜易之活法，通变之妙理，学者所宜潜玩也。

刑害不宜临用，

凡遇刑爻为主象，必主不利。占事事不成，占物物不好，占病病必死，占人人有疾，占妇人必不贞洁，占文书必有破绽，占讼必有罪责。害爻为主象必坏事，大概与刑爻相类化入者亦然。然又须以衰旺分其轻重详之。

死绝岂可持身。

死绝二爻临持世身主象者，必不利。占人有难，占病无救，占医不效，占事不济。变动化入者亦然。

动逢冲而事散，

冲之一字不可一例推之。如空爻逢冲则实，动爻逢冲则散，又谓冲脱。静逢冲则动，又谓冲起。故凡动而逢冲，吉不成吉，凶不成凶也。

绝逢生而事成。

大凡世身主象临乎死绝之地，而遇生扶者，乃为凶中有救，大吉之兆也。《天元赋》有"绝处逢生"一篇。苟能沉潜玩味，元妙自能采取。然所谓生者，不可执定日辰断之，动与月建皆是也。且如寅日酉用而有辰戌丑未爻动，是为绝处逢生也。午日寅用而有亥子水爻动，是死处逢生也，余以类推之。

如逢合住，须冲破以成功；

卦中用爻遇日辰合住，或两爻自相合住者不拘。喜、忌皆不见效，须得冲破，或克破合爻，然后吉者吉，凶者凶。此下兼言期日之法，且如用爻动来生合世身，凡事易成，若遇合住则又阻滞，必待冲克破合之日，事始有成。

若遇休囚，必生旺而成事。

期日之法不可执一，当圆变活法推之，庶无差误。如用爻合住，固以冲破之日断之矣；若或用爻休囚者，则非生旺不能成其谋，故无氽当以旺相月日断之；若用爻旺相不动，则以冲动月日断之；若用爻有氽发动，则以合日断之，或以本日断之；若用爻受制，则以制杀月日断之；若用爻得时旺动又遇生扶者，此为太旺，当以墓库月日断之；若用爻无氽发动而遇生扶者，即以生扶日断之；若用爻入墓，则以破墓月日断之；若用爻空亡，则以冲动月日断之；若用爻旺空或空而逢冲、逢并、逢动者，则以过旬断之；若占散事，又当以用爻死、墓、绝日断之。已上数节乃撮其大要以提醒后人，其中更有元妙之理，学者自当融通活变，分其轻重强弱定之，不可一途而取也。

速则动而克世，缓则静而生身。

此亦言日辰之法也。以用爻动静生合，定迟速缓急。且如占行人，若用爻发动，或应爻发动，可言人身已起程矣。然来，生世则迟缓，克世则速到，余仿此。更当以衰旺论之也。

父亡而事无头绪，福隐而事不称情。

占法曰：卦无父母事无头，又卦无子孙不喜悦。盖父母主事，子孙则喜庆之神也。故无父则事无头绪，无福德则事不称情也。

鬼虽祸灾，伏犹无咎，

官鬼虽为祸害，然六爻亦不可无，但宜静而不宜动耳！若无鬼爻则诸事无咎，故《天元赋》有无鬼无咎之论，宜细玩之。

子虽福德，多反无功。

子孙虽为福德，然不可重叠太多。多则杂，杂则乱而不专一，故曰无功。盖过犹不及之意也。

究父母，推为体统；论官鬼，断作祸殃。财乃禄神，子为福德。兄弟交重，必主谋为多阻滞。

此概言五类神之大略也，后卷分明自有断法，不及细论。

卦身重叠，须知事体两交关。

卦身一爻为万物本体。若六爻中有两爻出现，必是鸳鸯，求事或事干两体，若带兄弟必是与人同谋，兄弟克世或带官鬼发动，必有人争谋其事也。卦身不出现事未有定向，出现、持世、合世、生世其事已定。宜出现，不宜变动，动则须防有变。若系喜神不以此论。遇吉神而化忌爻，主先成后败；遇凶煞而化吉神，主先难后易。若六爻无卦身而动爻有化出者，即是此人来言其事也。如子孙为僧道类，卦身持世或临本主人，或在本官内卦，切己之事，临应爻，他人之事。六爻飞伏皆无卦身，其事根由未的，卦身空亡，诸事难成。休囚死绝，诸事无咎。大抵卦身宜作事体看，不可作人身看。若占人则是其人之身，非来占者之身也。今人莫不以世与身爻同论则误矣。但世身喜生合、忌伤克，则无不同也。凡遇身克世则吉，世克身则凶。身若生世、合世，诸事易成，世生合身难成。

虎兴而遇吉神，不害其为吉；龙动而逢凶曜，难掩其为凶。元武主盗贼之事，亦必官爻；朱雀本口舌之神，然须兄弟。疾病大宜天喜，若临凶杀必生悲；出行最怕往亡，如系吉神终获利。是故吉凶神杀之多端，何如生克制化之一理。

大抵卜《易》当执定五行、六亲，不可杂以神杀乱断。盖古神杀至京房先生作《易》，乱留吉凶星曜以惑后学。如天喜、贵人、往亡、大杀之类，皆是今人宗之无不敬信。虽《天元赋》亦甚用之，其他不足论也。而其不用者，其惟《海底眼》《卜易元机》《金锁元关》之三家乎？然神杀太多岂能悉辨，今以六神言之。其法莫不以青龙为吉，白虎为凶；见朱雀以为口舌，见元武即为盗贼。不分临持喜忌，概以所性断之。吾谓其大失先天之妙旨。何则？白虎动固凶也，若临所喜之爻，生扶拱合于世身，则何损于吾？故虽凶不害其为吉。青龙发动固吉也，若临所忌之爻，刑冲克害乎主象，则何益于事？故虽吉而难掩其为凶。朱雀虽主口舌，然非兄弟则不能；元武虽主盗贼，若非官鬼则不是。盖六神之权，依于五行、六亲故也。又如天喜，吉星也，占病遇之，虽大象凶恶不以死断，喜神故也。若临于所忌之爻动，吾必以为悲而不以为喜，往亡凶杀也。出行遇之，虽大象吉利，必阻其行死亡故也。若临于所喜之爻动，吾必以为利而不以为害。盖神杀之权轻而五行之权重故也。繇是观之，遇吉则吉，遇凶则凶，系于此而不系于彼，有验于理而无验于杀，何必徒取幻妄之说哉？不然吾见其纷然繁剧，适足以害其理而乱吾心，岂能一一中节哉？盖神杀无凭，徒为断易之多岐，而不若生克制化之一理为要。能明其理则圆神活变，自有条理而不惑矣。六亲本也，六神末也，至于吉、凶、神杀，又末中之末也，必欲用之，则当急于本而缓其末，唯六神可也。然六神但可推决事情，至于休咎得失，又当专以六亲为主，如此则本末兼该，斯不失其妙矣，学者详之。

呜呼！卜易者知前则易，

世人卜筮皆执古法，不知通变，达其道者鲜矣。故有龙虎推其悲喜，木火断其雨晴，空亡执作凶吉，身位定为人论，凡此之类，难以枚举。予作是书，取理之长，舍义之短，阐古之幽，正今之失，凡庸占俗卜之执迷古法者，亦莫不为之条解。有志是术者，苟能究明前说，自知通变之道矣。其于《易》也何有？故曰卜易者知前则易。

求占者鉴后则灵。

推占者固当通变，而求占者亦不可不知求卜之道也，后即诚心是也。

筮必诚心，

圣人作《易》幽赞神明，以其道合乾、坤故也。故凡卜筮必须真诚敬谨，专心求之，则吉凶、祸福自无不验。今人求卜名有科头、跣足、短衫、露身甚至有不焚香不盥手者。呜呼！忽略如此而欲求神明之感格者，未之有也。神明不格而欲求吉凶之应者，亦未之有也，可不慎欤？

何妨子日。

阴阳历书中有"子不问卜"之说，故今人多忌此日。愚谓吉凶之应皆感于神明，神明无往不在，无日不可格，能格，其神自无不验矣。故凡卜筮，在人之诚与不诚，不在日之子与非子也。且其说又有辰不哭泣之忌，若辰日临丧亦可以笑对吊者耶？此不足信也，明矣。且如丙子日袁柳庄卜脱役事，得姤卦安静，鬼临应爻却被日辰冲动，世受六害，果应难脱。又谈朝辅卜诉讼，得蒙之未济卦，父母空亡，果应不成。又戊子日周焚松卜官讼，得离之贲卦，日辰扶起，官鬼冲克世爻，财爻又动，此必助鬼伤身，果被妇人执罪。又丙子日卜倭寇，得噬嗑卦，鬼爻衰静，果应不来，但被日带父爻六害，乃受风雨淋漓之苦也。以上数占皆系子日，未尝少误，果如历家言，何其事乃俱应耶？故凡占卜，贵乎秉诚，不贵择日。

以上全篇总说断《易》之法，乃通章之大旨，不知此则诸事难决，有志于是者，当先观此篇，若能沉潜反覆熟读详味，此理既明则事至物来，固将迎刃而解矣，其于《易》也何有！

天　时

天道杳冥，岂可度思？夫旱潦？易爻微妙，自能验彼之阴晴。当究父财，勿凭水火。

天时一占，自卜筮、元龟而下，皆以水火为阴晴之主，而不究六亲制化，盖执一不通之论也。唯《海底眼》有"天象阴晴父母推"之说，深为得旨。然又引而不发，所以学者多泥古法而不求其理，良可叹也。且如古人以水爻为雨，其言旺动骤雨，休囚微雨。然水居冬旺则雨，岂独骤于秋冬而轻微于春夏耶？知乎此不攻自破矣。故凡占天时，当看父财，勿论水火也。

妻财发动，八方咸仰晴光；父母兴隆，四海尽沾雨泽。

占天时不以水为雨，而以父为雨者，父母为天，天变则雨故也。妻财则父母忌爻，动则克制雨神，所以主晴。又卦中父动主雨，财动主晴。卦无父母，财爻又空，必然无雨。卦无妻财，父爻又空，必然不晴。

应乃太虚，逢空则雨晴难拟。

占天时与占人事一般，人事应空则难成，天时应空则难望。如久晴占雨则无雨，久雨占晴则不晴。若卦中雨爻动，其应空，亦主迟缓，世空则来速也。世应俱空雨晴难拟，须详父母、妻财及日辰断之。

世为大块，受克则天变非常。

应为天万物之体也，世为地万物之主也，若世受动爻刑克，必有非常之变。如雨爻刑克必是恶雨，风爻刑克必遭恶风之类。又如财化火鬼，刑克世爻，若夏月占卦必是酷暑。卦无子孙及父母动者，则是迅雷惊电，余仿此。

日辰主一日之阴晴，

日辰乃一日阴晴之主，不可依《金锁元关》作太阳论之。若日辰兄弟其日必有风云，子孙其日必有霞彩，官鬼其日必然阴晦，余仿此。若动爻刑克日辰者亦然。如财爻动克则晴，父爻动克则雨类。卦中动父被日辰克制者，其象必不变，倘父母动，日辰生扶之则大雨；妻财动，日辰生扶之则烈日。

子孙管九天之日月。

阳宫子孙为日，阴宫子孙为月。旺则皎洁，衰则暗淡，空伏则虽晴而被蒙蔽。子化子日照霞明，属阴则月明星灿，化出墓绝，始虽明朗，终成暗晦也。

若论风云，全凭兄弟。

风云以兄爻论之，旺动则风高云密；死绝则云淡风轻。化出子孙则清风彩云，化出官鬼则顽云恶风也。

要知雷电，但看官爻。

官鬼主雷电，动则必有雷声，旺则霹雳惊雷，衰弱云中虚闪。卦中两鬼皆动主雷电交作，鬼化鬼亦然，鬼化财或卦无父母，虽雷不雨。

更随四季推详，

父母主雨，妻财主晴，四时不易。其子孙、官鬼、兄弟当随时推究，不可执一，详见于后。

须配五行参决。

凡占天时，固不可以水火为主，若五类所临，亦凭参究。父母爻四时主雨：若临金水，雨乃未止；临火土虽雨不久，但临土则雨虽止而云不散；临木则有风有雨之象也。妻财爻四时主晴：临金必有烟雾；临水必有朝露，或虽晴不久，化出父爻反主有雨；临木晴而有风；临土晴而有云；临火日丽中天。兄弟爻临木四时主风，临土四时主云，临火风云皆有，兄化兄亦然。临金主有风沙，临水则浓云也。又夏月、新秋遇火兄主大热，冬月、初春遇水兄主大寒。子孙爻临金，四时皆为星月，属阳则冬与正月为冰霜，夏秋为白云。临木二、三月为游丝，余月皆为薄云，略有日色。临水，正月与冬季为冰雹、雪霜；夏秋二三月为朝露。临火四时皆为日。临土夏秋为巧云，二三月为霞，冬月为日。官鬼爻临火及未戌二土为电，余皆作雷断。正月鬼动化父或与父爻同发，主有春雪，盖春雪乃杀物之雪非瑞故也。若二月春分后、八月秋分前见之，皆以雷断。春分前雷声未发则湿云带雨之象，非雷也。秋分后雷声既收，鬼如动必有狂风拔木、林间震响之恶势。雷声既收后与未发前，若鬼带三刑、六害，乘旺动来克世，雷应非常之变，虽冬月亦有震惊百里之象。

晴或逢官，为烟为雾；

卦得晴兆鬼亦动者，必有浓烟重雾，或恶风或阴晦。冬或大寒，夏或大热，或有日月薄蚀之变，必非风和日丽，天晴月皎之候。

雨而遇福，为电为虹。

卦得雨兆子孙亦动者，非有闪电则有彩虹，盖子孙主彩色，虹电亦有其象，故以类而推之。若执定日月霞彩，则胶柱而调瑟也。

应值子孙，碧落无瑕疵之半点；

凡遇晴卦，应临子孙动者，其日必然皎洁。或财临应动，化出子孙亦然，盖应为天，子孙为清光皎洁之神故也。

世临土鬼，黄沙多散漫于千村。

晴卦中世临土鬼发动，或土鬼动来冲克身世，乃是黄沙漫天之象，兄弟化出土鬼亦然。秋冬见之多主阴晦，或从子孙化出，当有云奔铁骑之象。

三合成财，问雨那堪入卦；

卦有三合成局，依五类推之。如成财局有霞彩，成鬼局有雷电类。如久晴占雨，卦遇三合，财局必然无雨。久雨占晴，卦遇三合，父局亦主不晴。如五月甲申日占晴，得随之咸卦，申子两爻俱动，与日辰申字正合成父局，雨果不止。

五乡连父，求晴怪杀临空。

五乡，财、官、父、兄、子也。五类中唯父母为雨，此爻空亡或休囚不动，雨未可望。若遇动爻化出父母，则主有雨，化出财爻则主晴也。

财化鬼，阴晴未定；

财主晴明鬼主阴晦，故遇财化鬼或鬼化财，或鬼财皆动，必主阴晴，或先阴后晴，先晴后阴之象。卦无子孙，财反助鬼，必不晴也。

父化兄，风雨靡常。

父主雨，兄主风，两爻相化，或俱发动，皆主风雨交作。凡论先后当以动者为先，变者为后。俱动则以旺者为先，衰者为后，或曰旺多衰少。

母化子孙，雨后长虹垂螮蝀；弟连福德，云中明月出蟾蜍。

日月虹霓，皆属子孙。若遇父爻化出，必然雨后虹。见兄爻化出，则云中漏日。冬月兄化子，是雪片随风。夏秋是风卷晴云。属阴则风清月朗，三春属阳则风和日暖也。父旺财衰而兄动化子，当推云中闪电，更宜细究。

父持月建，必然阴雨连旬；

卦中六亲皆不宜临月建，唯子孙一爻遇之为吉。其他如父临之必主久雨，财临之必主久晴。临父化水则潦，临财化火则旱，虽非水火，而刑克世爻亦然。

兄坐长生，拟定狂风累日。

长生之神，凡事从发萌之始，直至帝旺，然后衰死，故遇长生，卒难止息。如父逢之雨必连朝，兄逢之风必累日，官逢之阴云不散，财逢之雨未可望，须至墓绝日，然后雨可止、风可息、石可开、阴可霁也。化出亦然。

父财无助，旱潦有常；

官鬼空伏、父母无氛而财爻旺动者必旱，子孙空伏、妻财无氛而父爻旺动者必潦。凡遇此象，最怕日月动爻又来生扶合并，则潦必至浸没，旱必至枯槁。如父、财二爻虽或旺动却有制伏，或居死墓绝之地又无扶助者，虽旱有日，虽潦有时，必不为害。

福德带刑，日月必蚀。

子孙带刑，动化鬼爻，或官鬼动来刑害，或父带螣蛇来克，皆主日月有蚀。阳爻日，阴爻月。如八月庚申日，予卜中秋月得家人之观卦，果应大雨。

雨嫌妻位之逢冲，

占雨要财爻静，若被日辰冲动，父母暗伤，雨未可望。父或发动雨亦不多，不然当日必无雨。至财爻墓绝日方可有雨也。若父爻安静逢冲则有雨。

晴利父爻之入墓。

墓主晦滞，父爻动入即是雨意，终不沾濡。财爻动入亦是阴晴气候，入墓亦然。如五月丁丑日占晴得卣之无妄卦，父母虽动然坐在墓爻，果应晴而阴滞也。

子伏财飞，檐下曝夫犹抑郁；

大抵占晴以财为主，若徒有财而无子孙，或居空地而又变弱，此日有阴晴之象。盖财爻但主晴不主日，得子孙出现不空，或发动，或旺相，或遇生扶，或逢冲并，然后有日。况无子孙则财绝生意，官鬼专权必非久晴之兆也。

父衰官旺，门前行客尚趑趄。

占雨以父为主，休囚死绝便不可望。若得官鬼当权旺动，生扶父母亦主有雨，但忌父居空地或在日辰制伏之乡，仍为无雨，然亦必有湿云载雨，凝滞不散之象。

福合应爻，木动交而游丝漫野；

子孙乃旷达之神，若临木动合应，或在应上生合世身，必是风和日暖，游丝荡飏之天也。夏月薰风解愠，秋月风清月朗，冬月玉屑呈祥，属水可言露珠。

鬼冲身位，金星会而阴雾迷空。

占晴而鬼临金水，爻动来冲克世身，或临卦身冲克应爻，或就临应上发动，皆主有浓烟重雾蔽塞郊野之象。父母动则主雷鸣，非烟雾也。

卦值暗冲，虽空有望。

占雨怕父空，占晴怕财空，二者皆无成望。若日辰冲之，则冲空不空，过此一日自有成望，欲定日期亦以冲日冲时断之。

爻逢合住，总动无功。

父动有雨，财动须晴，理固然也。若被日辰动爻合之，名合住，虽动亦依静看。合住财爻不晴，合住父爻不雨，大概是密云不雨之象。辛丑秋，予寓江东欲返，值飓风大作，丁亥日卜得困之震卦，兄弟、父母俱动，合住应爻，果当日辰时止息。

合父鬼冲开，有雷则雨；

父母合住本主不雨，若遇鬼动冲破合住，当主将雨未雨，必待雷震而后有雨也。冲爻是弟，发风则雨，冲爻是子，闪电则雨，日辰冲克同断也。

合财兄克破，无风不晴。

财爻合住本不晴明。若得卦有兄动克破合爻，或日辰是兄，冲克破之，则必待风起然后晴，无风则不晴也。如辛未日占晴得损之小畜卦，财被合住，喜得日辰带兄冲破合爻，果应发风而晴也。

坎巽互交，此日雪花飞六出；

八卦属象，乾为天、为晴，坤为地、为阴，坎为水、为雨雪冰雹，离为太阳、霞、电，艮为云，震为雷，巽为风，兑则星月霉雾类也。若冬月卜卦，遇坎化巽，或巽变坎，必有风雪飘扬之象。若父兄交变而子孙兼动者亦然。若父动而子化子，则是雪月交辉之象也。

阴阳各半，今朝霖雨慰三农。

雨乃阴阳之象，郁结而成，故古人有阴阳和而后雨泽降之说。凡占天时，得阴阳相半之卦，必然有雨。然亦必须将财父兼看，纯阳卦安静，占雨不雨，占晴必晴，动则主雨。纯阴卦安静，占晴不晴，占雨必雨，动则主晴。盖阳动则变阴，阴动则变阳故也。纯阴卦动出父爻，终有雨。纯阳卦动出财爻，终晴。

兄弟木兴系巽风，而冯夷何其肆恶；

占天时，遇兄弟属木在巽宫，乘旺动来刑克世爻，当有飓风之患，更与父爻同发，必成风雨。若化官定然伤物，化出水风雨兼作，化出火土唯云耳。

妻财火动属乾阳，而旱魃胡尔行凶。

财临火动，或从火化，或化火爻，或变入乾卦，而又遇月建、日辰、动爻生扶合助者，必主大旱。若六爻无水，父母死绝，或父与水爻在空而财福当权旺动亦是。

六龙御天，只为蛇兴震卦；

震卦又为龙象，若有青龙、腾蛇在此宫动者，必有龙现，虽非龙蛇，而在辰巳爻上旺动者，亦主有龙从父化出，先雨后龙现，化出父爻先龙后雨。父爻安静或空伏，龙虽现而无雨，化财亦然。若龙、蛇、辰巳等爻临鬼动者，非然乃电掣金蛇也。

五雷驱电，盖缘鬼发离宫。

电，雷之光也。有声曰雷，无声曰电。若鬼在离宫动，当以五雷驱电断之，盖离有彩色之象故也，火鬼亦然。金化火，火化金，雷电交作，凡鬼爻旺相雷声必烈，休囚其雷稍轻。克世临金或带自刑，虽不旺相，声亦惊骇。属土无咎，隐隐轻雷也。《金锁元关》及《卜易元机》以鬼临金火皆作电断，愚谓金乃有声之象，火则然矣，金何理乎？故不敢取。

土星依父，云行雨施之天；木德扶身，日暖风和之景。

土主云，父主雨，故土临父动有云行雨施之象。木主风，财主晴，故木临财动有日暖风和之景。变化者亦然。

半晴半雨，卦中财父同兴；

妻财父母俱动，必然半雨半晴，父衰财旺晴多雨少，父旺财衰雨多晴少，无旺无衰阴晴相半，更化子孙日出，午雨虽旺，逢空与衰同断。

多雾多烟，爻上财官皆动。

财动本晴，若鬼爻亦动或日辰带鬼持克世爻，必先有烟雾而后开晴也。官旺财衰，大雾重如细雨；鬼衰财旺，烟迷少顷开晴。

身值同人，虽晴而日轮含耀；世持福德，纵雨而雷鼓藏声。

凡占天时被世爻所克者，必无此象。如兄弟持世则克财爻，财若旺相亦非皎洁天气。子孙持世则克官鬼，鬼若发动虽雨必无雷声，他仿此。世若安静或落空亡皆勿断，被日辰克制者，其象必然。

父空财伏，须究辅爻。

占雨父为主，鬼为辅。占晴财为主，子为辅。若财父皆空或俱不出现，或一空一伏，则雨晴难定，须究辅爻衰旺动静，庶可推决。如鬼爻旺动，日月、动爻又来生合，亦主有雨。子孙旺动，鬼爻墓绝亦主晴。或官与子俱静则有日辰生合冲并者为急。如五月甲戌日久晴占雨，得屯卦，财不出现，父爻衰空，同是雨晴难定之象，喜得日辰冲并，卦中土鬼暗动，果应有雨，但鬼临土爻克水，所以雨亦不多也。

克日取期，当明占法。

占雨看父爻，占晴看财爻，占风看兄爻，久晴占雨，父爻衰弱生旺日有，父爻安静冲动日有。父若发动逢值日有。月建是财，出月断之。卦无父母，财爻墓绝日有。久雨占晴，财爻衰弱生旺日止，日辰是财当日即止，卦无财爻，父母墓绝日止，月建是父，出月止，日辰是父财，虽有恐当日必不能止也。若衰爻遇有扶起者，即以扶爻断之。如占一日阴晴，当以时刻取期也。

要尽其详，别阴阳而分昼夜；

阴阳之分当以卦宫取，勿以爻象论。阳以昼言，阴以夜言，或曰外卦阳爻以上午断，内卦阳爻以下午断，外卦阴爻以上半夜断，内卦阴爻以下半夜断。又阳化阴，昼兴夜作；阴化阳，夜兴昼作。又曰阳宫阳爻午前推之，阳宫阴爻午后推之，阴宫仿此。

欲推其细，明衰旺以定重轻。

衰旺以四时言，旺则重，衰则轻也。有炁而又临生旺之地者愈甚，无炁而又临墓绝之地者尤微。旺变衰，先重后轻，衰变旺，先轻后重也。

能穷易道之精微，自与天机而吻合。

第十章　卜筮汇考十

《卜筮全书》七　《黄金策》（二）

年　时

　　阴晴寒暑，天道之常。水旱兵灾，年时之变。欲决祸福于一年，须审吉凶于八卦。

　　所谓年时，一年中四时事也。国家、官府、天道、人物皆在六爻内。凡推及此，必须仔细，不比人事一端之易。

　　初观万物，莫居死绝之乡。

　　万物属初爻，临财福吉，临鬼杀凶。生旺有炁则五谷丰登、六畜兴旺；空亡墓绝则六畜多灾、五谷亦欠收也。受克亦然。

　　次察群黎，喜在旺生之地。

　　二爻为人民之位，遇子孙四时安乐，逢官鬼一岁多灾。发动克世，民多为盗。自空化空，民多暴死。空动生合应爻，民多迁徙。火鬼化父，儿多痘疹。

　　三言府县官僚，兄动则征科必迫。

　　三爻属阳以府官断，属阴以县官断，属阴土以府州县僚佐官断，三爻临世或是本官以本县官断。无故自空，县必缺任，逢空而遇应上鬼冲，必有外郡官摄政；发动逢空，将已辞印；化进神有升擢之喜，化退神有降谪之忧。生合世爻或初二爻者，有仁民爱物之心；刑克则克剥小民，非良吏也。若临子孙，清廉正直；临官鬼，酷毒好刑；临兄弟，贪暴无耻。兄动克世而生合五爻或岁君者，必主其年官府征科急迫也。

　　四论朝廷宰相，冲身则巡警无私。

三公、九卿、上司官皆在四爻。若能生合世爻、二爻，必有忧民官在朝；生合五爻、刑克二爻，朝廷皆阿谀之臣；发动以出巡官断之。临子孙正直无私，生合持世必能为民除害。兄动化财与世刑克，其年当有征索旧欠官来也。若临应上或化空亡，必不入我境界，若与其身相冲，遍巡四境。如遇鬼化鬼，一年官两度来或有两员官来也。

五为君上之爻，

五爻为天子之位，最不宜动来刑克世爻，其年必受朝廷克剥。若临财福生合世爻，必有君恩；化出父母，当有赦宥。空动有名无实或虽生合世爻，却被三四爻克制合住者，总有君恩，官府隐瞒不能下及百姓；制爻衰死亦主半被侵捺。五爻若空，其年天子有崩丧之忧，化出子孙，回头克制，必主太子摄位。五爻空动，冲身冲岁，有巡狩出外事。四爻制克五爻，当有奸臣专国；四爻旺五爻衰，恐谋不轨。

六是昊天之位。

六爻为天，若空，其年必多怪异事，盖天无空脱之理，所以主有变异也。如子孙为日食、星陨类，若遇兄动，亦主有惊怪不常之变，此于空亡之异为尤甚也。

应亦为天，克世则天心不顺；世还为地，逢空则人物多灾。

应爻又作外郡、世爻又作本境看。

太岁逢兄乘旺，有温州之大飓；

太岁乃一年主星，唯遇子孙为吉，其他皆非所利。如临兄出现变动，其年必多恶风；乘旺克世，有飓风之灾。若属金水或化父母，或与父爻同发，风水之祸必不能免；化兄一年雨作。

流年值鬼带刑，成汉寝之轰雷。

流年即太岁，若临官鬼发，其年必多恶雷；带刑克世，必伤人物，六亲中至凶莫若官。六爻遇之皆遭其祸，如初爻遇之物不利；二爻遇之人不安。六爻无官，年月不带，方为大吉，总有旱、潦年灾，必不至于大害出现。逢空或衰绝不动，亦不妨。

发动妻财，旱若成汤之日；交重父母，潦如尧帝之时。

财临太岁，其年雨水必不周遍，更临火爻或火化出，及其生扶而父爻衰弱者，定主亢旱。若父持太岁，其年雨水必多，更化水爻，又临生旺之地而财爻空伏无恙者，必主大水。世克如不伤世，则五谷不损，若止占年时，水旱不必拘。定太岁但看财、父可也，有动以动为胜，不动以旺为胜，克世则可畏。

猛烈火官，回禄兴灾于熙应；

鬼在乾宫或在六爻上动，当以雷断，其余不可乱言。如卦中火鬼动，其年有火灾，若与世无干而与应爻克冲者，乃是外郡被灾，与本境无涉也。

汪洋水鬼，元冥作祸于江淮。

水鬼发动，其年必有水灾。在外卦或化父母，或冲动父母，是雨水淹没；在内卦是河决海翻，若不克世，虽溢无事。如戊午年正月辛亥日卜年时，得蒙之中孚卦，水鬼与应上父爻俱动，伤克世爻，妻财又伏，其年果应风雨连月，水溢田中，五谷淹腐殆尽也。

尤怕属金，四海干戈如鼎沸；

金鬼发动，其年必不宁静，盖金乃兵象故也。在四、五爻上，是大臣谋叛；冲克应爻、生合五爻，是朝廷征讨；在外卦又属他宫，是夷狄侵犯中华。鬼化鬼或两鬼俱动，必非一处作乱；卦身逢之，四海皆然；太岁逢之，一年不得安静。空动是虚，或化空绝、化败病，或化回头克，或被月建、日辰、动爻克制，虽或反乱，终必败亡。休囚发动，不过强梁盗贼。甲寅正月庚申日卜倭乱，得困之大过卦，六三午火鬼动，化出酉金，兄弟带刑克世，其年果应倭贼大乱。火主烧，金主杀，兄又劫财，所以其年劫、烧、杀、伤不可胜计。

更嫌值土，千门瘟疫若符同。

土鬼发动，其年多瘟疫，生旺为甚，休囚稍可。在艮宫动，瘴气亦重。克世，人多疫死，世克不妨。鬼带白虎亦是瘟疫兆也。

逢朱雀而化福爻，财动则旱蝗相继；

鬼带朱雀，动化子孙，刑克身世，主有蝗虫之灾，盖朱雀能飞，子孙又禽虫之属故也。财临太岁，虽非朱雀，若化子在生气爻上亦然。更遇财爻亦动而无制伏者，必主旱、蝗相继之岁。

遇勾陈而加世位，兄兴则饥馑相仍。

勾陈职专田土，官鬼逢之必非大有年。持世、克世必然歉收。财化兄或与鬼俱动，则是饥馑之年也。若财空福绝，或福空财绝，皆是饥岁。

莽兴盗起，由元武之当官；

鬼加元武动克世爻，其年必多盗贼。属阴是穿窬小人、梁上君子；属阳是强梁夥盗。若临土或化土克世，必主盗贼蜂起；化出金，冲克岁君，或五爻者，今虽为盗贼，终必谋动干戈、扰乱四海以犯上也。

宋疢异多，因螣蛇之御世。

螣蛇乃妖怪之神，在六爻上动，虽非鬼，必主有大变异。鬼在六爻上动，虽非螣蛇，亦主大变。在乾宫或化入乾卦者亦然。不在六爻，不落乾宫，而鬼带螣蛇发动，则是世间有变异、奇怪，如下文之所云也。

若在乾宫，天鼓两鸣于元末；

螣蛇动临官鬼，若在乾宫上，有天鼓鸣之异。若化金爻子孙，或化入兑卦者，有星月之异，如星入月类；若化火财与父作合者，有虹霓之异，如吸酒饮釜类；若化火爻子孙，或化入离宫者，有日月之异，如丙辰秋数日并出类；鬼爻或属金者，以雷断，如击台失匙类；鬼爻属木，或化父母爻者，以雨断，如雨血、雨毛类；鬼爻属木，或化兄弟爻者，以风断，如红风，黑风类；木鬼与世应相冲，有异风之变，如宋季有白气贯百里类。

如当震卦，雷霆独异于国初。

螣蛇鬼在震宫动者，有雷霆之异。如秋间夏月，无云而雷霆震类；震卦又为龙，若临辰巳爻上，或化辰爻，主有龙现，如龙挂为桥之异；震卦又为木，或临木爻，或化木爻者，有树木之异，如戴若实家柳，如牛鸣赵，如初家柏，如鹤鸣之类也。

艮主山崩，临应则宋都有五石之陨；

螣蛇鬼在艮宫动者，其年有山崩之异，如元统间山崩陷为地类；属金化金，则是石，如山鹤变为石吒石，为羊类；若临应爻，或在六爻，或化乾卦，是天变也，如星化为石类。

坤为地震，带刑则怀仁有二所之崩。

螣蛇鬼在坤宫动者，其年必主地震。逢金则有声，带刑则崩裂。坤卦又为牛，若鬼临丑，必有牛异。如戴人变牛类；乾、坤二卦中，螣蛇鬼临世动，乃是人有异事，非物也，如妇生须、男孕子类；坤乃纯阴卦，螣蛇鬼动与元武相合住者，必主昼晦，元末每多此异。

坎化父爻，雨血、雨毛兼雨土；

坎卦在天为雨，在地为水。螣蛇鬼在此宫动临应爻、六爻，或化父爻者，皆以雨断。不然则是河涸海溢之异。若金鬼化父，当有雷雪同作之异，雨血、雨毛、雨土，皆元末之异也。

巽连兄弟，风红、风黑及风旋。

螣蛇鬼在巽宫动，化兄主有异风，如宋英宗时有赤风，元顺帝时有黑风类。若不化兄，不临应爻、六爻，勿作风断，是草木之异。如武后时九月梨花开类。震、巽二卦又为禽鸟，若螣蛇鬼在生气爻上动者，有诸禽之异。如春秋时六鹢退飞唐库中，金钱化蝶类。

日生黑子，宋恭帝惊离象之反常；

螣蛇鬼在离宫动者，有日异。如宋恭帝时，日中有黑子类。若非应爻、六爻，则有火异也。如大德间火从空中降下，延烧禾稼数十亩类。逐年蒲州火从平地进出，居民被烧者不可胜计。

沼起白龙，唐元宗遭兑金之变异。

兑为泽、为井、为池沼，若螣蛇鬼在此宫动者，当如唐元宗时沼中自龙乘空而起；元顺帝太子寝殿后新甃一井，井中亦有龙出，光焰烁火，变幻不测，宫人见之莫不震慑类。

发动空亡，乃验天书之诈。

以上螣蛇鬼动，临空化空，其怪异事是虚传诈说，非真有也。如宋真宗时，天书下降之类。

居临内卦，定成黑眚之妖。

螣蛇鬼在本宫内卦，妖怪见于家庭，如宋徽钦时有黑眚见掖庭类。

欲知天变于何方，须究地支而分野。

凡遇变异之象，须看见于何方，直以所伤之方定之。如子为齐域，丑为吴域，寅为燕域类。此十二支分野也。当先以克爻定之，无克以刑爻定之，又无刑则以本爻断，刑克爻空亦以本爻断。

身持福德，其年必获休祥。

子孙为福德之神，以其生财克鬼故也。若得旺动，其年必有好处。在初爻万物吉利，二爻百姓安宁，三四爻官吏清明，五爻君圣国安，六爻必有景星庆云之瑞也。若临太岁生合世身，或临世身有炁不空，是皆太平之象。

世受刑伤，此岁多遭惊怪。

世乃年时之主爻，凡三农百姓、五谷六畜皆系于此。得时旺相不临兄鬼，其年必然称意；如受太岁、月建、日辰、动爻伤克，其年必多惊险。无故自空，人多暴死。

年丰岁稔，财福生旺而无伤；

卦中子孙得地，财爻有炁不空，兄鬼凶神衰静者，必是丰年乐岁。

冬暖夏凉，水火休囚而莫助。

凡占年时，以财、父二爻看水旱；水、火二爻看寒暑。若水在死绝或居空地，其年冬月必暖；火居死绝或居空地，其年夏月必凉；若加刑害克世而又居生旺之地者，暑必酷暑，寒必严寒。不克世爻则伤物，此衰旺不可以节气论。

他宫伤克，外国侵凌；

他官为外国，无他宫则看外卦，若来伤克本宫，其年外国必来侵犯，外生内卦必多进贡。

本卦休囚，国家衰替。

本官为国家，无本宫则看内卦，旺相国家强盛，无炁则国家衰替。

阴阳相合，必然雨顺风调。

凡遇一阴一阳卦，必然世应相生，六爻相合，一卦中各有配偶。其年必主雨顺风调也，更得六爻安静，财福不空，必是丰登之岁。

兄鬼皆亡，必主民安国泰。

兄弟乃克剥破败之神，官鬼又祸患灾殃之主，二者空亡，或不上卦，必主其年国家无事，兆民安乐，六畜得宜，万物畅茂，雍熙之世也。

唯明天道，能知万象之森罗；识透元机，奚啻一年之休咎。

国　朝

君恕则臣忠，共济明良之会。国泰则民乐，当推祸福之原。虽天地尚知其始终，况国家岂能无兴废？本宫旺相，周文王创八百年之基。大象休囚，秦始皇遗二世主之祸。

本官为国爻，以太岁为君爻，岁合为后爻，月建为臣爻，日建为东宫，子孙为黎庶，父爻为国。若建国时卜得本宫旺相，如周文王，子孙享国八百年之久也。史记周武王定鼎于洛，卜云：传位三十，历年七百。后至赧王亡，共算八百余年，故日周过其历也。若本宫休囚，大象又凶，则如秦始王二世亡国。

九五逢阳，当遇仁明之主；四爻值福，必多忠义之臣。

五爻为君位，若逢阳象，更遇青龙、财福，必是仁明之君。世临阳象，带吉神亦然。四爻为臣位，若子孙旺相克世，乃敢谏直臣，若兄鬼生合世爻，乃阿谀佞臣也。

岁克衰宫，玉树后庭花欲谢。

本宫衰死，更遇太岁所克，其年国有乱亡之兆。昔陈将亡，后主使诸妃嫔及女乐与狎客共赋诗，互相赠答，采其尤艳丽者被以新声，选宫女千余习而歌之，分部迭奏，其曲有《玉树后庭花》《临春乐》，大略皆美诸嫔妃之容色。君臣酣歌自夕达旦，以此为常。后为隋所灭，故曰"玉树后庭花欲谢"也。

年伤弱世，鼎湖龙去不多时。

太岁刑冲克害世爻，主国君疾病或内难将作。若克世而世爻衰弱，必有君崩之忧。《史记》曰："黄帝乘龙上天，故凡帝崩曰升遐，讳言死也。"今曰鼎湖龙去，言其不久而崩也。

世临沐浴合妻财，夫差恋西施而亡国；

世临沐浴，或财爻，应爻带沐浴，动克合世爻，必是国君好色。如夫差恋西施之美、拒子胥之谏，后为越王勾践所灭。

应带咸池临九五，武后革唐命而为周。

应乃皇后之位，若带咸池，其后必淫。更居九五，乃是后居尊位，如汉吕后临朝称制。更有旺动刑冲克害世爻，世或空亡，必如唐武后废中宗为庐陵王，革唐命为周。

游魂遇空，虞舜南巡不返。

卦遇游魂，主国君迁都、游荡、巡狩之象，如周穆王巡狩、游行天下；若加凶杀克世，或世动入死墓空绝，则如虞舜南巡，崩于苍梧之野。

归魂带杀，始皇返国亡身。

若归魂卦遇凶神恶杀动克世身，如始皇求仙海上，返国崩于沙丘之野。

子发逢空，张子房起归山之计；

子孙为臣，若逢空动，或四爻臣位空动，更被世爻克害，必是君欲害臣，臣欲避君，如汉张良托为辟谷，弃职从赤松子游也。

将星被害，岳武穆抱吁天之冤。

将星如寅，午戌日卜午爻为将星，余类推。若将星临财、子，必得忠良智勇之将；将星值官鬼、白虎，必强悍之将；若临父，必老将；遇兄，不过庸常之将。若将星持鬼克害世爻，必如曹操、桓温，挟天子以令诸侯，多致篡位自立。若将星被动爻克害，或被四爻动克，必如宋岳飞遇秦桧权奸之害而死也。

应旺生合世爻，圣主得椒房之助。

应爻皇后之位，若应爻旺相生合世爻，更临财福，主皇后有美貌、智略，天性慈仁，能规君过，导君以善。如汉马后、宋宣仁，称女中尧舜也。后房用椒涂壁以辟除邪气，故曰椒房。

日辰拱扶子位，东宫摄天子之权。

子孙乃臣位，若他宫子孙旺相，更值日辰生扶拱合，世值胎养空绝，必主少国，疑有大臣摄政，如周公辅成王是。若本宫子孙生旺，更得日辰扶助，必国君厌弃大宝，将欲传位，太子当国摄天子事也。

世克福爻，唐元宗有杀儿之事；

若本宫子孙被四爻冲克刑害，必被谗臣谤讪。若世克本宫子孙，子孙又入死墓空绝，必太子遇谗被害。如唐元宗信李林甫谮，将太子瑛、鄂王瑶、光王琚皆废为庶人，后复赐死于城东驿也。

子伤君位，隋杨广有弑父之心。

本宫子孙带杀，旺动，克害世爻，乃太子有篡位之兆。如隋杨广弑父自立为帝。

一卦无孙，宋仁宗有绝嗣之叹。

卦中无子孙，或子孙休囚，动入墓绝空死，必是国无太子，如宋仁宗无子而叹。

四爻克子，秦扶苏中赵高之谋。

四爻乃臣位，若旺动伤克本宫子孙，则如秦太子扶苏被赵高矫诏赐死。

身值动官，唐太宗禁庭喋血。

世身持官带杀旺动，必至杀克兄弟，乃兄弟不相容之兆，如唐太宗伏兵元武门，将建成元吉射死，血流禁庭而被军马蹂践也。

世安空弟，周泰伯让国逃荆。

世持、兄弟空亡，与应相生合，更有吉神动克，必是兄弟推让天位之象。如周泰伯托为采药，逃之荆蛮，让位季历也。

凶神生合世神，元宗信林甫之佞；

若鬼杀动，生合世爻，必是佞臣阿谀，人君信任。如唐元宗信任李林甫一十九年，养成天下大乱。

君位伤克四位，商纣害比干之忠。

四爻为臣，持财、子而被世爻动克，必犯颜之臣遭剖心之主。如比干之尽忠而被纣王之诛也。

离宫变入坎宫带凶杀，而徽钦亡身于漠北；

卦中大象皆凶，世应克害刑冲，或世动入死墓空绝，必是国君遭患，死亡之兆。离乃南方，坎乃北方，离化坎乃南入北，故如宋之徽钦二宗被金兀术所掳，幽于五国城，卒老死于沙漠之地。

乾象化为巽象有吉曜，而孙刘鼎足于东南。

乾宫变巽宫大象皆吉，当如刘先主、吴孙权建国东南，与魏三足鼎立也。

国之治乱兴衰，卦理推详剖决。

征 战

医不执方，兵不执法，堪推大将之才能；谋事在人，成事在天，当究先师之妙论。观世应之旺衰，以决两家之胜负；将福官之强弱，以分彼我之军师。

世为我，应为彼。世旺克应则胜，应旺克世则负。子孙为我之将军，官鬼为彼之敌帅。

父母兴隆，立望族旗之蔽野；金爻空动，侧听金鼓之喧天。

父母为旌旗，旺动主兵起；金空动则闻金鼓声，金空则响故也。

财为粮草之本根，兄乃伏兵之形势。

财为粮草，旺多衰少，空为无粮，兄为伏兵，又为夺粮之神，不宜旺动。

水兴扶世，济川宜驾乎轻舟；火旺生身，立寨必安于胜地。

木为舟楫，若动来生扶世身，或水爻与子孙动，宜乘舟决战以取胜。火为营寨，若旺动生扶世身，结寨必得形胜之地也。

父母兴持，主帅无宽仁之德；子孙得地，将军有决胜之才。

父母持世动，乃主帅不恤士卒，上下离心。若带兄弟凶神，须防自变。子孙持世身旺动，将军必决胜千里外。以上数节，出《天元赋》，不细解。

水爻克子子孙强，韩信背水阵而陈余被斩；

卦中水爻动及世持水爻，或动出水爻克伤子孙，若子孙旺相得日辰、月建生扶，或子孙旺动，则可效韩信背水阵，死中求生而反胜也。

阴象持兄兄克应，李愬雪夜走而元济遭擒。

兄为伏兵，如在内象旺动克应，乃我伏兵，克世是他伏兵。若兄在阳象，宜日间伏，兄在阴象，宜夜间伏。如唐宪宗朝李愬雪夜衔枚而走，直捣蔡城以擒吴元济也。

世持子而被伤，可效周亚夫坚壁不战；

世持子孙，将必才能可以克敌，若父动克，宜且固守以避其锋，不利速战。如汉景帝时七国反，帝使周亚夫屯细柳，以攻之，中夜军惊扰乱，至帐下，亚夫坚卧不起，深沟高垒，数日乃定，遂破七国之兵。

应临官而遭克，当如司马懿固垒休兵。

应持官旺相，彼将才能，我难与敌，虽卦有子孙发动，终不能大胜。如三国时司马懿自料才能不如孔明，甘受巾帼之辱，坚垒不战尚矣。

世持衰福得生扶，王翦以六十万众而胜楚。

世身虽持子孙衰弱，亦难胜敌。若得月建、日辰生扶，可效始皇时王翦以六十万众，卒成胜楚之功。

卦有众官临旺子，谢元以八千精兵而破秦。

卦有官鬼，父母虽多而安静、休囚，子孙虽少而当权、旺动，此乃寡胜众之象。如晋谢元、刘牢之以八千兵渡江，破秦王苻坚九十万众也。

两子合世扶身，李郭同心而兴唐室；

子孙为将，世为国君。若卦中有两子旺动，生扶世身，主国有二将合谋胜敌之兆。如唐李光弼、郭子仪二人同心，以忠义自励，终能靖乱复兴唐室。

二福刑冲化绝，钟邓互隙而丧身家。

若有二子爻生旺变动，相冲相刑，两化入死墓绝空，虽胜敌将，必争权专宠相残害之兆。如晋钟会、邓艾领兵平蜀，蜀平而嫌隙互生，乃至自相屠戮，身家俱丧。

子化死爻，曹操丧师于赤壁；

子孙为我军卒，若动入死墓空绝，应又克世，或鬼父动伤身世，必致三军丧命，损兵折将之兆。如曹操夸水军八十万众，乘势袭吴，而为周瑜、黄盖火攻所败。

世逢绝地，项羽自刎于乌江。

世乃一国之君，三军之帅，最宜旺相克应为吉，若被应爻刑冲克害，而世又休囚及动入死墓空绝，主将必然不利。如项羽百战百胜，而一朝兵散，羞见江东父老，自刎乌江也。

水鬼克身，秦苻坚有淝水之败；

水鬼旺动伤克身世，敌兵必得舟楫渡江之利。如秦苻坚以投鞭断流之众，而竟败于谢元八千渡江之兵也。

火官持世，汉高祖遇平城之围。

火爻带鬼，贼寨必近，若火鬼持世，须防困围。若得子孙旺动，虽被围得胜，如田单之下齐城。若子衰官旺必致困围。如汉高祖被匈奴围于平城，七日乃解。

应官克世卦无财，张睢阳食尽而毙；

应持鬼克世，卦又无财，乃是食尽死亡之象。如张巡被围睢阳城也。

世鬼兴隆生合应，吕文焕无援而降。

旺鬼持世乃困围之象。卦又无财，子孙又弱，世又生合应爻，乃兵少食尽，降敌之兆。宋吕文焕守襄阳，元兵围之甚久，贾似道隐蔽不援，城中食尽遂降。

外宫子动化绝爻，李陵所以降虏；

子在外宫动而被应克世。是我军远征。初虽见胜，终必有败。又化绝爻，不免降虏。如汉武时李陵往事也。

内卦福兴生合应，乐毅所以背燕。

内卦子孙动而反生合应爻，伤克身世，是我将卒有背主降敌之兆。如燕将乐毅背燕投赵是也。

鬼虽衰而遇生扶，勿追穷寇；

官爻虽衰，若遇动爻日辰生扶拱合，是敌兵虽少必有救援。

子虽旺而遭克制，毋急兴师。

子孙虽旺，若被父母日辰动爻克害，彼必有计，不可急攻。攻之必被摧折，虽不大败亦损军威，宜缓图之。

鬼爻暗动伤身，吴王被专诸之刺；

官爻虽静而被日辰冲动旺相，克害身世，必若吴王被专诸之刺。若鬼暗动而被世克，或子动来救，则如荆轲刺秦王不中，而反自被诛也。

子化官爻克世，张飞遭范张之诛。

子孙化官生合应而克害身世，乃是我兵卒谋杀主帅，而欲降敌之象。如后汉张飞素不恤士卒，一日被范强、张达枭首帐下，顺流而投孙权也。

要识用兵之利器，五行卦象并推详。

土为炮石，金为刀箭，水木为舟，火为营寨。又乾兑为刀，震巽为弓、马、火枪，坤为野战类。若此象有克应之神，宜用此器以克敌，应爻、官爻在此象克世，宜反防敌人用此器也。

仁智勇器之将，岂越于此？攻守克敌用兵，当审于时。

第十一章 卜筮汇考十一

《卜筮全书》八 《黄金策》(三)

身 命

乾坤定位，人物肇生。感阴阳而化育，分智愚于浊清。既富且寿，世爻旺相更无伤；非夭即贫，身位休囚兼受制。

人生一世，贫贱高低，合为何等人物，但看世爻为主。若世爻旺相，日辰、动爻生扶合助而不来刑冲克害者，乃为上吉。必主其人富贵，有福寿。若世爻休囚无炁，而被日辰、动爻克制，主其人非贫即夭，无福寿、无造化人也。

世居空位，终身作事无成；

凡占身命，大忌世身空亡，主一生作事无成，多谋少遂，难立家计。

身入墓爻，到老求谋多戾。

如世身入墓，主其人如醉如痴，不伶不俐，动静行藏必不响快，虽有所为亦皆不称心也。

卦宫衰弱根基浅，爻象丰隆命运高。

卦有大象旺衰，有爻象旺衰，如占身命得大象旺亦好，可许他根基壮实。更得六爻中身世在吉地，乃是十全造化。然卦宫旺相不如爻象旺相，盖人之根源系于卦，命之吉凶系于爻。故卦宫无炁根基薄，爻相得时有炁命运必高。如立春节，艮旺、震相、巽胎、离没、坤死、兑囚、乾休、坎废类。大抵旺胜相胎、没胜休囚也。

若问成家，嫌六冲之为卦。

凡遇六冲卦，必主其人作事有始无终。前卦六冲，前三十年生涯淡泊；后卦六冲，三十年后家业凋零。前后六冲则一生苦楚不能发达。

　　欲知创业，喜六合之成爻。

　　占身命得六合卦，主其人春风和气，交游必善，谋事多遂，基业开拓。如前合前亨，后合后遂，前后皆合，主一生通达，万事如心。

　　动身自旺，独力撑持。

　　如世爻不遇动爻日辰生扶，而自强、自旺，得时发动者，其人必白手成家，无人帮助。

　　衰世遇扶，因人创立。

　　若世爻无炁，而遇日月动爻生扶，必遇好人提拔，成家不能自权自立也。

　　日时合助，一生偏得小人心；岁月克冲，半世未沾君子德。

　　如世身遇年、月、日、时生扶拱合，主上得贵人亲爱，下得小人忠敬。如见刑冲克害，则官府欺凌，小人谤毁。一日父来合得父之荫，兄来克受兄之累，余可类推。

　　遇龙子而无气，总清高亦是寒儒。

　　青龙子孙持世身，必然立志高远，不慕功名富贵，如邵康节、陶渊明辈。子孙即无炁，亦绝俗超群之寒士也。

　　逢虎妻而旺强，虽鄙俗偏为富客。

　　白虎临旺财持世，其人虽不知礼义然必家道殷实，如李澄、萧宠之徒。是旺财有制伏，亦粗知文墨，勉强向上之流，不可以顽俗论。

　　父母持身，辛勤劳碌。鬼爻持世，疾病缠绵。遇兄则财莫能聚，见子则身不犯刑。

　　占身不可见父、兄、官鬼持世，如遇父则克伤子，一生不得安逸。鬼为殃祸，遇之则一生疾病缠身，或主带疾，或常招官讼。若贵人见之，不以此断。至兄乃克剥、破败、阻滞之神，世或逢之，主克妻妾、破耗多端，一生不聚财物。惟遇子孙则克官鬼，主一生官刑不犯，安闲自在，衣禄丰盈。大怕休囚，唯贵人不宜犯之。

　　禄薄而遇杀冲，奔走于东西道路；

　　占身以财为禄，若临死绝无气爻，则禄薄。而世爻又被恶杀冲动，无一爻吉神救助，此乃至下之命。必主东奔西逐，丐食于街衢者。若世爻动而逢冲，或无冲而世爻衰弱，空动化出恶杀，回头冲克世无助，而杀无制者，亦然。

福轻而逢凶制，寄食于南北人家。

子爻若遇死墓绝空，则福轻。而世爻更被凶神克制，或世动而被日辰动爻合住，此为受制于人之象。占身遇之，必主其人倚靠富家，寄食于他人也。

子死妻空，绝俗离尘之辈；

占身以福为子、财为妻，二爻若临死墓绝空之地，乃是刑妻丧子之兆。小儿见之，必绝俗离尘出家辈也；僧道见之，反为吉兆，必无俗累之牵惹矣。

贵临禄到，出将入相之人。

卦中贵人、禄马，旺临身世，而官鬼、父母又来扶助，或月建、日辰生合，必是将相之兆，富贵非常之人。

朱雀与福德临身合应，乃梨园子弟；

子孙乃喜悦之神，朱雀又主言语，若同临身世，主象，其人必然乖巧。若生合应爻是合欢于他人之象，故为梨园子弟之兆，不然亦是伶俐人也。若应生合或被日辰动爻来破者，或世应刑冲克害者，勿断。

白虎同父爻持世逢金，则柳市屠人。

父母属金而带白虎持世者，必是屠猪、杀马之辈。盖白虎主丧亡，金为刀剑，而父母又伤克子孙之神，子孙又为六畜，故为宰杀之象。而加之畜类，以屠夫断。若父母有制或子孙旺相发动，或在空避之地，勿以此断。

世加元武官爻，必然梁上君子；身带勾陈父母，定为野外农夫。

元武主盗贼之事，而加官鬼临身乃梁上君子、穿窬之人也。勾陈职专田土，而加父母勤苦之神持世者，乃耕种、耘耨之兆也。

财福司权，荣华有日；官兄秉政，破败无常。

以上人物虽有高下不同，然莫不喜财福而恶兄鬼者。若得财、福二爻，得时旺相发动，纵是下等之命，一时淹蹇，终须发达。若见官、兄当权旺动，虽上等之命一时亨利，亦有破败贫穷之时。却看在何限中，便知何年发达，何年破败也。其中有救、无救当自融通活变。

运至中年，凶杀幸无折挫；时当晚景，恶星尤怕攻冲。

人命有三限，每一爻管五年。初、二、三爻共十五年，外三爻亦管十五年，共三十年。支卦六爻亦管三十年。正卦内三爻十五年为早限，正卦外三爻十五年与支卦内三爻十五年为中限，支卦外三爻为末限。变卦为支卦，凶杀恶星即是官鬼、兄弟、刑冲克害之类。早限遇之则早年欠顺，中限遇之则中岁灾殃，末限遇之则晚景迍遭，老无结局。若子孙等吉神在正卦内三爻得时旺动，主荫下得意。在正卦外三爻见，三十年前福如秋月；在支卦内三爻见，则三十年后财若春潮至；支卦外三爻见，则晚景荣华、康宁、寿考。又如早限有恶星，末限有吉星者，必初年蹇滞，老景亨通也，余仿此。要知吉凶之事，依五类推断。如逢官爻生扶合助，主贵人提拔。或子孙来刑冲克害，则有僧道相干之事也，宜通变。若六爻安静则当再占一卦以断之。或以不动之卦，乾化坤、艮化震之类者非。

　　正内不利，李密髫龄迍遭；

　　正卦内三爻乃初限，若逢官鬼凶神克战者，主童年多病。如李密九岁方能行，盖幼年多疾故也。

　　支卦有扶，马援耆颐矍铄。

　　支卦外三爻乃末限，若有吉神合助，必然老年康健。如马援年六十二披甲上马也。

　　一卦和同，张公艺家门雍睦。

　　如占身得六爻安静，无冲破克害，反相生合，则主其人家门欢好。如张公艺九世同居，上和下睦也。

　　六爻攻击，司马氏骨肉相残。

　　若六爻乱动，卦又冲克或三刑六害者，必主亲情不和，骨肉相残。如晋司马氏，八王树兵俱遭诛杀屠戮也。

　　闵子骞孝孚内外，父获生身。

　　占身命以父爻为生我之亲，若世能生合，此爻必然能孝于父母，如闵子骞类也。

　　孔夫子友于家邦，兄同世合。

　　若世爻与兄弟相生合，其人必内和兄弟，外信朋友，如孔夫子类。兄爻在本宫内象以兄弟言，在他宫外象以朋友言，看内外以别亲疏，全在通变。

　　世应相生，汉鲍宣娶桓氏少君为妇；

　　世是一生之本，应为百岁之妻。若见相生相合必然夫唱妇随。

　　悔贞相克，唐郭暧尚升平公主为妻。

　　世为贞，应为悔，若见相冲相克，必然琴瑟不调。

箕踞鼓盆歌，世伤应位；

世持虎蛇，乘旺发动，刑害应爻，应又临无炁之地，必主克妻。如春秋时庄周妻死，犹箕踞鼓盆而歌。

河东狮子吼，应制世爻。

应爻克制世爻，乃是牝鸡晨鸣之象，其人必凭妻言语。如宋陈季常河东狮子吼，东坡所戏言也。

世值凶而应克，愿听鸡鸣；

若应虽来克世，而世爻自带刑害，及兄官、虎蛇等凶神者，则是彼来救我之失，去我之病，非有所伤于我，主其人必有贤妻。如齐哀公荒怠慢政，得陈贤妃，有夙夜警戒相成之道，故《诗》有《鸡鸣》篇。

身带吉而子扶，喜闻鹤和。

世带吉神旺动，子孙又来生扶者，主有贤子共成事业，以济其美。《易》云："鸣鹤在阴，其子和之。"

福遇旺，而任、王育子皆贤；

占身以福为子孙，若旺相不空及无伤害者，主有贤子。如任遥之子昉，王浑之子戎，见称于阮籍诸贤。

子化兄，而房、杜生儿不肖。

若子孙动变兄鬼者，其子必不肖，盖兄弟乃破败之神故也。李英公常曰：房、杜平生辛苦，然生子不肖。

伯道无儿，盖为子临空位；卜商哭子，皆因父带刑爻。

凡问子孙不宜父母发动，若子临空地，必主无子。如邓伯道弃子而不生，非有伤也。唯父带刑害、虎蛇等恶神动克子孙，休囚不空者，然后克之。如子夏哭子丧明也，若父有制其庶几。

父如值木，窦君生丹桂五枝芳；

若问子多少，当以五行生成数论之，若父爻属木，则子孙属土，土数五，主有五子。如窦燕山生仪、俨、侃、偁、僖类。

鬼或依金，田氏列紫荆三本茂。

论兄弟与子孙同，且如鬼爻属金，则兄弟属木矣，主有兄弟三人，如田真、田广、田庆。

兄持金旺，喜看苟氏之八龙；弟倚水强，惊睹陆公之双璧。

六亲类固当以生成数推之，然不可不别衰旺。逢生旺则当倍加，遇死绝则当减半。故兄持金旺则有兄弟八人，盖金数四倍则八，苟淑子八龙似之。若临水旺相则是二人，盖水数一倍则二也，陆昀与弟陆恭之双璧是也，他仿此。若旺相而有制，衰死而有扶，又当以本数断。若旺爻空动亦以本数断。不旺不衰而空动，则减半断之，更宜活变细察。

至若爻逢重叠，须现在以推详。

若卦中只有一位，可以五行数推，苟重叠太多则可即以其数断之。且如六月丙辰日卜得损之大畜卦，卦中元有两爻，兄弟六三又化兄弟，日辰、月建又是兄弟，共有五重兄弟，则断五人也。若日辰、月建不系兄弟，则以三兄弟推，宜通变也。

财动初爻，令伯克亲于蚤岁；

财动则伤父母，如在初爻，则早年见克，如李密生六月其父即丧。

兄兴六位，张瞻丧偶于中年。

兄动则克妻财，如居六位，中年必如张瞻之克妻也。

化父生身，柴荣拜郭威为父；

卦有父母，又化出父母来生合世身者，其人必重拜父母，身为他人子。如五季时，柴世宗之于周太祖也。

化孙合世，石勒养季龙为儿；

卦有子，又化出子，世身自去相生合者，主其人必有螟蛉之子。如晋时后赵石勒子石季龙是。然子孙化出而系外官则是，系于本官则非也。

世阴父亦阴，贾似道母非正室；

父与世皆属阴者，必是偏生庶出，如宋贾似道也。

身旺官亦旺，陈仲举器不凡庸。

卦中官爻旺相世身亦旺相，又逢贵人、禄马、文书生合世爻者，必主异日金榜标名，龙门跳跃，如陈仲举为不凡之器。欲断官职依后功名类推。

化子合财，唐明皇有禄山之子；

子从化出，乃螟蛉子也。若与财爻相合，或与应爻相合，必与妻妾有情。如安禄山之于杨贵妃也。

内兄合应，陈伯常有孺子之兄。

兄爻在内卦，乃兄弟非朋友也。若与应爻或财爻相合，其妻必与兄弟相通，如陈平之盗嫂也。

以下皆断妇人身命。

应带勾陈兼值福，孟德耀复产于斯时；

勾陈主黑丑，子孙主贤淑。故应爻旺相临之而无损伤者，其妻必如孟光，貌虽不扬而其德则美也。

财临元武更逢刑，杨太真重生于今日。

元武淫乱之神，若临财爻必不贞洁，更加三刑六害，如杨贵妃，污秽尤甚。

合多而众杀争持，乃许子和之钱树；

卦中有合，诸事吉。唯妇人、女子见之，主浇浮淫佚，春心荡漾，不能坚闺门之守。更加元武三刑六害临持财爻者，乃娼妓之兆。如许子和为妓，临死谓其母曰：钱树子倒矣。盖为娼，宿客得钱，如树之能生钱也。

官众而诸凶皆避，如隋炀帝之彩花。

凡遇卦中有鬼，日辰、月建是鬼，或又化出太过，生合财爻，而财爻不临元武等凶神者，必主其妇重婚再醮。如隋炀帝西苑剪彩为花色，渝则易之以新者，喻妇人夫死则再嫁也。若本卦鬼爻不受刑冲克害，而鬼爻反来冲克财爻者，乃是生离活别之兆，非夫死再嫁也。

白虎刑临，武后淫而且悍；

白虎乃强暴之神，妇人见之必然凶悍，更加刑害临财爻，必如武则天凶悍且淫也。

青龙福到，孟母淑而又慈。

青龙乃喜悦慈祥之神，子孙又清吉之神，若财临青龙化子，或子临青龙动来生助者，必主其妇慈祥恺悌、淑善贤德，如孟母也。

逢龙而化败兄，汉蔡琰聪明而失节；

财遇青龙本属聪明，但不宜化出兄爻及败爻，皆主不贞洁，如伯喈女蔡琰，文章绝冠当时，失节胡虏。或化出刑爻、病爻、害爻及元武等同临者，亦然。

化子而生身世，鲁伯姬贤德而无疵。

财动化出子孙，主合世身者，必有懿德。如鲁庄公夫人伯姬，言行皆善，无疵可议，见赏于《春秋》。凡占妻当以财爻为主，不可论应爻、世爻等作其身也。

合而遇空，窦二女不辱于盗贼；

卦中若遇化爻动来相合，或带咸池、元武动来克合，本非佳兆。若得财爻在空避之，是彼欲淫我而我不愿之象。如唐奉天窦氏二女，被盗劫之而自投崖，宁死不受辱也。

静而冲动，卓文君投奔于相如。

卦中咸池、元武、刑害等杀临持财爻，若得休囚不动，或落空亡，庶几无事。若被日辰、动爻冲之，则如卓文君被相如以琴挑之，欲心因动，不免至夜而亡奔相如，后当垆卖酒。

福引刑爻发动，卫共姜作誓于柏舟；

子带刑旺动，必主克夫。然子乃贞洁之神，遇此等爻而财不值凶者，主守节之象。如卫共姜作《柏舟》诗，以死自誓也。

身遭化鬼克刑，班婕好感伤乎秋扇。

卦中元有官与身世相生合，又化官，却来克制身世及财爻，占法以动爻为始，变爻为终，主先亲爱后弃绝之象。如汉班姬于武帝，始亲爱后疏绝，所以见秋扇而伤感，作词以寓其凄楚之思。

二鬼争权水父冲，钱玉莲逢汝权于江浒；

卦中若有二鬼发动，俱来生合财爻，又遇水父来刑冲克害而财爻在空避之者，必有两夫争权之象，父母逼勒之兆。而已有守节之操，故入于空，如孙汝权之于玉莲类也。

六爻竞合阴财动，秦弱兰遇陶毂于邮亭。

男带合则俊秀聪明，女带合则浇浮淫佚。若六合卦而财爻又属阴者，不动犹可，动则淫滥无耻，如秦弱兰遇陶学士也。

鬼弱而未获生扶，朱淑贞良人愚蠢；

凡看女人身命，以鬼为夫星。不宜空亡，空则难为夫主；又不宜动，动则难为兄弟；亦不宜衰弱，弱则招夫不肖，不能发福，若衰弱而无一生扶合助，兼带勾陈、螣蛇等凶神者，必如朱淑贞之夫，愚蒙不正，人物侏儒，因有断肠之诗。

官强而又连龙福，吴孟子夫主贤明。

若鬼爻旺相，更逢青龙、福德、禄马、贵人等吉神，主有贵显贤明之夫。如吴孟子得鲁昭公为夫也。若衰而逢助，亦主有贤明之夫。

若卜婴孩之造化，乃将福德为用爻。

所喜者兄弟，大要兴隆；所忌者父母，最嫌旺动。小儿造化不过卜其生长难易，若富贵贫贱固未暇论。故专以子孙一爻为主，若父母动则来伤克，故忌，兄弟动则来扶持，故喜。盖有生扶则易养。

随官入墓，未为有子有孙；助鬼伤身，不免多灾多病。

卦中若见世身随官入墓者，必死，故曰未为有子有孙。若遇鬼伤克世身、刑冲主象者，必然多病。更逢财爻助之，大凶之兆。若鬼持世临身亦主多病。

胎连官鬼，曾经落地之关；

卦中胎爻临鬼或化出鬼爻或鬼来冲克者，必此儿生时绝而复苏，俗所谓落地关也。

子带贵人，自有登天之日。

子爻若带禄马、贵人，主此子他日必能贵显，头角峥嵘。

遇令星，如风摇干；逢绝地，似雨倾花。

凡遇凶神克战，若得子孙得地健旺，则必无事。虽见小悔犹微风摇干，必不能伤。若在死绝之地，决难生养，一有克战，则如骤雨倾花，鲜不残败。

子孙化鬼，孝殇十月入冥途。禄贵临爻，拜住童年登相位。

子化出鬼，乃九死一生之兆。如汉殇帝生才十月即死也。子化出鬼而贵人、禄马交临，子又旺相，异日必贵。如元拜住年十四即为相，盖子逢凶而化鬼，谓身化为鬼，故凶；子逢吉而化官，谓身化为官，故吉。

凶杀来攒震卦，李令伯至九岁而能行；

震为足，若遇官鬼、凶神刑克，行必迟，如李令伯九岁方能行。盖为凶神缠扰于足也。

吉神皆聚乾宫，白居易未周岁而识字。

乾为八卦首，于五行属金，其数则一。又有纯阳之象。阳主上达，金主聪明，一则数之始也。若遇龙德及子孙在此宫者，必然幼敏。如白乐天生七月便识之、无二字。

八纯顽劣，晋食我狼子野心；

八纯卦六爻相冲，小儿见之必主顽劣、性悍，如晋叔向子食我，心野不驯，犹豺狼之子也。

六合聪明，唐李白锦心绣口。

大抵六合卦必然阴阳相半，小儿遇之聪明智慧，他日文字当有掷地金声之妙，如太白文才也。

阳宫阳象，后稷所以岐嶷；

阳主高明有上达之象，从天数也。占小儿而得纯阳卦，子孙又属阳，必如后稷生于姜嫄，克岐而克嶷也。见《诗·大雅》。

阴卦阴爻，晋帝所以赣骏。

阴主卑污有下达之象，法地故也。占小儿得阴宫卦，子孙又属阴，主痴愚，如惠帝闻蛙声而曰为公为私，见饥人而曰何不食肉糜，故史以赣骏讥之。

龙父扶身，效藏灯于祖莹；

青龙为吉神，父母为诗书学馆，若临身世或动来生合世身福德者，主此儿好学。如祖莹八岁耽书，父母恐其成疾禁之，乃密藏火，待父母寝后复然灯读之也。

岁君值福，希投笔于班超。

岁君乃天子爻，君象也，子孙临之，此儿必志大。如汉班超为儿时，常投笔叹曰：大丈夫当立功异国，安能久事笔砚乎？后出使西域，果应万里封侯。

官鬼无伤，曹彬取印终封爵；

岁君值福，固有大志。然卦中官鬼受制，或落空亡，则志虽大而终莫能遂。官鬼无伤斯能称意，如曹彬周岁时提戈取印，后出将入相终封贵爵也。

父身有气，车引囊萤卒显名。

龙父扶身固知好学，然身世主象及父母官鬼临死绝地，则徒取辛勤。必父身有气方有成望，如车引勤学，卒以成业也。

金爻动合，啼必无声。

五行中惟金有声，且人之五脏，肺主声，肺属金，故人声以金爻取之。若被冲起或落空亡，声必响亮，惟动而合住，则主啼哭无声也。

父母静冲，儿须缺乳。

乳以子孙定之，若旺相有炁，乳必多，休囚无炁，乳必少，最怕父动或静而逢冲，定须缺乳，克子故也。

用旺儿肥终易养，主衰儿弱必难为。

子孙旺相，杀莫能伤，其儿必肥，故易养。子孙休囚敌杀之气，无备必多灾

中华传世藏书

钦定古今图书集成

精华本

卜筮篇

悔，不惟羸瘦，亦且难养。

身临父母，莫逃鞠养之辛勤；

父母持世儿必多灾，故鞠育之劳，所以不免。父母为辛勤劳苦之神，故为小儿之恶杀也。

世遇子孙，终见劬劳之报效。

子孙持世儿必孝顺，故劬劳之恩必然报效，盖子孙为主象临于世者，以其有亲亲之义也。

若问荣枯，全在六亲之决断；要知寿夭，须凭三限以推详。

六亲中财福为吉，兄鬼为凶。三限正卦管三十年为初限，互卦管三十年为中限，再以互卦又互一卦为末限，亦管三十年。人生寿夭须有定数，不看三限则难取决。如正卦有凶神来克战，则寿止三十前；如正卦无凶杀而互卦见凶杀克战，则寿止于六十岁；内正互皆无凶杀，其寿必在六旬外。宜以互卦再互一卦推之，若凶杀不动，则看世爻死绝之年断之，庶无差谬。

命理至微，虽难细述。易爻有准，自在变通。

第十二章　卜筮汇考十二

《卜筮全书》九　《黄金策》(四)

婚　姻

男女合婚，契于前定。朱陈缔结，分在凤成。然非月老，焉知夫妇于当时；不有宓羲，岂识吉凶于今日。欲谐伉俪，须定阴阳。

阳奇阴耦，配合成婚。世属阳，应属阴，鬼属阳，财属阴，内属阳，外属阴。阴阳相得乃成夫妇之道，异日必然大利。

阴阳交错，难期琴瑟之和鸣；

阴阳交错者，世阴应阳，鬼阴财阳，内阴外阳皆为反象。成婚后必主夫凌妻，妻欺夫，终朝反目，不得和顺。若变出财鬼不空，主象安静，亦可用也。

内外互摇，定见家庭之挠括。

占婚卦宜安静，安静则家庭雍睦，必无争斗之事。若财动则不和翁姑，鬼动则不和妯娌，父动则不和子侄，兄动则不和夫妻。动加月建、日辰，不唯不和，更有克制。

六合则易而且吉，

六合卦，一阴一阳配合成象，世应相生，财官相合，占者得之，必主易成而又言。

六冲则难而又凶。

六冲卦，非纯阴则纯阳也。其象犹二女同居，两男并处，志必不合。占者得之，必主难成，总成亦不利。

阴而阳，阳而阴，偏利牵丝之举；

世与官宜阳反阴，应与财宜阴反阳，占娶妇多不利，惟入赘则吉。

世合应，应合世，终成种玉之缘。

世为男家，应为女家，若得相合，是两愿之象，必主易成后亦吉利。

欲求庚帖，岂宜应动应空；

欲求庚帖，须得应爻安静不空，而又生合世爻者，必然允谐，事亦易成。若应爻发动或空亡，或冲克世爻，皆主不允，事亦难成，或去亦不遇。

若论聘仪，安可世蛇世弟。

螣蛇兄弟，世爻临之，主男家悭吝，礼必不多。应爻临之，主女家妆奁淡薄，临旺发动亦克妻之兆也。

应生世，悦服成亲；世克应，用强劫娶。

应爻生合世爻，主女家贪男家之象，必易成，不然是女家先来求亲也。若世刑克应爻，男家必不早来求其女。世旺应衰乃恃富欺贫、用强劫娶也。若世临鬼及螣蛇，而财爻得时旺相、青龙得地者，必因其女有姿色而欲设谋以娶之也。世临元武、兄弟，必因其家乏财偿债，欲谋纳其女也。应动或旺，以旺动断。

如日合而世应比和，因人成事。

凡遇世生应，是男求女；应生世，是女求男，相合亦然。若世应比和，乃是两家相成其事，要知何人赞成，以日辰合爻定之，间动辰合，则是媒人也。

若父动而子孙墓绝，为嗣求婚。

占婚遇父旺动子孙，若墓绝，异日子息必少。若卜大人婚姻，有此象乃是无子而娶也，父持身世者亦然。

财官动合，先私而后公。

凡婚以官为夫，财为妇，两爻俱动相合，必是先通后娶。若遇冲克，外人已知。若临元武则眼去眉来，未通情意。本人自占而财与世爻动合者亦然。财爻若与旁爻作合，与他人有情。财遇合多而化出子孙，必是妓家，盖化子有从良之象也。

世应化空，始成而终悔。

世动生合应爻，男家愿成其婚，应动生合世爻，妇家愿妻其女，皆易成之象。但怕变入空亡，必有退悔之意，若得日辰动爻扶助，虽悔亦可成也。

六合而动象刑伤，必多破阻；世冲而日辰扶助，当有吹嘘。

世爻与应生合，本主吉兆，若遇动爻、日辰冲克，必两边有破说，其事难成。

世应冲克本非吉兆，若遇动爻、日辰生合，两边必有吹嘘，亦可成。要知吹嘘破阻之人，依五类推之。如父母为叔伯、尊长类，外宫他卦以外人言。

鬼克飞爻，果信绿窗之难嫁。官合财位，方知绮席之易婚。

飞爻即世爻，大凡女占男，最不宜鬼爻刑克世爻，亦不宜应爻克世，皆主不成。盖女占男，以世为女家，应为男家故也。如遇此象主男家不愿为婚，所以难嫁。若他有制，我有扶，而大象又吉，亦可成。然其家终是无意于我也。若得官生合世爻，或合财爻，或应爻生合世，方主易成。

财鬼如无刑害，夫妻定主和谐；

财鬼刑冲克害，夫妻必然不睦。如无此象然后如鱼得水，到老和谐。

文书若动当权，子嗣必然萧索。

父母当权发动，子孙在空避之地，乃是事体未定。若不空而死绝无气，则被其克，异日必然克子。

若在一宫，当有通家之好。若加三合，曾叨会面之亲。

世应生合比和，财鬼又同宫，是亲上亲也。不带三合虽亲不识认，若带三合必曾会面者。

如逢财鬼空亡，乃婚姻之大忌；苟遇阴阳得位，实天命之所关。

财鬼二爻占婚姻之用神，若值空亡必不吉利。《天元赋》曰：财空妻失，鬼空夫亡，然不可执法推。盖男占女以财为主，鬼空不妨；女占男以鬼为主，财空不妨，要在用神无损害耳。若财鬼空亡，而干支相合，世应相生，阴阳得位者，此实姻缘不过半世，衾枕不能偕老，非夫妻刑克故也，乃天命所在耳。逢冲遇克谓避空，反不虑，但主其一生该虚设衾枕，或半生在外，仕宦、工商之类。

应财世鬼，终须夫唱妇随；应鬼世财，不免夫权妻夺。

世持鬼，应持财，此乃阴阳得位之象，必然夫秉男权，妻操妇道，定然夫唱于前，妇随于后。若应持鬼，世持财，此同阴阳失位之象，必然夫权妻夺，牝鸡晨鸣，唯赘婿反吉。

妯娌不和，只为官爻发动；翁姑不睦，定因妻位交重。

占婚以兄为妯娌，父为翁姑。卦有官动则克兄弟，妯娌间必不和；卦有财动则克父母，定主翁姑不睦。若旺不受伤克，则是事有反覆，若衰弱不能敌，则有刑克也。

父合财爻，异日有新台之行；世临妻位，他时无就养之心。

占婚遇财、父二爻持世，带元武动来相合者，异日有翁淫子媳之事。若财临世身，其妇必不善事翁姑。

空鬼伏财，必是望门之寡妇；动财值虎，定然带服之嫠娘。

卦中既有官爻、财爻，而财爻又伏空鬼之下，其女先曾受聘，未婚夫死，俗谓望门寡。若加白虎动克，则是已嫁而死，必带孝服者。若伏鬼不空，必是有夫之妇女，如被日辰、动爻提起刑克世爻者，后防争讼。

世应俱空，难遂百年之连理。

世空自不欲成，纵成终不遂意。应空彼不欲成，得成日后两家必不往来。

财官叠见，重为一度之新人。

男占女，卦有两财，女占男，卦有两鬼，必是断弦再续，重为一度新人。两财皆无损，必一正一偏；若一旺一空，则前妻已丧；两鬼发动必有两家争娶。如一旺一空则前夫已亡，若鬼伏财下，男必有妻在家；财伏鬼下，女必有夫在身。鬼不空而动爻、日辰冲克妻财，必是生离改嫁；世克鬼而动爻、日辰生合妻财，必是逐婿嫁女。

夫若才能，官位占长生之地；妻如丑拙，财爻落墓库之乡。

要知男女情性、容貌，财鬼二爻取之。凡遇月令旺身必肥，日时旺貌必美，月令衰身必瘦，日时衰貌必丑；月令旺、日时衰者，身肥而貌不扬；月令衰、日时旺身瘦而貌必美。衰而有扶，丑而才能，旺而入墓，虽美而愚拙。惟观性情男以鬼断，女以财推。

命旺则荣华可拟，时衰则发达难期。

命即男女生命。生旺有炁，必有荣华之日；休囚死绝，必无发达之期。若财旺命衰，其妻貌虽美而命则平常，鬼衰命旺，其夫虽愚蠢而衣食丰足。命临父母，必好技艺，加青龙则是好诗书也。临兄则好赌博，好使钱，不好学。临官喜迎官府，临财福必善作家。看其现与不现及五行生克，六神动静推之。

财化财，一举两得。

占婚遇财化财，必有僮仆同来，谓赠嫁。财化子，则有小儿带来，谓之带幼聘。若化子逢空，虽来不奏，化财遇冲后必走失。

鬼化鬼，四覆三番。

大抵鬼化鬼，凡事反覆不定，占婚遇之决不容易。若大象可成，亦见迟滞。然此象必主女家多有更变，难易缓急，皆听从于彼。

兄动而爻临元武，须防劫骗之谋。

鬼爻不动，而兄弟又临元武、腾蛇来刑冲身世者，须防其中奸诈、设计骗财。若世应生合，阴阳得位，财鬼无伤，亦必大费财而可成。

应空而卦伏文书，未有执盟之主。

父母为主婚人，若不上卦或落空亡，必无主婚，恐其妇自作主张。不然主其事必难成就和合也。

两父齐兴，必有争盟之象；双官俱动，斯为竞娶之端。

卦中两爻父动，或父化父，主有两人主婚，不然必两家庚帖。若两鬼俱动，则有两家争求其婚，不然主事体多有变。以上若一动一静、一旺一空，则无言。若卦有官化父、父化官，或官父皆动，恐有争讼之患。文书兄动，必有口舌。

日逢父合，已期合卺于三星；

日辰与父爻作合，或日辰自带文书，主成婚日期已预定矣。

世获财生，终得妆奁于百两。

财爻又作妆奁断。若生合世爻，又得日月、动爻扶助，必有妆奁。临勾陈必有妆奁田，临青龙必美丽，临腾蛇、白虎败病等爻，则是旧什物也。若财无生助，不可乱言，要推多少，以生合妻财之爻，看衰旺断之。财之衰旺，仅可推女貌妍媸，不可推妆奁厚薄。

欲通媒妁，须论间爻。

占婚以间爻为媒人也。

应或相生，乃女家之瓜葛；世如相合，必男室之葭莩。

间爻与世生合，多男家亲。与应生合多女家亲。世应俱相生合。两家皆有亲，旺相新亲，休囚旧眷，本宫至亲，他宫外亲。

先观卦象之阴阳，则男女可决；

阳男媒，阴女媒。或问间爻有二阴二阳，当以何爻为主？以衰旺动静取之。又问衰爻动，旺爻静，则如何？以动者定之。又问两爻皆旺，或皆衰，又将何以定之？以冲动者定之。若又无冲，以生合扶起者定之。或一旺一空，以不空者定之。又不遇空，则以长生诀法定之。务归于一则不杂乱。

次看卦爻之动静，则老幼堪推。

交重二爻为老年人，单拆二爻为少年人。或胎养长生为少年，临官帝旺为中年，墓绝是老年人为媒也。若墓化旺，是老年人先来说，阴化阳是女人先来说。若此爻动，空化空。而自冲动彼一爻，主原媒有故推却，而他人为媒也。

论贫富当究身命，决美恶可验性情。

人生美恶，贫富两章尽之矣，然非特可观媒妁而已。若问妇，看财爻；问夫身，看鬼爻；问男家，看世爻；问女家，看应爻。若应旺财衰可言女家虽富，女貌不扬，余类推。至于维持破说之旁人，可以刑冲生合之爻推之。

雀值兄临，惯在其中得利。

间爻如值腾蛇、朱雀及兄弟者，其人必俐齿伶牙，素以媒妁获利者，兴旺必奸诈。

世冲应合，倩他出以为媒。

间爻安静被应世二爻冲动，或生扶合起。及日辰冲并起者，其人无心作伐，必是一边央他说也。间爻自动者，勿如此断。

两兄同发，定多月老以争盟；二间俱空，必无通好以为礼。

两间俱动必有两媒，临兄或兄化兄，或动出两鬼，主有争竞为媒。须看空亡、衰旺及有制无制，可知那个执权。若间爻安静，俱在空亡，必无媒人通好。若空动而化出兄鬼，或临兄鬼空动者，乃是媒欲谢礼作鬼不来，非无媒也。

世应不和，仗冰言而通好；

世应相冲相克，难以成亲。若得间爻生合解救，其事始难成就，终须得媒人两边说合，以通其好，则事亦可成。何谓救解，如应动克世，间爻合住应爻，生扶世爻，余可类推。

间爻受克，总绮语亦无从。

凡欲倩媒人说合求亲，必得应爻生合间爻，则其言易入，必然听信。如间爻反被应冲克，则虽甘言美语亦不从。

财官冲克，反招就里愆尤。

间爻若被日辰、动爻冲克，其媒必然取怨于两家。世爻冲克，男家有怨；应爻冲克，女家有怨。或世来生合而财爻冲克者，男家虽吉，异日女家必怨。财官皆冲克，夫妻俱有怨。

世应生扶，必得其中厚惠。

凡遇世应、日辰带财福、青龙生合间爻，其媒必有两家酬觋。旺相多休囚少，若带兄鬼、腾蛇、元武类生合者，不过巧言虚礼，必无实惠。化出财福生合，亦吉。男看世爻，女看应爻。世应俱生合，两家俱有惠，世旺男家多，应旺女家多。

一卦吉凶，细察精微委曲；百年夫妇，方知到底团圆。

产　育

首出浑沌，判乾坤而生人物。继兴太昊，制嫁娶以合夫妻。迄今数千百年，化生不绝。虽至几亿万世，络绎无穷。盖得阴阳交感，方能胎孕相生。先看子孙便知男女。阳为男子，掌中探见新珠；阴是女儿，门右喜看设帨。

子孙为占产用神，阳爻为男，阴爻为女。

或更反兆，徒劳鞠育于三年；若通化空，枉受胚胎于十月。

反兆者，占得生男卦反生女，占得生女卦反生男是也，皆主不寿。子孙化入空亡者，亦不育。

主星生旺，当生俊秀之肥儿；命曜休囚，必产委靡之弱子。

子孙生旺，生子必肥大，异日主俊秀不凡。休囚无疣，生子必弱小，异日主委靡不振。若子孙无疣，得月建、日辰、动爻生合扶持，主所生儿始虽弱小，后渐肥大。子孙虽旺，遇月建、日辰、动爻刑冲克害，始虽肥大，后渐怯弱。古人断男、女生，虽以阴阳为主，然又言阳爻衰弱亦主生女，阴爻旺相亦主生男，以衰旺为主，阴阳为辅，细推其理，非确论何也？人生禀天地之秀气，受父母之精英，盖感阴阳而化育也。得阳精于中，阴血裹之则成阳胎生男；得阴血于中阳精裹之则生女。感其气之盛而正者，则生子肥大，而为贤智；感其气之不正而微者，则生子弱小而为愚不肖。此为自然之理，而《易》道岂异是哉？故愚谓子孙属阳断生男，或休囚则推弱小；子孙属阴断生女，或旺相则推肥大，盖必以阴阳为主也，学者详之。

如无福德，当究胎爻。

剖决固以子孙为主，若卦无子孙，当寻胎爻定之。如乾、兑官卦，子孙属水，胎在午则午为胎爻，故卦有子孙则不论胎，或无子孙又无胎爻，则以第二爻断之。

双胎双福必双生，

卦有两子爻，又有两胎爻，虽不发动亦主双生。若卦有两子爻皆动，或子化子，胎化胎者，皆双生之象；若二爻一阴一阳，则一男一女；一旺一空，则一生一死。

一克一刑终一梦。

卦无子，占产大忌。若胎爻又被月建、日辰、动爻刑克冲害，或无故自空，大凶之兆。故一场春梦，言其子必亡也。子孙衰受克者，亦然。

胎临官鬼，怀胎便有采薪忧；财化子孙，分娩即当勿药喜。

鬼临胎爻，其妇怀胎常有疾。胎爻被官冲克，亦然。若胎爻虽临官鬼，化出子孙，或财化福爻，则怀胎时固多疾，分娩即安泰。

妻财一位喜见扶持，胎福二爻怕逢伤害。

财为产母，胎为胞胎，福为儿女，三者皆喜，月建、日辰、动爻生合扶助，则产母安，胞胎稳，子亦易养。若见刑冲克害，产母多灾，胞胎不安，所生子亦难养。化入死墓空绝，大凶之兆。

虎作血神，值子交重胎已破；

白虎为血神，若临子孙或临胎爻发动，其胎已破。临财动者亦然。唯临兄鬼及带刑冲克害，或化官，莫作吉断。可言此必漏胎，动爻合住，胎虽动而未分娩。

龙为喜气，遇胎发动日将临。

占产以青龙为喜神，若在胎福财爻上动者，生期已迫，必然临日者也。在父兄官爻上动，勿作吉看。

福遇龙空，胎动乃堕胎虚喜；

福临青龙空亡而胎爻自发动，或被冲动者，必是堕胎虚喜。福若避空则不然，要知何故堕胎，以胎爻断。如临官鬼、白虎因病堕胎，临父、财，劳伤，临元武则色欲，临腾蛇，惊吓之故，临朱雀、白虎者，斗殴蹼跌堕也。

官当虎动，福空乃半产空娠。

白虎临官发动，或临财动化官而子孙空亡，或伏或动，空化空，或被冲散者，当小产。临月占卦，乃是其子不育之象也。

福已动而日又冲，胎儿必预生于膝下；

胎与福若临龙虎，或有不动而日辰冲并者，其子已生。若不克世则勿断，须再详支神。如未过来占时候，可言当日便产，若已过时而动爻是重，亦分娩矣。

福被伤而胎仍化，鬼子当蟛死于腹中。

子孙在死墓空绝之地，又被月建、日辰、动爻刑冲克害者，大凶之兆。若胎爻又临官，或胎化官，必是死胎。更财爻又临死墓空绝，须防母子俱入黄泉。

兄动兮不利其妻，父兴兮难为厥子。

兄乃克财之神，如动则产母不安；父为克子之杀，若动则子宫必损。然二神以有救无救断之可也。

用在空亡逢恶杀，何妨坐草之虞。

父兄发动本为凶兆，如财福二爻在避空之地，谓空不受克，故云无事。或父兄虽动而得动爻、日辰合住，谓之贪合忘克，总凶亦虚惊，必无大害。

妻临元武入阴宫，果应梦兰之兆。

巽、离、坤、兑四宫财爻临元武，或与元武作合，必仆婢所生，旺相必是淫妇，休囚有吉神救助，只主出身微贱，非淫乱之妇。

克世克身，诞生日迫；

凡占生产，得子孙胎爻冲克身世，生期已迫，当以日时断之。盖凡生世主迟，克世主速，克若动而逢空，过日断。休囚期在生旺，日时旺相当，以本日断。又如子孙动胎爻静，以动者定其日，冲胎定其时。若胎动而子孙静，胎爻定其日，冲福定其时，盖动则速，冲则迟故也。又如动而合住，则以冲克破合日断之，余类推。

不冲不发，产日时迟。

卦中胎福不动，又无暗冲者，其生产月日未临，必然迟缓，直待冲动日月，断其生产。若无胎福二爻，其产亦迟，宜以卦中临动之爻断之。若又无动爻，则以卦中胎养长生之日断之。

胎福齐兴，官父合临产难生。

胎福二爻发动本主易生，若被官鬼、父母合住，或日辰带父兄鬼合住，皆主临产难生。直待冲破克破合住日时，方得分娩。若非台住而胎福自化父母、官鬼者，皆主迟滞。

子财皆绝，日辰扶将危有救。

占产遇胎福在墓绝之地，固凶。若得日辰、动爻生扶，此乃将危有救之兆。如被恶杀旺相刑克，则不能有救。

间合间生，全赖收生之力。

老娘收生以间爻推之，若动而生合财爻，及胎福二爻，必得老娘收生之力，然后快易。如卦有凶神发动而间爻救制者，必遇收生而后产也。

官空官伏，定然遗腹之儿。

卦无官鬼或在空亡，主产妇丈夫已死，此必遗腹子也。然非财福、白虎，则勿断。若有鬼伏在白虎爻下，或龙伏鬼墓爻下，主夫病卧在床，非死也。旺空则是有病，鬼爻入墓或身临鬼墓，非有病只在狱。

游魂卦官鬼空亡，乃背爹落地；

占产遇游魂卦，官鬼空亡或鬼空动，或鬼动化入游魂，皆主临产其夫出外，不见生产也。若其夫自占，遇世爻空亡者亦然。如遇游魂卦变入归魂，而鬼爻发动者，又主临产其夫自外归也。世动逢合住，得归不到家。

发动爻父兄刑害，必携子归泉。

占产父兄为忌爻，若带三刑六害当权旺相而动，财福二爻在死绝之地而无救助者，主子母俱亡。

官化福胎前多病，财化官产后多灾。

未临月，占鬼化出子孙，主胎前常有病，待产后方安；财化官则胎前强健，至产后多病。若已临月，须防产母有不测之患。

三合成兄儿缺乳，

卦有三合成兄弟局者，生子必然乳少。若兄在旁爻无气发动，亦主缺乳，财福化出兄爻亦然。若三合成父母局，子必衰弱无力，成官鬼局生产必不快易，唯三合财福局，然后吉。

六冲遇子妇安然。

凡占六冲财福发动，或得日辰六冲暗动，则财有生气，鬼有克制，所以产母安然而卧也。

应若逢空，外家无催生之礼物；

占产以应为外家，若逢空，必无催生礼物。临兄则是悭吝之人，虽有不多。临财福，更来生合世爻，必有厚惠。旺则外家富，衰则外家贫，与世刑冲必与外家不和。

世如值弟，自家绝调理之肥甘。

兄值世，衰则其家贫欠将息，产妇必难强健。旺则其人悭吝，下肯调理，非无也。动化子，主其人平素悭吝，合则肥甘足用，世临财福空亡，亦乏调理。

阳福助青龙，无异桂庭之秀子；阴孙扶月建，何殊桃洞之仙姬。

子临月建青龙，或月建带青龙生合子孙者，不拘男女皆主俊秀聪明。子孙墓绝或带刑害，或加虎蛇，或受冲克，或化兄鬼皆主丑陋不肖。

若卜有孕无孕，须详胎伏胎飞。

凡占胎孕有无，专取胎爻为主，不看子孙。如卦中六爻上下及年月日时皆无胎爻者，虽有子孙亦为无孕。卦中虽无动爻，有化出者，眼下无胎，后必有胎。唯遇胎爻出现旺动，便为有胎。若卦无胎，子孙又空，乃是命中所招，必无子。

出现空亡，将胚而复散；交重化绝，既孕而不成。

胚，阴血阳精凝聚成胎之谓，盖未成形曰胚，已成曰孕。胎爻出现如遇空亡，主虽有胎不至成形而又散。若得发动，其胎已成，唯怕变入死墓空绝，则主孕虽成形，不能产育，是亦不成而已矣。

姅必逢官，

孕伤曰姅，胎临官，或动官，或被官动来刑冲克害，皆主胎孕有伤。若非鬼爻而被月建日辰刑克，其胎亦有伤损。日辰冲胎，怀胎不安。

姸须遇虎。

娠妇既孕，月事又通曰姸。若未及月胎临白虎，必是漏胎。如遇杀冲或发动化鬼者，旺相为小产，无气是漏胎。

带令星而获助，存没咸安。

凡占胎孕，胎爻旺相，又有生合扶助，不临官鬼父母及空亡者，其胎必成。更阳爻则生子必生有养、死有祀，所以存殁咸安。

有阴地而无伤，缓急非益。

胎爻属阴，休囚而得月建、日辰、动爻生合，再无凶神刑克者，其胎亦成。但生女，故曰缓急非益也。

如逢元武，暗里成胎；若遇文书，此前无子 。

胎临元武必然暗与人通，及阴司不明，所受之胎非夫妻正受也。休囚有制，则占婢妾胎孕，若临父主此前未尝有子，或者虽有不存，今始成胎也。

孕形于内，只因土并勾陈；胎隐于中，端为迎龙合德。

胎临勾陈，怀胎显露，更属土爻犹甚。胎临青龙，其胎不露，更逢三合六合，

四七二九

中华传世藏书

钦定古今图书集成

精华本

卜筮篇

必隐然如未孕者。《天元赋》曰："胎爻属阳，阳气轻清上浮，胎近胸前；胎爻属阴，阴气重浊下降，胎必近下。"此说得之。

若问收生之妇，休将两间而推；如占代养之娘，惟凭一财而断。

若占老娘及化婆者，以占产卦中取之，则间爻是也。今人执其迷说，虽单占另卜，亦以间爻论则失之矣。故凡单占，当以妻财一爻为主，不可又以间爻推之。收生之妇即今老娘，代养之娘即今乳母，二者断法相似，故并云。

刑冲克害，福德要防。死墓绝空，财身宜避。

凡占老娘、乳母，虽以财爻为主，然亦重子孙，盖子孙生扶财故也。若被日辰、月建、动爻刑冲克害，则子必见伤，虽财爻有气亦不可用。若子孙不受伤克而自居死墓空绝之地，则主老娘无手段，乳母不济事，化入者亦然。

兄动兮手低，乳母须防盗物；

兄弟发动，占老娘决然本事必低，占乳母则主此妇贪财爱物，见财起意。又主贪食，亦非贞洁。又加元武，必淫。若财爻自劫化出兄弟，或临卦身，依此断之。

父兴兮乳少，老娘切恐伤胎。

父母发动，占老娘最凶，胞胎必然损伤，更加刑害，儿必为其所害，切不可用。如占乳母，衰则主有乳，旺则无乳，不可用。若化出及持身世者同断。或问篇中断乳少前以兄弟断，此以父母断，何也？答曰：大抵卜《易》贵通变，执一则非。盖乳固一事，以小儿言为食，属财则乳亦当以财爻取；以妇人言则母乳于孩子，故乳亦以子孙取之。如子平中亦以我生者为食神，夫岂无本之论哉！

子孙发动多乳，手段更高能。

大抵子孙旺相发动，不临空绝，不受制伏，财爻又无伤害者，上吉之卦。老娘手段必高，乳母必主乳多，向后决然称意。

官鬼发动多灾，事机犹反覆。

官鬼发动必有祸患，不伤身世虽凶亦浅。一遭刑害祸不可言，如两官皆发动，鬼化鬼、兄化兄，或官兄乱动，必主大凶。占乳母反复难成，虽成必有口舌后患。

财合福爻，善能调护；身生子位，理会维持。

卦身与财生合子孙最吉。占老娘手段必高，惯能救死回生。占乳母主其妇善抚小儿，乳亦多。

如逢相克相冲，决见多灾多咎。

子孙被财与卦身刑冲克害，最不利。用之，儿必为其所害。子孙避空或月建有气，财身有制，庶几无虞。占老娘胎爻亦不可受伤，世持父兄亦不遂意。

进人口

独夫处世，休言无子即忘情；君子治家，难道一身兼作仆？必须便嬖，乃足使令于前。若不螟蛉，焉继宗支于后？

老而无子曰独，过继他人子曰螟蛉。螟蛉，虫类也。

须别来占，方知主用。

过继小儿以子孙为主，买婢、雇童仆、买宠妾及收留迷失之人，皆以财为主。若窝藏有难之人，则看其人与我相识，朋友以兄弟为主、尊长以父母为主，妇人妻财为主，在官人以官鬼为主也。

用不宜动，动必难留；

用爻发动，其人难托。若遇游魂或化入游魂者，异日主逃窜，虽螟蛉亦不为尔子也。雇工借居则主不久，若来生合世爻，则是吉兆，非逃与难留也。

主不可伤，伤须夭折。

主象衰弱，而被日辰、动爻乘旺来刑伤克害，更无解救者，异日必然夭折，虽借居，亦主其人有大祸。若伤克之爻又无气，或有制伏，不过灾病非夭折。若得用爻在空避之地，无妨。

衰入墓中，拟定委靡不振；旺临世上，决然干蛊有成。

用爻入墓，其人性慵懒，衰弱无气，及临死绝，主委靡不振；苦得旺相，不空临身持世，或生合世爻，大吉之兆，立嫡过房必能成家，买纳奴婢亦能体我心意。

动化空亡，有始无终之辈。蛇合官鬼，多谋少德之人。

用爻发动，变入空亡，主其人有头无尾。若临腾蛇动合官鬼，其人虽多谋，然奸诈不实难凭。妇人见之则主不贞洁。

临元武而化兄爻，门户须防出入。

用临元武动化兄弟，主其人贪财好色，托以财物则必窃取自用，且必淫乱，男女皆然，故门户防其出入。

遇青龙而连福德，赀财可付经营。

用临青龙动化子孙生合世爻，其人至诚忠厚，托以财物则守而勿失，使之经营则利尽归于主。如占小儿，遇子孙化子孙者，反主多灾。

若逢太过及空亡，反主少诚兼懒惰。

卦中用爻有三四重太过，或主象又化主象，皆主其人暗藏机巧，反复不实，且临事不宜向前。若主象空亡亦主是懒。

用爻生合世爻，必得其力；主象克冲身象，难服其心。

用爻生合世爻，其人可用。凡有事干必然用心，虽螟蛉亦必欢爱于我，大吉之兆。大怕合住冲散及克坏之。若用爻刑冲克害世爻，必主其人心不悦服，难以使令。更加旺动，是乃奴婢欺主之象，兼以应亦刑克，异日必遭其祸。

财化子，携子偕来。

凡占妻妾婢女，财爻化出子孙，必有小儿带来，若动财生合世爻而化子反来刑克者，其婢则可使，其子必顽劣不驯也。

世合身，终身宠用。

卦身一爻，占事为事之体，占人为人之身，若遇世爻生合，其人必得宠用，不拘借房投靠使婢。若遇世合财爻，其妇必通家主。

受动变之伤，向后终难称意；得日月之助，他时定见如心。

月建日辰动爻克世，其人不可用，世爻衰必被其害。若得变动日月生合扶助，然后为吉。若用爻空亦不济。

世与卦身，以和为贵；

世身二爻相合相生比和为吉，相克相冲刑害为凶。

兄同官鬼，惟静为佳。

兄弟一爻者，为破财、为反覆、为虚诈、为阻滞、为是非、为灾祸。官兄二爻皆不宜动，动必不称意，有制不妨。

兄鬼交重，诚恐将来成讼；三合绊住，须知此去徒劳。

兄官或交变，或俱动，或从文书化出，皆主争论纷纭，而至于成讼则已。若自三合六合绊住动爻，必有人阻当，虽欲兴词，终不成讼。欲知何人阻住，以合住之爻断之。

若在间爻，乃是牙人作鬼；

买卖交易以间爻为牙行人，若临兄弟、官鬼发动，必是牙人作鬼斗谋，或多人争保，或行人争财，皆为不利，主事体难成。

如居空地，不过卖主争财。

官鬼一爻空动，是卖主假虚空言，欲争价耳。在间爻以牙人论。若兄鬼动而与应爻相合，必是卖主牙人作鬼，论财遇动爻化兄鬼亦然。

卦象两官两父，须知事系两头；

卦中父母、官鬼俱有两爻，或动爻化出官父重叠太多，或卦无主象而从官父化出，皆主其人曾经典卖，今是重易也。若父化父亦然。两鬼俱动生合用爻，皆有人争竞买雇。

兄鬼一动一冲，切莫财交一手。

卦遇应爻克世而兄官发动，或被日辰冲动，或临应爻克世，须防设谋诓骗，故财物不可便交一手去也。

应生世他来就我，世生应我去求人。

凡占买雇奴婢、交易等事，以应为卖主，应生世是他人来就我，成事最易，吉。若世生应，我去求他，成事实难也。

和合易成，最怕日辰冲破；

世应生合事则易成。生合为上，克合次之，惟不宜世动，则是我去合他，又为难也。若是相合，又被日辰动爻刑害，必有破阻，要知何人，以破合之爻定之。如父母为长上之类。

相冲难就，偏宜动象生扶。

世应刑冲克害，凡事费力难成。若动爻日辰生扶合助，谓之有气，必有贵人扶持，事亦可成。若当用爻，则是牙人，能持其事，如生合爻是兄弟，又须用财嘱托，方能成事。

兄爻发动，为诈为虚；

兄弟为反覆不定之神故也。

卦象乱兴，多更多变。

乱动则事不定，故多更变。

六爻无父，定无主契之人。

六爻以父母为文书、契券，又为主契之人。若六爻皆无父母，必无主契之人。若无父母而动爻化出者，主有旁主，虽有父母而应爻空亡亦无正主。

两间俱空，未有作中之子。

间爻空亡必无媒人，空亡而逢冲必须央倩作媒，世冲我去央他，应冲彼去央他，动而空亡，其人假意推托，非真无心做也。

世获间生，喜媒人之护向。

间爻生世合世，媒人必然向我，生应合应则向他人。临子孙旺相发动，必然执持其事，若不生世而被应克，且居衰弱之地，彼必听其谋为也。

生扶弟出，防喜生之合谋。

大抵间爻生合世爻，若卦中凶神不动，则是媒人诚心向我，无他意也。若兄鬼、腾蛇、元武动克世而应爻又来冲刑我者，则是间来生合，假意合谋，非真心也。空动亦非真心，若临兄弟动化官或临父官兄，其言必不可信。

父化兄，契虚事假。

凡遇以上凶卦而父母又化兄爻者，决主事体不真，文契不实，卦无父母而从兄弟化出者，亦然。父化父，主文书不实，又主交易重叠。

兄持世，财散人离。

兄弟持世必然多费钱财，事亦干众，雇工奴婢不得力，更带凶神旺动，必主人离财散。若占交易，货物亦不正之物。

应若空亡，我欲成交徒费力；世如发动，彼来谋合亦难成。

凡占交易，若我干求于彼而应爻空亡者，其事必不成。如彼欲求谋于我而世爻空亡者，其事亦不成。盖世动是我心疑惑，应动则他人更变，皆主难成，不为执滞。如或空逢冲动而遇合，皆谓有解。至此月有成，自空妄动则凶。

弟因财乏，鬼必疑心。

卦遇不成之象，而兄弟持世者，必因赀财缺欠故难成也。六爻无财或落空亡者，亦然。鬼爻持世则是心多疑，或进退不定，故难成。不然必有他事阻，或有不测灾病。卦无官鬼又是无人执持，其事亦主不成。

四覆三番，事机不定；千变万化，卦象无常。能求不见之数，自喻未来之事。

凡占收留遗失子女，最怕鬼临元武发动，必是盗贼。用临元武动化鬼爻亦然。刑克世爻必被其害，或有远方挈家逃来借居者，不论六亲，以应为主。临兄为欠债来，临官为户役避罪责，加元武则是盗贼。逢冲事已败露，虽临元武不带鬼而与财爻合，或临元武财爻为奸情事来也。大抵皆怕兄鬼旺动克世，祸终及己，不伤世或子孙持世者，不妨。

疾　病

人孰无常，疾病无常。事孰为大，死生为大。

占病以官爻为恶杀。凡病症候轻重，得病根由，皆系此爻。独发之爻亦可以此推之。

火属心经，发热咽干口燥；水归肾部，恶寒盗汗遗精。金肺木肝，土乃病侵脾胃；衰轻旺重，动则煎迫身躯。

鬼爻属火，心经受病，其病必发热、咽干、口燥类。属水，肾经受病，其病必恶寒，或盗汗，或遗精、白浊类。属金，肺经受病，其症必咳嗽、虚怯，或气喘类。属木，肝经受病，其症必感冒风寒，四肢不和类。属土，脾经受病，必虚黄浮肿，瘟疫时气类。若鬼爻衰弱，病必轻，旺必重，安静则稳然安卧，发动则煎逼急躁。

若在坎宫，中满血虚兼湿毒；如当离卦，内虚眼赤及尿黄。

坎象中满，故主中满；离象中虚，故主内虚。然坎宫属水，火鬼主血虚，水鬼主湿毒；离宫属火，或火官主眼赤，水鬼主尿黄。

坤腹乾头，兑必喉风咳嗽。艮足震手，巽须瘫痪肠风。

鬼在坤宫，腹中有病，火鬼必患腹痛，水鬼腹中疼痛。动化财爻或财化水鬼，必患泻痢。土鬼则是癖块食积或沙胀蛊症。木鬼绞肠沙痛，或大肠有病。金鬼胁肋痛，在上胸膈痛，在下腰痛，此鬼在坤宫断法，其诸卦仿此推之。

螣蛇心惊，青龙则酒色过度；勾陈肿胀，朱雀则言语颠狂。虎有损伤，女子则血崩血晕；元武忧郁，男人则阴症阴虚。

螣蛇鬼则坐卧不安，心神不定；青龙鬼则酒色过度，瘦弱无力；勾陈胞满肿胀，脾胃不和；朱雀鬼狂言乱语，身热面赤；白虎鬼跌蹼打斗，伤筋损骨，女人则血崩血晕，产后诸症，白虎血神故也。元武鬼色欲大过，忧闷在心，在水宫主阴虚，化子孙，男子必阴痿，盖元武又暗昧之神故也。宜通变。

鬼伏卦中，病来莫觉。

占病遇本宫鬼出现发动，得病之初即晓根源。若本宫官鬼不出现，而他宫官鬼出现者，有病必然久伏在身，今因七情四气感冒而发也。若本宫他宫皆无官鬼，必隐然得病，初莫知何由也。明夷、观、贲、需、临，切忌世身入墓，大畜、丰、同人、蛊、央，莫逢财鬼俱兴。

官藏世下，病起如前。

本宫鬼官伏在世下，必是旧病重发。若伏鬼不伤用爻，而用爻反被世克者，前日病轻今日反沉重。如伏鬼刑伤用爻，而用爻反得世爻生扶者，前日病重，今日轻。用爻妻病，看财爻类。

若伏妻财，必是伤饥失饱。如藏福德，必然酒醉耽淫。父乃劳伤所致，兄为气食相侵。

鬼伏财下，必是饮食不节，伤饥失饱，或因财物起因，或因妇人得病。鬼伏子下，必是饮酒过度，或恣行房事，夏或露卧，过取风凉，冬或伤暖，过穿裘帛，或过用修炼养精等药所致。鬼伏父下必是劳心劳力，忧虑伤神，或因动土修造，或因尊长得病。鬼伏兄下必是口舌争竞，停食感气，或有咒咀，或因赌博，争财得病。

官化官，新旧两病；鬼化鬼，迁变百端。

本宫官鬼仍伏他宫官鬼之下，必是旧病，或因旧病不谨，变生他症，或新旧两般病。若遇鬼化鬼，其病进退，或有变症，或药石驳杂，或寒热不定。

化出文书在五爻，则途中遇雨；变成兄弟居三位，则房内伤风。

鬼化父母，必在修造之处得病，若在五爻属水，则在途冒雨而得也。如化兄弟，必因口舌恼气，或是伤食，若在三爻属木，必房中脱衣露体，感冒风寒所致。若化子孙，则在僧道寺院，或渔猎游戏所致。若化财爻，多因伤食或因妻奴，或因卖买交易得病。已上六亲化出鬼爻，亦依此断。

本宫为在家得病，下必内伤；他卦为别处染灾，上须外感。

鬼在本宫，家中得病，在下三爻必是内伤症候，不然病亦存内。官在外宫，外方得病，更在上三爻，必是外感风邪，不然亦是外科症候。上下有鬼，内伤兼外感症候不一。

上实下空，夜轻日重；

鬼在内宫病必夜重，鬼在外卦病必日重，内外有鬼，昼夜不轻。若卦虽有二鬼，一旺一空或一动一静，必日轻夜重，或日重夜轻，分上下断之。

动生变克，暮热朝凉。

凡占，动爻为始，变爻为终。若卦中动爻生扶用爻，而变爻刑克用爻者，其病必朝凉暮热，或日轻夜重也。动克变生反此断，凡鬼爻化出所喜爻，所喜爻化出鬼爻，亦然。

水化火，火化水，往来寒热；

卦爻水动化火，火动化水，不拘鬼爻，但有干犯世爻或主象者，皆是寒热往来之症。卦有水火二爻，俱动亦然。水旺火衰寒多热少，水受伤火得助则常热乍寒也。坎宫火动，内寒外热；离宫水动，皮寒骨热。若带见辰，必是疟疾。

上冲下，下冲上，内外感伤。

上下有鬼，病必内外两感；俱动俱静一同受痛。二鬼自相冲者，适感而遂伤也。如内鬼动冲外鬼，先伤后感；外鬼动冲内鬼，先感后伤，要分轻重，以刑合断之可也。

火鬼冲财，上临则呕逆多吐；

火性炎，上财为饮食，故占病遇火鬼动克外财，必是呕吐，重则翻胃不食。若财带螣蛇吐内兼虫，财在间爻，则是消渴易饥之症。

水官化土，下值则小便不通。

水官化出回头土，克在本宫内卦，是小便不通；属阴是大便下通。阳宫阴象，阴宫阳象，二便俱不通。若内卦水克动加白虎，阳爻是尿血，阴爻是泻血，白虎，血神故也。带刑是痔漏。

若患牙疔，兑鬼金连火杀；

鬼在兑宫，口中病，若金鬼化火，或火化金鬼，必患牙疔。不化火爻则是齿痛。金鬼逢冲齿必动摇。

如生脚气，震宫土化木星。

鬼在震宫，病在足：加勾陈足必肿，加白虎必折伤破损。土鬼化木则患脚气，木鬼酸疼麻木，水鬼必是湿气，火鬼必生疮毒，金鬼是脚骱膝疼、骨痛，或刀刃所伤。

鬼在离宫化水，痰火何疑；官来乾象变木，头风有准。震遇螣蛇仍发动，惊悸颠狂；艮逢巳午又交重，痈疽疮毒。

离宫鬼化水爻，痰火症候；水动化鬼，亦然。乾宫鬼化木爻，头风眩晕；木动变鬼，亦然。震在外卦勿依此断。可言其病，坐卧不安，心神恍惚，盖震主动故也。更加螣蛇发动，必是颠狂惊痫之症。小儿乃惊风也。逢冲则有逾墙上屋之患，艮象为山，山高故也。更逢火鬼必患痈疽，若遇变出土鬼，可言浮肿、蛊胀等症。

余可类推。

卦内无财，饮食不纳。

财主饮食，动化官鬼，其病亦因饮酒而得。若遇空亡饮食不纳，若不上卦，不思饮食。财临身世或化财爻，虽病重亦能食。

间中有鬼，胸膈不宽。

世应中间即病人胸膈处也，官鬼临之必然痞塞不通。金鬼胸骨痛，土鬼饱闷不宽，木鬼心痒嘈杂，水鬼痰饮填塞，火鬼多是心痛。若化财爻，或财爻化鬼，必是宿食未消以致胸膈不利。

鬼绝逢生，病体安而复作；

鬼在砸绝爻，其病必轻。遇日辰动爻生扶，谓绝处逢生，其病必既轻复重，将安复作也。若财生鬼，必因饮食加重，或因妇人重合故耳。

世衰入墓，神思困而不清。

世爻入墓，病必昏沉。旺相有炁无非懒于行动；衰则不言不语，是怕明喜暗，不思食，爱眠怕起懒开目。更坐阴宫，必是阴症。用爻入墓亦然。世鬼入墓、鬼墓临用，皆依此断。

应鬼合身，缠染他人之症；

应临官鬼刑克合世爻，而世爻在交重之位者，必因探访亲友病而缠染也。鬼爻属土，是时疫，用爻临应必病卧他家。

世官伤用，重发旧日之灾。

大抵鬼爻持世，必然原有旧根，更伤用爻，必是旧病再发，否则必难脱体，须用保禳则吉。卦身持鬼亦是旧病。

用受金伤，肢体必然酸痛；主遭木克，皮骨定见伤残。火为仇则喘咳之灾，水来害则恍惚之症。

卦中无鬼以刑冲克害用爻者断。如金动来克，则木爻受伤支节酸痛。木动来克则土爻受制，皮肉伤损，余可类推。

空及第三，此病须知腰软；

第三爻无故自空为腰软，有故而空或旺相而空为腰痛；不空而遇动爻、日辰、官鬼克冲者，乃闪腰痛也，动空亦然。鬼在此爻者，亦主腰痛。

官伤上六，斯人当主头疼。

上六大抵不惟鬼爻临处受病，被伤之处亦有病痛。如克上六当主头痛，克间爻则胸膈不利，余可类推。

财动卦中，不吐则泻；

财在上卦动主吐，在下卦动主泻。若逢合住，则欲吐不吐、欲泻不泻。如呕逆恶心，里急后重之例。

木兴世上，非痒即疼。

寅卯二爻属木，寅木主痛，卯木主痒。若在本宫内卦，又是气不顺也。

病　体

既明症候，当决安危。再把爻神，搜索个中之元妙；重加参考，方穷就里之精微。先看子孙，最喜生扶拱合；

子孙能克制官杀，古人谓解神，又名福德。占病又为医药，卦中无此则鬼无制伏；主服药不效，祷神不灵，所以先宜看此。要生旺有气，不要休囚死绝，日辰、动爻生扶则吉，冲坏则凶。

次观主象，怕逢克害刑冲。

主象即病人，如占夫以官为主，占妻以财为主之类。又自占以世为主，代占以应为主，亦是主象。刑冲克害即病人受症候磨折，故怕见之。若得世爻生合，旁爻扶持，必不至死。

世持鬼爻，病总轻而难疗；

占病怕鬼持世，必难脱体，大象总轻亦不易愈。若用爻有气，子孙当权，目下虽可医愈，日后必不断根也。

身临福德，势虽险而堪医。

用爻为身，乃一卦之体，若得子孙临之，决然无虞。总然病势凶险，自可有救。以药治之，必定痊愈。

用壮有扶，切恐太刚则折；

凡占皆喜旺相，惟占病则不喜。盖人在病中必衰弱，总或素日强健者，至此必瘦，何旺之有？故凡得时有气又遇动爻、日辰生扶者，乃太刚则折之兆。至生旺日必凶，若动爻日辰刑克，则不嫌其旺相。

主空无救，须防中道而殂。

主象若空，占病大忌，必得动爻、日辰冲克，谓之有救。盖冲空则实，克空为用故也。否则必死。

禄系妻财，空则不思饮食；寿属父母，动则反促天年。

占病以妻财为食禄，父母为寿命，卦中不可无，宜静不宜动。若主象遇绝或化绝地，财遇之为禄绝，父母遇之为寿绝，大象若凶，此为死兆。卦若无财或落空亡乃是不思饮食。父母爻动占病大忌，以其克制福神，官杀能肆其虐故也。主服药不效，祷神不灵，故云反促天年。

主象伏藏，定主迁延乎日月；

用爻不上卦，其病必难安。盖出现之爻，日辰动爻能生能合，若不上卦，虽有生扶，著于何地？故其占如此。病亦是恍惚朦胧不爽快之症。

子孙空绝，必乏调理之肥甘。

子孙固为医，又为酒肉，若在空亡或临死绝，或不上卦，其病必乏肥甘，调理亦缠绵难愈。若日辰应爻上带子孙生合世爻、用爻者，必有馈送礼物资养。

世上鬼临，不可随官入墓。

世持官鬼固非吉兆，若遇日辰带墓爻，谓随官入墓，本命爻随官入墓亦凶。若世爻、用爻化入鬼墓，及世爻、命爻带鬼动化入墓者，与用爻、命爻、世爻持鬼墓发动者，皆主大凶。

身临福德，岂宜父动来伤。

占病以子孙为解神，身若临之，大吉之兆。如父母动来克伤，仍为不美。

鬼化长生，日下正当沉重；

鬼爻发动，病势必重，若鬼化入长生，乃一日重一日之象，直过帝旺日然后减轻。鬼在长生爻上发动，亦然。若化衰，病一日轻一日，与福化长生皆吉。

用连鬼杀，目前必见倾危。

占病不宜用爻发动，动则病体不安，若又化出鬼爻，谓病人变鬼。卦中更无子孙日辰解救，必死无疑之断。

福化忌爻，病势增加于小愈；

子孙发动制伏官鬼，其病必减。若遇化出忌爻，反来伤克用神者，必因病势少愈，不能谨慎，以致复加沉重。子孙化官爻亦然。

世挠兄弟，饮食减省于平时。

兄弟持世，饮食必减，其病亦是贪食而得；若不动又无气而卦中财福爻旺者，则不然，乃是气短力弱之症，不易痊可。

用绝逢生，危而有救；

大抵用爻不宜死绝之地，以其一克则倒故也。卦中动爻生助谓绝处逢生，凶中回吉之象，病必将危有救。

主衰得助，重亦何妨。

用爻虽不宜太旺，亦不宜太弱，弱则病人体虚力怯，卒难痊可。若得日辰动爻生合扶助，最吉。总是十分重病，亦不至死。

鬼伏空亡，早备衣冠防不测；

官鬼一爻固是恶杀，然亦不可无。盖凡得症因由、症候虚实、疾病安危、鬼神情状皆决于此。若不上卦即当寻伏，庶可推测。若伏爻又空，其病必不能痊，总有良医亦不能达其病源，总有鬼神亦无叩告之门，天年命尽。若病轻不在此论。

日辰带鬼，亟为祈祷保无虞。

日辰带鬼生合世爻，世爻看带何等神，便知得何者为治。且如带父母，必须经箓、符醮保扶则愈；如带子孙，必须用药调理；如带兄弟，必须戒暴怒、节饮食；如带财爻，必须好将息；带官鬼，祈祷鬼神。世持鬼亦宜先祷，但世鬼是先，曾许下日辰，鬼是未曾许下，要知求何神，鬼有福力以日辰推之。如子为北斗，或北阴，或溺死。如亥水为河伯，或划龙船，盖亥中有甲木故也，余仿此。

动化父来冲克，劳役堪忧；

卦中动爻化出文书冲克世爻，宜自在少劳碌，不然病即复来，反加沉重。若化财来冲克，须防食复；更加元武，宜防色复；若化子孙克冲，被药误矣；若化兄弟冲克，恼气即复也。已上若日辰带刑冲不可依此断。可言因此而复加沉重，盖日辰是鬼在也。

日加福去生扶，药医则愈。

日辰临子孙生扶用爻，必得药力而安也。

身上飞伏双官，膏肓之疾；

凡遇卦身持鬼，而本宫官鬼爻又伏世下，或世持官鬼而本宫官伏用爻之下，或自占遇世爻飞伏上下，皆值官鬼，总谓双官夹身，最为不利。若大象不死，亦是沉困之疾，考终之患也。

命入幽明两墓，泉世之人。

以日时看身随鬼入墓，命随鬼入墓，世随鬼入墓，有卦墓、鬼墓、世墓、主墓，凡遇动出卦中者，人皆见之，其墓为明；变入墓中者人所不见，其墓为幽，不拘幽明，皆非吉兆。大象不死，病亦危困。若大象既凶又逢墓动，或世爻主象俱入墓者，必死。得动爻日辰冲破墓爻，庶几无事。

应合而变财伤，勿食馈来之物。

应爻动来生合世爻，当有问安之人，带财福，必有馈送，兄弟清访而已。若应虽生合而变出妻财反来刑世克世，或应爻生合世爻而刑克主象，倘有馈送，切宜戒食，否则反能伤害。若上尊长尤宜忌之，或加应值妻财为变爻，冲克主象者亦然。

鬼动而逢日破，何妨见险之虞。

官爻发动，其祸成矣。若得日辰动爻冲之，谓冲散，主其病虽凶，必不至死，忌爻发动遇冲亦吉。若不遇冲而得日辰动爻，或合住，或制克，皆是见险无虞之象。

欲决病痊，当究福神之动静；要知命尽，须详鬼杀之旺衰。

此二句乃言大略，此处最宜活泼推断。且如子孙得时旺相更动，就以本爻断其愈；无气发动，以生旺日月断；若得子孙安静不得地赖有扶持为福者，当以扶持之爻断；如卦中不赖子孙为福，而用所喜之爻相助，以成其吉者，即以所喜之爻断；又如卦爻凶险，遇杀神忌爻动来伤克，得别爻冲散克制，或合住救得恶爻无事，即当以制伏恶杀之爻断；若鬼爻、忌爻虽动无气亦无克制，而用爻旺相不受伤克者，又当以鬼爻墓绝者断；若忌爻不动，用爻不伤，而但衰绝无气者，当以用爻生旺之日断死期。余仿此。

医　药

病不求医，全生者寡；药不对症，枉死者多。欲择善者而从之，须就蓍人而问也。应作医人，空则殉亡而不遇；子为药饵，伏则扞格以无功。

凡占病以子孙为医药，占医药以应爻为医人，子孙为药饵。如卜请医，应空，医人必不来，发动生合世，医必从命；动空化空，必然他出；克世冲世，皆主不来。无子孙服药无效，空亦无功。

鬼动卦中，眼下速难取效。

占药要鬼爻安静无气为吉，若遇发动，其病正炽，虽有良医妙药，卒难取效，休囚少可，旺则愈凶。待鬼爻墓绝，用药方有功。或强服药，病必加重。

空临世上，心中强欲求医。

世爻空亡，必不专心求医，无故自空，决请不成，勉强为之，药亦不效。如占服药而世空者，乃是药不对症也。

官旺福衰，药饵轻而病重；

占药官爻无气，子孙旺相，药能胜病庶有效。若子孙休囚，官爻反旺者，乃是药轻病重，虽或服之，必不能奏功也。

应衰世旺，病家富而医贫。

世为病家，应为医家，相合相生非亲则友，相冲相克亲不往来。若应旺世衰，病家贫乏医必富，应衰世旺反此断。

父母不宜持世，鬼杀岂可临身。

卦身与世皆不宜临官父二爻，若有所遇，药便不中。父母持世，可许经醮保禳，鬼爻持世，可祷鬼神护祐，然后服药方有验。

官化官，病变不一；

医药卦中遇官化官，其病必有更变，或症候不一，或病势不定，用药亦不见效。

子化子，药杂不精。

子孙乃占药用神，只喜一位出现，有气不空，日辰动爻扶持，即上吉之兆。若卦中重叠太过，或子孙又化子孙，乃是医不精，用药杂而无功也。

福化忌爻，误服杀身之恶剂；

世人皆疑《海底眼》"误服药"之句，殊不知此说极有理，盖有动则有变：变出父母，回头来克；变出财爻，扶持官鬼；变出兄弟，药不精洁；变出官杀，药反助病。子变子乃用药驳杂，不能见效。此所以不若安静为妙。若变爻或伤世克用者，必致因药伤命之祸。

应临官鬼，防投增病之药汤。

应临官必非良医，更来刑克身世主象，须防误药损人。或化忌爻，或化官鬼，皆不宜此人之药。

鬼带日辰，定非久病；

鬼带日辰动出卦中者，必是日下暴得之病；若日辰虽是官鬼不现卦中，则不然，可言其病眼下正炽，必须过此，方可用药。

应临月建，必是官医。

应持父母，必是僧道家或兼艺术；应持兄弟，乃是庸医或先求药价；持财爻，富贵医人或女医；应临子孙，专门医士或僧道；应持太岁，必是世医；持日辰而太岁刑克者，初学医；持月建是官医，更临子孙，用药神效，医人老少，以生旺墓绝推之。

世下伏官子动，则药虽妙而病根常在；

大抵动爻日辰能生克得飞爻，不能生克得伏神，盖伏神隐伏之义，占病遇鬼伏世下，其病必不能断根。虽有子孙发动，但能取效目前，过后伏鬼旺相月日，其病必再发。

衰中坐鬼身临，则病虽轻而药力难扶。

卦身临鬼，病不脱体，衰弱无气，缠绵难愈淹滞之象。世旺相出现，久卧床褥，虽有良医亦无效。世持及丰象身临持官墓者，皆然。

父若伏藏，名虽医而未谙脉理；

卦有父母子孙，不能专权固非吉卦，然卦中又不可无，宜静不宜动，何也？盖人气脉皆属父母，故占医若无此爻，必是草泽医人，虽能用药，脉理未明，必以意度者。

鬼不出现，药总用而莫识病源。

官鬼固是凶杀，然亦不可无，出现在卦，则子孙克制、日辰刑制，用药有效；若不上卦，其病隐伏，根因不知，症侯莫决，率意用药亦难取效。

主绝受伤，卢医难救；

主象在休囚死墓绝之地，而被日辰动爻乘旺刑克者，其病必死，虽有良医亦无效。主象变死墓空绝者，亦然。

父兴得地，扁鹊无功。

父母发动，子孙受制，药必不效。若得子孙有气，日辰动爻冲合父母救得子孙，有用庶几可活，然亦必须多服为妙，父化子孙，亦是医人太慢。

察官爻而用药，火土寒凉；

火土官爻，其病必热，宜寒凉药攻之；金水官爻，其病多寒，必温热之剂治之，然火必寒，土必凉，水必热，金必温剂可也。又如火鬼在生旺之地，又遇生扶者，必用大寒之药攻之，休囚死绝则用凉药；水鬼在生旺之地，又遇合助者，须用大热之药，休囚死绝则用温剂攻之。如火鬼在阴宫阴爻，乃是阴虚火动之症，可用滋阴降火之药；水鬼在阳宫内卦，乃是血气虚损之症，可用补中益气之药，宜通变。余仿此。

验福德以迎医，丑寅东北。

凡占服药，看子孙在何爻，便知何处医人可治。如在子爻，宜北方医人；丑爻，东北方医人类。又如寅爻子孙五行属木，其医是木旁草头姓名，或是虎命者，虽非东北，皆能医。余仿此。

水带财兴，大忌鱼鲜生冷；

财为饮食，资以养生，然动则生助鬼爻，反为所害。若更属水，必忌鱼鲜生冷，药始见功。如值木爻，忌动风之物，值火爻，忌炙煿热物，值金爻，忌坚硬盐物，值土爻，忌油腻滑物。财如不动不可妄言。又忌鬼爻生肖物，如丑忌牛，酉忌鸡类。余仿此。

木加龙助，偏宜舒畅情怀。

青龙为喜悦之神，更临木爻生合世爻主象，病人必抛却家事，宽放情怀，然后服药有效。

财合用神居外动，吐之则痊；

财在外动主吐，若得生合世爻用爻以药吐之则愈；如在内卦疏利为妙。若财爻动来刑克世与主象在外，则主服药不纳；在内则主药后发泻也。

子逢火德寓离宫，灸之则愈。

子孙属火又在离宫，宜用热药疗之，若在他宫又居外卦，必用艾灸则愈。如在内卦或虽在外而系本宫者，皆依此断。

坎卦子孙，必须发汗；木爻官鬼，先要疏风。

子孙在坎卦发动，不拘五行皆宜表汗；官鬼属木，须散风邪，用药有效。举其一端，五行八卦皆仿此推之。

用旺有扶勿再补，

用爻休囚墓绝，必是补药方效；若得时旺相，又有生扶合助，须克伐之药治之，若又补则反害。

鬼衰属水莫行针。

子孙属金，利用刀针，鬼爻属水而用刀针，则金能生水，反助其势，病必增重。土鬼忌用热药，木鬼忌用寒药，火鬼忌用风药，金鬼忌用丸药。

福鬼俱空，当不治而自愈；子官皆动，宜内补而外修。

占病，子官二爻俱空乃吉兆，或俱衰静无冲无并者，其病自愈，不用服药。若二爻俱动，非药不对病，乃是神崇间隔，故无功，必须服汤药与祈祷得痊，俗谓"外修内补"也。

卦动两孙，用药须当间服；

卦有二爻子孙发动，用药不必速服，以其分权故也。须多服见效，或用两般汤药，相间服之，则效。如占疮疽、肿毒，可言内用托里，外用敷贴。

鬼伤二间，立方须用宽胸。

官鬼动来冲克间爻，必然胸膈不利，须用宽中汤药，鬼在二间爻动亦然。间爻逢兄弟发动，则是气不顺也，药宜调气。

父合变孙，莫若闭门修养；

卦中福爻空亡，官爻衰静，若有父母动来生合世身主象者，不须服药。更化子孙，不若抛弃家事，静养深山，或入寺观，闭门修养，勿药自安。

五兴化福，可用路遇医人。

子孙出现逢空，而五爻变出子孙却不空者，不须选求名医服药。不如过路草医，反能治之。若子孙不出现，六爻不化出，而日辰带子孙生合者，不意中自有医来治也。

世应比和无福德，须用更医。

世应比和，卦无福德，此药无损无益，服与不服只是一般，须是更换医人，别求治疗，方可得痊。

财官发动子孙空，徒劳服药。

财官俱动，其势已凶，子孙又空，服之无益。总有良医必无功效，不如不服之为愈。

鬼　神

徼福鬼神，乃当今之所尚；祷尔上下，在古昔而皆然。不质正于易爻，亦虚行乎祀典。先看卦内官爻，便知鬼神情状。

官鬼能为实祸，能为福祐，故观此亦知其情状也。

旺神衰鬼，方隅乾巽堪推；阴女阳男，老幼旺衰可决。

凡鬼爻旺相为神，休囚为鬼，阳为男，阴为女，临长生少年鬼，临帝旺壮年鬼，临衰墓老年鬼，胎养小儿鬼，乾官西北方、巽宫东南方鬼也。

若在乾宫，必许天灯斗愿。如居兑卦，定然口愿伤神。坎是北朝，艮则城隍宅土。离为南殿，坤则土地坟陵。震恐树神，或杖伤之男鬼。巽必缢死，或癫仆之阴人。八宫仔细推详，诸鬼自能显应。

此以八卦推之。乾象为天，鬼在此宫值火许点天灯类，金鬼亦然。木鬼许放风筝，子丑二爻许拜北斗。坤土属阴，故是坟陵、土地。艮土属阳，故是城隍宅土。离居南，故推南殿神灵。坎居北，故推北朝圣众。震为木，故树神带白虎或自刑，则杖死之鬼；巽为绳，故主缢死之鬼，不带螣蛇或非刑爻，则是风症死者；兑为口，故有咒咀口愿，又属金，故推伤神。盖乾三连，是浑成之金，兑象上缺，是伤损之金，故以兑为伤神，而不以乾为伤神。

更值勾陈，必有土神见碍；如临朱雀，定然咒咀相侵。白虎血亡元武，则死于不明之鬼；青龙善愿螣蛇，则犯乎施相之神。

此以六神推之。勾陈职专田土，鬼爻临之，乃是土神为祸；朱雀为口舌，故有咒咀；白虎为血神，故为带血女伤之鬼，居阳则凶暴恶死之鬼也；元武是幽神，故有不明死鬼，化兄弟或从兄弟化出，则是盗贼；青龙是喜神，故有善愿；螣蛇推施相之神，今俗祷谢，必以面作小蛇献之，取验。

金乃伤司，火定灶神香愿；木为枷锁，水为河伯江神。

此以五行推之。金主刀兵，所伤之鬼旺是伤神，衰是伤司部众；火鬼在二爻是灶君，其余香信。本宫内卦是本境土地神佛香愿，他宫别境香愿，在六爻远方香信，在五爻途中所许，持世当境社会中香愿也。午火衰弱必是烧死之鬼，木鬼东方神鬼，化金或从金化，是械锁鬼，带螣蛇吊死之鬼，木化木又加白虎夹死鬼，水鬼旺相、江神河伯衰弱，落水鬼。在震巽二宫，或木化水，必是船上堕水死鬼。

若见土爻，当分厂类。

土爻临鬼，阴是阴土，阳是阳土。在震、巽二宫，或从木化皆然。或树头土临应冲世，或日辰带土鬼相冲相克，是飞来土，若日月动变皆带土，五方土也。

鬼墓乃伏尸为祸，财库则藏神不安。

鬼爻属金，卦有丑动是鬼墓；妻财属木，卦有未动是财库，他仿此。一事见家宅诀中，今不尽述，然不伤世则不为祸。

修造动土，必然杀遇勾陈；口舌起因，乃是土逢朱雀。

此亦言土鬼也。加勾陈必因修造动土，以致不安。在初爻穿井不安，二爻作灶动土，三爻、四爻当门动土，五爻路边动土，六爻篱边、墙下动土，兑宫开池动土，艮宫筑墙动土，坤宫造坟动土，坎宫加元武坑厕动土。以上若临朱雀，则是动土时暗有口舌咒咀，或多口惹事，以致为祸。

或犯井神，水在初爻遇鬼。或干司命，火临二位逢官。若在门头，须犯家堂部属。如临道上，当求五路神祇。四遇世冲鬼，必出门撞见。六逢月合神，须远地相干。

此以六爻推之也。初爻水鬼，井泉童子不安；二爻火鬼，灶神见责；三爻为门官鬼，临之当犯家堂香火；四爻为户，若遇官克世冲世，必曾出门撞见鬼祟；五爻临金鬼，五道火鬼，五圣木鬼，五郎神众水鬼，五路神司，衰弱则道路边鬼；在六爻定远方鬼。月建日辰生合，乃天神中有愿。

鬼克身冤家债主，身克鬼妻妾阴人。我去生他，卑幼儿童僧道；他来生我，祖宗尊长爹娘。若无生合克刑，必是弟兄朋友。

此以卦身推之。鬼生卦身为父母，卦身生鬼为子孙；鬼克卦身为冤仇，卦身克鬼为妻妾；二者比和为兄弟朋友。阴爻是妯娌姊妹之鬼，子孙小口卑幼之鬼，父母尊长祖宗之鬼，财爻妻妾阴人之鬼，惟鬼克身冤家债主之鬼。必难退遣，病亦未易安。

刑不善终，

鬼带刑爻，必非善终之鬼，辰是墙壁压死鬼，午是汤火烧烫鬼，酉是刀箭斫伤鬼，亥是投河落水鬼，寅或虎噬，巳或蛇伤，戌或犬咬，丑或牛触。旺则为神，道刘郡王猛将之神。

绝则无祀。

鬼不上卦，看伏何爻下，便知是何鬼祟。如伏父下为家先，伏福下为小口类，若伏空下乃是无收管之鬼，是孤魂野鬼，若临绝爻乃无祀之鬼。

如临日月，定然新死亡灵；

卦无官鬼而日辰是鬼者，必然新死亡人为祸。若日辰是鬼，而卦中又有鬼，必因祈祷而近日新许之愿未酬。

自入墓刑，决是狱中囚犯。

如未日占卦得木爻官鬼，谓鬼自入墓，必是死于囹圄囚人之鬼，更带刑爻必死于非命，或死于冢墓间者。旺相发动则是庙神。

旁爻财合，必月下之情人；应位弟生，乃社中之好友。

财爻动合鬼爻，或财化鬼，鬼化财，自相作合者，必与病人私通之人为祸。若被世克而带元武，乃因奸致死之鬼，余仿此。

化出鬼爻临元武，则穿窬之鬼；变成父母遇螣蛇，则魔魅之精。

鬼动化出六亲，即以化出者断。如化兄为朋友、兄弟、妯娌、姑嫜类。若化鬼加元武，必是盗贼；化父母是伯叔六亲；加螣蛇乃是其家屋中匠人。作魔魅出现，以致入口不安。父化官，虽非螣蛇亦是匠人作弊。

太岁鬼临乃祖传之旧例，日辰官并是口许之初心。

若太岁日辰俱带鬼，则日下许酬祖例，尚未完其事。

持世则未酬旧愿，伏为有口无心；变财乃不了心斋，空则有头无尾。

鬼爻持世亦非旧例，乃是先曾许过口愿，未得酬也。若无鬼，世下却伏本宫之鬼，亦是旧欠，但是有口无心，再不介意，故致愆责。若鬼爻化出妻财，必斋修不了土杀之欠，或破戒不净，变财空亡，心虽许而口不戒，有头无尾也。

鬼在宅中，住居不稳。官临应上，朝向不通。

内卦第二爻为宅，若动鬼临之，宅不安，常有病。若冲克之爻或应爻临鬼，其宅朝向不利，宜改。

兑卦金龙干佛像，

兑西方卦，佛又金身，故遇兑宫，金鬼神佛中必有善愿，带青龙、勾陈是宜妆塑，带螣蛇是欲图画，化父是欲描写，不然则是经文，若化财福是欲修舍。

坎宫木动犯划舟。

木在坎宫发动，舟楫之象必划龙船，上三相公见咎，送之则苦。若艮巽卦中水鬼临青龙动及木化水，水化木，鬼在水上皆是。

水土交加在乾宫，则三官大帝；火金互动于兑卦，为五道伤官。

三官天地水三官，乾宫土化水、水化土而遇官爻者是其象。五道是刀剑之神，在兑宫互相发而遇官爻者是其象。

三空无香火之堂，

凡占病遇三爻空亡者，其家不供香火之堂。动空化空，似有若无，旺相空亡，供器不全，余见家宅章。

怪动有不祥之祸。

怪爻季是两头居，仲月逢之，二五随，孟月只宜三四，是动爻成怪，静无之。临父母必有怪器，加元武是盗人之物。凡遇此爻动，虽非鬼爻，必是怪事。螣蛇又动临鬼爻，然后可言有怪。

龙遇文书，独发经文可断；

凡占有何鬼神，不特鬼爻断，独发之爻亦可推。如父母独发，祖宗求祀，临青龙则有善愿经文。本宫鬼爻又伏世下而在胎养生旺之地者，必有新死亡人讨求经忏荐度也。伏鬼属水，棺尚暴露，空则不然。

蛇逢官鬼，属阴梦寐当推。

鬼临螣蛇必有虚惊怪异，若在阴宫阴象，则有梦寐，冲克世爻用爻必梦中所见神祟，螣蛇临鬼动则是吊死鬼。

动入空中值鬼，恐失孝思之礼。

官爻动空化空，皆主先亡中有失禴祀，或逢忌日不设祭也。若在他宫外卦，则是眷属中曾有祀礼，今却除之不设其位，或曾馈送楮帛，今无之，皆有此象。

静居宅上临木，家停暴露之棺。

木爻官鬼静临二爻，或木鬼伏于父母下，其家必然停柩在堂，举之则安，衰则坐席起之。家宅安泰，依此断之，万无一失。

第十三章　卜筮汇考十三

《卜筮全书》十　《黄金策》(五)

种　作

农为国本，食乃民天，五谷不同，孰识异宜？而播种一年所系，全凭卦象以推详。旺相妻财，丰登可卜。

妻财乃占农之本，不拘种水旱物，先看主爻现与不现，有伤无伤，便知凶吉。若得出现旺相，有生无损，主其年必成熟。然此一爻，虽不可无，亦不宜动，动则官鬼有气，终有损耗。若得变出福爻，则吉。

空亡福德，损耗难凭。

子孙为福德，占田之辅爻，最喜生旺发动为吉。若遇空亡，则财无生气，官鬼当权，定多损耗。财爻总旺，亦不能全收，若得官爻，亦不上卦，或落空亡，庶几小吉。如福德空，而财爻衰弱，受伤虚度一年，徒劳工本，决无成望。旺空动空，主半收半熟。

父母交重，耘籽徒知费力。

父母为辛勤劳苦之神，动则必主费力多用。耘籽大要衰弱，临持身世若旺动，财虽有，气亦减分数，盖子孙被其伤克故也。若在空避之地，为吉。

兄爻发动，年时莫望全收。

兄弟劫财，占种为忌爻，大怕发动，总得福与财旺，亦非全熟年时。若临世，主治田之人种作不精，不然欠工本也。

鬼在旺乡遇水神，而禾苗淹腐；

鬼爻发动，所种之初，必有损害。若临水爻，其田必被水淹，冲克身世，盖必为淹腐也。更逢月建日辰动爻生扶，当有洪水横流之患，化出福爻生合鬼，必后重生长。化出火来刑克，恐涝后又遭大旱，若有救雨，虽多无事。

官居生地加火杀，而稼穑焦枯。

鬼在生旺之地，而临火爻动者，必主缺水，冲克刑克，恐有焦禾杀稼之祸。有制伏虽旱不妨，变出水爻刑克身世，旱后必有苦雨淹没。

土忌克身，水旱不调之岁；

土鬼发动，必主水旱不调，克世必有伤损。化火，缺水时多，滋润时少；化水，淹没时多，干旱时少，盖土能泻火之气，制水之势故也。又主里社兴灾，须祈祷，则吉；否则，田地荒芜欠收。

金嫌伤世，螟蝗交括之年。

金鬼发动，克世有虫，伤应临及六爻或五类中化出者，是蝗虫。不伤身世，财又旺不动，乃经过此地不为害也。

木则风摧，静须谷秕。生扶合世，方许无虞。

木爻发动，伤克世身，所种物必遭恶风摧挫。若化水爻，或水化木爻，或与木爻同发，当有风潮颠没之患。木鬼不动，亦主虚秕，盖木爻五谷主星，更若福静财衰，必主苗而不秀，或秀而不实，财福动空化空，俱是虚秕，空好看之象。火持鬼爻与土金鬼爻，安静被动爻，日辰，伤克冲并，皆有虚损，如棉花暗蛀，菽豆延口，荸荠腐烂类。

二爻坐鬼，必难东作于三春。五位连官，定阻西成于八月。

以二爻为种作始事，五爻为收成之事。第二爻为内卦之主，第五爻为外卦之主，画卦自下而上，种作自春而秋收也。以爻象言之，初爻为种子，二爻为秧苗，三爻为人力，四爻为耕牛，五爻为成熟之日，六爻为百事之天时也。凡遇鬼在初爻，种子不对，或多败坏；鬼在二爻，难以耕种，或因阻节失时，秧苗有损；鬼在三爻，农力不到，欠工；鬼在四爻，牛必有病，难以耕垦；鬼在五爻，收成有阻；鬼在六爻，收时天气不顺。内卦无官方大吉，二爻五爻若被日辰刑伤冲克，其种作收成之时，必有阻节失宜，更看何爻伤克，便知何事阻之，如兄弟为口舌，官鬼为官讼类。且如四月丙戌日卜禾，得大过之困卦，酉官动变午火，旱之兆也。日辰带财克制二爻，后将插莳，果为阴人少财而去，逾三四日，而天则亢旱难用矣。此上海孙西畴所卜，依此断之，万无一失。

初旺则种子有余，

初爻旺相，种子有余，衰则不多，空则欠少。占种旱物二爻空者，主重种；动空化空者，出后有损。三爻旺相，人齐力到。休囚空绝，芟锄欠工。以上俱要生扶，皆嫌伤克。若卦有子孙，而初爻空者，种必不出非无也，二爻空秧必缺少。

四空则耕牛未办。

四爻旺相，牛必强壮，衰则不济，空则未有。兄化鬼，鬼化兄，与人合牛，空动化出子孙，或化丑爻而与应爻作合，多是租佃他人之牛也。五爻空亡，收成多阻。更遇财福死绝兄鬼旺动者，大凶之兆，所望一空，必无收获。六爻空亡，必有惊怪非常之变，盖天无空脱之理故也。余以应爻同看，极有准。

应爻生合世，天心符合人心；

当以应为天，以世为地，应爻生合世爻，治田遇好天，冲克世爻，则凡有所作为，非风即雨。如丙子日予卜棉花，得元妄之讼卦，应爻冲克世爻，自始至终，凡遇耘耕收获，辄遇雨，未尝得快作几日也。

卦象叠财爻，多壅争如少壅。

卦中财爻重叠太过，不宜多加壅壅。财爻无坏不空，卦中兄弟不动而遇子孙发动者，多壅多收，少壅少收，无壅无收也。

日带父爻，一倍工夫一倍熟；

父母若临日辰，或坐世上，必主辛勤劳苦，若非勤作，决主少收，盖一倍工夫耘籽，则有一倍熟也。子旺动父死绝，则不费工夫而自熟。

财临帝旺，及时耕种及时收。

凡遇财在胎、养、长生爻上，不宜种作太早，早则不利，盖胎、养、长生一日，有气一日，虽迟不妨。帝旺虽有气，过此则一日衰一日。故宜早种，在帝旺衰爻上不宜种迟。

要知终始吉凶，但看动爻变化；

动爻变财福吉，变兄鬼凶。兄化兄偷盗损折，鬼化鬼蛊害残伤。父化兄鬼，辛勤不熟；父化财福，辛勤有收。财化兄，子化官，始则畅茂，终则空虚；兄化财，官化子，先遭伤损，后必称意。五爻财旺化兄爻，年谷丰登而价贱。

欲识栽培可否，须详子位持临。

凡占种植何物，以子孙推之。如临金水，宜种水物；临火土，宜种旱物；临木爻，水旱皆宜。子孙能生财克官，故不看财，若不上卦，方以财论。

世值三刑，农须带疾；

世为治田之人，被日辰动爻刑冲克害者，最为不利。如财爻伤克，必有阴人财物事。福爻伤克，必有小口六畜僧道事，故有妨农事。兄弟为口舌争斗，父母为尊长、文书、屋宅事情，官鬼为病讼火盗类。若带白虎三刑，农夫必然带疾，世持官爻亦有疾，否则必有职役在身。加朱雀恐是官讼。世持父母，惯知农业。持兄弟必欠工本，或种作不精。持财福，或得财生福合，皆大吉。自空化空，农夫有大难，不然其田必种不成，种亦必不利也。

爻逢两鬼，地必同耕。

凡卜种作，卦有两鬼出现，其田必与人合种。世爻空动，而鬼临应上动来作合，必有人包种此田，日辰带鬼爻合住亦然。世爻空亡，而被兄弟冲并，皆是包揽与人种也。

父在外爻水辅，地虽高而潮湿；父居内卦日生，田固小而膏腴。

父母为田段，在外卦其田必高，在内卦其田必低。生旺田肥，墓绝田瘦。临木田形必长，临土田形必短。临火是干旱地，水是潮湿地，金是白沙地。日辰冲克人不顾恋，日辰生合必是好田，大家要种。依此断之，万无一失。

父化父，一丘两段；

父动化父，必是一丘两段之田，卦有两父亦然，或是种作两处，卦身出现重叠，必然两处耕种。

冲并冲，七坎八坑。

日辰动爻克冲父母，其田必不平坦，非七高八低，则主人不照顾，田不值钱，或六畜损伤，或行人践踏类。

阳象阳爻，此地必然官科则；

父母在阳宫阳爻是官田，在阴宫阴爻是民田。若阳宫阴爻，原官田今改民田；阴宫阳爻，原民田今改官田科则也。

或空或动，其田还恐属他人。

父母空亡，田种不成，否则必非己产。临世发动，其田必有更变，化入空亡，或空合应爻，当卖与人，世临勾陈动，亦主田有更变。

此一节百发百中，无不应验。如乙亥日卜种水田，得既济之屯卦，父母空亡，果种不成。又如卜种豨麦，得豨之乾卦，世上父动化空，至正月，果被原主回赎。又如辛亥日卜观之讼，世上父母动化出午火生合应爻，又遇官鬼旺动，遂与邻人拘讼，其田果应卖与他人。又如癸巳日卜颐之噬嗑，世临勾陈土财发动，其田果因田主自种而不得成也。

坐落胎养，开辟未久。

父母安静，若遇卦中胎养爻动来冲起者，乃是新辟之田，父在胎养动亦然，否则必是新置者，若父持太岁月建，乃是祖遗产业，卦无父母从世化出，自己置买。若财化出，妻家妆奁，从兄化出，合户之田，从鬼化出，官家田地，不然乃官科则也。应爻化出，必是他人之田。

变成福德，沟洫分明。

父母动化出子孙，必然沟洫分明，其地亦善，化财亦吉，其田必得高价。化兄田不值钱，或未分析，或与他家之田合段，若系卦身，则是与人合种也。化官其田不美，分五行取之，如化金鬼，必多瓦砾，化木鬼，必是杂草；化水鬼，沟道不明，水难泄泻；化火鬼，必有尸骸烧化，或荡田，或废宅；化土鬼，必有伏尸古墓，或沟睦畦圻莫辨，或浮土难为耕种，或有六畜践踏，或官吏人田，否则不然也。化官空亡不妨。

若是坎宫，必近江湖之侧；

父在乾宫，其田必高，总在内卦，亦非洼下低田。父在坎宫，田必傍江河；父在离宫，田边窑冶；父在艮宫，田在山林左右；父在震巽宫，田边必有树木；父在坤宫，田在郊外田心之田也；父在兑宫，田边有官沟，或傍池沼，或以八方定其种所。

若伏兄弟，乃租邻里之田。

此条为租种而言，若父母出现，看父爻本宫所伏之神，则知何人家之田，如官伏父下，为职役人家田之类。卦无父母，须看伏在何爻之下，则可知矣，如伏兄下，为邻里人家之田类。若无父而动爻有化出者，即是其人之田也，如财爻化出妇人之田。余仿此。

蚕　桑

既言种植，合论蚕桑。采饲辛勤，只为丝绵而养育。吉凶眩惑，因凭卜筮于著龟。

蚕桑一占，诸家皆忌坎宫之卦，意以坎家属水故也。殊不知育蚕惟以春季，何忌之有？凡占蚕当以财福为主，不须以卦宫论。

初论火爻，得地则蚕苗必利。

凡占蚕必看火爻者，蚕为蜀女所化故也。昔蜀人杀马曝皮于庭，忽见其女飞去，挂于桑上，遂化为蚕，食叶作茧。后人取其茧为丝，遂传其种，塑女像以祀之，名马头娘，即是蚕也。故诸家皆取巳午爻为蚕。命卦无火爻，蚕必不旺；出现发动，乃为吉兆。更临财福或持身世大吉之兆也。

坎寻水位，当权则寒湿多灾。

大抵蚕性喜干恶湿，喜热恶寒，白蚁至茧，皆然，故育之者，则有火仓之制，推卜易书不离此义。所以占蚕遇水爻当权发动，必有寒湿之病，其蚕必难旺盛，若或空亡死绝皆凶，可依此断。

福德要兴，更喜日辰扶助；

子孙为蚕，命卦中用神也。有气发动，蚕必兴旺，更得日辰动爻，生扶合助，大吉之兆，虽有鬼爻亦不妨害。古人云：有神制杀，虽动无妨，惟怕父母及日辰刑伤，蚕必有损。又子孙宜临火土二爻，木爻次之，大忌金水爻。

妻财怕绝，尤嫌动象刑冲。

占蚕以财为丝绵桑叶，凡遇休囚死绝，或日辰动爻刑冲克害，利必微薄。更若子孙衰空不动，必无好茧，亦无好丝，又主叶缺，须得生旺有气，不受伤克大吉。

兄弟扶身，叶费而丝还微薄；

兄弟发动，必主多费桑叶，又主其年叶贵，克世伤世，必然缺饲，异日作茧必薄，丝绵必少，最不宜持世发动，总财爻旺相，亦不称心。

父母持世，心劳而蚕必难为。

父母伤子，蚕必难为，不易养育，须看五行，则知有何伤损，当依官鬼同断。若临身世，虽或安静，亦非佳兆。然父母又劳勤之神，衰静空亡制伏，庶几蚕苗不劳自旺，否则必费收拾，倍加勤劳，然后可望三分，虽日月不宜值之。

五行如遇官爻，必遭伤损；

官鬼发动属金，蚕必多食桑叶，或有雾露冲绝，以致蚕多僵死。属木桑叶必费，或门窗不谨，蚕冒风寒，以致落簇变蛹之类。属水须防鼠耗，或食湿叶以致蚕泻，或火仓不热，以致寒湿相承，蚕苗迟长；属火克世须防火灾，不然则是火仓太热，不通风气，或晒照闪烁，以致蚕眠迟起慢头黄难脱之病；属土及鬼寒暖失宜，饲叶不匀，眠起不齐，或分抬迟缓，以致蚕沙发热蒸伤；若鬼临太岁，当有常例未还，日辰带鬼冲克世爻，或日辰值鬼发动，或太岁动变鬼爻，或世持官鬼，皆有愿心祈之则吉。

一卦皆无鬼杀，方始亨佳。

占蚕以初爻为蚕种，临财福蚕种必好，蚁出必齐；临死绝必不齐；临父母一半出；临鬼死绝处，已变亦不能出。二爻临鬼下，蚁必难长盛，虽已黑其头，亦有损害；临父母亦然，若动而化出，则头眠起后有损，三爻临鬼，停眠时有损。若三爻得吉神生扶，二爻遇凶杀克制者，始虽不旺，后日则盛。四爻临鬼，蚕女人眠必多损失；无故自空，前功俱废，临财化空，食加而叶缺。五爻临鬼上，箔有损，鬼带水爻蔟污；鬼带木爻必多游走；鬼带土爻必多腐烂；鬼带金爻白僵死；鬼带火爻茧必轻薄。六爻临鬼，丝必难织，蛾必难出。以上六爻须当互看，大抵皆怕空绝，皆要财福，皆忌官父持克。

日主冲身，切忌秽人入室；

世身遇日辰相冲，或应爻动克，须防秽污人带魇入室，触犯蚕花，以致变坏。世带水土动冲子孙，乃蚕妇自身不洁，非他触也。

世爻合应，必然污妇临蚕。

世爻为养蚕妇，墓库老年妇，胎养长生少年女子。临太岁财爻，必是惯家；临子孙必然精制；临兄老年懒饲，临父母虽多辛勤，然恐多伤蚕苗；临官鬼蚕姑必有病；世爻无故自空，或化死墓绝空，蚕姑当有大难，不然必懒干抬饲；若带自刑身亦病；临胎化胎，必有孕。日辰相冲，将及分娩。若与鬼爻应爻及日辰作合者，蚕妇必与外人有情，遇有冲克，其事已露。世在阳宫，又临阳爻，是蚕主淫乱，非蚕妇也。

子受暗冲，每遇分抬须仔细。

子孙为蚕身，出现不动而被动爻日辰暗冲者，主分抬时不加仔细，蚕多伤损，盖冲福之爻不遇父母官鬼非吉神故也。动而逢冲，蚕多游走，无冲然后为吉。

财逢伤克，凡占物价必腾增。

凡占叶价贵贱，但看财爻，若遇动爻日辰相克，去后必然叶贵，或财空亡，或衰无气，或化入死墓空绝，皆主叶贵。若财爻旺相兄弟不动，则叶必贱。凡遇兄弟发动，叶必不敷。

兄弟值空亡，丝番白雪；

凡遇财福旺相，丰稔可推，然有兄弟父母官鬼，亦难许为吉兆。必得三者死绝空伏不动，方成大吉之象，则蚕无所伤，利有所望，而丝亦好也。

卦身临巳午，茧积黄金。

巳午临身，蚕命得地，更会财福大吉之卦，世爻临之亦好。

父动化财，不枉许多勤苦。

父动克子，本非吉兆，若化财爻，则主辛勤终有成望，化子亦吉。父化父，广养薄收；父化官，徒自辛勤必多伤损；父化兄，兄化父，鬼化父，财化兄，日后必贱；财化鬼，子化官，先吉后凶，如蚕虽旺，入箔则多变烂类。兄化兄，则主折本。

官兴变福，亦遭几度虚惊。

官鬼发动，必有损耗，若化子孙，庶几无事，亦有虚惊。鬼化财，虽损有收；父化财，亦然；兄化财，多费桑叶则有利；子化子，蚕不旺；财化财，丝必薄；子化财，财化子，则称心也。大抵子孙太过，财爻无气，多养少收，子孙旺相财爻太多，多收少价；子孙死绝，财爻太旺，叶多蚕少，财爻死绝，子孙太旺，蚕多叶少。若官父兄太过，反不为凶。

卦出乾宫，若养夏蚕偏吉利；

乾兑宫卦子孙属水，其性皆逆，春蚕必难兴旺，故利夏蚕。盖春与夏不同，春蚕怕冷，大忌水爻，夏蚕要凉，不忌水爻，春蚕若冷，多病难养，夏蚕若凉，少病易旺，所以夏蚕宜子孙属水。

母居刑地，如言蚕室定崩摧。

蚕房以父母论，生旺有气修治整齐，死绝刑害，崩损破败。带水自刑蚕室必漏，水化父，父化水，皆作前断。看临何爻，便知何时有雨，如在初爻生蚁时，多被阴雨伤蚕，余仿此。

蚕茧献功三合，会财福而旺相，卦宫定位六爻，随动静以推详。

卦有三合，最怕会成父兄官局，大为不利，盖会起之爻，不论四时，皆为有气，以彼有二爻扶持故也。旺相遇之，其势愈甚，故占蚕得三合财福二局，大吉之兆。更若凶杀有制，可作十分吉断。

六　畜

道形万物，理总归于一心；易尽三才，占岂遗乎六畜？惟能精以察之，自得明而著矣。

凡占六畜，专以财福为主，不可依诸家以分宫本命断推，盖本命分宫，古人为家宅内看吉凶，故立此例。今人不究其理，虽止占一物，亦以分宫断之，则失其旨，学者详之。

命在福神，若遇兴隆须长养。

禽虫六畜之命，皆属子孙，旺相有气不空，必然长养易大，休囚墓绝决然不济。若不上卦或落空亡，未买勿置，已蓄勿蓄。

利归财位，如逢囚死定轻微。

大抵此占惟牛马为力，其他为利，然力与利同归财爻，最怕休囚死绝去后财利必薄，虽力气亦不多，旺相不空方为大吉。

二者不可相无，一般皆宜出现。

无福则难养，无财则利少。财福不空俱出现，禽虫六畜总相宜。

财旺福衰，虽瘦弱而善走；财空福动，总迟钝而可观。

凡占牛马，子孙爻旺相主肥，休囚主瘦，动则强健轻跳，必有可观。财爻旺相，则主有力，又主善走，后亦有益。休囚则无力而不善走，亦不济。财若空亡，愈见迟钝不济。

财若空亡，虽利暂时无远力。

财爻发动，亦是善走之象，但不宜化入空亡，则主有头无尾，先勤后惰，必无久远之力。若财爻旺空动空，又是用不两全之象，非无长力，如牛则善车厈，不善犁耙，马善疾行，不善缓行类。

福临刑害，若非齆鼻定凋肥。

子孙爻带自刑或化败病等爻，其畜主有破相，如凋齆穿蹄，破脊单照类。

相合相生，必主调良且善；相冲相克，定然顽劣不驯。

子孙生合世爻，六畜驯善于我有益，若来刑冲克害，必主性劣不驯。如牛则缩车缩犁，马则前失后失类。

要知蹄足身形，须看临持八卦；欲别青黄白黑，须参生克六神。

乾为头，坎为耳，震为前足，艮为后足，巽为腰，离为目，坤为腹，兑为口，青龙色青，白虎色白，朱雀赤，元武黑，勾陈、螣蛇色黄。凡占以子孙所临为本身颜色，以他动来生克者，断别处有异色。如子孙临元武在乾官，而被坤宫动克之，乃是黑身黄足。若被艮宫白虎动克，可言黄身白足，他仿此。凡克处多于生处，衰处少于旺处，自宜通变。

阴阳有雌雄牝牡之分，

鸟曰雌雄，兽曰牝牡，以子孙属阴属阳。如阳爻子孙，占牛为牡牛，占马为牡马，骡为叫骡类。

胎养为驹犊羔雏之类。

马子曰驹，牛子曰犊，羊子曰羔，鸡鸭子曰雏。凡遇子孙在胎养爻上，必是此类。若以口齿，长生是三齿，冠带四齿，帝旺是斩齐口，墓库则老矣。

身生子胎，必是受胎之六畜。

如占牛子孙在胎爻上，必童牛自生；子孙在胎爻上，则是牛有胎，原非童牛也；化出胎爻或子孙冲胎，动于卦中者亦然；子化子，则是子母牛也。

福临鬼墓，须知有病于一身。

福临鬼墓，畜必有病如，临病爻或被鬼爻冲克，皆主有病也。

父动有伤，子绝则徒劳碌；

父母发动，必伤用神，必有损失。更遇子孙墓绝无气，必主死亡，虽能牧养，亦徒劳碌。得子孙在空避之地，方为吉。

兄兴不长，财空则反生扶。

兄弟发动，六畜不长。若得财值空爻，不受伤克，则反生扶子孙，其畜必然易养，利亦不失。

世若空亡，到底终须失望；

世爻无故自空，必不称意，大象若凶，则有大难。

鬼如发动，从来弗克如心。

鬼爻发动，占畜大忌，或六畜自有疾病，或因事而起祸端，日后必不如愿。详具于下。

逢金生旺，当虑啮人；值土交重，须忧病染。

金鬼发动，有蹼脾之患，若克世爻，必难触犯，亦且伤人；木鬼发动，主有草结之病，若在外卦，毛色不善，更加螣蛇，必有恶毛旋螺，有碍相法；水鬼发动，主有寒病，如激心黄泻薄粪之类；火鬼发动，必主畏热，或有热结病类；土鬼发动，须防瘟病类。或曰鬼在初爻，足有病；在二爻，臀脾有病；三爻，腰股有病；四爻，前脾背脊有病；五爻，头项峰领有病；六爻，头上有病。若在震坎二宫，上桥下水，皆宜仔细。

官加蛇雀，必因成讼成惊；

日带螣蛇发动，异日此畜必有怪异惊骇；若临朱雀，必因此致口舌争讼。临元武防偷盗，临白虎防跌蹼，如七月乙巳日，因鸡瘟卜得噬嗑之颐卦，日辰并起子孙，果应不死，后因夜啼而妻病作。予初不知，及后八月收养蜜蜂，壬寅日卜得屯之坤卦，兄鬼发动，卦无财凶不必言，未半日，群蜂满身攒聚，惊惶无措，因验之，乃知前者螣蛇鬼动，而鸡夜鸣，今亦螣蛇鬼动，而致此异也。况孟月四爻，仲月五爻，正临怪爻发动，所以然也。自后屡验皆应，始知螣蛇真怪异之神也。

福变兄财，可验食粗食细。

子孙化出兄弟，主口娇食细；化出财爻，主食粗口杂。

财连兄弟，乃刍豢之失时；

子化兄，是口娇不食；财化兄，乃人之豢养失时，以致饥饿，非不食也。

子化父母，必劳心之太过。

子孙发动，其畜必良。若化父回头来克，又是人不爱惜，过劳力以致其伤。

福连官鬼，须防窃取之人；鬼化子孙，恐是盗来之畜。

子孙化鬼，其畜日后必被人盗去，否则必主病死。若官化子，则主其畜是人盗来者。生世合世，必有利益；冲世克世，必受其累。然必卦中元无子孙方可断。

官兄交变，难逃口舌之相侵；

卦中兄动变鬼鬼变兄，或二爻俱动，必因此畜而有是非口舌。若文书亦动，必然成讼；世爻入墓，恐有牢狱拘禁之祸。

日月并刑，岂免死亡于不测。

月建日辰动爻带杀俱来，刑克子孙而无救者，必死。要知何故而死，以刑克子孙者断。如金为蹼脾死，木为草膨死，木为寒冻死，土为瘟病死。如鹅鸭等则丑为牛踏，寅为鹰搏，申为狐窃，戌为犬咬死类。若被世爻刑克，则是人自伤之死也。

若占置买，亦宜福动生身。

凡占置买六畜，子孙发动，出产必多，要来生合世爻，必然好买易成；与世冲克，定难置买。应爻空亡，则无主人。应爻生合世爻而子孙或空或伏者，牙人与我最相契，而无畜可买也。兄鬼发动，不惟买之不利，且有祸患不宜买之。

若问利时，最怕妻兴化绝。

财爻出现，不空有气，持世生合，世不受伤克不变兄鬼，即为有利；若不出现，或落空亡，或化死墓绝空，或被兄克弟劫，皆主不利。

或赌或斗，皆宜世旺财兴；

北人好斗鹌鹑、鸡、羊；南人好斗促织、黄头鸟，凡占此要世爻有气克应，子孙发动，即是我胜，世虽不克，得日建日辰动爻，刑克应爻亦胜，若世被应克，子孙空伏，官鬼发动，日月动爻反来刑克，是他胜；最怕父母带杀旺动，则禽虫有斗死之患。财爻持世生合皆吉。兄鬼持世是我输。世应此和，六爻安静，子孙空伏，赌斗不成。世应俱空，亦赌不成。

或猎或渔，总怕应空福绝。

凡占渔猎，要应生世，世克应，子孙生财，便主有得；若应爻空亡，子孙受克，或临死绝，必然空出空回，无所获也。鬼爻旺动克世，须防猛兽害人。兄弟发动，虽有不多。得子孙动临身世则吉。

乳抱者，宜胎福生旺而无伤；

凡占蓄养母猪、羊及抱鸡、鸭、鹅、卵类，要胎福二爻生旺不受刑克，便无损失；若自空，或带鬼，必难生育；化空绝化鬼，则主后有损；旺空一半无事；福旺财空，雏出好而利轻。

医治者，要父官衰绝而有制。

六畜有病占医治疗，要子孙旺相，有气不落空亡，不遭刑克，而父母官鬼休囚墓绝，或虽动而有制，不死。若子孙无故自空，或化死墓空绝，或化官鬼，或父母带杀乘旺动克，皆不能救，虽用医治亦必死。应爻空亡及被世克者，医必不来。

求　名

书读五车，固欲致身于廊庙；胸藏万卷，肯甘遁迹于丘园？要相国家，当详易卦。父爻旺相，文成掷地金声。鬼位兴隆，家报泥金喜捷。

凡占功名，以父为文章，鬼为官职，二者一卦之主，缺一则不成。若父爻旺相，文章必佳；官鬼得地，功名有望。古人及第，以泥金灼字附家书以报，谓之喜信，故借引之，非以鬼为音信也。读是篇者，勿以辞害义可也。

财若交重，休望青钱中选；福如发动，难期金榜题名。

财福二爻，凡占皆喜见之，惟卜功名反为恶杀，盖财能克父，子能克鬼故也，但宜休囚安静则吉，当权发动，决无成望。

兄弟同经，乃夺标之恶客；

五行同类者为兄弟，求名见之，乃是与我同经之人。若不上卦，或落空亡死绝大象遇吉者，必中魁首；如发动或月建日辰俱带兄弟，则同经者多必能夺我之标。不得中矣，总大象可成，名亦落后。

日辰辅德，实劝驾之良朋。

日辰为卜卦之主，能成事亦能坏事。如父母官鬼无气，事必难成，若得日辰扶起克制恶杀，仍旧有望，故曰辅德。或世爻衰静，得日辰生合，或世爻空亡，得日辰冲实，主其人必不上前求名，而有亲友劝其进取，或资助盘费，辅其前往求名也。

两用相冲，题目生疏而不熟；

求名卦以官父为用爻，喜合而不喜冲，若见两官两父相冲，主出题生涩不熟也。

六爻竞发，功名恍忽以难成。

占官六爻，皆喜安静，止要父母官鬼有气不空，月建日辰不来伤克则吉，如有一爻发动，便不顺利，且如财动则伤父，子动则伤官，兄动则他人有所先，鬼动则事体有变，父动则文不纯正。凡动则有变，变出之爻又有死墓空绝刑克等爻，皆为破败，故凡乱动，卦不必仔细推究，其不吉大概可知矣。

月克文书，程式背而不中；

父旺不空，动爻日辰又不冲克，其文字字锦绣。若遇兄弟刑冲，文章陈腐无鲜丽之句；妻财伤克，必多破绽；子孙刑害，乃是弄巧成拙；不宜月建冲克，其文自行己意，必不中试官之程式也。凡带父刑害败病等爻，及化出者，其文皆有败破，不能录取。

世伤官鬼，仕路窒而不通。

世乃求名之人，大忌财福临之，必难称意。若持官鬼或得官鬼生合，方有指望；若临子孙克制官鬼，是仕路未通，徒去求谋无济也。

妻财助鬼父爻空，可图侥幸；

父母空亡，名不可望，若得财爻发动，生扶鬼爻有气，其事侥幸可成，然须子孙安静，则可许，盖财不嫌发动者，以文书在空故也。

福德变官身位合，亦忝科名。

卦无官鬼，若得子孙发动，变出官鬼，生合世身，事亦有成，然须得文书，有气无损则吉。此二条名虽有望，皆不可许其高中魁甲，盖以卦象不出自然故也。

出现无情，难遂青云之志；

卦中官父俱全，固是吉兆，若不临持身世，或不生合世身，或被世爻冲克，或被日月破坏，或临死墓空绝，皆谓无情，虽在卦中，与我无益，所以难遂青云之志也。

伏藏有用，终辞白屋之人。

官父不全，功名难望，但看所伏者有用无用断之。如飞神不遇冲开，伏神不遇提起，谓之无用，决主不成；若飞神冲克得开，伏神提挈得起谓之有用，终是可成。若得月建提起最吉，日辰次之，动爻又次之，更得伏上飞爻在空，尤妙。

月建克身当被责，

月建为考试官，若在身爻发动，刑克世爻，而官父失时者，必遭杖责；若化子孙必遭斥逐；若化兄弟，廪膳生最忌之，轻则革粮，重则追罚。

财如生世必帮粮。

卦中父母避空，而财爻发动，生合世爻者，必有帮粮之喜。月建带财化财，或官化财生合世爻，皆吉。大抵廪生小试，最不宜兄弟发动。或临卦身世爻，或临日辰月建，皆是革粮之兆，财爻无故自空亦然。若得财临身世，或伏世下，虽不称情，粮必如旧。

父官三合相逢，连科及第；

卦有可成之象，而又有三合爻动，会成官鬼局者，必主连科及第，大吉之兆；会成父局亦吉；会成财福二局不利，会成兄弟局者，惟廪生忌之，余皆无损益。

龙虎二爻俱动，一举成名。

青龙白虎俱在卦中，动来生合世爻，必中魁选，若持官父或持身世尤妙，此固非理，但借龙虎榜之象耳，然亦有验。

杀化生身之鬼，恐发青衣；

占官以子孙为杀，乘旺发动必遭斥退，若得本宫官鬼伏在世下，或卦身持鬼，或子孙自化鬼爻生世，终不脱白无过降青衣而已。卦有财动合住子孙，可用此赀谋干庶复旧职。

岁加有气之官，终登黄甲。

太岁乃天子之爻，凡占功名，最喜见之。若临鬼爻是人臣面君之象，更得生旺有气，必然名姓高标。

病阻试期，无故空临于世位；

动爻日辰不伤世爻，而世爻自落空亡者，谓无故自空，大凶之兆。试前占去不成，强去终不利，轻则病，重则死。如在本宫内卦，在家即病；在三四爻，出门病；在五爻，途中病；在六爻，到考处病；在应爻，又属他宫，则临考有病，不得入试。若试后占其事，必不成大象，吉名成身丧。

喜添场屋，有情龙合于身爻。

青龙主喜庆事，若大象既吉，更得龙动来生合世身，必然别有喜事并临，不但成名而已。若空动为虚喜。

财伏逢空，行粮必乏。

六爻无财，本宫伏财又居空地，其人必乏路费，若世爻更在衰弱之乡，则是贫穷之士。如逢月建日辰动爻生合扶助，必得亲友资其费用。若得应爻动来生合，多是妻家看觑周全。

身兴变鬼，来试方成。

卦遇不成之兆，而得卦身或世爻变出官鬼有气，而本宫父母不坏者，今虽未成，下次必然中式也。

卦值六冲，此去难题雁塔；爻逢六合，这回必占鳌头。

凡事遇合则聚，逢冲则散，故占功名得六冲卦必难求，六合卦必易得也。然大体须以衰旺动静参之，不可执滞。

父旺官衰，可惜刘蕡之下第；父衰官旺，堪嗟张奭之登科。

父母官鬼皆要有气无损，然后可成，若父虽旺相，官鬼空亡或不上卦，是其人文字虽好，奈命无官星，亦不能中，如刘蕡之锦绣文章，竟不登第也。若父虽衰弱，得官爻旺动，扶起文书，是其人文字虽平常，而命中官星发现，可许有成，如张蒇之文章，虽欠精美，反登高第也。若官旺父空，决至下第。

应合日生，必资鹗荐。动伤日克，还守鸡窗。

父官死绝，名必不成，若应爻动爻或月建日辰扶起官鬼，必须浼人推荐或用财礼买求，方许有成。若遇月日动变伤克，总然官爻有气，亦是难求。

世动化空用旺，则豹变翻成蝶梦；

求名以官父用爻，若得旺相，不遭刑克，必中科第。如遇世爻发动，变入死墓空绝，恐名成后不能享福。游魂卦死于途中，归魂卦到家而死，墓绝是太岁逾年而死也。

身官化鬼月扶，则鹏程连步蟾宫。

卦身为万事之体，功名尤宜看之，最怕临财临福，便不容易，如得官父临之，必有成望。更若出现发动，又化官爻，而得月建生合者，大吉之兆，必主联科及第，非特京省一捷而已。

更详木主之爻神，方论其人之命运。

本主者，求名本人之主爻也。自占固以世爻论，若代占，则看是何人，如子侄求名看子，朋友看兄类。此爻最怕化出忌杀，虽大吉象，未可易许，其余世爻同看，如此搜索吉凶，自然应验。

虽赋数言，总论穷居之得失；再将八卦，重推致用之吉凶。

第十四章　卜筮汇考十四

《卜筮全书》十一　　《黄金策》（六）

仕　宦

为国求贤，治国之本。致身辅相，禄养为先。旺相妻财，必得千钟之粟；

未仕求名，不要财爻；已仕贵人，要见财爻。盖有爵必有禄，未有无俸而得官者。故凡占官员得此爻旺相，俸禄必多，休囚定然微薄。卦中无财，或落空亡，未得俸禄，财动逢冲，任后因事减俸，或日辰月建冲财，而刑害世爻及官爻者，恐有停俸罢职之患。

兴隆官鬼，定居一品之尊。

鬼为官爵，旺相有炁，官高爵大，休囚死绝，官小职卑。发动生合世爻，或得月建日辰生扶，必有升擢，远播都下。安静不动，而被月建日辰克害者，或世爻刑冲克害者，必无声名闻望。

子若交重，当虑剥官削职；

子孙乃伤官之杀，最喜空亡墓绝，尤宜安静受制则吉。若在卦中发动，所谋必不遂意，未仕则不能除选，已仕则有夺官褫职之祸。鬼爻更若无炁，必至除名落籍，非但贬责降罚而已也。

兄如发动，须防减俸除粮。

兄弟乃劫财之神，空亡不上卦，或临死绝安静，则吉。若发动，未免费财，多招诽谤，俸禄亦不称意，更与子孙同发，或就化子孙，必有除粮减俸之事也。持世临身皆不利。

父母空亡，休望差除宣敕；

父母爻为印绶文书、诰牒、宣敕、奏疏、表章，卦中不可无，宜旺不宜衰，扶世最吉。若持太岁有氕生合世爻，主有朝廷宣召。如加月建，多是敕制及上司奖励之类。最怕冲空化空，则多不实，衰静空亡，必无宣敕亦无差除，卦无父母，休望迁选。

官爻隐伏，莫思爵位升迁。

官爻为占官之象，若得临持身世，或来生合世爻，不受月建日辰冲克者，凡有谋望，必然称意。若不上卦，或落空亡，虽出现墓绝无氕及受克制，皆不如意，世身冲克亦凶。

月建生身，当际风云之会；岁君合世，必承雨露之恩。

太岁乃人君之象，月建是执政之官。若得生合世身爻，必有好处。惟怕冲克世身，必遭贬谪。如月建扶出官爻世爻者，必是风宪之职。太岁加父母扶出官鬼及世爻者，必有天恩，更得日下生旺之地尤美，衰绝逢空无用。

世动逢空，官居不久；

未任者，卦中世动，必无京官牧守。若是出巡之职，反为顺利。已任遇之官居不久，更遇日辰动爻相冲，必不久任政事。

身空无救，命尽当危。

世爻无故自空，不拘已任未任，必有大难，甚至死亡。若欲求谋干事，则主不成。

鬼化福冲当代职，

出巡官宜鬼爻发动，牧守官宜鬼爻安静。若鬼动化子，必有别官代职，不然亦被他人所先也。子动化鬼，则先难后易，或先凶后吉，官福皆动，亦主有官替代。

财临虎动必丁忧。

凡占官，不可无财，亦不可发动。若鬼爻有父而得财动扶起，必须用财谋干，方得升迁。若父母衰弱而遇此爻，加临白虎旺动者，必有丁忧之事。财化子，子化财，或财临世动，或子动而父母无故自空者，皆主丁忧。

日辰冲克，定然诽谤之多招；

日辰刑冲克世，必招诽谤，依五类推之。如带兄弟，因贪贿赂或征科太急。带财爻，因无调度，或财赋不起；带子孙，嗜酒好游，怠于政事；带父母，因事繁剧不能料理；带官鬼，非酷刑则同僚不和。已上皆招诽谤，声名必不能振。若得世临月建，虽有诽谤，不能为害。

鬼杀伤身，因见灾殃之不免。

官鬼发动生合世爻为用神，伤克世爻为鬼杀。用神扶世，必有进取；鬼杀伤身，必有凶祸，以化出六亲断之。如化子有贬谪之忧，化财有阴人之祸，化兄主失财，化父忧小口类。已上不然，则自身决有灾病，得世爻空避不妨。

兄爻化鬼无情，同僚不协。

兄弟为僚属之官，卦中鬼动化出兄弟，冲克世爻，主同僚不和，或兄弟化鬼，刑冲克害，或兄带三刑六害，伤世皆然，世克兄爻，是我欺他而不和也。

太岁加刑不顺，贬责难逃。

太岁出现，动伤世爻，必遭贬责。更加刑害虎蛇等杀，必有锁杻擒拿之辱。世爻入墓，必受囚系，得动爻日辰有救，庶几无事。但怕化出子孙，罪终不免，月建同看。

卦静世空，退休之兆；身空杀动，避祸之征。

凡遇世爻空亡，未任未有选期，已任若六爻安静，月日岁君无伤而遇之，乃是休官改政之象。若鬼爻发动，月日岁君伤克而遇之者，是避祸脱灾之兆。卦静日冲，欲归而不放；杀动日合，欲避而不能。

身边伏鬼若非空，头上乌纱终不脱。

凡遇凶兆，或得鬼爻临身持世，或本宫鬼伏世下，虽见责罚，官职犹在，若不临持身世，或不伏于世下，或虽伏仍遇空亡者，必革官带为民，非止罪责。

财空鬼动，声名振而囊箧空虚；

凡得官鬼动来生合世爻，日月动变又无冲克者，为官必有声名闻望。更得财爻生扶合助，有气不空，则既会做官，又会赚钱，内实贪婪，外不丧名。若财爻或空或伏或临死绝，则主声名虽有，贿赂却无也。

官旺父衰，职任高而衙门冷落。

父母旺相，衙门必大，休囚衙门必小。若官旺父衰，又非小去处，乃是冷落闲静衙门，盖官旺则职高故也。官衰父旺，则主职虽卑微，却在大衙门中治政。官父俱衰，职卑衙小，必非风宪之地。

职居风宪，皆因月值官爻；

大抵官鬼旺相，不临月建，定非风宪之职。若临月建，又得扶出世爻，决是风宪之任，必非府县官也。更在日下生旺之地，尤为风宪。如带刑爻，多是镇守边陲之职，或掌兵权，或居刑部，在外亦是司刑之职。

官在贰司，只为鬼临旁位。

鬼在世应爻上，或带月建日辰者，必是掌印正官；若被世合，或在旁爻，则是佐贰之职。六爻无鬼而动爻有化出者，亦然。

抚绥百姓，兄动则难化愚顽；

凡任牧民之职，要财爻旺而不动，父母扶而不空，必是丰富地方；财爻空绝，父爻受制，则地瘠民贫。父母动临世上，政必繁剧。兄弟持世，财赋不起。日带兄爻冲克世爻，手下人必要侮文弄法，坏我政事。若兄在旁爻动来冲克，则主顽民难治。兄化子，子化兄，而刑克世身，恐有下民讼我之兆。更若世应冲克，与乡宦亦多不睦。

巡察四方，路空则多忧惊险。

钦差出巡，或封王采木，皆怕世应逢空。若路爻空之卦，主途中惊险。世在五爻自空，须防身死于外，有冲克则不然。凡遇世在五爻动及游魂卦世动者，皆是出巡之职。

出征剿捕，福德兴而寇贼歼亡；

凡在将帅之职，或征讨之官，平居卜问，不宜子孙发动，主有降调贬责，亦不宜应动克世，主有不测变故。若岁君月建冲动官鬼，或世爻，主有敕命征讨之事，如临敌卜问则喜。子孙发动，必成剿捕之功，更得岁君月建生合，仍有升赏。官鬼不作爵位，当作贼寇论之，世克应亦吉。

镇守边陲，卦爻静而华夷安泰。

镇守地方，不拘文官武职，皆宜六爻安静，世应生合比和，日辰月建不相冲克，则鼾睡边庭，安然无警，世应空亡亦吉。若遇官鬼发动，世应冲克，必多侵扰，宜通变断之。

奏陈谏诤，那堪太岁刑冲；

凡欲奏对、陈疏、上章、谏诤及赴召面君类，皆忌动爻冲克太岁，亦忌刑克世爻。若太岁月建生合世爻，必见详允。一来冲克，须防不测之祸。岁君衰静，不带刑害虎蛇，主不见取用，非用大害。动空化空，亦是虚惊，或有制伏冲散合住，必得大臣申救。应动冲克世爻，更防人奏劾。

僧道医官，岂可文书发动。

僧道医官及阴阳官，皆要子孙出现有气不空为吉。父母发动，必有灾悔。父带太岁月建日辰，则非身有灾病，乃外来祸也。子孙自空，亦有大难，然子孙只宜安静，官鬼不宜空伏，虽两全，仔细为妙。

但随职分以推详，可识仕途之否泰。

求　财

居货曰贾，行货曰商，总为资生之计；蓍所以筮，龟所以卜，莫非就利之谋。要问吉凶，但看财福。

财为利息，福为财源，二者占财用神。

财旺福兴，不问公私皆称意；财空福绝，不拘营运总违心。

凡遇财爻旺相，子孙发动，便是吉卦，不拘公私财，皆得称意二者。若财空爻，或临墓绝，即是凶卦，不拘作何买卖，皆违心愿也。

有福无财，兄弟交重偏有望；

财为用神，而不上卦，必无可望，若得兄弟发动，无财可劫，则反生扶福德，财源有气，仍旧有望，但主迟滞耳。兄动而财空，谓之避空，过旬生旺日，财亦可得。财若不空不伏而遇兄劫，则为下卦。

有财无福，官爻发动亦堪求。

子孙藏伏，财无生气，一遇兄弟便被劫尽。须得卦有官动，或日辰是鬼克制兄爻，则用神无损，亦可求谋。卦有子孙而官鬼动，则有阻节，反不易矣，此象鬼爻生旺日得财。

财福俱无，何异守株而待兔；

财福二爻占财，主象有财无福，财必有限，有福无财，财必不实。财福俱无，焉能有望？守株待兔，喻妄想也，空亡亦然。

父兄皆动，无殊缘木以求鱼。

父母为绝源杀，兄弟为劫财神，二者发动，财福俱伤。用神既损，求之必如缘木求鱼，必不可得。父化兄，兄化父，亦然。

月带财神，卦虽无而月中必有；

月建为提纲，若带财爻，得时有炁总遇兄弟衰不敌，旺必主财利厚，虽卦中无财，月中必然有得出现，尤妙。

日伤妻位，财虽旺而当日应无。

财爻旺相生合持世，乃是必得之象，若被日辰克制，其财总现，必然无有，须过此日，然后有得。

多财反覆，必须墓库以收藏；

卦中财只一位，有炁不空，生合持世皆美。若三五重太过，其财反覆难求，必须卦中有财库爻发动，谓财有库藏，必得厚利。财化财，亦主反覆不定。

无鬼分争，又怕交重而阻滞。

无鬼之卦，兄必专权，财虽有炁，亦多虚耗。兄更发动，必有争夺买卖，分散财物之患。然虽不可无官，又不宜动，动则必有阻隔，若有克制或被冲散，或被合住，虽阻不妨。

兄如太过，反不克财。

兄弟乃占财忌杀，若有一位旺动，最为不利。若月日动变，俱带兄弟，重叠太过，则不专一，反不克劫，至财爻生旺日可得。

身或兄临，必难求望。

卦身一爻，占财体统，若持兄弟，不拘作何买卖，问何财物，皆无利益。持世亦然。惟临财福，方为吉兆。临父主劳碌，若占六畜，血财，则有损失。临官大利公门求财，余皆险阻不利。

财来就我终须易，我去寻财必是难。

凡遇财爻生合世爻，克世持世，皆谓财来就我，必然易得；若虽动出财爻，而与世爻不相干者，谓我去寻财，必难望也。

身遇旺财，似取囊中之物；世持动弟，如捞水底之针。

世为求财之人，若临财爻，虽或无气，亦主易得，旺相更美；若临兄弟，虽或安静，亦主难得，发动尤甚。

福变财生，滚滚财源不竭；

占财得子孙发动，利必久远，更化财爻，生合身世，乃绵绵不绝之象，尽求则尽有也，财化子亦妙。

兄连鬼克，纷纷口舌难逃。

兄弟变出官鬼，刑冲克世，不惟无财，且有口舌。父爻更动，必讼于官，若有救制，庶几无害。鬼化兄，或兄鬼皆动亦然。朱雀临兄鬼动变，有口舌。

父化财，必辛勤而有得。

父化财，不自然而得，必勤劳后得；兄化财，先散后聚，或利于后不利于前；官化财，最利公门谒贵及九流艺术之人，求财十分有望，私财则先惊后喜，或先阻后得。

财化鬼，防耗折而惊忧。

财化官最凶，主损折虚耗，又有惊险。更伤世爻，切恐因财致祸。财化兄，主与人分利，或先聚后散，或利于前不利于后。财化父，主得后艰辛，或只许一度。财化死墓空绝，是有虚名无实利之象，若得生合世爻，则上前有功，稍迟则无也。

财局合福神，万倍利源可取；

卦有三合会成财局，而子孙亦在合中动者，上吉之卦，主财利绵绵不竭。更得财旺，可许万倍财利。会成福局，而财爻又在合中动来生合世爻者亦然。若会鬼局，则多阻隔。会成兄局，则主分散。会成父局，艰辛难得。

岁君逢劫杀，一年生意无聊。

凡占久远买卖，最怕太岁临持兄弟，主一年无利，出现变动，必然损耗，岁持官鬼，一年惊忧。持父一年艰辛。岁持财福，生意滔滔，一年顺利也。

世应二爻空合，虚约难凭；

世空有财难得，应空难靠他人，世应俱空艰辛无准实，空动带合谓之虚约。化入空亡，亦是心口不相应之象。

主人一位刑伤，往求不遇。

主人如求贵人，财鬼为主，求妇人财，财为主类。若主人遇动爻日辰刑克，或自空化空，皆主不遇，遇亦不利，须得生合世爻，财为契爱，求必易得，主人化出财爻，生合世爻，最吉。不知主人以应爻论之。

世持空鬼，多因自己迟疑。

鬼爻持世，财必相生，凡求必易，若遇空亡，乃是自不上前，迟疑退懒，故无成也，世持空财亦然。

辰合动财，却被他人把住。

要财动来生合，固是易得之兆，若被动爻日辰合住，其财必有人把持，主张不能与我也。要知何人把持，以合爻定之，如父母合住，为尊长把持类。卦若无财，看伏何爻下，亦可推之，如伏官下，为贵人把持之类。

要知何日得财，不离旺衰生合；

财爻有气，合日得财，或本日得财，太旺墓库日得，休囚生旺日得，太过收藏日得，合住入墓破合破墓日得，旺空过旬日得，伏藏提起日得。财爻死绝，而得子孙动来扶起，即以子孙爻断。卦无财爻，而得兄弟生扶子孙财源者，即以兄弟爻断更宜通变。

欲决何时有利，但详春夏秋冬。

占货物何时得价，以财临五行断，如木财春月得价，一阳后亦好。土财夏月有利，六月更美，余仿此。又如财临辰土，二月不如三月；财临酉金，七月不如八月，余亦仿此。又如财主日下长生之地，此货一日得价一日，若坐帝旺眼下正及时，稍迟则贱而无利。

合夥不嫌兄弟，

凡占合夥买卖，若世应俱财爻，必然称意，兄临卦身，世爻安静不妨，盖合必至分财故也。动则不宜，世应两动，必合不久，空亡亦然。相冲相克，后必不睦。化出兄官，必多私心。世应生合而被动爻日辰刑冲克害者，必有挑唆破说也。

公门何虑官爻。

占财皆忌官动，主有阻隔，惟求公门之财，必然倚托官府，若无鬼爻或落空亡，则虽财爻有气，亦难到手，必得旺相生合世身则吉。刑克世爻，主有杖责，死绝亦不济事，须得财鬼两全，方为大吉。

九流术士，偏宜鬼动生身；

百工九流，求财以鬼爻为主顾，无鬼最不利。出现发动生合世爻，必然称意，更化财爻决得大利。须忌刑克世爻或化兄，皆主惹是招非，不能遂意，应空尤不吉。大抵空手求财，虽要官爻，然须财爻旺相，兄弟不动，方主有财，否则空好看，终无财利。

六畜血财，尤喜福兴持世。

凡占贩卖牲口，蓄养六畜，皆要子孙旺相不空则吉，持世临身尤好。父母发动则有伤损，化出土鬼，须防瘟死。福旺财空。六畜虽好而无利。

世应同人，放债必然连本失。

凡放私债，最忌世应值兄弟，必无讨处，财爻更绝，连本俱失，世应值空亦然。须应爻生合世爻，妻财有气，子孙发动则吉。间临兄鬼动，恐放头抽分财利。卦中无财而官爻变出者，必讼于官府而后可取。

日月相合，开行定主有人投。

开行牙人占财，世应要不空，财福要全备，官鬼要有气，父兄要衰静，斯为上吉卦，更得月建日辰动爻生合世爻，则近悦远来，人皆投我，财利必顺。卦若无财而世得月日动爻生合者，不过门头闹热无实利，鬼旺财空亦然，动出兄官，常有是非口舌，恐有恶人搅扰，世应空开不成。

应落空亡，索借者失望；

求索假借不宜应空应动，动则更变，空则不遇，生合世爻，慨然不吝。必得物爻不空为妙。如衣服经史看父爻，六畜酒器看福爻，其余财物看财爻。又如花果看木爻，砖瓦看土爻类亦是。

世遭刑克，赌博者必输。

凡占赌博，要世旺应衰，世动应静。世克应我胜，应克世他胜。兄鬼动来刑克世爻，或临兄弟，或临自空，皆主不胜。世应静空，赌博不成，世坐官爻，防他合谋骗我。间爻动出兄弟官鬼，多主争斗，内外俱无财，亦不能胜。更遇世应空动，必是赌赊。兄鬼化财，先败后胜；财化兄鬼，先胜后败。坐方宜财福之地，世变财福，更宜易换赌色，大怕卦身临兄弟，任换赌色，终是输兆。

鬼克身爻，商贩者必遭盗贼；

贩卖经商，要世应生合，鬼爻空伏，动爻、日辰不伤乎我，则安然无事。更得财旺福兴，大吉之兆。遇兄鬼发动，元武交重，必遇劫窃之人。更克世爻，决有大祸，世若空亡，庶可回避。鬼动五爻，途中仔细。

间兴害世，置货者当虑牙人。

买货者，应要生合世爻，必然易成，刑克世必难置买。物爻太过，其货必多，物爻不及，其货必少，物爻空伏，其货必无。物爻者，六畜看子孙，五谷看财爻，丝绵布帛看父母类。最怕兄鬼交重，须防光棍诓骗。在间爻则是牙人虚诈不买，或有口舌争竞。伤克世爻，当虑牙人谋劫财物，出路买卖，应空多不顺利。

停榻者，喜财安而鬼静；

积货不宜财动，亦不宜空亡，又不宜动爻日辰克劫。更得坐于胎养长生爻上，后必得利。若遇兄官交变，或俱发动，须防窃盗。兄弟独发，则多耗折。水爻父母刑克世爻，主被雨水浥腐。财化死墓空绝，后必价贱。

脱货者，宜财动而身兴。

脱货财动，则主易脱，应空无人置买。世空自卖不成，动变日辰俱来生合，有人争买，若遇刑冲，则主多破阻难成，财在内动，宜在本处卖；在外动，宜向他处脱之。动而遇合将成不成，动而逢空欲卖不卖。卦无官鬼，亦是难成之象。

路上有官，休出外；

五爻为路，临官发动，途中必多惊险，出外求财大宜避之。要知有何灾咎，以所临六神断，如白虎为风波，元武为盗贼类。路爻空亡亦不宜出外，惟临财福则吉。

宅中有鬼，勿居家。

二爻为宅，在家求财鬼动，此爻必然不利。以所临五行断，如火鬼忌火烛，水鬼忌盗贼类。得子孙持世发动，庶几无害。宅爻空亡，只宜出铺。

内外无财伏又空，必然乏本；

六爻无财，本官财爻又伏空地，其人虽欲经营，必无赀本，勉强为之，亦无利息，若得动爻化出，主有小小财利。

父兄有气财还绝，莫若安贫。

父兄二爻占财，大忌有发动，刑冲克害利必不多。财爻更弱，恐防折本，故不若安贫守分之为高也。

生计多端，占法不一。但宜诚敬以祈求，自可预知其得失。

家　宅

创基立业，虽本人之经纬；关风敛气，每由宅以肇端。故要知人宅之兴衰，当察卦爻之内外。内为宅，外为人，详审爻中之真假；

凡内卦初爻为宅基，二爻为宅舍，三爻为门外，外卦四爻为父母，五爻为兄弟，六爻为妻财。内卦宅生人吉，外卦宅克人凶。

合为门，冲为路，不论卦内之有无。

合为门，冲为路，卦爻内不必明见冲合，且如天风姤卦二爻，辛亥水为宅，寅与亥合以寅为门，巳亥相冲以巳为路，卦内本无寅巳，二爻不明，见姤属金，以寅木为财，巳火为鬼，杀如化财，此亦吉凶相半之兆。

龙德贵人乘旺，岳岳之侯门；官星父母长生，潭潭之相府。

青龙、印绶、官星、贵人、太岁、天德、月德、月建、日辰、岁德、临宅爻、身命爻上，生旺有气，主有官职之家，宜以分别高下，贵人即天乙贵人，官星即甲见辛类是也。

门庭新气象，重交得合青龙。

交重青龙在日辰旬内，得长生帝旺，主鼎新创造；生旺在休囚之中，主修旧合新门之象。临财新修旧厨庭，临父新修旧堂，临兄新修门户，临子新修房舍，临官新修厅堂屋宇。

堂宇旧规模，宅舍重侵白虎。

白虎交重在日辰旬外，休囚绝无生旺，主远年迁造，破旧不整。休囚在生旺之中，亦主拆旧换新，若临兄旧门户，临子旧墙壁，临官阶除破损，临父旧堂宇，临财旧厨庭，或破古户牖低土地。化空移高就低，水爻池塘填也。

土金发动，开辟之基；

土化金，金化土，为开辟之基。土化土，为坟之基。土化空，移高就低，余仿此。

父母空房，租赁之宅。

父母为文书，逢空为无气，更逢应爻为得，日辰动爻化文书与宅相生相合，主是租赁之地。

门庭热闹，财官临帝旺之乡；

财鬼龙德贵人，乘旺长生之位临宅身命世爻，主家门热闹。

家道兴隆，福禄在长生之地。

福即福德，禄即禄元，同龙贵在生旺之位，临宅生身命世爻，主家宅兴隆。财鬼龙旺临宅身命世爻，主一家热闹，交重发旺亦美。

交重生克，重新更换厅堂。

生为父，父为堂，克为官，官为厅，且如乾金土为父为堂，火鬼为厅，带日辰交重，主更改再换。

世应比和，一合两般门扇。

比和乃兄弟，世应化兄弟俱临宅爻，或世应为兄弟爻，俱合宅爻，主一合两般门扇。

门路与日辰隔断，偏曲往来；宅基与世应交临，互相换易。

且如巽卦辛亥水为宅，以寅合为门，以巳冲为路，日辰与动爻临卯辰二位隔断，寅巳二位主偏门户，曲折还魂路也。宅临之爻在世，世临之爻在日，宅并日辰动爻，主换易宗族之家基地，应临之爻在宅，宅临之爻在应，并日辰动爻易换外人基地。

世与日辰克宅，破祖不宁；

世爻与日辰同去克宅爻，主破祖不宁。

宅临月破克身，生灾不已。

月建相冲为月破，若动克世爻，及系占人身命爻，主生灾未已，若临宅临用破，即当破家。

应飞入宅，合招异姓同居。

应爻外飞入宅爻，主有异姓人同居合住。

宅动生身，决主近年迁住。

宅爻动日辰之位，在旬中生世身，必主近年迁住。

门逢三破，朽败崩颓；

三破为年月日辰冲破也，并动爻临宅，或克宅，主破旧崩颓；临官，主厅破；临父，主堂屋破，或盖覆倾颓；临兄，主门户破墙壁毁；临子，财主房舍厢廊烟厨破坏也。

宅遇两空，荒闲虚废。

卦体宅爻在日辰旬之空，更在命旬之空亡，主荒闲虚废，或是逃亡死绝之屋。白虎刑刃，劫杀耗神，丧门吊客，大杀主大凶。

世临外宅，离祖分居；

宅爻与正卦世临之爻相同，或与变卦世临之爻相同。如明夷卦二爻己丑为宅，世临四爻，发为世临外宅。又如离姤卦己丑为宅，外卦世在辛丑，亦为世临外宅。已上二卦为例，余仿此，动则离祖分居，不动则主偏宅。

应入中庭，外人同住。

应爻为宅爻，或宅爻为应临之爻相同。且如巽卦变离卦，内卦辛亥水为宅，外卦应居己亥水，故为应入中庭；应临宅爻为应爻相同，如剥卦内坤印临二爻乙巳火，又如离卦变巽辛亥临宅之卦内，离己亥临印应，为应入中庭，主外人同居日辰，同临为寄居也。

宅合有情之元武，门庭柳陌花街；木临无炁之腾蛇，宅舍茅檐蓬户。

宅爻鸳鸯合元武，门庭桃花动爻，主女人淫欲，如花街柳陌人也。寅午戌兔从茆里出之类是。腾蛇木爻，死气临宅，主瓮牖绳枢之地。

鬼有助而无制，鬼旺人衰；

且如木命人占乾兑卦，以火为官，木能生火为鬼有助，若卦体无水生命为鬼无制，主人衰弱。卦无子孙财爻两动，亦为鬼有助而无制也。若金命人助离宫水鬼，水命人助坤宫木鬼，火命人助坎宫土鬼类。

宅无破而逢生，宅兴财旺。

岁月日三破不临宅爻，更逢三件动爻生宅爻，与财爻旺相有气，为宅兴财旺。

有财无鬼，耗散多端。

有财则生鬼，无鬼不聚财，若无鬼爻，为宅无气，必主家中财物耗散。

有鬼无财，灾生不已。

鬼不宜动，财不可无。若鬼动无财爻，更克世身，克宅爻，主连生灾咎。

有人制鬼，鬼动无妨。

且如木命人占得坎卦，以土为鬼，木命人克土鬼杀，如或化木鬼，虽重而无害。金命人则制坤艮宫木鬼，但以本命克鬼为制，乃无害也。

助鬼伤身，财多何益？

以金命人占得乾卦，以火为鬼，以木为财，木能生火，火能克金，有财为助鬼伤身，总然财多何益？况鬼动财兴，金在何益？

忌鬼爻交重临白虎，须防人眷刑伤；

忌鬼爻变，乃克身之鬼，并白虎交重发动，值丧门吊客，主人眷灾殃。

催尸杀身命入黄泉，大忌墓门开合。

鬼动克身命，为催尸杀，动逢死气为黄泉路，鬼克身命逢死气，忌身命爻冲开墓门，一冲一合日辰动爻合墓，为墓门开合，凡卦中必见墓爻，若暗墓一冲一合便是，如甲子生人甲子日卜是也。

木金年命，最嫌乾兑卦之火爻；

木金年命人占得乾兑卦，以火为鬼爻，木生火爻为鬼，能助火克金为杀伤身，但本命生鬼为助。本命受鬼克为伤身，金年木命皆然。木命人忌震巽宫鬼，水命忌坎宫鬼是也。

水火命人，不怕震巽宫之金鬼。

水火命人，占得震巽卦，以金为鬼，金能生水，火能克金，故水火命人不怕二宫之鬼也。

官星佩印居玉堂，乃食禄之人；

玉堂乃天乙贵人，官星乃甲用辛为，官印乃三傅之印绶。应爻之数，若有官有贵人有禄有印绶，并太岁生身，命登金门而步玉堂之人，身命受制，主先宠后辱。亲月建外郡官，亲日辰县宰官，有印无禄，有官无俸，有官无印，有禄无任人，日辰并子孙动，主官有剥削之失。日辰并财爻动，主迁擢升职之变也。

贵刃加刑控宝马，必提兵之将。

贵，贵人；刃、羊刃，飞刃；刑，三刑。贵人同得吉星相辅，刃加三刑临贵人之位，受太岁之生，旁爻有马，乃提兵将帅也。

财化福爻，入公门多致淹留；

日辰三合，得财爻而无上选，子孙为元禄，盖财生鬼财为正选，无财则无正选。子孙制鬼，若财化子，不利仕官公门之人。

贵印加官，在仕途必然迁转。

官带印，贵人临世，并日辰旬中发动，在仕途必然迁转之喜兆也。

子承父业，子有跨灶之风；

子命爻临五爻之位，临父母之身，相生相合，主有跨灶之风；相克相刑，主有悖逆不孝，或不肖，不能克绍箕裘之业。父母之命爻临子孙爻之身，主子承父荫，生合刑克依此断之，万无一失。

妻夺夫权，妻有能家之兆。

妻命临夫身五爻之上，与夫相生相合，得内助能家之兆；若妻克夫爻，主妻凌夫或破夫家也。

弟纱乃兄之臂，身命相伤；

弟身爻起临兄之命爻，或兄身爻起临弟之命爻，若相刑相克，主不友不恭；若相生相合，主兄弟怡怡如也。

妇僭姑嫜之爻，家声可见。

二为媳妇之命爻，临姑之身爻，相刑相冲，主凌尊上悖逆不孝，相生相合，主顺妇道也。

妻犯夫家之杀，妻破夫家；

夫家破耗二杀所临之位，妻身命爻犯之克夫身命爻，主破夫家也。

夫临妻禄之爻，夫食妻禄。

禄乃甲禄在寅，食乃甲食丙之类。如甲子生妻禄在寅，夫身命爻临之，遇食神乃食禄顺食，不逢空鬼破耗等杀，更值生旺有气者，主夫食妻禄。若逢枭神羊刃空鬼耗破杀，虽食妻禄亦无用矣。

交重兄弟克妻身，再理丝弦；

妻身爻起临兄弟之爻，发动伤身命，或夫临兄弟爻克妻之身命，主琴弦再续也。

内外子孙生世位，多招财物。

内外子孙发动并日辰生身世之财爻，无空破冲克，多招财物，有气必有不期而会也。

世为日辰飞入宅，鹊据鸠巢；

如乾之艮卦，内卦甲寅木爻为宅，外卦丙寅爻持世发动，或并日辰与鬼飞入宅爻，主他人之屋，不是祖居自创之屋，或租赁之宅。假如太过卦内巽辛亥为宅，外兑下亥持世发动是也。

应临父母动生身，龙生蛇腹。

应临父母，居偏下之爻，占者身爻临之，得本爻生之，或即动生子身命，主偏生庶出，或隔胎之子，前后父母生也。身命俱临父母，重拜双亲。

世应隔异，兄弟多因两姓。

如晋卦己酉金是世。假如乙未应隔申字之遁卦，壬申金应真兄弟，假如晋卦之遁卦外离，为假子何也？离己酉金假弟，遁卦外有乾卦，壬申金持世是真兄弟，假又如姤之明夷卦，壬申金是真兄弟，明夷外卦有癸亥水是假，不合中旬酉字亦为隔异之间，并日辰应有亲兄弟，或日月建动爻隔断，亦依此断，姤卦应隔兄弟，明夷卦应隔兄弟，是余皆仿此。

应爻就妻相，合外人入舍为夫；

应爻飞入宅，与妻身命相生相合，主招外人入舍为夫。

假宫有子飞，来异姓过房作嗣。

假如子孙带占身命，或日辰是假官，飞来伏在身命爻下，主为人异姓过房之子。带日辰旬真官飞来，主过人家之子。飞动应爻，过房与人也。

妻带子临夫位，引子嫁人；

妻命带子孙动临夫位日辰，主妻引子嫁人是也。

夫身起合妻爻，将身就妇。

夫身爻起，临妻命爻，或夫命爻动，临妻身爻动并日辰为之，将身嫁妇也。

本命就中空子，见子应迟；

子孙同我生之爻，在日辰命旬之空，主见子迟。若胎绝，主孤害刑克也。

身爻合处逢妻，娶婚必早。

夫身爻起处合妻之命爻，见到妻必早，妻身爻起合夫之命爻，妇嫁必早。

夫妇合爻见鬼，婚配不明。

夫合之爻，妻合之爻见鬼，主婚姻不明，但有合爻见鬼是也。

子孙绝处刑伤，儿多不育。

子孙逢死绝爻，更受刑伤克害，主子多不育。

夫妻反目，互见刑冲；兄弟无情，互相凌制。

夫身爻并日辰动刑妻命，主夫不和妻；妻身爻并日辰动刑夫命，主妻不和夫，或妻命冲夫身，夫命冲妻身，主夫妻反目。如风天小畜九三爻是也。兄带日辰克弟身命爻，弟带日辰克兄身命爻，主兄弟不和，互相凌虐。

日将与世身相生，当主双胎；身命与世应同爻，多应两姓。

身世起合，与日辰动爻同位两生命者，主双胎同年之子，或双顶是也。身临世命临应，或命临世身临应，是身命两临世应，主有两姓。

妻财发动，不堪父值丧门；父母交重，最忌子临死绝。

上有父母，不堪财爻发动，更兼父母值丧门吊客爻，主有克害之患。

妻克世身重合应，妻必重婚；

妻爻动克夫命，主克夫。并日辰又与应相合，主妻再嫁。若带咸池与应爻相合，并日辰动爻带亡，劫刑刃等杀。克夫身命爻，主妻与外人谋杀夫主。临交爻主未来之事。

夫刑妻命两逢财，夫当再娶。

妻身命临夫家刑杀之爻，更逢克处两财，主夫克两妻，并日辰合傍爻之财，主再娶。夫并日辰动爻，带劫刃刑等杀伤妻命爻，主遭夫毒手也。

妻与应爻相合，外有私通；

妻身命爻，与应相合咸池元武桃花，主妻有外情夫。并日辰克妻与应爻，主获妻奸夫。并世应在三合之爻，主从良为娼，日辰临交爻，主心意未绝。妻带财生应爻，妻以财诱外人；应带财生妻爻，外人以财诱妻。应自外宫来，主远方人；应自内来，近亲之人。世爻动带鬼隔断，为家人间阻；应爻动带鬼隔断，为外人间阻其情。

男临女子互爻，内多淫欲。

男身爻起临女命爻，女身爻起临男命爻，谓互尊卑失序，主有淫乱事。若夫妻互相合，主先奸后娶。据理而详可也。

青龙水木临妻位，多获妻财。

如财临青龙，水木有气，夫命临之，更有气，主得妻财多。命带元武财爻有暗来妻财，如辛丑日下得恒观卦是。

元武桃花犯命中，荒淫酒色。

身命带元武桃花，主贪酒色，男则粘红缀绿，女则叶人牵惹。

世应妻爻三合，当招偏正之夫；

为世应财爻三合，妻爻更逢两鬼。合身命，主有偏正之夫。

财交世应六冲，必是生离之妇。

妻身命爻值鬼爻，与世应并日辰动破合，重重相冲，与财两合，或妻身命爻与世应动爻相冲，或日辰相冲，主是生离之妇也。

世应为妻爻相隔逢冲，必招外郡之人；

世应在日辰旬中隔断妻爻，或与夫爻相隔，在日辰旬外逢冲，主是外郡之人；夫隔妻爻，妻动在游魂世应之外，主他州人也。

夫妻与福德相逢带合，必近亲邻之女。

男与财爻相近，俱在本宫或卦中，主婚姻近处就中；合见子孙，主因亲致亲，或故亲为媒。

合逢死炁，最嫌煞忌当头；

身临命家日家逢死气，若日辰动爻并杀，倘克身命，主有死亡之祸。

鬼入墓乡，尤忌身爻溅血。

命爻带鬼入墓，怕身爻带杀或受刑，最不吉之兆。

恶莫恶于三刑迭刃，

刑无刃不能伤人，刃无刑祸亦不大。若刑刃两全带杀，克身临官，主犯官符刑宪事；元武伤财，劫贼图财致命之事。世并日辰动爻，克应带杀，主我伤他人；应并日辰动爻带杀克世，主他人杀我；为官掌生死之权，名扬夷夏，若渔猎技艺之人。祸当灭没，否则疲癃残疾之人，若龙德发动，则凶中有吉之象。

凶莫凶于四虎交加。

日家应家白虎即胎神，月破白虎，六神白虎，太岁白虎，命家白虎即日神，白虎化白虎，重重临宅克身，主刑克伏制之事，若带鬼杀重重并丧吊凶神，举家遭祸。死亡十几八九，若卦中龙德动，主喜事至则稍轻，是悲喜相半之兆。

四鬼贴身，防生灾咎；

贴身鬼带破碎杀，主有破相之疾；乾主头面小肠喘急咳嗽之疾；坎主两耳肾间之疾；艮主背胁手指之疾；震主下部腰足痛之疾；巽主两股两腿头发血气之疾；离主眼目心经之疾；坤主肠间脾胃之疾；兑主口齿及唇之疾。余仿此。

三传克世，易惹灾危。

三传太岁月建日辰，带杀带鬼，克世身命，主宅丁人眷灾危，太岁，连年之祸，月建主累月之灾殃也。

劫亡两贼伤身，青草坟头之鬼；身命两空遇杀，黄泉路上之人。

身命逢绝，在旬中空亡，亡神劫杀带鬼，伤身克命，主有死亡之患。

勾陈伤元武之身财，女多凶祸；白虎损青龙之官鬼，男忌死亡。

坟　墓

葬埋之礼，乃先王之所设。虽为送死，而然风水之因。特后世之所兴，祸福吉凶攸系。故坟占三代，穴有定爻。一世二世，子孙出王侯将相之英。世四世三，后嗣主富贵繁华之茂。绝嗣无人，端为世居五六。为商出外，只因世在游魂。八纯凶兆，归魂亦作凶推。吉兆相生，相合亦将吉断。

初子孙，二母，三兄弟，四妻妾，五坟，六祖宗。以前穴爻，从定为正。如遇日辰长生之神，持金不必有石，或休囚死气，更无别物。为穴有定爻，穴葬之处为墓卦，各有其名，而无其位。如金穴取金墓，在丑便是，不必明见丑。余仿此。又占坟飞得之传属木，亡命属土，不宜应上命，子孙不利。六太婆，五太公，四婆，三公，二母，一父。又云六太婆，五太公，四公，三父，二婆，一母。

穴骑龙，龙入穴，穴正龙真；

穴带龙来，入穴更遇世临，穴爻相生相合，龙虎抱卫。有情为龙真穴正，又例若龙起，穴在五黄中宫亦是，若逢冲动，则又非，若得龙起于穴爻，则为吉地是也。

山带水，水连山，山环水抱。

山带水，为朝带来，山与穴相合，是山环水抱，重合生气，带财福贵，乃为吉地。

交重逢旺炁，闻鸡鸣犬吠之声；

动逢生气旺相水火爻，见厨碓闻鸡鸣犬吠之声。

世应拱穴爻，有虎踞龙蟠之势。

世应带龙虎，穴居世应之间，生合有情，主龙蟠虎踞之势。

三合更兼六合，聚气藏风；

宾主山与龙虎，日辰动爻，逢三合六合，穴爻若合，主藏风聚气之势。

来山番作朝山，回头顾祖。

应在朝山带来山，有回头顾祖之势。

死绝之鬼，边有荒坟；长生之爻，中有寿穴。

戊己鬼死绝，无气之鬼，主边近有荒古之坟穴，中有长生旺气，主有寿穴内卦，有生墓之穴法也。

合处与应爻隔断，内外之向不同；

内为穴，外为墓，合为向。假如己未土为穴，合午为向，庚辰土为墓，合酉为向，若午酉之间应爻，并日辰爻隔断，主金井阳门向背不同。

穴中为世日冲开，左右之穴相反。

穴临己未二爻世，并日辰临午爻，分开左右之穴，主穴道相反也。

穴道得山形之正，重逢本象之生。

龙山龙形，虎山虎穴，重逢本宫卦象之生及动爻之生为穴，得山形之正。

世应把山水之关，宜见有情之合。

世应临水口之关，爻若带合，主有关锁有情之势。如寅为龙，见亥则生头角，坐见火为泄气，为摆尾。

坐山有炁，怕穴逢空废之爻；

且如坎山所得，申爻临穴为坎，居水生申有气，最怕爻临废神空亡之位，若然逢此，主弃毁不用也。

本命逢生，忌运入刑伤之地。

凡占生墓，要本生年得穴之生旺气山所有。生旺之气忌山运，与卦爻相克相刑，尤忌伤刑本命爻。若山运与本命爻相生有气，为吉；若遇空亡，却不怕空，反为吉地。

青龙摆尾，就中逢泄炁子孙；白虎昂头，落处逢生身父母。

若青龙临子孙，重重有气，有摆尾之势，与白虎同。若白虎爻遇父母爻，重重生身者，必有昂头之势，与青龙同。

后来龙余气未尽，有元武吐舌之形；

来龙并日辰入穴，明堂兼脱气，为元武吐舌之形，或来龙不住。

前朝案动爻逢冲，为朱雀开口之象。

朝山主爻发动，并日辰逢冲刑害，主有朱雀开口之象。

世坐勾陈之土局，破败田园。

世坐穴若勾陈之爻，或临土局，必是破败田园。

应临元武之水爻，沟坑池井。

若应临元武之爻，或临水爻，主有泉源沟坑之类。

白虎在破耗之位，古旧坟茔。

若临月破白虎之位，必古旧坟茔在归魂卦，或鬼飞入穴，为还魂葬地。

螣蛇临父母之爻，交加产业。

螣蛇为索带交加之象，父母为文书契字，主重重叠买，交加产业。

勾陈土鬼，冢墓累累；

勾陈戊己土鬼，逢死绝之爻，为古墓游魂。鬼动逢冲空，傍有改葬之地，日辰克白虎穴爻，主有崩颓之墓，青龙爻动，主有新坟，若归魂飞入穴爻，主有还魂改葬之地。

元武金神，岩泉滴滴。

金为石，元武为水，主有滴沥自出之泉。乘旺，主穴中有水，宜有他井。白虎临亥子水爻，亦主有水或近泉岩。

青龙发动，临子孙决主新迁；

若青龙临交爻动，或值子孙，必是新迁未迁之象。如飞起在穴，亦依此断。

朱雀飞来，带官鬼必然争讼。

朱雀鬼并动爻日辰，或临官符，主有争讼事，克应得理，克世失理，穴爻之内，见朱雀官符官鬼等杀。日辰飞入穴，亦依此断之。

应爻加木，临元武前有溪桥；

若应爻并木爻临元武逢冲克，主墓前有溪桥。

日辰冲土，镇螣蛇边通道路。

螣蛇为路并日辰辰戌丑未之爻，与日辰动爻冲克，主近道路。又云动爻带来山，日辰冲日辰，带来山，动爻冲为应库龙路，子午为来山。日辰带杀与卯酉冲，卯酉为来山。子午冲为腰路。子卯见午酉冲，午酉见子卯冲为曲尺路。破穴为扫胁路。子为穴，丑亥见巳未冲，午为穴，巳未见丑亥冲为枉械路。辰酉见卯戌冲，卯戌见辰酉冲为交叉路。冲穴为当胸路，冲马为驿路，横直冲为十字路。为四冲路交为新路，重为旧路，震为大路，艮为边路。冲克穴爻为白虎带索之类也。又如子为穴爻巳动亥，为日辰冲，亦为扭械路。辰为穴爻卯日酉动为交加路。

朱雀火爻发动，厨庭炊爨之傍；青龙财库相生，店肆仓库之畔。

朱雀火爻发动临财，或朱雀空为厨庭烟灶之所，青龙为四墓，逢财相生有气，为瓦铺酒肆。若遇庚申癸酉丁酉金，为仓库之畔。

元武世飞入穴，暗地偷埋勾陈。土动落空，依山浅葬。

元武世爻并日辰动飞入穴，主偷埋盗葬或者暗地瞒人出殡，勾陈土动，或空或发动，必是依山浅葬也。

日合鬼爻有气，近神庙社坛之傍。

鬼旺有气，或临青龙贵人与日辰相合，主近神庙或古迹灵坛之所。

动临华盖逢空，傍佛塔琳宫之所。

华盖穴爻鬼动，逢空乘旺有气，主近寺观。若华盖带劫杀刃，为匠艺人家，有响应之声。

世应逼左右之山欺穴，龙虎磕头；

世应在重龙重虎之位，逢白虎寅爻，为龙虎磕头。

交重并旬内之水伤身，沟河插脚。

水爻动在日辰旬中居穴之前，或日辰旬中之水，并动爻居穴之前，主有沟河插脚之水。

生生福合三传上，百子千孙；

福德逢穴爻之生，更在三传之位，相合有气，主有百子千孙。

重重墓在一爻中，三坟四穴。

六亲世应日辰动爻，重重墓在一爻之内，主有三坟四穴。鬼父同墓，主始祖与父同太祖祖父同葬。财鬼同墓，始祖与祖同葬。财父同墓，主始祖与父同葬，或公姑媳妇同葬，阴为女，阳为男，财为太始祖，妣又为子孙妻儿曾孙。鬼世同墓爻，主家人同葬。应鬼同墓爻，主外人同葬。中间未能尽述，临应可详断。

神不入墓，游魂之鬼逢空；

亡命作鬼逢空，穴爻化鬼爻，墓处逢空，及临游魂，主鬼不入墓，游魂鬼乃在外卦应爻动空，主客外死，或葬他乡。空穴空墓，主无埋葬之地。若带凶杀克身，必主恶死。

鬼已归山，本命之爻逢合。

亡命穴爻相生相合，并鬼爻逢墓为鬼已归山，主魂安埋葬毕也。外卦游魂鬼动穴爻，逢空墓在外卦世爻，主招魂安葬。若在内卦应爻，亦主附葬也。

日带应爻劫杀，入穴劫冢开棺；

日辰并元武应爻带杀飞入穴，或动爻破穴破墓，主劫冢开棺冲克亡命，主暴弃尸骸。世应并日辰之杀动破穴爻，主自家起墓，开棺盗财，移葬。若克亡命，必主暴露不葬。

用并世象动爻，克应侵人作穴。

用为世爻并日辰动爻克应，主侵人坟地作穴动，与应爻并日辰克世克穴，主他人侵自己坟地而埋葬。

客土动而墓爻合，担土为坟。

客土者，外卦土应土是也，与穴爻墓爻发动相合相生，主是担土为坟，或傍土为左右臂。

朝山尊而穴法空，贪峰失穴。

朝山在贪狼贵人位，主前有贵峰耸秀。若穴空，主有贪峰失穴之象。苟或不空，却朝山耸秀之美乎，然贪狼乃是长生也。

子孙空在日辰之后，穴在平洋；

子孙在日辰之后逢空，或勾陈亲戊己土爻，或爻在明堂宽大之地，多平地作穴。

兄弟爻落世应之间，坟迁两界。

世应同临穴爻，更有兄弟之爻，或在世应之间，主坟迁两界，或在日辰前后两旬之爻，依此断。

日辰与动爻破穴破墓，定合重埋；世应并穴道冲尸冲棺，当行改葬。

日辰发动冲破墓爻，世应相克冲尸冲棺，或父化父，兄化兄，鬼化鬼，财化财，皆主重埋改葬。又云金为尸首，木为棺土，为墓兮仔细看。

重交生穴，经营非一日之功；

重交生穴，两重爻发动，皆生穴爻并日辰，主加工用事，非一日之可成。

龙德临财，迁造为万年之计。

青龙临财爻，子孙生旺有气，与穴相合相生，主迁造之坟，美丽悠久。若逢四废神临穴，必然措而无用也。

应飞入穴，必葬他人。

如应爻飞入穴爻，主外人同葬，或是他人之地，不然是他人旧坟边。

煞动临爻，凶逢小鬼。

凶煞犯亡人死绝之位，更带鬼克之命，主迟小鬼。火土鬼带日旬，主瘟疫死。金带刃，主力兵死。水鬼带浮沉杀，主水死。木鬼并腾蛇勾绞杀，主缢死。金鬼白虎带杀，主虎口死。旺金主劳死。土鬼主咽喉脾胃黄肿死。若冲，主魇鬼死，火鬼烧死，热症死，或化葬。木鬼冲刑，主被物打死及跌蹼死。白虎持世鬼腾蛇鬼应爻克身穴，主被人打死。金木鬼带三刑羊刃年月，朱雀鬼符克身，主刑杖死。金刃并专刃，主自刎死。可以逐类详断。如胎生为稚子，旺为中年人，衰为老者，然卯前为勾，酉后为绞，是杀。

犯天地四大空亡之煞，骸骨不明。穴遇三传刑刃之空，尸首有损。

甲午乙丑，甲申乙亥，甲戌乙酉，壬子癸丑，壬寅癸未，壬辰癸巳，已上乃天地空亡，子午旬无水，甲寅不见金四位，如四大空亡，三传乃太岁月建日辰也。三刑羊刃，且如己卯日，占得坤卦甲子亡命穴临上六癸酉，金乃甲戌旬中空，金乃甲寅旬之空，甲子天干日，从乾上起，顺飞至乾，乾遇得癸地支子，从坎上类起，顺飞至坎，遇金住天干，乃遇乾地。支遇坎，乃乾中有壬坎，中有子壬，子乃天地空亡。又类至乾卦，有甲坎卦有申，乃甲申为空亡三传，带刑刃凶杀伤克本命六爻，或又在日辰旬之空亡，主骸骨不明，尸首有损。乾宫卦无甲午，只有壬午壬申甲申甲午为天地空亡，甲子旬中见水为四大空亡，命见乙酉穴，见己丑亦是天地空亡也。

坎
戊
子

乾
戌壬
亥申

坤
申乙
未

兑
丁
酉

五空

震
寅卯

艮丙
寅丑

巽辰
巳

离巳
午

逢冲逢克，怕犯凶神；

用爻为凶神，逢克逢冲，或逢刑为凶恶之兆。

相合相生，真为吉兆。

青龙福德为吉神，相生相合，或扶或拱，为吉庆之兆。

爻生之子孙，逢官逢贵，临三传必作官人；

穴生之爻，临子孙。逢官星贵人，临三传生本命作印绶，主官职之荣。

穴中之象数，合禄合财，若两全当为财主。

穴临旺气，有子孙财官爻，在五爻下，若子孙相生相合，若财禄两全，当积金宝之人，乃富家之子。

游魂福德空冲，主流荡逃移。

子孙逢空冲，并日辰一冲，在游魂卦，主逃离之人，空亡主流荡不归乡。若生旺见财贵吉神，亦主废离逃亡之人也。

恶鬼凶神变动，见死亡凶横。

白虎螣蛇凶神并鬼克身世，为鬼神发动临爻，主凶横死亡之横祸。用爻带凶神动变，亦不为吉兆。

损父母子孙之财鬼，鳏寡孤独。

卦内父受损，兼不上卦，出孤儿子孙受伤，兼不上卦，出殇绝财爻受伤，兼不上卦，出鳏夫鬼爻受伤，兼不上卦，出寡妇要指引明白，不可概论。

叠刃刑鬼破之劫亡，疲癃残疾。

鬼临破碎杀，兼三刑六害，叠刃亡劫，同克用爻或乾坤宫，主头面喘急咳嗽小肠之疾。坎宫主臂面两耳小便气血腰痛胁心之疾。艮宫主鼻疮手指腿足之疾。震富主骨足肝腿三焦笑言之疾。巽宫主额鬓膝血气风邪之疾。离宫主脾胃痈疽眼目痛心惊心惧热症阳火气疾。坤宫主肚腹呕吐血泻痢黄肿之疾。兑宫主口齿缺唇掀皮肤之疾。金鬼乘旺劳嗽；木鬼风邪；火鬼热症；水鬼吐泻；土鬼黄浮肿之疾。中间不可尽述，依理推详。

元武遇咸池之劫杀，既盗且娼；青龙临华盖之空亡，非僧则道。

元武无头并劫杀拱位临世爻，在坎出外盗或因盗至死。元武并咸池带合，主女堕风尘，或淫奔。世爻并胎神受克，主有堕胎产难之厄。青龙华盖孤神值空亡，有气，是为僧道类。

月卦勾陈之土鬼，瘟疫相侵；

月卦是月将勾陈土鬼临世身爻，主时灾瘟疫相侵。

阳宫朱雀之凶神，火灾频数。

朱雀怕临火更在火位或临独火杀，主生火灾之患。

父母临子孙之绝气，后嗣伶仃；

父母以为孤杀，且如子孙爻，属火，火绝在亥。若父母临亥爻动，主后嗣伶仃断。

福德临兄弟之旺宫，假枝兴旺。

若子孙爻临命，或在兄弟爻临旺相，自假宫来，主假枝兴也。

动并旬中之凶杀，立见灾危；

劫亡刑刃丧吊月破等杀，在日辰旬中发动，若占者被冲刑伤克身命，主见灾危劫杀之事。余仿此。

穴临日下之进神，当臻吉庆。

进神者，甲子、甲午、己卯、己酉为进神，逢财福德，主人有财之兴进，当得康宁。且如戊寅日占得己卯逢龙，德财福是也。

看已形之既往，察过去之未来。

观已往可见之形，察吉凶过去未来之兆，无不验。

事与世应互同，可见卦中之体用；

世为体应为用，看体用发动，系于事体如何，方可论断。

动与日辰相应，方知爻内之吉凶。

动爻与日辰互相副应，则吉凶悔吝之事可见，不可拘执而断。古圣人之意，未可发明，贤者更宜斟酌，则无差无误矣。

第十五章　卜筮汇考十五

《卜筮全书》十二　《黄金策》（七）

求　师

捐金馔食教养，虽赖乎严君。明善复初启发，全资于先觉。凡求师傅，须究文书。

文书即卦中父母，此爻为师道，为书籍，为学馆，而又有尊长之义，故为主象。

如居弱地，必范不范而模不模；若在旺乡，则矜可矜而式可式。

父母休囚，其师必然畏惧局促，不能为人之模范，旺相有气，则魁梧雄伟堪为学者矜式。

临刑临害，好施楚之威。

榎楚徽顽之杖，父带刑害白虎，其师性暴少慈，必好笞挞，旺动尤甚。临青龙，则是徽戒弟子，非妄挞。

逢岁逢身，业擅束脩之养。

父母卦身或持太岁，其师专以严训为业，务得束脩以为养家者。

兑金震巽，杂学堪推；离火乾坤，专经可断。

凡推师之专经杂学，不可依金镶元关，以本宫他宫言之，当以父母在震巽艮坎兑五卦为杂学，乾坤离三宫为专经。盖巽兑二卦属阴，而阳爻反多，震艮坎三卦属阳，而阴爻反多，杂而不纯，所以为杂学之师，离虽不纯而有文书之象，乾坤则不杂而有资生资始之功，所以为专经。若父母在乾坤离卦之中，总或杂学，亦是良师；不在乾坤离卦之内，总是专经，亦非才士。

本象同乡，在内则离家不远；本宫异地，在外则隔属须遥。

本宫父母本乡人氏，外宫父母外郡人，在本宫而居外卦，虽是本乡离家必远；在他宫而居内卦，虽是外郡，必不遥远，亦是邻邦。他仿此。

与世相生，非亲则友；

与世父爻相生相合，其师必与求师之家有亲，若系他宫外卦，或与世爻不同宫者，相识朋友。父爻持世，亦是非亲则友。

与官交变，不贵亦荣。

父化官爻，其师异日必贵。卦无父母而鬼带贵人化出，多是生员，不带贵人或临衰绝，必是吏人。加白虎，或带刑害，则是有病之人。父持月建更加青龙，必有前程在身。父临生旺，又得月建日辰生扶者，今虽未贵，后必荣达，若化空亡，虽贵不显。

静合福爻，喜遇循循之善诱；动加龙德，怕逢凛凛之威严。

父母与子孙作合最吉，必能博文约礼，循循善诱，甚得为师之道，必主师徒契合，惟怕发动，则克子孙，更加白虎刑害，必然难为弟子。若不旺相而得青龙辅之，虽动不妨，但主其师严毅方正，凛然不可少犯。

父入墓中，边孝先爱眠懒读；

父爻入墓，其师惟爱安逸，懒于教训，逢空化墓皆然。得日辰冲破墓爻，又主聪察。

财临身上，李老聃博古通今。

凡求师，以财为师之才学。六爻无财，必欠学问；若得财临卦身，或居生旺之地，其师必多才学；更得父爻有气，乃非常之师。

母化子孙，必主能诗能赋；

父化福爻，其师善作杂文；带刑害败病等爻，虽能作文，必多破绽。子带月建，又加青龙，必然出口成章。子孙休囚，得月建日辰生扶，其文必得改削润色而后可观。若子孙胎养爻上与父作合，其师必有小儿带来。

鬼连兄杀，定然多诈多奸。

凡遇兄动化鬼，鬼动化兄，皆主其师奸诈；刑克世爻，必有是非口舌。卦中兄鬼，皆动或父化兄鬼伤世者，俱不可用。若不伤世，则主奸诈非凶也。

心是口非，临空亡而发动；

父母一爻，宜静不宜动，宜旺不宜空，动空不诚实，静空懒教训，化空始严终怠，旺空羊质虎皮，外有余内不足，避空则不然。

彼延此请，持世应而兴隆。

世应俱持父母，主有两家争延之象。世动应静我先请，应动世静，彼先请；两爻俱动，重爻先请；一旺一空，旺边可成。两爻俱空皆不成。若止有一爻父母而世应俱动生合，亦主两家争请；或一爻父母而世应比和同合者，是两家合延一师也。父母与世同宫设帐于此；与应同宫设帐于彼。

应值母而生世，须知假馆；

父临应上而世爻动来生合者，必馆于他家而欲附学也。

父在外而福合，必是担囊。

凡卜求师，若子弟自占，以世为生徒，不看福爻。父兄来占，以子孙为生徒，不看世爻。若父在外卦，又系他宫安静，而子孙动来相合，必游学他方。担囊负笈以从师也。若父爻发动或子孙逢合住，皆不然也。

鬼化文书克世，则讼由乎学；

鬼动固凶，若又化出父母刑克世爻，异日必至争讼。父化鬼爻，或官父皆动有伤世者，俱是争讼之象，若有冲散，或得合住，或遇制伏，或化空亡，则虽欲兴词，终有和释，必不成讼。

月扶福德日生，则青出于蓝。

大抵求师不可专看父爻，须得子孙有气不空，又遇月建日辰动爻生合，则学有进益；若父爻反衰，弟子反胜于师，如青出于蓝而青于蓝也。父旺子衰，徒学而已，必不长进，子孙自空当有大难。

刑克同伤，父子必罹其害；合生为助，官鬼莫受其扶。

父为师，子为徒，受伤皆不利。如鬼爻来伤，因学成病；父爻来伤，因师有祸；福爻来伤，因徒惹灾；兄爻来伤，则有是非口舌或多费财物，不然则学无进益。惟遇生扶则吉。然兄鬼有扶，又为不利，助桀为虐故也。异日宾主不投，师徒不合，或有口舌官讼，皆由乎此。总不伤世，亦非吉兆。若世与父爻生合，则宾主自投，乃闲人诬喋间阻而已。

或击或冲父母，逢之不久；

父母虽要有气，然不宜动变，动则必不久。若在本宫内卦，或临世上而有此象，乃见师无坐性非不久也，值游魂卦或化入游魂者，尤甚。游魂化游魂，则一年迁一馆。

或空或陷世身，见之不成。

世身空亡，延师不成；父母无故自空，亦难成；或父与世爻相冲相克，或应爻自空，皆见难成之象。

财化父爻，妻族荐之于不日；

凡占求师，以他宫外卦之财爻为师之学问，以本宫内卦之财爻为酬师之束脩，及主人之妻妾。若卦有父母，遇本宫财爻，又化一重父母者，不日间妻家又荐一师来也。兄弟化出，则朋友荐来，动爻是重已荐过矣。动爻是交将荐来也。生旺日断之卦，无父母而遇动爻有化出者，不可言又有先生荐来。本宫其师，即是其人荐者，如子孙化出，为僧道荐之类。他仿此。

母藏福德，僧家设帐于先年。

卦无父母，当看伏神可知消息。如父爻伏在子爻下，其师前年必设帐于僧房道观；如伏在官下，必曾在职役人家教授之类。若与世爻同宫，必与其家相近；与世比和，则与其主人相识；或生或合，非亲则友，父伏世下，必是旧师。

搜索六爻，无过求理；思量万事，莫贵读书。

凡求师，不可专指道学之师，如欲投学，百工技艺及拜僧道为师类皆是。但师之主象不异父母，而学者主象则不可专取子孙一爻，当以世爻看之。如隔手来占，须问是何人，如是来占者之朋友兄弟，则以兄爻为主类，皆要师弟。二主相生相合则吉，相冲相克则凶。父母要旺相不空有助，而月建日辰动爻无伤者，不拘是何艺业，必是高手，临月建则是闻名者，衰则不济，空则难成。世应宜生合，卦身宜旺相，二主不可伤，兄鬼不可动，如此则吉兆无疑矣。若父母不临，本艺之人必非专门名家，如学拳光棍及木匠类。不临本爻或震宫是也。父化兄或兄持世，必先尽谢礼而后可成，间动生合，必须用变，化出文书须立契券。

求　馆

学得明师，可继程风于满座。师非良馆，难期贾粟之盈仓。故欲笔耕，先须著筮。世为西席，如逢父母必明经；

凡占书馆，以世爻为西席之位，如临父，其先生必是明经之人，世在乾坤离三官亦然。临官带贵或本官官伏世下，多是秀才。

应乃东家，若遇官爻须作吏。

应爻为占馆东家主人，若临官，必是官吏户役人家；加白虎，则是病人。在三爻现，病在床，休囚受制，则有孝服在身，加元武必与盗贼往来。应临父母加勾陈，种田人家。加朱雀，读书人家。加白虎，宰杀人家。加螣蛇，工艺人家。应临子属金，僧道作主，加朱雀元武，是打猎人家。不然，则后生辈也。应临财爻，更在阴宫，又临阴爻而卦无官鬼者，必是妇人作主，有官则是富贵人家。财化财，财化子，做买卖人家。若被月建日辰动爻制伏，乃是奴仆为主，应临兄弟平常人家。加朱雀，赌博人家。系本宫，弟兄姊妹家。系他宫，朋友邻里家。若论住宅，依家宅章断。

临官兮少壮，休囚则贫乏之家；墓库兮高年，旺相则富豪之主。

应爻在临官帝旺爻，主人必然强壮，如临墓库，必是高年。五行无气，其家贫乏；五行旺相，其家富厚。重加财福，必然巨富。德性以五类六神参断。

值土火空无父母，逢金水绝少儿孙。

卦中六亲，即人六亲，然有两人系于一卦者，则彼此六亲宜不同矣。又当何以定之？不过生之理而已。且如占馆以应为东家，应爻属土，火能生土，不拘卦中有无，亦不拘是财官父子，皆作父母断，生我者故也。应爻属金，金能生水，不拘卦中有无，亦不拘财官父兄，皆作子孙断，我生故也。如火爻旺空，冲空动空，主父母不全，衰空必无父母，火化火，两重父母。带官鬼旺以贵断，衰以病言。带兄弟，其父好赌博，无廉耻，欠学问。带财爻，其父不富厚则业贸易。带子孙，其父则甚慈善，慷慨有为。余皆仿此。但不可以六爻总看，当以应宫者为彼六亲，在世宫者，皆我六亲也。一宫三爻，止余二爻，此宫不现者，不可遂断为有无，惟空亡乃是真无也。其贵贱寿夭，性情容貌，依常例推之。他如兄弟妻妾子息，亦仿此推之。

不拱不和，决定主宾不协；相生相合，必然情意相投。

世应二爻，刑冲克害，异日宾主不合，加以兄官发动大凶之兆。若得生合比和，情意必然相投，生而化克，始和终不和，冲而化合，始疏而后密，世与子亦宜生合，则师弟间恩义兼尽，若见冲克，亦多不睦也。

财作束脩，不宜化弟。

中华传世藏书

钦定古今图书集成
精华本

卜筮篇

四七九七

占馆以妻财为束脩，旺相多，休囚少。要知斤两，以生成数推之，生旺倍加，绝死减半。在阳宫以生数断，在阴宫以成数断。今人但言水一、火二、木三、金四、土五，而不言六七八九十，是举其生数而遗其成数也。独怕兄弟发动，或财化兄，主束脩不皆入己，必有人抽分费用，不然则有名无实，亦不能尽取之也。财爻无气而遇月建日辰动爻生扶者，束脩虽不多，四季节礼反周备也。《易》云：天一地二，天三地四，天五地六，天七地八，天九地十，生也。

父为书馆，岂可逢空？

占馆不可以父母为师，当作书馆论之，旺相有气则有好书馆；卦无父或落空，必无书馆，事亦难成。若占其年书馆有无，全要此爻出现，有气不空，必然有得，更得应来生合世爻，自有人来延请。世爻生合应爻及父爻，必须自去访求，无人相请。卦无父而动爻有化出者，不意中有人推荐也。若父化父，必有两处书馆，卦有两父亦然。馆有定期而遇父化父，馆必两处，本宫化入他宫，由近及远；他宫化入本宫，自外以及内也。

鬼动合身，须得贵人推荐。

官鬼发动，当有间阻，然来生合世身，又主其馆必得贵人推荐。而后可成，应如克世父或落空，虽荐不成。

兄兴临应，决多同类侵谋。

凡占学馆，应持兄动，必有同道之人争谋其馆，兄临卦身亦然。若在间爻动冲克世，则主有破说，其事难成。

官如藏伏，应无督集之人；

鬼能生扶父母，故占主以此爻为纠率子弟之人，若不出现或落空，必馆无人聚集生徒以成学馆，其事难成，又主无人推荐。若空而逢冲，伏而提起，必须央浼其人，方许出来纠集。

应若空亡，未有招延之主。

应爻空亡，无人延请，更若父不出现或落空，必难成就。应爻动空化空，是假言作主也，不然亦主不终其事。凡遇父母临身，或遇动来生合世身，大吉之兆，主其馆易成。有此象而应空鬼动，虽有纠集之人而无招延之主，宜自开馆。若鬼爻空伏而应来生合，虽有延请之家，而无纠集之人，宜有招致。

动象临财难称意，

文书为占馆用神，若遇财动，则被克坏未成者，不能成，已成者不遂意。世身日月皆忌临之，若得父持月建或临生旺，庶亦可成。

空爻持世岂如心。

卦中父母出现，应来生合而世爻空亡者，非馆不成，乃是自不上前，或虽成不去也。应不生合，父母重叠，而世爻空亡者，为有别馆，故不成此事。无故自空，必不可成；虽成，终不如意。

身位受伤，虽成不利。

世身被月建日辰动爻刑克，虽有可成之象，日后亦不称意，如鬼爻刑克有官非疾病类。

间爻有动，总吉难成。

间爻动，事多阻隔，故难成。

鬼或化兄，备礼先酬乎荐馆；

凡遇鬼爻动出兄弟，必得礼物，先酬荐馆之人，则可成。兄临世身亦主先费财物。兄临应上，则是东家好利，必得礼仪馈送而后可成也。

世如变鬼，央人转荐于东家。

鬼爻出现而世又化出者，必须再得推荐乃可成。卦无官而动爻有化出者，初未有人推荐，亦必待央人荐之则可成。若鬼化鬼，父化父，又主反覆难成。

世无生合，谩看白眼之纷纷；

凡遇应不克世，父母不空，兄鬼不动而月建日辰动爻，并不生合世爻者，其事可成，但主人不钦敬，皆以白眼待之也。

福或兴隆，会见青衿之济济。

占馆以福父为门生，旺相多，休囚少，空亡不上卦，虽是其人作主，未必其家子弟也。子化子，生徒必多。带杀动来克世，日后恐有操戈入室者。

衰逢扶起，日加鼓箧之徒；

子孙旺相，却被日辰动爻刑克，主生徒始虽多集在馆，日后渐自减少。子孙休囚却系日辰动爻生合扶起，则主始虽不多，开馆后日渐增进。

动遇冲开，时减执经之子。

子孙动爻，固是吉兆，若被日辰动爻冲散，其徒必有背师而去者。如被世冲散，是先生叱退其徒，非弟子自背其师也。子孙动一空亡，则弟子中有半途而废者，是歌学非叛去。

逢龙则俊秀聪明，遇虎则刚强顽劣。

子临青龙，其徒必然聪明俊秀。更逢月建日辰生合，而又临金水爻者，必有颖悟非常之子。若临白虎，则多顽劣不驯，发动其性必野，难以教训。凡遇青龙，必有礼貌，遇白虎，必不尽礼。

阳卦阳爻居养位，座前有刘恕之神童；阴宫阴象化财爻，帐前列马融之女乐。

子孙在阳宫阳爻，而临胎养及金水二爻旺相不空有扶者，其徒必有出类拔萃如刘恕之神童在门。若在阴宫阴爻，而又化财者，必有女儿受学不化财爻而在兑宫者，亦有女徒。

两福自冲，鬼谷值孙膑庞涓之弟子。子孙皆合，伊川遇杨时游酢之门生。

卦有两爻，子孙俱动相冲，弟子中必多不合，更加白虎螣蛇，数有争斗，若来伤世，必然责及先生。如遇二爻俱来生合世爻，则门生自尽弟子之礼尊师重傅，必不轻背其师也。

世动妻爻，决主亲操井臼；

世临财动，是自炊爨非供膳也，若占供膳，又主供得膳成。惟怕兄动，或虽不动而持身世者，皆主供不成。大凡占馆遇财爻持世，又主西席家眷同占。

应生财值，定然供膳饔餐。

财爻临应生合世身，定主供膳，财为饮食故也。若月建日辰动爻俱带妻财，必非一家东道供膳，乃诸生轮流供也。财爻旺相，款待必厚，休囚款待必薄，财化子必丰洁，财化鬼无美味，财化父必淡薄，财化兄常食而已。

如索束脩，可把妻财推究；若居伏地，还求朋友维持。

凡占取索束脩，以财爻为主，若不出现，不拘伏在何爻下，皆主费力难索，必须浼求朋友同行取讨，则或可得，盖凡伏藏，须得月建日辰动爻提起伏神，如同飞神，然后得出为用故也。

出现不伤，旺相生身名曰吉；入空无救，休囚化绝号为凶。

凡占束脩，得财爻出现，旺相不空，而月建日辰动爻不带，兄弟伤克，则不缺欠，更得财爻生世合世大吉之兆。若财虽出现，却被克劫，或居绝地，或空亡，或变出死墓绝爻，皆不遂意，世持兄克尤难取讨，得子孙旺动亦好。

变出父爻，书债必然偿货物；

财动化父，或父动化财，主束脩必无金银宝物，多是货物准折，乃有名无实之象，卦中兄弟更动，杂货物亦不尽得。

化成兄弟，砚田定主欠收成。

兄弟乃动财之神，若发动，或持世，皆难入手。财化兄，有名无实，或得一半。卦若无财，遇兄化出，则主有人抽分。

身空应空财福空，必成虚度；

凡占束脩，遇卦身应爻及子孙妻财，或空或不上卦，主束脩无得，盖财为用神，身为事主，应为诸生父兄，而子孙又生财之神，今皆空休，其能取乎？故成虚度。

日克月克动变克，恐受刑伤。

月建日辰动变诸爻，皆来刑克世爻者，占馆必不可成，占束脩恐被诸生父兄呵责，宜慎之。

鬼化财生，非讼则学金休矣；

卦中无财，而遇兄鬼文书乱动，有化出财爻，生合世爻者，必须讼诉公庭，然后可得束脩。官爻独发生世合世亦然。

子连父合，因学而才思加焉。

凡占学馆，世若衰绝无气，而遇子孙动化，父母生扶，合起世爻者，主先生才学本不克赡，因教训子弟而其才思日加进益，卦有财动则不然。

词　讼

小忿不惩，必至争长竞短。大亏既负，宁不诉枉申冤？欲定输赢，须详世应。

事中世应，即状中原被告人，须看此则两边胜负可知。

应乃对头，要见休囚死绝。世为原告，宜临帝旺长生。

占讼以世为原告，应为被告，若被告占以世为自己，应为对头。应旺世衰，他强我弱；世旺应衰，我强他弱。逢兄遇鬼，虽强理短；临财持福，虽弱理长。

相克相冲，乃是欺凌之象；

世爻刑克应爻，未必我胜，乃是欺我之象，必得鬼克应爻，方为我胜；应爻刑克世爻，未必他胜，乃是欺我之象，必须鬼克世爻，方为他胜。世应遇三刑六害六冲，两爻俱动者，是鹬蚌相持之势，两不相让之象。

相生相合，终成和好之情。

世应生合，原被有和释之意。世生应，我欲求和；应生世，他欲求和。世应虽生合而变爻刑冲者，口和心不和也；世应虽冲克而变爻相合者，始不和，而终和也。生中带刑，合中带克，而动空化空者，俱是假意言和，未尝信任之也。

世应比和官鬼动，恐公家捉打官司；

世应比和亦是和解之象，卦无财或落空，是财用不给而欲和也，但得子动月建日辰不相刑克，必成和好；若世应生合比和而官鬼却动者，主官府捉打官司不依和议，鬼爻休囚是主词人刁蹭，若有制终成和议。

卦爻安静子孙兴，喜亲友劝和公事。

世应生合比和，而六爻安静者，不劝自和。世应虽不生合，而子孙发动者，必有劝和之人和释两边也，与世同宫及世爻化出是我亲友；与应同宫及应爻化出，是彼亲友；在间爻则是中证人也。若被世应动克，或鬼旺福衰，虽或劝和不能依允，卦无子孙及落空亡，必然无人兜留。

世空则我欲息争，

世空我欲息争，应空他欲息争，世应俱空，两愿消散未成讼。世空告不成，应空事无头绪。初告状世空，必有悔心或遇变故，官司不理；应空到头走闪，不成讼。世空恐无主意，不能取胜；应空人不能齐或对头躲闪，不能结讼。

应动则他多机变。

世动我必使心用谋，若化鬼或化兄，回头刑克反为失计；应动他有谋略加月建，必有贵人依靠，反伤世必致大祸，宜世空避之则吉。

间伤世位，须防硬证同谋。鬼克间爻，且喜有司明见。

间爻为中证人，生世合世必然向我；生应合应则必向他。与世冲克，与我有仇；与应冲克，与彼有隙。若旺爻生应，衰爻合世，是助彼者有力，助我者无功。或静生应动克世，是向彼者虽不上前，怪我者偏来出头也。若冲克之爻，反去生应合应，或与应爻比和，须防彼与中证人同谋陷害。若得鬼爻克制，或被日辰冲散合住，是官府不听其言，我得无事。间爻若受三刑六害冲克，中证必遭杖责。

身乃根因事体，空则情虚。

卦身一爻，乃词讼根由，旺则事大，衰则事小，动则事急，静则事缓。空亡不出现，皆是虚捏事故，飞伏俱无，毫厘不实，旺相空亡，一半真假。要知为何起讼，以所临六亲断之。如临父母，是田房树木或为尊长起讼，临兄，争财斗殴，门户役事，或为兄弟朋友起讼。临子，是渔猎六畜僧道医药卑幼起讼。临财，是婚姻财物妻妾奴仆起讼。临官，是撇青放火人命贼盗官灾或功名徭役起讼。妇人占必为夫事，若临腾蛇，则是被人牵连之事，持世切己事，临应他人事。

父为案卷文书，伏须未就。

卦无父，案卷未成；父母旺空，文书未就；休囚空亡，其事不成。如带刑爻或临败病，必多破绽，化财亦然；化兄还欠笔削；死墓衰绝，皆不济事。若被月建太岁冲克，上司必要驳；太岁月建作合，上司必吊卷；有冲散或克破，皆不依允。

鬼作问官，克应则他遭杖责；

官为听讼官，克世我遭责，讼必他胜；克应他遭责，讼必我胜。世应俱被伤，原被皆受责，若鬼爻虽刑克，而文书却有情杖责，须有罪名则无。

日为书吏，伤身则我受刑名。

日辰能救事，能坏事，原被皆要此爻有情，则必有人看顾。若临庭争讼，则当以此爻为书吏，吏合世爻于我有益，生合应爻于彼有益。冲克应冲坏彼事，冲克世冲坏我事。又如鬼动克世而得日辰克制，冲散合住者，是官府有怒于我，却得傍人一言解之，而得宽宥也。

逢财则理直气壮，

占讼以财为理，临世我有理，临应他有理。临世而休囚死绝，我虽懦怯，有济；临应而鬼来刑害，彼虽有理，而官府不听，若遇兄则主不能分辩。如占下状，则财为忌爻，或发动，或持世，或值日辰，或带月建皆主不成。

遇兄则财散人离。

兄弟，破败耗散之神，若在身世爻上，事必干众，动则广费赀财，更化兄或加白虎，必主倾家荡产，财散人离，临应爻则以彼断之。

世入墓爻，难免狱囚之系；

世爻入墓化墓，或临鬼，墓卦象凶者，必有牢狱之祸。墓爻衰弱，是箍禁笼中，临白虎在狱有病；自空化空，死于狱中。

官逢太岁，必非州县之词。

鬼在本官内卦，本州本县词，本宫外卦，事在本府，第五爻抚按三司、六爻事干省部。外宫外卦，必发于外县他州，官问官逢太岁，必干朝廷，逢月建必涉内外有官，事涉一司终不了；

官不上卦，无官主张。内外有官，权不归一，主事体反复，必经两司然后了事；不然则有旧事再发，或被他人又告。官化官亦然，空则勿断。

上下有父，词兴两度始能成。

官父二爻不宜重见，主有转变不定之象，其事必主缠绵，率难了结。如占告状，遇有此象，再告方成。若月日动变，诸爻俱带文书，重叠太过者，虽告数次亦不能成。

官父两强，词状表章皆准理；妻财一动，申呈诉告总徒劳。

凡欲上表申奏，申呈告诉等事，皆要官父两全，有气不空，则准理。缺一便不成，最怕财动则伤父，必不可成。若父虽旺相，财爻持世，或父动化财，皆主词理未善，宜更改可成。卦无财爻月建日辰带财，亦不能成。

父旺官衰，雀角鼠牙之讼；

父旺相，官休囚，词状幞头虽大事，实细故，乃鼠牙雀角之讼。父旺官空，或有父无官，主词状虽善，官府却不放告受词。

变衰动旺，虎头蛇尾之人。

凡世应旺动，是有并吞六国之势，若变入死墓空绝，乃先强后弱，虎头蛇尾之象。应以彼言，世以己言断之。

世若逢生，当有贵人倚靠；应衰无助，必无奸恶刁唆。

世爻衰弱，遇月建日辰，动爻生合，必有贵人扶持，彼亦无可奈何。应爻遇之，是彼有人扶持，我亦不能制胜于彼也。间爻生合，可得中证人力。鬼生合，得官府中人力也。

无合无生，总旺何殊独脚虎；有刑有克，逢空当效缩头龟。

应爻旺动，若无一点生合者，彼虽刚强有谋，乃是独脚之虎，不足畏也。世无生合，是我一孤无助，若遇月日动变，刑克世爻，其象最凶。得世在空爻，谓空避，如讼未成，不告为上，若已成讼，当效缩头之龟，勿与对理可也，否则必遭罪责。应逢刑克而避空者，是彼有躲避之计，我亦不能施其谋也。

兄在间中，事必干众。

兄弟在间爻，词内干犯，牵连众多，动则中证人贪索贿赂，冲克应爻索彼之财物也，兄弟逢空，事虽干众到官者少。化官伤世。若不用财买嘱他人，必被其害。

父临应上，彼欲兴词。

父母为文书，临世我欲告理，临应他欲申诉。动则事已行矣，化入死墓空绝，必不成事。若逢合住克制，必有阻留者。

父动而官化福爻，事将成而偶逢兜劝；父空而身临刑杀，词未准而先被笞刑。

凡占告诉，遇官父两动，其事可成，若父化子伤克官，或官化子刑冲父，必主身到公门将投词而有人兜劝。若父化空亡，墓绝，官鬼刑克世爻，或带自刑，或被日辰冲克，告状且不准，先遭杖责也。若官父皆旺，而有此象，虽被杖责，事必可成。

妻动生官，须用赀财嘱托；

父母有气，不带刑害，不临败病，不被冲克，则词理中式，事必可成。若鬼休囚死绝，亦难准理，遇有财动生扶，可用赀财谋干，然后有望。若讼已成，卦有此象，必须用财嘱托官吏，姑待鬼爻生旺月日，方能成事。更遇子孙发动，仍复无气，虽费赀财，亦无所益。

世兴变鬼，必因官讼亡身。

世持鬼我失理，应持官他失理。世变鬼，恐因官事而丧命；应变鬼，以彼断之，无故自空，亦有大难。若世临鬼爻，克应或应临鬼克世，主两边俱有罪责，鬼在世，我做招头，鬼在应，他做招头也。

子在身边，到底不能结证。官伏世下，讼根犹未芟除。

卦身临福德，其事必不见底，出现发动，随即消散。若占散事得子动或世空，皆吉。惟怕本官鬼伏世下，则讼根常在，目下虽不成讼，至官旺相月日，仍旧举发也。

墓逢日德刑冲，目下即当出狱；岁挈福神生合，狱中必遇天恩。

世墓鬼墓爻动，皆是入狱之象；若得日辰刑冲克破，目下即当出狱，不久禁锢也。在狱占卜，最喜太岁生合世爻，主有天恩赦宥，月建生合，上司审出，日辰生合，有司饶恕，父母生合必须申诉而后获免也。

若问罪名，须详官鬼；

凡卜罪名轻重，以鬼爻定之。旺则罪重，衰则罪轻，带刑加白虎，旺动克世，金受极刑，火主充军，木主笞杖，水土徒罪须以衰旺有制无制断之，不可执滞。

要知消散，当看子孙。

要知消散日期，若福动鬼静，以子孙生旺月日断；鬼动福静以官墓月日断。二爻俱静，若鬼旺福衰，以鬼父墓绝日断；福旺鬼衰，以冲动福爻日断。二爻俱动，若福有制伏，则看鬼父；鬼有制伏，则看制伏之父。见官日期，专看鬼父；出狱日期则看破墓月日，或生合世爻月日。

卦象既成，胜负了然明白；讼庭一剖，是非判若昭彰。

避　乱

人有穷通，世有否泰。自嗟薄命，适当离乱之秋。每叹穷途，聊演变通之易。因录已验之卦爻，为决当今之倭寇。

承平日久，莫识乱离之苦，不幸海倭窃发，横行吴越之间，剽掠村落，纵肆淫杀，不忍见闻，数年以来，人情汹涌，避乱不暇，有在家而遭焚烧劫者，有在途而被其掳掠者。或死非命，或致伤残，或夫妻之不顾，或父子而相离。割恩舍爱，惟命是逃。然则伯道之弃儿，岂虚语乎！予赖卜筮，未尝遭遇，此固不幸中之万幸也。因以平日所验者，录述此篇，以为卜倭张本。而凡以患难之欲避者，亦仿其占，云须凭五类，勿论六神。世之占者，皆以元武为倭贼。予则以官论元武，倘临福德，亦作倭断耶，故凭五类勿论六神。

鬼位兴隆，贼势必然猖獗。官爻墓绝，人心始得安康。

以鬼为倭者，鬼能兴灾致祸，倭亦伤人害物故也。旺相发动，势必猖獗，纵横出入，莫能御止。若得休囚安静，日辰动爻，又不刑并，则安枕而卧，必无惊恐。

路上若逢休出外，宅中如遇勿归家。

凡占以卦中二爻为宅，五爻为路。鬼在路上动，出外必遇，不如父子家中；在宅上动，必然在家撞见，不如出外避之。

动来刑害，从教智慧也难逃；变入空亡，总被拘留犹可脱。

卦中鬼动，若不伤世，任彼猖獗不遭其祸；如被刑冲克害，必难逃避。若变入死墓空绝，则是虎头蛇尾，虽凶无咎之兆，虚惊则不免焉。若变生旺妻财等爻，则为可畏。

日辰制伏，何妨卦里刑伤。月建临持，勿谓爻中隐伏。

官鬼动来刑克世爻，固是凶兆，若得动爻月辰克制之，或冲散合住之，皆谓有救，虽见凶恶，必不为害。惟怕月建日辰带鬼，刑克世爻，则虽卦中无鬼，亦必遭其毒手，月建为甚，日辰次之，出现则不可当也。

所恶者提起之神，所赖者死亡之地。

鬼爻伏藏固是吉兆，若被动爻日辰冲开，飞神提起伏神，仍被其害，必得鬼伏死墓绝，或临空亡，则虽提之亦不能起，方无事也。且如甲申日卜得涣卦，六爻安静又无官鬼，岂非吉兆？殊不知本官巳亥，鬼伏于六三空亡爻下，既已透出，又遇申日提起，且又冲克世爻，所谓变吉为凶，果被妇人引祸及己，盖申金乃离宫妻财故也。

自持鬼墓坟中，不可潜藏。或值木神舟内，犹当仔细。

官父自持鬼墓者，如水土墓在辰，鬼在辰爻动是也，凡遇此象，不可避在坟墓中土鬼，皆然，虽宇宙之内亦不宜也。木鬼不可避在草木丛中，水鬼不可避在舟中，金鬼不可避在寺观中，火鬼不可避在窑冶中，水化水不可避在夹内，乾宫鬼化父不可避在楼阁中，否则必然遇见。余当仿此推。

子爻福德北宜行，午象官爻南勿往。

官鬼所临地，倭寇出入之所，宜避之，如临午爻勿往南方，类子孙所临地，倭寇不到之处，宜往之，如临子爻宜往北方类。余仿此。

鬼逢冲散，何须克制之乡；福遇空亡，莫若生扶之地。

取子孙之地为吉者，以其克制官爻也。若发动，则取之，若福静官动，而卦有冲散合住官爻者，即以冲合之方为吉。以其为得用之神故也。若卦无子孙，或落空亡，或衰静受制，不得其力，而鬼爻又无冲散合住之类者，则取生合世爻之方为吉，但不宜在鬼爻刑克冲害之地耳。

旺兴内卦，终来本境横行；

凡占倭夷到此地否，若官在本宫内卦发动，必到此地；在他宫外卦，则不入我境。内卦持世，值到宅边；内卦应临，虽来不入我室，卦身临之，彼此俱遭其祸。

动化退神，必往他乡摽掠。

官鬼发动，其势必来。若化退神，乃是往他处劫掠也。如化进神，倭必速到，宜早避之。

官连旺福合生身，反凶为吉；

官爻发动克世，必遭毒手，若得化出子孙或化子财，反来生合世身者，必然因祸致福，或得财物或得子女。

阳化阴财刑克世，弄假成真。

官爻发动，不伤世爻，而化妻财反伤世爻者，必因贪得财物而惹祸也。若阳鬼化阴财，阴鬼化阳财，须防倭贼假妆妇人，哄诱乡民，因而遇之不能避也。得世在空避之，庶几可脱。

贼兴三合，爻中必投陷阱；

卦有三合爻动，最怕鬼动其中，或会成鬼局，必主倭夷四边合来，虽欲避之，前遭后遇，左冲右撞，不能脱离，卦有两鬼俱动，克世亦然。三合兄局，身虽无事，财物失散。三合父局，小儿仔细。三合财局，生合世爻，反主得财。刑克世爻，则主父母失散。三合子局，则伤鬼最吉也。

身在六旬，空处终脱樊笼。

身世空亡，虽见刑克，不能为害，避空故也。如癸亥日卜得损之临卦，日辰扶助，官鬼动克世爻，并无救制，岂非凶兆？然而世坐空亡，果应无事。

官鬼临身，任尔潜踪犹撞见；

官爻持世，乃是倭贼临身，如何可避？如被捉去而占，亦不能脱彼而回。

子孙持世，总然对面不相逢。

子孙持世，不动亦吉，发动尤妙，若临月建，或带日辰，或在旁爻旺动，皆吉。卦中虽有鬼动，亦不足畏，大怕空亡，则不干事。

兄变官爻，切恐乡人劫掠；

卦中无鬼，或落空亡，而遇兄动变出者，须防邻人乘机劫盗财物，非真倭贼也。兄在内卦，近邻人，在外卦，远方人也。

财连鬼杀，须防臧获私藏。

卦中无鬼，财变官爻者，恐是家中奴婢假装倭子，劫掠财物，或在乱中被其藏匿也。在外卦，乃邻里妇人。

日辰冲克财爻，妻奴失散；动象刑伤福德，儿女抛离。

官鬼动，必有惊险。不拘日辰动爻，被其伤处即不太平。如冲克财爻，主妻奴失散，冲克子孙，主儿女抛离之象。

火动克身，恐有燎毛之苦；水兴伤世，必成灭首之凶。

卦中火加凶杀，动来克世，主有火烧之祸。火带财爻，或化妻财，或卦无父母，或父落空亡，房屋必成灰烬。若水加凶杀克世，主有溺水之患，更遇世衰无救，必至溺死。水带父母动于外卦，则受风雨淋漓之苦。

父若空亡，包裹须防失脱；妻如落陷，财物当虑遗亡。

父爻空亡，包裹必然亡失，不然则父母有不测之祸，财空，财物恐有失散，不然则妻妾有不测之祸。子孙空亡，忧小口，兄弟空亡，忧手足。已上避空则勿断，惟官鬼空亡为大吉。

五位重交，两处身家无下落；

凡遇五世爻游魂卦，世爻发动，脱身在外，东奔西走，避乱不暇，身宅两处，不顾财业。更遇日辰动爻，冲散世爻，必无安身下落之处，空动尤甚。

六冲乱动，一家骨肉各东西。

八纯六冲卦，六爻乱动者，主父子夫妻兄弟骨肉，各自逃命，不能聚于一处。六合卦，虽离一家骨肉，必不分散，已上五条，必须卦有官动，方有此象，不动不可乱言。

福临鬼位刑冲带杀，则官兵不道；

子动固吉兆，若带刑害虎蛇等杀冲克世爻，而又变出官鬼者，乃是官兵乘乱掳掠，非关倭贼事也。子孙虽不伤世，化鬼却来刑克者，亦然。且如五月戊寅日有卜倭，得明夷之谦卦，二鬼俱静，子孙独发，皆欣喜予独戒其慎之，盖子孙虽动，被日辰扶起克世，则非吉兆，况变官爻，系是世墓世临病爻，谓之带病入墓，其凶可知，但官从子化出，必非倭夷之祸，乃官兵之祸也，已而果然。

官变兄爻克合伤财，则妻妾遭淫。

官爻发动刑克世爻，合住财爻，则身被擒获，妻遭淫污，如不伤世而但合住财爻者，身虽无事，妻必被辱也。更化兄爻，即奸而又不放回也。若鬼虽不合妻财，而化兄带合克制者，亦然。子化官合财，恐受官兵之辱也。财化子必不顺从。

妻去生扶，只为贪财翻作祸；

鬼爻发动，最喜休囚死绝，决无深伤，若有财动生扶，必为贪彼财物而惹成祸患也，世以己言，应以人言。若在旁爻及日辰带财者，又是妇人引惹祸来，非为财物也，在内卦自家妻妾，在外卦是他家妇人。

子来冲动，皆因儿哭惹成灾。

官鬼安静，幸也，若被子孙冲动，必有小儿啼哭，因而知觉，乃被其害。世爻冲动，自身惹灾，应爻冲动，他人惹祸，兄爻冲动，同伴惹祸，日辰冲动亦然。

得值六亲生旺，虽险何妨？如临四绝刑伤，逢屯即死。

凡动爻日辰伤克，必有灾咎，若受伤之爻，生旺而有疕，总有惊险，不致伤命。惟怕临于四绝之地，或在月令衰弱之爻，一克即倒，必然丧命。如五月庚寅日卜得大壮之小过卦，日辰妻财，生扶动鬼，刑冲子孙，又克兄弟，果被获去一弟一子，然子坐绝地，而夏月庚金正弱，兄临土爻正旺，所以子死非命，而弟得回来也。世爻亦被动爻冲克，而无事者，世得避空故也。

世遇乱离；既已逐爻而决矣；时遭患难，亦当随象以推之。

平居无事，何暇占卜？倘或刑戮所加，户役所累，或官府擒拿，仇家报复，或祸起于无辜，殃生于不测，苟不避之，终为所害。是以不能无避难之占也。然大概与避乱相似，故并附于此。

最怕官爻克世，则必难回避；

不拘脱役避祸，若遇官鬼动来，刑冲克世，皆不可避，持世亦难。必须鬼爻空亡，或不上卦，或衰绝不动，然后为吉。若鬼虽空绝安静，却遇本官官鬼伏于世下者，目下无事，日后必然举发。

大宜福德临身，则终可逃生。

子为解神，若临身世，或在旁爻发动，或值月建日辰，则虽遇官鬼亦不妨事。大怕空亡墓绝，或被父动克制，则为无用。

官化父冲，必有文书挨捕；

父母旺动，名字已入宪册，必有官批，在外鬼爻亦动，事体正急，宜速避之。父化官，官化父，刑克世爻者，必著公差挨捕，宜慎防之，世爻空亡，虽捕不获。

日冲官散，定多亲友维持。

卦中官动，固难逃避，若得日辰动爻冲散之，或克制合住之，必有心腹亲友与我周旋干事，或解释，或阻挡，不使之累我也。要知何人，以冲合制鬼之爻定之，鬼带月建，虽阻无益。

鬼伏而兄弟冲提，祸由骨肉；

鬼爻动，要见冲合，鬼爻静，怕见冲合，如兄弟冲动，鬼来刑克世爻，是自家骨肉，搜踪捕迹，恐难逃避。若鬼伏藏而遇动爻，日辰冲开提起者，亦以六亲定其害我之人。世爻自去提起者，必是自不小心撞见之也。

官静而旁爻刑克，事出吏书。

鬼动，其事必由官府；鬼静而卦中动爻日辰刑克世爻者，乃是下司。本局自作主张，或是仇家陷害也。若化兄爻，或卦中兄兼动者，是欲索诈财物也。

应若遭伤当累众，

官鬼伤克应爻，必然累及亲友，日辰刑克，应爻亦然。

妻如受克定伤财。

妻财如遇兄弟动，必主破费财物，财用合住官爻，或冲散官鬼，或化子克制官鬼，皆宜交财买求，方得无事。

偏喜六爻安静，

六爻不动，鬼爻无冲并者，患难可避户役可脱，大吉之兆。

又宜一卦无官。

无鬼则无官主张，事必平安，空亡亦吉。

或身世之逢空，

世爻空亡，百事消散，总有鬼动，亦不妨事。海底眼之世空世动，其忧脱正谓此。

或用神之得地。

卦中得用之神旺相有气，不逢刑克冲害，不化死墓空绝，皆为得地，必得此人之力，如占避居何处，亦以此方为吉。如鬼爻发动，得父爻合住，则父爻为用神也。余仿此。

天来大事也无妨，海样深仇何足虑。

此二句总结上四条，卦中有一象，决然无事也。

事有百端，理无二致。潜心玩索，若能融会贯通，据理推占，自得圆神不滞。

逃 亡

宽以御众，侮慢斯加。严以治人，逃亡遂起。故虽大圣之有容，尚谓小人之难养。须察用爻，方知实迹。

用爻者，妻妾奴婢逃亡，看财爻类是也。

若临午地，必往南方；或化寅爻，转移东北。

凡占逃亡，用爻安静，以所临之地为逃亡去向，如坎北方，午南方类。用爻发动，以变爻定其方向；如临午动变出寅，可言初去在南方，今移于东北方也，独发之爻，亦可定方，六爻安静，卦无主象，则以应爻定之。

木属震宫，都邑京城之内；金居兑象，庵院寺观之中。

用爻在乾宫尊长家，或在父族，或隐于楼阁上。坎宫兄弟家，或在船上，或水亭中。艮宫少男家，或在山间，或在高冈烟去处，或石匠人家。震宫竹木林中，或有须人处，或城市间。离宫姊妹妯娌家，或窑冶所在。金爻铜铁匠家。巽宫花园蔬圃之内，死绝柴草之中，或在卖屦织席之家。坤宫老阴人家，或在母族，或在旷野坟墓去处。兑宫在女人家，旺相寺观中，休囚庵院内，更宜变通，不可执滞。

鬼墓交重，庙宇中间隐匿，休囚死绝，坟陵左右潜藏。

用持鬼墓，其人必在圣堂神庙中；死绝无气，则在坟墓左右；用爻入墓，化墓乃在人家墙圈内住，不然亦主深居不出而难寻。

如逢四库，当究五行。

四库辰戌丑未是。如用爻属木卦，有未动类。凡遇墓库，不可一例推，如辰为水土库，必在水边墓侧人家。戌为火库，乃在寺庙香火去处。丑为金库，是在铜铁银匠家，或在冶坊内。未为木库，则在园林柴草间，或木工篾匠之家，己土爻亦依此断。凡占逃亡盗贼若遇墓爻，决难寻觅。直待冲破墓爻月日，方可觅。

倘伏五乡，岂宜一类。

卦无主象，须看伏在何爻下，便知其人在于何处，如伏鬼下，在管仓库家中。旺加月建，官户人家。休囚无气，公吏人家。伏父下，叔伯父母尊长家，不然在手艺人家。伏兄下，兄弟姊妹相识朋友家。伏财下，奴婢妻妾阴人处，或富户人家。伏子下，在寺观中卑幼处也。又如伏于鬼墓下，不在庙宇中，则在寺庵内。又如伏于财库爻下，不在仓库中，则在富豪家也。

木兴水象，定乘舟楫而逃；

用爻属木在坎宫动者，必乘舟逃去。木化水，水化木，或木在水宫动，或水动木宫者，皆然。用爻若临火土，乃是陆地潜行。用爻冲动水爻，涉水逃去；冲动火爻，逾墙越篱而去，水爻刑克用爻，必会溺水。

动合伏财，必拐妇人而去。

用爻动来与本宫财爻作合，其人必拐妇人逃去。财若伏于世下，必是妻妾。应爻下，邻家妇人在旁爻，使令女子，主象变出之爻与卦中财合者，亦然。若妇人逃亡遇财官相合，亦是暗约情人而去也。

内近外远生世，则终有归期；

用爻在本宫内卦，人在本地，或在宗族之中，初爻在邻里，二爻在乡党。本宫外卦，本府别县去。他宫内卦，外县交界处。他宫外卦，别府州县，更在六爻，远方逃去。若临世上，其人未曾出窟，最喜生世合世，其人虽去常思故里。日后当自归，寻亦易见也。

静易动难坐空，则必无寻路。

用爻不动，其人易寻；动则迁徙无常，指东言西，或更名改姓，必难寻获。若落空亡，杳无踪迹；动入空亡，逃后必死，亦有大难。有故空亡，恐人察识，遂深避之，无故空亡，必有归日。

合起合住，若非容隐即相留；

静爻逢合则合起，动爻逢合则合住，若日辰动爻合起主象，必有窝藏容隐在家者，卒难寻觅。如被合住，则有人相留在家，不致放窜也。要知相留容隐之人，以合爻定之，如子孙为僧道，官鬼为巡捕类。合爻与世冲克决不来报。

冲动冲开，不是使令当败露。

静爻逢冲为冲动，动爻逢冲为冲开，用爻遇动爻日辰冲动，家中必有人使令逃亡者，如父是尊长，财是妻妾类。若被冲开，有人喝破，去后必当败露。冲爻是兄或化兄，必被索诈财物。更带刑爻或加蛇虎，仍被鞭挞，动空化空终必疏放。

动爻刑克，有人阻彼登程；日建生扶，有伴纠他同去。

用爻遇动爻，日辰相克，必被他人责打，逢冲被人喝破，遇克被人捉住。有扶有并，有人同去，有生有合，有人纠他同去。已上刑克等爻与世有情，必来报我，与世无缘，虽阻何益？若在五爻，宜路上候之。

间爻作合，原中必定知情。

间爻为原保人，无保以邻里断之，如与用爻相合，必知其情，更与世爻冲克，必是此人诱去，空合或化空亡，始虽知情，今却不知其去也。

世应相冲，路上须当撞见。

世应俱动相冲，途中必然撞见，用爻与世动冲亦然。世爻动克用爻或世旺应衰，必然擒拿；应旺世衰或用爻克世，虽能遇见，不能捕之。

无冲无破居六位，则一去不回。有克有生在五爻，则半途仍走。

用爻不受刑冲克害，又不生合世爻，而世爻不克应者，是逃者不思归，寻者不得见，乃一去不回之象。若动爻日辰克制用爻，是可擒之象，若遇变出之爻，反生合用爻者，主捕后仍被逃走，在五爻途中断，在内卦到家断，持世爻则捕归而复逃也。

主象化出主象，归亦难留；

卦有用爻不宜再化出爻，谓化去必难捕获。若被世爻动爻日辰克制，庶可寻觅，但捉归之后，亦不久留。

本宫化入本宫，去应不远。

本宫仍化本宫卦，其人逃在本处地方，必不远出别境；若用爻在他宫动，而又化入他宫者，远去他方，不在本乡也。

归魂卦用仍生合，不捕而自回；游魂卦应又交重，能潜而会遁。

凡遇归魂卦，人有还乡意，若世应比和生合，或主象生合世爻者，必自归，寻之亦易见，惟遇游魂卦，其人必无存心，决不思归，更若应爻发动，必能东迁西徙，隐讳实迹。能潜会遁，寻之必难见面。若得世爻旺动克应，日辰动爻制伏主象，庶可寻获，亦不费力。

世克应爻，任尔潜身终见获；应伤世位，总然对面不相逢。

世克应，是我制住他，去不甚远，寻之易见；应克世，是他得志去，有自由之象，寻之难见。

父母空亡，杳无音信。

父母必有信，动空化空，皆是虚信；旺相空亡，半真半假；休囚空亡，杳无音信；父化父，或两父动，必有两处人来报信；若遇日辰合住，必被人阻，不能来报。用爻化父，或卦无用爻，而遇父母化出，当出招子候缉，然后有信。

子孙发动，当有维持。

子孙临身世，则好去好回，自然顺利；如在旁爻动，或系日辰生合世爻，必有维持调护之人，总有逆事，不能为害。

众杀伤身，切恐反遭刑辱。

动变月日，刑冲克害世爻者，众杀伤身也，须防反遭刑辱；得世爻空避，庶可免脱其祸。

动兄持世，必然广费赀财。

兄弟持世，费财可寻，旺相发动，必然广费赀财；若加元武乘旺动克，须防有人劫骗，世化兄，自家失脱；世临无故自空，亦有遗亡之患。

父动变官，必得公人捕捉。

卦中父化官，官化父，或官父俱动，必须兴词，告官差捕，然后可获也。

世投入墓，须防窝主拘留。

凡遇凶卦而世入墓者，必有反被拘留之辱，卦吉而遇此象，则寻觅之后，身有灾病。

世应比和不空，必潜于此。

凡卜逃人在此处否，须得世应生合比和，用爻出现不空，必在此处；若用爻或空或伏，或被日辰动爻刑克，其人决不敢往。兄弟独发，亦不在此处。若用爻变出之爻与应爻作合，或与日辰相合，必会潜住于此则转移他处矣。

世应空亡独发，徒费乎心。

逃亡世空，去寻不成。应空，寻亦不见。世应俱空，必主空回，决无寻处。兄弟独发，虚诈不实，亦不见也。

但能索隐探幽，何虑深潜远遁。

第十六章　卜筮汇考十六

《卜筮全书》十三　《黄金策》（八）

失　脱

民苦饥寒，每有穿窬之辈。物忘检束，亦多遗失之虞。要识其中之得失，须详卦上之妻财。

财爻为所失之物，一卦之主。

自空化空，皆当置而勿问；日旺月旺，总未散而可寻。

财爻无故自空，或动化空，皆寻不见，固当置而勿问。若财爻得月令有气，或在目下生旺之地者，其物未散，必然可寻，旺相空亡，可得一半。

内卦本宫，搜索家庭可见；他宫外卦，追求邻里能知。

财在内卦，又属本宫，其物未出家庭，寻之必见。财在外卦，又属他宫，物已出外，寻之便难见矣。在间爻，邻里人家可寻。若财虽在内，不在本宫，其物在屋之外，不在屋之内。财虽在外，却属本宫，其物在宅之内，不在宅之外，更宜通变。

五路四门，六乃栋梁阁上；

财在六爻系本宫，物在屋上，属金，在壁头上，加螣蛇在瓦楞下；属木在梁上，加勾陈在斗拱上，日辰作合在阁板上；属水，在屋漏处，加元武在坑屋上；属火，在天窗边，或在厨灶屋上；属土，在燕窝中。六爻系外宫，物在远方，属土，在墙边；属木，在篱边。财临五爻，物在路边，动则去远；系本宫，在家中街里，或人常走动处。财临四爻，物在门前；系他宫，则在墙门外也。

初并二灶，三为闺阃房中。

财临三爻，系本宫，物在房中，属金铁器中；属木在床边，有合在箱笼厨柜中；属水在马子下；属火在香火堂中，或火炉内，灯架边；属土房中酥泥内；内外官则以屋外事断，如金为街砌类。财临二爻，物在厨灶边，属金碗盏缸甏中；属木五谷木器内；属水盛汲浆水器中，属火烟楼灶肚内；属土灰堂泥土中。财临初爻，物必盖地，属金在砖石堆内；属水在井中，父母作合在阴沟内；属木在地台下；属火灰堆中或灶基下；属土埋藏土中，生旺方埋，墓绝埋久，胎养方欲起意埋藏，未曾下手。

水失于池，木乃柴薪之内；土埋在地，金为砖石之间。

财临水爻生旺，物在池沼中，墓绝物在沟渠内，逢冲长流中，合住是汲盛死水中。财临木爻生旺，竹木林中，死绝柴薪内，又阳木竹筏内，阴木草丛中，系本宫则竹木器中，五谷囤内。财临金爻内卦旺相，在铜铁锡器中，休囚缸甏瓶罐内。外卦旺相砖石内，休囚瓦砾中。财临火爻必近香火，或在灶边。财临土爻，丑为金库，必铜铁器中，或萧墙内砖壁脚跟。辰为水库，在阳沟内溪畔埋藏，不然亦是窳下所在。未为木库，必埋蔬果园中，或埋田野草中，或米麦囤底。戌为火库，必埋灶底，或埋灰内，或埋高泥墩上。此断义礼不能尽述，当各以类推之。

动入墓中，财深藏而不现；

大抵妻财所临之爻，或在其中，或在其旁，未可必也。惟财爻入墓化墓，或伏墓下，必在器物中，不可以边旁近侧言。要知何物内，以前五爻四库推之。

静临世上，物尚在而何妨。

凡占失脱，财爻不宜动，动则更变难寻；若得安静持世生世合世，其物皆主未散，必易寻，生旺不空尤妙，衰绝受制，亦不济事。

鬼墓爻临，必在坟边墓侧；

财临鬼墓，其物必在神庙中，无气则在坟墓内。如系本宫内卦，则在枢旁，或在壁席上，更加螣蛇，恐在神图佛像之前，在三爻香火堂中。

日辰合住，定然器掩遮藏。

财爻发动，遇日辰合住，必然有物遮掩，合而又冲半露半遮，要知何物掩盖，以合爻定之，如火爻父母作合，为衣服掩盖类，旁爻动来作合者，亦然。

子爻福变妻财，须探鼠穴；酉地财连福德，当检鸡栖。

凡占失脱，财化福，福化财，其物必在禽兽巢窟中，如值子爻是鼠衔去，更在初爻在地穴中，寅是猫衔去，丑在牛栏内，午在马厩中，未在羊栈中，酉在鸡栖，亥在猪圈类也。有合则在内，无合则在旁。

鬼在空中，世动则自家所失；

卦无官或落空而世爻动者，自家遗失非人偷。要知何故失落，以世临六神定之，如临青龙酒醉失，或因喜事失，临白虎因病失，或因丧事或因跌而失，临勾陈因起造失，因耕种失，临螣蛇与应冲克争扭失，与应生合嬉戏失，临朱雀口舌争竞失，临元武或因窃盗失也。

财伏应下，世合则假贷于人。

官鬼或空或伏或死绝不动，而财临应上，或伏应下，其物非人偷，乃自借于人也，要知何人假借，以应临六亲定之。如临子，为僧道巫医或卑幼小儿借去类，世应冲克则勿断。若官空伏而财化官爻，是自遗失，被人拾去。

若伏子孙，当在僧房道院。如伏父母，必遗书笈衣箱。

财不上卦，须寻伏在何处，若伏子爻下，物在寺院中，休囚在六畜门内，胎养小儿误失。如伏父下，物在正屋中，或在尊长处，无合，衣服书卷中，有合，书箱衣箱等内。若伏兄下，本宫姊妹兄弟处，他宫相识朋友处，如三四爻在门户边，外卦则在墙篱下，若伏财下，物在妇人处，或在妻妾家，或在五谷内，或在厨灶内。若伏鬼下，物在职役人家，或在厅堂内，或在病人处。土鬼在坟墓庙堂中。

在内则家中失脱，在外则他处遗亡。

财在内卦，失于家中；财在外卦，失在他处。在初爻井边失，二爻灶边失，三爻房内失，四爻门前失，五爻途中失，六爻远方失。又如初爻财动化子，或子动来作合，其物必先失在井边，后被小儿拾去。余仿此推。

财伏逢冲，必是人移物动；

财伏卦中，遇动爻日辰暗冲者，若鬼爻多衰静，其物被人移动他处，非人偷也。要知移动之人，以冲爻定之，冲爻逢空，或化空亡者，移物之人，必不在家。

鬼兴出现，定为贼窃人偷。

凡占失脱，鬼不上卦，或落空，或衰绝不动，皆不是人偷，游魂卦多是忘记。若鬼爻变动，方是人偷，或虽安静，若乘旺相，或被日辰冲并，或被动爻合起，亦是人偷。

阴女阳男，内卦则家人可决；生壮墓老，他宫则外贼无疑。

鬼爻属阳男子偷，属阴女人偷。阴化阳女偷与男，阳化阴男偷寄女处。生旺壮年人偷，墓绝老人偷，胎养小儿偷，带刑害有病人偷，本宫内卦家中人偷，他宫内卦宅上借居人偷，或家中异姓人偷，本宫外卦亲戚人偷。与世冲克，虽亲不和，他宫外卦。外人为贼，在间爻邻里贼，在六爻远方贼，持世贴身贼。

乾宫鬼带螣蛇，西北方瘦长男子；巽象宫加白虎，东南上肥胖阴人。

八卦定贼之方隅，六神定贼之形状。如男在乾宫，西北方人，在巽宫，东南方人。带螣蛇身长面瘦，带白虎身胖面白，旺相肥大，休囚瘦小，余见身命章。阴阳以爻象论，勿以卦宫推。

与世刑冲，乃是冤仇相聚；与福交变，必然僧道同谋。

鬼爻与世刑冲，其贼素与我有仇隙者，与世生合，乃是兼亲带故之人。鬼化子，子化鬼必有僧道杂在其中；子孙带合，是还俗僧道；鬼化父，父化鬼，是老年人，或手艺人，不然则是祖父相承为贼者；父临胎养，乃是书童；鬼化财，财化鬼，是妇人或人家奴婢；鬼化兄，兄化鬼，在内是兄弟姨妹，在外是邻里相识；鬼化鬼，公门走动人，或曾被人告发；更加元武，贼名已著，专以窃盗为计。若被父母三刑六害，必经刺字。

鬼遇生扶，惯得中间滋味。

鬼爻无气，又临死绝，而生扶合助者，其贼必为饥寒所迫，故至此也。若遇动爻日辰扶起者，乃是此贼惯得其中滋味者，带月建是强盗，加太岁是世代不良，动爻日辰无气作合，必有人牵脚来偷。

官兴上下，须防里外勾连。

六爻上下有两重官者，必非一人偷盗，两爻俱动，是外勾里连，二贼同谋；内动外静，是家人偷与外人去；外动内静，乃家中有人知情非同偷也。

木克六爻，逾墙而入；金伤三位，穿壁而来。

木鬼克土，逾墙掘洞；金鬼克木，割壁钻篱；火鬼克金，劈镮开锁；水鬼克火，灌水灭灯；土鬼克水，涉溪跳涧；木火交化，明灯执杖，更宜通变。要知何处进入，以鬼克处定之，如木鬼克六爻，逾垣而入，克初爻是后门掘洞而进也。

世去冲官，失主必会惊觉；

世冲鬼爻，家主知觉；应冲鬼爻，宅母知觉；旁爻冲鬼，家人知觉。要知因何而觉，以鬼爻临五行断之，如木为门户声，金为铜铁响，土为蹼跌，火为明亮，水为水声，又如戌为犬吠，酉为鸡叫类，宜分六爻断之。

日来克鬼，贼心亦自惊疑。

鬼被动爻日辰刑克，偷时贼必惊疑，如日辰动爻属金，必触缸甏，响而畏家主知觉，金空乃是人声，胎养小儿啼，墓库老人嗽，未敢下手。属木是畏门户牢闭，或闻开门而惊也。属水必有登厕小解饮水类，因而撞见。属火必见灯火而复退，或火光下穴窥见影响形迹。属土乃墙壁坚固，地道险阻，其贼疑惧也，若戌土刑克，必被犬伤。

子动丑宫，问牧童必知消息；福兴酉地，见酒客可探情由。

子动，其人有人撞见，询之可知消息，如在子爻，可问科头男子，或捕鱼人；在丑爻，可问牧童或筑墙人；在寅爻，是木客木匠或担竹木器人；在卯爻，问织席卖屦人或挑柴砟草人；在辰爻，问开池凿井人或傍河锄地人；在巳爻，问穿红女子或弄蛇乞丐人；在午爻，问烧窑乘马人或讨火提灯人；在未爻，问挑灰耕种人或牧羊人；在申爻，问铜铁匠或弄猴人；在酉爻，问针工酒客或抱鸡人；在戌爻，问挑泥锄地者或牵狗人；在亥爻，问担水踏车人或洗衣沐浴人。

兄动劫财，若卜起赃无觅处；

卜起赃占寻物，皆怕兄动，或伤世，或世带日辰，或鬼化兄，或财化兄，皆主其物已散卒难寻觅，盖兄能劫财故也。

官兴克世，如占捕盗反伤身。

凡占捕盗，要世旺鬼衰，世动鬼静，则易于捕获，若鬼爻乘旺动来刑克世爻，须防反被其害，得世空避之，或子动解救，庶几可免伤害。

世值子孙，任彼强梁何足虑。

子为捕贼人，当权旺动或临世，或带月建日辰，则鬼有制，贼必可获，总是凶恶强盗，不足畏也。若鬼旺福衰，鬼动福静，则不能干事也。

鬼临墓库，总能巡捕亦难擒。

鬼爻入墓，或临到墓，或与鬼墓俱动，或化入墓，或伏墓下，皆主其贼深藏不出，卒难巡捕，得动爻日辰冲破墓，庶几可获。

日合贼爻，必有窝藏之主。

鬼为贼爻，捕盗遇合，贼必有人窝藏在家，不能得见，合临于世应月日，是地主窝藏，在旁爻则隐在其家庄上，不然亦非地方有名之家也。要知窝主，以合爻定之，如财合，是富家或妇人窝主之类。

动冲鬼杀，还逢指示之人。

鬼遇动爻日辰冲克，必有人指示其贼隐处。要知何人指示，以克冲爻定之，如丑为牵牛人，亥为洗衣人，木在水上动是舟人类。鬼若旺动，不受冲克，虽知其贼，不能捕获。

卦若无官，理当输伏。财如发动，墓处推详。

捕盗无官贼，必隐藏踪迹，难以寻获，须看伏在何爻，便知贼在何处。如伏财下，在妻家类。若卦中无鬼，动爻有化出者，即以变爻论之，不须看伏，如子化出，在寺观中类。若占起赃，见财爻发动，看其墓在何处，便知藏在何方，如财爻属金旁边丑爻，又动金墓在丑，丑寅为艮，艮居东北，便断在东北方。

伏若克飞，终被他人隐匿；飞如克伏，还为我辈擒拿。

此伏只论鬼爻，此飞只论世爻。伏克飞，子孙虽动亦难寻获；飞克伏，子孙虽静亦可擒拿。或曰：飞神只论伏上之爻，亦通理。

若伏空爻，借赁屋居非护贼。

鬼伏空爻下，是借租赁其家屋住，非为窝藏，不然其贼虽或潜住他家，亦不与之容隐，后终败露；旺空是不知情，空动是不在家也。

如藏世下，提防窃盗要留心。

凡占防盗，最要鬼爻无气不动，或落空，或日辰冲散，或动爻合住，或子孙克制，或世空亡，皆为吉兆。若鬼爻无制，动克世爻，鬼爻生旺日，当受其害；若卦无鬼却伏在世下，目下虽无事，至鬼爻生旺日，或冲动月日，宜防之，故要留心，伏又空亡，始无忧虑。

倘失舟车衣服，不宜妻位交重；或亡走兽飞禽，切忌父爻发动。

失脱，不可专以财为用爻，若失舟车衣服文书券契，则以父母为用爻，财动便难寻。若失飞禽走兽及六畜之类，则以子孙为用爻，父动亦不见矣，更宜通变为妙。

卦爻仔细掺求，盗贼难逃捉获。

出　行

人非富贵，焉能坐享荣华；苟为利名，宁免奔驰道路。然或千里之迢遥，夫岂

中华传世藏书

钦定古今图书集成

精华本

古今图书

卜筮篇

四八二

一朝之跋涉？途中休咎，若个能知？就里灾祥，神灵有准。父为行李，带刑则破损不中；妻作盘缠，生旺则丰盈足用。

出行以父爻为行李，旺相多，休囚少，空亡无，旺空，虽有而不多，带刑害及被伤克。破损旧物。父化兄，与人同睡；兄化父，与人合用。若就他人借行李，不宜财爻持世，及动必难假借，带合终可得之。妻财为财物本钱类，旺相充满，休囚微少，空亡无有，卦若无财，兄弟化出，必是合本或是借来，非己之物。

世如衰弱，那堪水宿风餐？

世为出行人，生旺有炁则吉。若休囚死绝，克则易倒，伤则易损，所以不堪劳碌奔波，不耐风霜早晚。

应若空亡，难望谋成事就。

应爻为所往之地，在震宫城郭市镇热闹之地，坤宫四野冷落所在，在艮宫山上，坎宫水乡，余仿此。最怕空亡，主地头寂寞，谋事难成，必不得意而回。

间爻安静，往来一路平安；

间爻为往来经历所在，动则途中必阻隔迟滞，若得安静不空，则一路平安往来无阻。

太岁克冲，行止终年挠折。

太岁出现，发动冲克世爻，其人出外，终年不利，更加鬼杀白虎凶神，尤非吉兆。若为求官谋职而往，最宜此爻生合世身，必有成就之兆。

世伤应位，不拘远近总宜行。应克世爻，无问公私皆不利。

世克应，是我制他，所向通达，更得间爻不动，鬼杀不兴，去无阻节。克世，是我不得专志，所向梗塞，更遇动爻日辰刑冲克害，必不顺利。

八纯乱动，在处皆凶；

八纯乃六冲之卦，内外爻不相和合，凡百谋望，皆主难成，且又六爻乱动，何吉之有？不拘所向，皆非宜也，远行尤忌。

两间齐空，独行则吉。

间爻不宜空亡，主道路梗塞，行程必不快利，如金水空亡，水路不通。火土空亡，旱路不通。两间俱空，多是半途而返。然间爻又是伴侣，若一身独行，不挈伴侣，是为应象，反主吉兆，止虑世克应位耳。

世动订期变鬼，则自投罗网。官临畏缩化福，则终脱樊笼。

世爻不动，行期未定，动则期已订矣。世应俱动，宜速行；旁爻动，宜缓行。若世动变出鬼爻，去后必遭祸患。或鬼持世，乃是逡巡畏缩之象，欲行不行，必怀疑贰。休囚，则难起身。生旺，多是去不成。发动，恐无伴而不去。更临应爻，到彼不利，鬼化子孙，虽有灾患不足患。

静遇日冲，必为他人而去；动逢间合，又因同伴而留。

世爻安静，遇日辰动爻暗冲者，是别人来浼而去，非为自己谋也。日辰并起合起皆然。要知何人来浼，以冲并爻定之，如父母为长上类。若世爻发动遇动爻，日辰合住者，是将行而有事羁绊，未能起程。要知何事绊住，以合爻定之，如鬼爻为官府中事类。又如勾陈动来合住，为田土事类；在间爻多因同伴而阻。

世若逢空，最利九流出往；

世空去不成，强去终不得意而回。若本身占卜，最忌世空，虽经出行陷本他乡，徒劳奔走；若九流艺术及公门勾当人占，反为吉利之兆，主空手拿财，闹处得财，然亦不得积聚，逢冲则妙。

土如遇福，偏宜陆地行程。

卦中火土爻动，是陆行；水木爻动，是水行。若火土临财福，则宜陆行；鬼杀临水土，不宜舟行。土火化空，须防跌蹼；水土化空，须防沉溺，更宜通变。

鬼地墓乡，岂堪践履？财方父向，恰可登临。

鬼地者，世属金南方是也；墓乡者，世属火西北方是也。他仿此。若往此方，必有灾咎。若求财利，要行财方，如世属土，北方是也。求官见贵，要行父向，如世属水，西方是也。余亦仿此。凡鬼杀所临之地，宜避之。财福所临之地，宜往之。

官挈元爻刑克，盗贼惊忧；

凡占出行，最怕鬼爻出现，休囚安静则吉，尤不可动，动则必有祸患，如临青龙，酒色中惹祸；临朱雀，言语中招非；临螣蛇，多惊恐；临白虎，多疾病；临元武，主失脱。勾陈临水动，途中必多风雨，以上持世克世，最忌旺相，亦忌休囚。受制不伤世身，终无大祸，不过伴侣有灾耳。世空不受克，亦主伴侣有灾。

兄乘虎杀交重，风波险阻。

兄加白虎动，或鬼在木爻动，或木化鬼来刑冲，或鬼在翼宫动克，皆有风波险阻；在三四爻，出门便见；在间爻，途中遇；在五爻，一路不安；在上爻或应上，直至地头见也。旁爻动，不伤世身，止是险阻，乘旺冲克，须防没溺；鬼化兄，兄化鬼，不惟途中风浪惊忧，且有盗贼。

妻来克世，莫贪无义之财；财合变官，勿恋有情之妇。

妻财动来刑克世爻，因财致祸，勿贪可也。若世与财爻相合，而财爻变出鬼来刑克者，因色招殃，勿恋可也。

父遭风雨之淋漓，舟行尤忌。

父为辛勤劳苦之神，动则跋涉程途，不能安利，刑克世爻，必遭风雨阻节。而然父为舟，克世，行舡又不顺利，更加白虎动木爻，或化官，必有风波之险，得子动来解救，庶可化凶为吉。

福遇和同之伴侣，谒贵反凶。

子孙持世，吉无不利，主吉去善，转发动，必逢好侣，在三四爻出门便逢，在五爻途中遇，在六爻地头得好人扶持，若为谒贵出行，则不宜子动，谓之伤主，反为不利之兆。

艮宫鬼坐寅爻，虎狼仔细。

官在震宫及艮宫，遇寅爻动，主有虎狼之患；若无炁有制伏，或不伤世，或世在避空者，终不伤命，但有虚惊耳。

震卦兄逢蛇杀，光棍宜防。

兄主劫财，若加螣蛇动，必有光棍劫拐财，物在震宫其光棍在市镇上，在坤宫乡里中人，应临地头主人。五爻途中被骗，化出官则是盗贼，无炁须防剪绺。

鬼动间中，不谐同伴。

官在间爻动，伴侣不和，或伴中有病，兄空不受克制，则主自己有灾难，非伴中有事也。

兄兴世上，多费盘缠。

兄爻持世，必费资财，临蛇雀，恐有呼卢虚费，青龙元武，酒色费财，余则盘缠多费耳。若为财利出行，最不吉，休囚不动，犹可乘旺发动，则且空费盘缠，徒劳奔走，必无所得。

一卦如无鬼杀，方得如心；

官鬼凶神出行，不宜见之，在初爻脚必痛，二爻身有灾，三爻伴侣病，四爻去后家有官事相扰，五爻道路梗塞，六爻地头谋望不利，六爻无鬼，方为大吉之兆也。

六爻不见福神，焉能称意？

子为福德，又为解神，若不上卦，或落空亡，则鬼杀专权，凡有灾祸，必无救援。故海底眼云卦无子孙不喜悦。

主人动遇空亡，半途而返；

隔手来占，须看何人出行，如僧道子侄，则看福是主人，余仿此。主人空动，行至半途仍复回来，动化退神亦然。动化空，则主去后不利，退神者卯化寅，酉化申类。

财气旺临月建，满载而回。

出行若得财爻旺相，生合持世，不临空亡，不受刑克，异日必有生意，更加月建，定主满载归家。

但能趋吉避凶，何虑登高涉险。

行　人

人为利名，忘却故乡生处乐。家无音信，全凭《周易》卦中推。要决归期，但寻主象。

官员公吏看官爻，僧道卑幼看福爻，妻妾奴婢看财爻，兄弟朋友看兄爻，尊长老人看父爻，不在六亲之中者，看应爻。

主象交重身已动，用爻安静未思归。

用爻即主象，动则行人已行，看在何爻，便知人在何处，如在初二爻方发足，在三四爻将到门，在五爻在中途，在六爻还在地头，归期尚远。用爻不动，日辰动爻又无冲并者，安居异乡，未有归念也。

克速生迟，我若制他难见面；

用爻动，归期可拟；日辰若克世，人必速至；生世合世，人必归迟。最怕世爻克制用爻，乃未能归。

三门四户，应如合世即还家。

三爻为门，四爻为户，临用爻动，归程已近。更得应爻、动爻、克世，生世而用爻，又无制伏者，人即到家，可立而待也。

动化退神，人既来而复返；

凡寅动化卯，巳动化午类，谓进神；酉动化申，子动化亥类，谓退神。用爻若化进神，行人急急回来，不日可望；化退神，行人虽来仍复返，空动亦然。看临何爻，便知何处转去。要知行几里路去，以生成数断之，如一六水数，二七火数，三八木数，四九金数，五十土数，阳爻以天数推，阴爻以地数推，生旺倍加，死绝减半。

静生世位，身未动而怀归。

六爻安静，人必未归，若应生世合世，或世应比和，而用爻生合世爻者，身虽未动，已有归意，但看冲动月日，起程；生旺旬日，必来。有炁主速到，无炁主迟滞。

若遇暗冲，睹物起伤情之客况；

卦爻不动，本无归意，若得日辰冲动应爻或用爻者，必然睹物思乡，方欲起意回家。日辰虽冲，而月建动爻克制者，总有客况，亦难起程也。

如逢合住，临行有尘事之羁身。

用爻发动，固是归兆，若遇动爻日辰作合，谓之合住，其人虽欲回家，因事绊住，不得归来也。如被父母合住，必因长上所留，或因文书阻滞。财爻合住，必因妇人迷恋，或因财物淹留。兄弟合住，多因朋友同伴口舌所阻。子孙合住，必因小口六畜僧道所阻。官鬼合住，带吉，则贵人所留，加凶，是火盗官灾绊住。

世克应而俱动，转往他方。

凡占行人，卦爻宜动不宜静，世动归心必切。应动身已登程。若动世克动应，行人虽来而往他处，非归家也。用爻动而生合应爻者，同此推断。

应比世而皆空，难归故里。

应为客乡，世为家乡，应爻生世合世，是行人思家之象，可望其归也。世应比和，本非归兆，必得用爻动来克世合世，乃能归耳。惟怕应爻空亡，虽来亦必迟缓，更与世爻皆空，则欲来不来，必无准实，难望其归来也。若应不空，而世独空亡者，又主行人已离彼处，反主归速也，用爻更动，可立而待也。

远行最怕用爻伤，尤嫌入墓；

远出行人，若得用爻出现，不临空亡，不受伤克，卦有财福，便主在外吉利，虽归迟无妨。在死墓绝空，或日月动变刑克，皆主不利。若用爻无故自空，或变入死墓空绝，或忌爻乘旺带杀发动，或卦无用爻，应又空者，皆当以死断之。

近出何妨主象伏，偏利逢冲。

家内近出行人用爻伏藏，必有事故不归，若得日辰动爻冲之，则便归，或无日辰动爻相冲，至冲动日时即到，用爻安静亦依此断，不归事详见下。

若伏空乡，须究卦中之六合；

用爻空亡，必须中间克破，伏上飞神，方得露出，伏神为用，否则终被把住，虽有提起之爻，亦何用哉！若得伏于空亡爻下，一遇动爻、日辰、六合，即出为用，行人可望其归，六冲尤妙。更决归期亦以冲合月日定之。若伏神自遇空亡，恐作他乡之鬼，必无归日。

如藏官下，当参飞上之六神。

用爻伏官鬼爻下，必为凶事所羁，如临青龙，必因酒色成病不归。临朱雀，必因官非口舌不归。临勾陈，躓跌损伤。临螣蛇，牵连惊恐。临白虎，卧病不起。临元武，被盗失财不归。凡遇土鬼为病，火鬼为讼，勿论六神可也。卦无官鬼，亦依此断。

兄弟遮藏，缘是非而不返。

用爻伏在兄爻下，必有是非口舌争斗事不归，加朱雀为赌博，化官鬼为失财，临白虎为风波。

子孙把住，由乐酒以忘归。

用爻伏于子孙下，必为游乐、饮酒、田猎、串戏、走马而不归也，不然亦为六畜之故、小儿之事、僧道之阻，所以不得归家。

父为文书之阻滞，

用爻伏于父爻下，必为文书阻滞，或为手艺不归，不然则是尊长所留。卦无父母，或落空亡，必无路引，动化空，路引已失，父化父，两人合一引。

财因买卖之牵连。

用爻伏于妻财下，必为经营买卖之故而不归，财爻空亡，或遇兄劫，多因折本。财临有炁，或遇生扶，必有利息，故忘家也。若临青龙元武，必是迷花不返。

用伏应财之下，身赘他家；

用爻伏于应上，妻财之下，必然身赘他家，不思归也。财动生合世爻，娶妇归家，财爻若与伏神不相生合，乃是与人掌财，或是依靠他家，非婚婿也。

主投财库之中，名留富室。

用爻伏于财库下，其人必在富家掌财，伏神衰绝无炁，则是傍他度活耳。若得用爻出现在财库爻动，异日必然满载而回，更加青龙月建，尤为称意。

五爻有鬼，皆因途路之不通；

鬼在五爻动，必是途路梗塞不通，故不归也；五爻若遇忌杀发动，亦然；五爻空亡，亦是道路不通之象也。

一卦无财，只为盘缠之缺乏。

卦中动变月日，皆无财爻者，为无路费故不归，有财无故自空者亦然。行人元为财利者，必不遂意。

墓持墓动，必然卧病呻吟。

用爻入墓化墓，或持鬼墓，或卦有鬼墓爻动，或用伏于鬼墓爻下，皆主病卧他家，故不回也。若伏官爻下亦然，带朱雀或化文书，必在狱中，非病也。

世合世冲，须用遣人寻觅。

用爻安静，得世爻发动，冲起合起者，必须自去寻觅，方能归。用爻伏藏，得世爻提起，用爻入墓得世爻破墓，皆用寻觅方回。

合逢元武，昏迷美色不思乡；

六合卦，元武财动，或用临元武，动而遇财爻合住，或用伏元武财下，或卦有三合财局，而元武亦动其中者，皆主行人在外贪花恋色，不思故乡也。若得动爻日辰冲破克破合爻，庶有归日。若用临元武化鬼，或伏元武鬼下，而财爻不相合者，其人在外必为盗贼，不然亦被盗攀害，故不归也。

卦得游魂，漂泊他方无定迹。

游魂卦应爻发动，行人东游西走，不在一方；用在五爻动亦然，游魂化游魂，行迹不定，游魂化归魂，游遍方归。

日并忌兴，休望到。身临用发，必然归。

克制主象者，为忌爻，若在卦中发，或临身世，或带日辰，或被日辰冲并，皆主不归。若得用临卦身，出现发动，则必回来，若持世动亦可望其归。

父动卦中，当有鱼书之寄；

凡占行人，卦有父动，必有音信寄来，生世、合世、持世、克世，皆主来速，世生世克，则来迟。化出喜爻，或化福爻，是喜信。或化忌爻，或化官爻，是凶信。动空化空，是虚信。加螣蛇化兄，亦恐未的。父化父，两次信来，若逢合住，音信被人沉匿，或带书人有事，稽延在途，未能到也。若逢冲散，书信已失，重爻则已报过。

财兴世上，应无雁信之来。

凡占望信，遇父爻衰静，或空、或伏、或有财，动或财爻旺临身世，皆主无信；卦有动爻化出，父母生合世爻，即是其人传信来也。如兄化出，朋友寄来类。

欲决归期之远近，须详主象之兴衰。

用爻旺相，归必速，休囚归必迟，生旺墓日归。休囚死绝生旺日归，安静冲动日归。发动即以本爻定其月日，或入墓，或合住，以破墓破合日定之。静而有冲者，以六合日断之；动而克制者，以三合日断之。代占以应爻论之远，以年月断，近以日时推独发之爻，亦可推之，如子爻动，即取子日为归期。

动处静中，含蓄许多凶吉象。天涯海角，羁留多少利名人。

舟 船

凡卜买船，断同船户。

凡卜买船吉凶，与船户人占一同推断。若船户自来占卜，要同家宅断之为是。

六亲持世，可推新旧之由；

财福持世是新船，父母持世是旧船，兄弟持世半新半旧，鬼爻持世灾惊不利。

诸鬼动临，可识节病之处。

金鬼钉少，土鬼灰少，木鬼有缝，水鬼有漏孔处，火鬼有燥裂。

初二爻为前仓，要持财福；五六爻为后舵，怕见官兄。

以上皆要临青龙、天喜、贵人、财福则吉，主有富贵之人，上船吉利，四爻三爻为中仓，亦要带财福。

父作艄公，不宜伤克。

父母为船，又作艄公，要生旺不被日辰动爻伤克为吉。占买船，要财静则船好，无损坏处。

龙为船尾，岂可空刑。

青龙为船尾，生旺动持生合世，皆主利益称意。

腾蛇辨索缆之坚牢，

腾蛇为索缆，空则枯烂不好，旺则坚牢美利。

白虎为帆樯之顺利。

白虎属风，故取为风帆，若生旺带财福吉神，动持生合世身，则船有好帆，使风顺；快若白虎带凶鬼恶杀，旺动克害世身，大不利，主遭失风倾覆之患。勾陈为铁锚，休囚空亡，船无铁锚，带鬼克世，铁锚为怪，化空绝有失。

六爻皆吉，不伤身；四海遨游，无阻滞。

六爻生合财福吉神，又生旺持世身，动爻又不来伤克，则无往不利，虽远游于四海五湖，亦皆吉利；若子水持世，其船损人丁。每验卦法，又看行船出入，避忌爻，如鬼兄白虎临太岁，爻动来刑冲克害世身，必有风波险恶，更有凶神克世大凶。

娼　家

养身家于花柳之中，曰娼与妓；识祸福于几微之际，惟蓍与龟。花街托迹，柳巷安身。门外纷纷，总是风流子弟；窗前济济，无非歌舞佳人。若要安宁，必得世无冲克；欲求称意，还须应去生扶。

凡遇娼家，卜住居家宅生意类，皆以世为，主娼之人，应为宿娼之客。若得月建日辰动爻，俱不刑冲克世，必主家宅吉利，人口安宁。更遇应来生合，乃十全好卦。凡事称心，虽常人占宅，亦要应爻生合世爻，则主谋望有成，所求多遂。应空多不利。

卦见六冲，往来亦徒迎迓。

六冲卦，来往人多，但主空来空往，更若兄动，恐有无籍棍徒搅扰。若遇六冲，而世应爻空或财爻发动，必主住居不久或不安。

爻当六合，晨昏幸尔盘桓。

娼家得六合卦，最吉。盖合则情分相投，必主人多顾恋，内外和同，家门雍睦，得三合六合太过者，尤利常，占宅反忌之，必主家中淫乱，娼家则以此为主，所以断法不同也。

财若空亡，钱树子慎防倾倒。

财为娼妓无故自空，或衰绝受克，主妓女丧亡财。若重叠妓女，必多旺相，则颜色美丽，衰则容貌不妍，刑则有病月日动爻，无生无合，人不眷恋，胎养年少。若逢墓库老年娼妓，凡遇火爻，善歌；木爻，善舞；水爻，则体态轻盈；金则肌肤白净；土则容仪浑厚，动则善于奉承。其余详见性情篇。

官如墓绝，探花郎那得栖迟。

官为宿客，生意之主，若得动来生合世爻，必多宿客下顾；更得日辰来扶，必有贵人招接。惟怕空亡墓绝，则宿客不多，总有亦非富贵豪客，若得变出财爻生合，必是舍财大侠也。

妻财官鬼，二者不可相无。

无财主无出色之故，无官主无贵客招接，皆主钱财不聚，破耗多端。若财官俱无，或一空一伏，是时运不济，定当守困。

财鬼父兄，子孙皆宜不动。

住居得安静卦，必然人口平安，门庭清吉。若见交重，定多驳杂，盖六亲中，惟子孙为吉。常人占，虽喜发动，而娼家又非所宜，以其克制宿客故也。但得五类俱全，六爻不动，财鬼有炁，世身有助，便是上吉之卦。

鬼杀伤身，火盗官灾多恐怖；

鬼爻生合世爻，是宿客顾恋之象，虽动亦吉。若冲刑克害，则是鬼杀为祸，重则官灾火盗，轻则是非口舌。以五行六神，参看并见前篇。

日辰冲父，住居屋宅有更张。

父母为居处屋宅，若在卦中发动，或被日辰冲克，或父母化出财爻，皆主所居屋宅当有更变。如占住居，必住不久，否则所居屋宅，亦必破坏。

兄弟交重，罄囊用度；

兄动主生涯冷淡，破耗多端，更有生扶，则罄资用度，亦无了日。变出鬼爻，常招是非，口舌所来之人，亦无好客，有制稍可，大抵兄弟不动。财爻衰弱，或变死墓空绝，皆主生意不济，兄弟发动，尤不济。

子孙藏伏，蹙额追陪。

子孙为福德喜悦之神，娼家虽不宜动，然不可空亡隐伏，主家宅不安，住居不稳，生涯不旺，虚度光阴，蹙额过日而已。若见刑杀克世身，不嫌此爻发动。

财化福爻，家出从良之妓；

财不宜动，动则妓女走失，若化父，妓必精晓弹唱，善能迎接。化兄，不善奉侍，礼貌粗俗，言语多诈，弹唱亦低。化鬼，须防妓女不测灾祸。化财，谓用化用，恐有逃亡走闪之事。若逢冲克，或临空动，皆然。化子，有从良之志，虽在风尘，亦是强为也。卦无财，而本宫财伏子下，或从子化出者，亦然。

官居刑地，门招恶病之人。

鬼带刑爻生合世身，多招带病之人来往，与世生合，与财刑冲，须防妓女沾染。鬼化鬼，或化忌爻刑克世身，恐因宿客致祸，有制不妨，有救可解。

忌动衰空，闲是闲非闲挠括；

忌则为克制世爻之神，凡事皆怕见之。若在卦中发，必不吉利。如得休囚无炁而又空亡，虽动不妨。但主闲是闲非，虚灾虚祸而已，必无大害。

财兴克世，有财有利有惊疑。

凡遇财爻旺相，住宅必有生意，但不宜动来伤克耳。盖财乃生祸之端，所以虽吉而有所忌也。如带刑害虎蛇等杀乘旺动克身世，必然因财致祸。以上十二条，非此一事为然，常人家宅同此推断。

能将元理以精详，真乃黄金而不易。

《阐幽精要》（上）

观人断法

先天妙诀少人知，但看来人急与迟。喜笑一声将吉断，慌忙烦恼作凶推。入门坐定宽容问，断他灾祸尽消除。若见著衣并束带，出入功名事事宜。若见并肩挽手过，合本求财利有余。僧尼道姑如何断，断他离祖又刑妻。

六神情性赋

青龙持世，为人恺悌，有仁有德。朱雀持世，一生好讼，招是招非。勾陈持世，为人稳重，行事迟钝。螣蛇持世，为人少信，有头无尾。白虎持世，一生刚强好勇，志短无谋。元武持世，为人悭吝奸雄，吝小失大。

身命章

既富且寿，世爻旺相更无伤；非夭则贫，身位休囚嫌受制。卦宫衰弱根基浅，爻象兴隆命运强。世居空地，终身作事无成；身入墓乡，到老求谋未遂。若问成家，嫌六冲之为卦；要知创业，喜六合之成爻。旺世助身，强自撑持。衰世有扶，因人创立。日时合助，一生偏得小人心；岁月克冲，半世未沾君子泽。父母持世，辛勤劳碌。兄弟持世，疾病连绵。遇兄兴，则钱财莫聚；见子动，则身不犯刑。子死妻亡，绝俗离尘之辈。贵临禄到，出将入相之人。遇龙福而无气，总清高亦是寒儒；逢虎才而旺强，虽粗俗而还富客。朱雀与福德临身，合作梨园子弟；白虎逢父爻持世，定为柳陌屠夫。世加元武官爻，必梁上之君子；身持勾陈父母，是野外之农夫。才福司权，荣华有日；兄官秉政，破败无常。运至中年，凶杀莫交。折挫时当晚景，恶星犹忌攻冲。妻水加龙，必是诗书显达。土才月建，定知店业营生。若临华盖空亡，当知僧道；但逢青龙月德，定为郎官。

家宅说

才逢死绝之乡，儿孙冷淡。世值空亡之兆，家计荒凉。螣蛇鬼动于子孙，家人自缢；元武爻兴于子息，妇女风流。咸池与白虎同居，呼卢好饮；天乙与青龙共位，足义多仁。火兴为宅屋之旁，土动乃园林之侧。宅临巳午，非窑灶则近于厨堂；木值空亡，因斧斤遂败于古墓。绝临金位，师巫寺观之旁；鬼在火乡，社庙神坛之所。不见人多恶疾，须知女落风尘。虎伴交重，乃是重丧之杀。龙居金位，名为进宝之乡。勾陈带土，而进益于田园。青龙持世，乃新修之宅舍。凡卦数推之于阴阳，更加细看。世为宅而言祸福，应为人而定吉凶。青龙爻动而近日新修，白虎爻兴而经年破漏。旺相者，则资财进益。休囚者，则仓库空虚。宜视衰旺，以明吉凶。父母子孙俱旺，老者安少者康。螣蛇白虎安静，灾不生祸不作。午为马，丑为牛，酉为鸡，亥为猪，戌为犬，巳为蛇。吉神生旺，每岁增添。爻值空亡，连年退损。巳午为之汤火，申酉为之刀砧。水汤火灾，子午爻动。鸡鸣犬吠，酉戌鬼临。天喜贵临内卦，后堂新修。破碎空临外象，正屋琅珰。竹木园林，寅卯同断。池塘穴坎，亥子同推。元武为后，左是青龙。朱雀为前，白虎居右。阴阳动静，仔细推详。祸福吉凶，分明察断。

柳神经

凡占家宅，先观鬼神之机，次辨六爻所用。父化父，人家两姓；鬼化鬼，家宅多灾。父为宅宇之基，才是灶厨之所。子孙为井，兄弟为门。父爻值墓，家多疾病之人；才位临空，宅住贫穷之辈。子逢金旺，便知镜子光明；子值木衰，可见秤无星两。子是长流，须分前后；亥为塘浦，要辨方隅。丑为田园，寅为树木。卯为蓬蒿，辰为平地。巳为焰烟，午为火意。未为山岭，申为金银。酉为铜铁，戌为穴坑。交重详察，重是曲员，交是方直，阴土为坑，阳土为宅。父居坎位，四围有水汪洋；父临木爻，绕屋树林森茂。才福吉神内象，必然先富而后贫；兄鬼煞虎内宫，以定先贫而后富。父入勾陈土位，丰稔田园。日刑木父休囚，损伤桌凳。父临入墓，坟冢为姎。鬼生世象，家神作祟。螣蛇入木，家招缢死之人。元武临身，必出投河之鬼。火炎旺动人多，木位兴隆树茂。火爻伏鬼，定生目疾之人；水位隐官，必有盲聋之辈。二姓居同，必有两重兄弟。爹娘又见，宫中父母再逢。父入子宫，必主后娘来就；子临父位，定主随母嫁人。子见两重，螟蛉亦有。兄爻单见，雁侣难同。兄化鬼以空亡，兄弟空房。父临空以化鬼，父娘作故。阴兄化入阳兄，嫂赘晚夫同舍；阴子变入阳子，女招婿而同家。父化父，外娘晚位；才化才，当娶双妻。丧门杀动，本是灾非孝服。天喜星临，必然嫁娶添丁。披头动要出风颠，五鬼兴必生暗眼。羊刃临才，定是屠酤之辈。咸池入酉，必然花酒生涯。才入咸池，化鬼女多独守；子临寡宿，化官男主孤虚。驿马值世，奔波不定。贵人生身，好享荣华。世应两冲，家门括扰。爻逢六合，和气相同。子入鬼关，小口岂无伤损？才临大杀，妇人必有产亡。辛未持世，大路当门。戊戌五爻，竹木当路。蛇入屋来，四爻螣蛇土动。鹊巢当户，六爻朱雀木兴。青龙六位巽宫，家有头风之疾。元武初爻鬼动，必生脚湿之人。螣蛇木鬼临门，家出自缢。白虎土杀入户，家有血光。火烧家堂，子入火乡化火。鼠来害物，鬼宫化出子爻。南上邪神，朱雀鬼临火动。北方之鬼，元武动而水兴。金鬼西方之佛像，木鬼东岳之至尊。福世当年获庆，杀鬼每日闲灾。兄动而奸人脱漏，福兴而吉事频来。鬼化亥未，愿欠猪羊；子化申辰，佛前灯愿。冲开丙戌丁亥，墙倒壁穿。合扶己卯戊寅，城坚土厚。冲动丙寅，香炉破损。旺摇庚戌，首饰鲜明。戊化土金，犬多黄色。金鬼化子，鼠作妖声。初爻鬼武，鸡鸭人偷。三位官空，养猪无畜。二爻鬼杀，犬必伤人。四位杀官，羊多卒死。五位休鬼，耕牛不兴。六位虎鬼，马无乘坐。心气病火鬼动，脾胃灾土鬼摇。初位杀空，小儿难养。六爻木鬼，老者中风。上透金爻，终年眼暗。五爻火鬼，痨瘵缠身。青龙木鬼，必是观音。元武水鬼，恐其元帝。寅为神，神带虎行。午为神，神骑马走。太岁临鬼克世，一年非事即阴司。日辰福德扶身，四季开眉而兴旺。

参元赋

一卦能推吉凶，六爻可分祸福。凡占家宅，先观神鬼之机；欲问人烟，须究旺相之象。父为屋宇之基，才是灶厨之所。父爻入墓，家多疾病之人；才位临空，宅有产亡之鬼。旺相宅新，休囚宅旧。兄弟为门，更怕日辰冲损；子孙为器，最忧月破加临。子逢金旺，便言镜必光明；福值木衰，可见秤无星两。金鬼休囚，香炉破损；木官旺相，神像无伤。父母安静，祖先神主安宁。官鬼爻兴，家宅人丁不稳。父入土爻旺相，丰稔田园；日冲木爻休囚，破损桌凳。父临丘墓，家冢为殃；木动坎宫，桥梁作碍。木临朱雀，匣藏契券为殃；木入青龙，家有舡车往返。官伏土中，礤砖不利鬼藏；木下棺椁，为妖更将一例。推占须著，六爻分究。鬼临初位暗兴，宅有伏尸古煞。官遇六爻暗动，匠工作弊为殃。巽宫木动，当生溢颈之人；坎卦水兴，必出投河之鬼。离宫水动汤浇死，但遇火鬼火汤伤。官临土旺，断言土府抢攘。鬼值木兴，详会树神作碍。鬼入坤来，定有坟茔之祟；官临艮上，必逢狱禁之魂。鬼附腾蛇生怪梦，官临朱雀惹闲非。贵人官当生拔萃之儿郎，劫杀鬼须虑穿窬之盗贼。鬼克兄门当破损，官衰世宅有多灾。才龙旺相，必是润屋之家；妻虎休囚，定是枯茅之舍。才旺初爻，鸡鹅作畜。妻衰外象，豕畜多亏。天乙才爻，定出缙绅之子。咸池妻位，应生娼妓之人。子临二位，乃知犬吠生人。福值坎爻，定有猫衔耗鼠。兄是门墙土壤，弟为口舌邻房。交重土弟休囚，必定墙壁坍塌。发动木兄死废，定还门户歪斜。又兼月建克冲，断为破户。喜见日辰生助，决是新门。兄临月建坎宫，曾支坑厕。弟在水爻浴位，必砌浴缸。间兄发动克冲，邻家嫉妒。兄弟扶持身世，朋友忻谐。兄克金才妻有病，弟临火应友多非。劫临兄动，谨备贼徒；空值弟兴，定分门户。六爻无水沟渠塞，一卦无金鼎镬伤。木位兴隆多树木，火爻旺相足人烟。日克火爻，当生眼疾；日冲坎位，定主耳聋。日克木才床榻损，日冲木弟柱楷伤。若问何方，须详爻象；要知何处，定察墓爻。但值两妻之火，两处烟厨。或临二父之离，二家屋宇。不然二姓更同居，须把六神分仔细。

家宅秘诀

凡占家宅，细察五行。木合父爻变申西，瓦檐革脊。金生母位逢福德，玉砌雕

栏。间坐寅卯衰又克，窗槛横斜应临亥。子木相逢，池桥出入。主象无伤，且喜来占有庆。忌爻有制，须知见险无虞。六爻安静，则门庭清吉。五类俱全，则宅眷安宁。鬼墓临身，常有阴人伏枕。日辰生世，每多喜事临门。最怕岁君，克世身一年不利。尤嫌鬼杀，逢发动合宅多灾。世受克冲，家主终遭患难。才逢刑害，妻奴必见灾危。阴鬼主阴司之病症，阳鬼为户役之官非。金则凶丧，水须失脱。巳午忧火烛之虚惊，土木恐田桑之欠熟。若出二爻，汤火中切宜仔细。如加六位，栋梁下顺慎崩摧。壁压墙倾，却被土冲兄克。蛇伤虎咬，皆因巳害寅刑。遭壬午之官，乘马难逃跌仆。遇戊寅之鬼，行舡必被风波。官爻藏伏，才耗而家墓荒芜。妻位杀官，家中每逃亡奴婢。动出子孙胎，当有阴人妊子。助成门户鬼，须防横祸临门。福应生身，且喜添增人口。土才合世，定知广置田园。世值动妻，屋不卖而双亲有损。世临空福，身无伤而小口有灾。才鬼一同生合，庆及婚姻；兄弟两见刑冲，灾连眷属。鬼在门头，日日驳驳杂杂；官居宅上，时时唧唧哝哝。无路则不宜远出，无宅则利往他乡。才化才爻，遇元武须防剪绺。阴合阴位，加官杀切忌贪花。子卯夫妻，日下当遭反目。辰戌兄弟，月中定见阋墙。印绶合官扶世，仕途亨通；妻才化福持身，贵人淹滞。若问血才，当详血肖。遇吉则长养无疑，逢凶则猥獏有损。更兼制化，方穷就里之精微；能达变通，了谈人间之祸福。

家宅六爻赋

六冲六合，不离五行。要识元微，细推生克。初爻是井，切忌勾陈。青龙则泉水生香，白虎则干枯坍塌。朱雀一双在宅，勾陈填没无寻。螣蛇主怪异深藏，元武有器皿埋没。欲知枯井年深，须察子孙久远。二爻是灶，切忌克冲。子孙发动，主灶不利。家丁官鬼空亡，定害阴人小口。兄弟动则重立灶基，父母兴则灶将坍塌。朱雀临爻，必主阴人哭灶；螣蛇坐世，定然釜甑虚鸣。元武主偷锅盗釜，白虎主破损东厨。勾陈定见虚惊，朱雀多招口舌。三门四户，细看冲刑。子孙发动，门临绿水青山。爻值青龙，户对高楼耸阁。父母临爻，宅近街衢市井。伏连官鬼，家邻古墓神坛。勾陈发动，必多破损。朱雀兴隆，定主倒装。要知阀阅侯门，须看青龙兴旺。欲识铁石庭户，细察蛇临位兴。五为道路，怕犯六神。朱雀持世，南方远路冲门；元武克身，北地相亲宅宇。青龙喜巽地来龙，白虎怕西南走动。勾陈遇鬼，家中有路可行人；元武来冲，宅内有桥通大路。螣蛇若值飞爻，沟壑必生灾咎。六是梁栋，切忌空亡。子孙发动，必主画栋雕梁。父母兴隆，定是松楠杂木。财动则换旧更新，兄兴定帮梁接柱。土父空亡，墙壁坍塌。木官冲克，接斗断梁。

搜精六爻

初爻论根基，鬼动却非宜。宅边有古墓，灾殃损小儿。阳圆阴方地，合方长生基。冲四刑尖削，克破合圆基。克五宅长病，克二宅母危。世爻若值此，两处起根基。有水必有井，明堂有井鬼。白虎同临位，定主有桥颓。动化日辰合，暗井掩无泥。初爻父子吉，兄鬼外人基。更若初爻动，坍损有高低。财值身旺地，休囚值不宜。元武临初位，沟潭不利时。更值螣蛇上，树根穿破基。二爻为宅母，财禄终有吉。杀鬼动交重，宅母防灾厄。值鬼灶跨梁，小口生啾唧。兄在二三爻，坑灶近相逼。元武合水爻，暗井无人识。元武入土爻，秽污猪羊室。旺新休旧灶，虚灶脚不实。一卦两重财，二灶烟火出。子孙日辰冲，灶边路不吉。生扶两眼灶，元武沟潭塞。财受卦内凶，有灶无厨食。二爻入兴动，此灶曾修葺。二爻被金冲，锅破当知识。二爻值空亡，废灶无差失。应若临二爻，外姓人同室。财福坐清高，兄破人无益。朱雀火动空，灶复重置立。兄弟化兄弟，两门合出入。财爻克世身，媳妇欺婆力。世鬼值此爻，总是离家室。若是二爻空，子定无娘力。化出父母爻，屋后被人出。父母龙德临，必是公侯宅。空休与应同，搭角屋相及。木死逢蛇陈，申盖是端的。二爻木化木，广起楼台屋。二爻鬼作鬼，前后厅堂室。土金临此动，必定主开辟。木爻朱雀动，市井相连迹。二爻日月破，灾祸无休日。欲识换人居，日辰冲世宅。财子同父兄，亦然主换宅。二爻财化父，必是建新宅。爻休六神旺，半旧半新绳。龙临长短居，蛇是牵连屋。元武是空居，朱雀多开辟。二爻休化旺，前旧后新宅。龙德贵人临，家中足衣食。财福吉神空，贫穷日相逼。

三爻为门户，龙旺主光新。休囚冲破损，财子福相臻。若值龙蛇上，捆缚必有绳。冲二居为路，合二定为门。四爻来冲破，相对有穿心。三四俱兄弟，出入有两门。元武临其上，门上漏相侵。三四俱发动，意要更改新。兄弟主破耗，空亡无大门。不然主破碎，左有右无存。若是逢冲克，出入欠正行。三爻俱龙木，床帐必然新。若临申酉位，破损不须论。不正偏倚损，日辰冲破刑。螣蛇临鬼动，怪异及虚惊。若临元武鬼，作怪在阴人。元武临其上，秽污地不清。卯木三爻上，神堂下床停，不然楼板上，楼板上安寻。子午卯酉正，辰戌丑未横。寅申巳亥位，必主落角停。三爻论香火，不宜逢四土。不净犯家堂，外鬼常兴祸。无鬼及空亡，家堂无神主。二鬼封里生，两处分香火。一卦无子孙，不信神佛助。元武亥子位，漏湿家堂主。不然北斗神，值武宜详护。入旺朱雀神，或烧或犯鼠。水值此爻兴，五圣为神祸。外有三四鬼，其家有分处。三鬼若坐爻，弟兄不得力。龙德贵人临，添新喜生户。劫杀鬼相干，弟兄疾病苦。三爻财动旺，宅屋必高古。三爻值世财，外喜内忧苦。守常终是吉，次第为数数。

四爻外户值，财子福滔滔。龙德贵人旺，必定主清高。恶杀临鬼动，叔伯悔煎熬。母位还依此，龙德福迢迢。朱雀值此动，官讼是非招。有气人丁旺，休囚悔莫逃。兄弟临蛇动，坑破外人抛。元武临兄上，水边沟水淘。冲刑并伏鬼，推此用心高。

五爻是主人，家长长房亲。青龙福德旺，家长喜气新。克宅人口吉，灾生宅克身。官鬼带杀动，家长受灾迍。五爻坐兄父，长房妻子刑。坐财伤父母，妻妾要损身。五爻值休废，必是无力人。虎劫刑冲克，知有痴双亲。子孙临此位，人少不须论。五爻值阴世，阴人起家门。冲刑在二爻，夫妇不和宁。若值相生合，夫妻永太平。财世若值此，入舍女夫身。五爻值身世，必是女招金。五爻加世位，人数此中寻。五爻看数目，克减旺加新。此爻若有水，宅近水沟津。兄弟在此位，墙内有坑存。螣蛇冲克破，申酉亦伤身。无气兼刑克，破落必遭刑。生扶并伏化，有气福应臻。

六爻为虚位，永为祖父婆。柱梁墙屋地，篱笆亦是他。身爻值父母，离祖自成家。子孙化官鬼，阴小受灾磨。白虎带鬼旺，灾病及公婆。更值申酉位，六畜不完多。冲克并刑害，家中有破锅。朱雀官鬼动，风颠女人磨。此理通元妙，潜心细吟哦。

船家宅

既明住宅之根因，再看船居之奥妙。青龙父母，祖代居船。白虎妻财，初当船户。要识安居平稳，须观福德青龙。初是船头，必须子孙兴旺。六为后舵，定因福德交重。父母刑冲，必主风狂浪急。妻财克陷，定然惹是招非。若逢兄弟交重，怪木必须重换。但遇鬼爻临用，魔祷急宜祈祥。二为猎木，须要坚方。若遇螣蛇，多生怪异。但逢朱雀，口舌灾殃。青龙利益加添，白虎损人招祸。元武忧疑盗贼，勾陈耗散资财。三为仓口，怕逢刑冲克害。四是桅杆，喜遇拱合生扶。五为毛缆，六为橹篷。若得相生行船，必定致富。如逢冲克船居，多主灾殃。世爻发动，宜弃旧而从新。应位兴隆，宜世居而迪吉。世临元武，盗贼相侵。持世勾陈，翻船损舵。白虎防堕水不虞，青龙主临危有救。螣蛇爻动，主暴病之忧。朱雀爻兴，有断桅之祸。初位逢空，船头破损。二爻遇鬼，绳缆损伤。三爻最忌刑冲，仓内平基作祟。四位怕逢凶杀，破篷发漏须防。五为毛缆逢空，必有惊疑。六是舵门遇杀，定当修换。若能依此而推，船居必无他事。

疾病论

凡占疾病，先祷上下神祇。谒卜卦人，欲问生死祸福。须详得病之由，次告先贤之验。金木动骨骼疼酸，水火兴皮肤寒热。交重丑未必伤脾，发动戌辰因破腹。巽鬼兴隆，乃为股痛。震官旺动，足疾不瘳。离官旺相内爻，发动疮痍之疾。火鬼休因外象，交重心目之灾。发动兑官因面病，交重坎鬼腹中灾。土伏土爻生肿毒，金藏金位动心包。妻在土，兴呕吐。官临土，动迟疑。木下木多寒懊，水伏水多冷淋。乾宫旺相因头痛，坤鬼兴隆为肚疼。坎卦水兴，只缘耳疾。艮宫土发，必为手灾。须将五行论身肢，专执六神分疾病。财逢元武及咸池，病为贪花因恋色。妻值青龙并日建，患因耽酒及伤身。发动金兄气喘，交重木鬼身疼。勾陈若临土木，病因争地争田。螣蛇若入火土，灾乃逢惊逢怪。虎动临财，因丧而得。龙兴遇鬼，喜处染来。财为禄命怕空亡，伏是命爻防克害。先将十死卦为凶，莫比一般爻是吉。最凶者，用爻不见兴空亡。有救者，福位扶持生得力。春忌需蒙，夏嫌观蛊，秋忧剥节，冬畏旅临。禄命随官难救，世身入墓难医。官逢大杀忌伤身，鬼入用爻当主死。须忌催尸之杀，怕临病者之爻。春辰夏未最难当，秋戌冬丑兴还死。又嫌天地转杀，最是凶神。乃遇日辰旺相，便言死处。春忌卯爻卯日，夏嫌午位午爻。秋金酉日最忌凶，冬子爻中逢子日。不论白面少年人，可惜雪鬓老年容。总有家资过北斗，也须一命见阎君。要推神鬼之由，便知天道地道。乾宫发动，愿欠天庭；坤鬼兴龙，动干地府。艮鬼伤身，路神作祸；震宫克世，狱司降灾。鬼临五位路头神，官在三爻家内祟。坎鬼动，须求溺水之魂；巽鬼兴，当祭悬梁之祟。月破入官求七杀，日辰带鬼告三司。日值贵官，可告城隍当境。岁临官贵，宜求五道家堂。兑象官兴，急还口愿。火爻鬼动，速祀灶君。离鬼休因持世，值须祈斗祷花穷。乾鬼旺相克身，宜告天神还素愿。衰宫外动别宫来，便言外祟。休鬼内兴本宫动，可辨家亲。坎宫水位交重，船车之鬼；艮象土爻发动，路狱之魂。应鬼克身逢外鬼，官爻生世是连亲。日辰冲发为无主，土位塞兴定有坟。土动死因牢狱，火兴临没产亡。但知旺日看四时，细察休因寻八节。乾金之鬼，白发老翁。坎鬼休因，耳聋鬼祟。艮鬼手瘫，震宫脚疾。巽爻官发，折腿腰跎。离象鬼兴，眼昏目暗。坤土之鬼花苍母，兑金死鬼缺唇魂。要见祖宗叔伯，须将父母推详。如求姨母妻奴，更把财爻诀断。阳爻男子，阴爻女流。白虎丧门亲座席，青龙天乙贵家亲。龙雀名为素愿，虎勾定是晕盟。雀虎入乾离兴动，只言拜愿烧香。勾陈临震巽交重，便说愿心枷锁。鬼静生身还是吉，官兴克世告神凶。亦求子位同推，反作药爻以治。子旺福神而得力，子衰扁鹊以难医。深详大象如何，要察吉凶休咎。

第十七章　卜筮汇考十七

《卜筮全书》十四　《阐幽精要》(下)

五行论病歌

金鬼兴隆牙与头，
更兼白虎血脓流。
木鬼动时风疾症，
头眩眼暗几时休。
水兴寒热多因疟，
痢疾伤风未易瘳。
火鬼虚劳兼弱症，
眼目疼痛有来由。
土鬼脾胃虚黄肿，
间动须当膈病愁。

六神论神鬼心诀

青龙善愿是观音，
上圣三官总是神。
断鬼产亡并带血，
交重必是本堂临。
朱雀家堂并灶君，
花幡香愿素存心。

鬼为吐血兼劳怯，
目疾伤亡并有因。
勾陈土地及城隍，
土神同断亦无伤。
鬼为痢疾兼蛊胀，
遇土因知咽塞亡。
螣蛇本是飞来土，
遇鬼七杀金作三。
逢官缢死火劳怯，
孩童汤火必然伤。
虎临太岁大将军，
五路伤司五圣神。
经文香信家堂愿，
横死伤亡肚饱魂。
元武就名真武帝，
水仙五圣佛经祈。
鬼作落水伤亡断，
活法全凭智略推。

六神论神祟诀

青龙爻动及黄泉，
得病先占问祸原。
旧年佛愿相催讨，
急告东厨及祖先。
朱雀爻兴祸不轻，
游方五鬼立门庭。
梦中口愿相催讨，
正照旁临本命星。
勾陈爻动祸难当，

土地家堂及灶王。
时疫五瘟求祭祀，
家堂踪迹被虫伤。
螣蛇爻发病缠身，
东厨土地及家亲。
天曹口愿相催讨，
是非口舌梦中惊。
白虎爻兴事不祥，
神前有愿佛前香。
福德五道求祭祀，
土地北殿及乖张。
元武爻兴病患凶，
家中人物不和同。
急告北阴求土地，
守命家亲在此中。

占风水要诀

凡占风土要推详，
五事俱全不可伤。
财动田园多进退，
不然尊长有灾殃。
父兴必是还魂地，
小口孳牲总不昌。
鬼动弟兄多忤逆，
户门不利惹官方。
兄兴财物多消耗，
或是阴人主少亡。
子动必然无讼事，
儿孙定贵少灾殃。

何知章

何知人家父母疾，
白虎临爻兼刑克。
何知人家父母殃，
财爻发动杀神伤。
何知人家有子孙，
青龙福德爻中轮。
何知人家无子孙，
六爻不见福神临。
何知人家子孙疾，
父母爻动来相克。
何知人家子孙灾，
白虎当临福德来。
何知人家小儿死，
子孙空亡加白虎。
何知人家兄弟亡，
用落空亡白虎伤。
何知人家妻有灾，
虎临兄弟动伤财。
何知人家妻有孕，
青龙财临天喜神。
何知人家有妻妾，
内外两财旺相决。
何知人家损妻房，
财爻带鬼落空亡。
何知人家讼事休，
空亡官鬼又休囚。
何知人家讼事多，

雀虎持世鬼来扶。
何知人家旺六丁，
六亲有气喜神临。
何知人家进人口，
青龙得位临财守。
何知人家大豪富，
财爻旺相又居库。
何知人家田地增，
勾陈入土天喜临。
何知人家进产业，
青龙临财旺相说。
何知人家进外财，
外卦龙临福德来。
何知人家喜事临，
青龙福德在门庭。
何知人家富贵昌，
佛像子孙青龙上。
何知人家多贫贱，
财爻带耗休囚见。
何知人家无依倚，
卦中福德落空死。
何知人家灶破损，
元武带鬼二爻悧。
何知人家锅破漏，
元武入水鬼来就。
何知人家屋宇新，
父入青龙旺相真。
何知人家屋宇败，
父入白虎休囚坏。

何知人家墓有风，
白虎空亡巽巳攻。
何知人家墓有水，
白虎空亡临亥子。
何知人家无香火，
卦中六爻不见火。
何知人家无风水，
卦中六爻不见水。
何知人家两爨户，
卦中必主两重火。
何知人家不供佛，
金鬼爻落空亡决。
何知二姓共屋居，
两鬼旺相卦中推。
何知一家有两姓，
两重父母卦中临。
何知人家鸡乱啼，
螣蛇入酉不须疑。
何知人家犬乱吠，
螣蛇入戌又逢鬼。
何知人家见口舌，
朱雀持世鬼来掇。
何知人家口舌到，
卦中朱雀带木笑。
何知人家多争竞，
朱雀兄弟持世应。
何知人家小人生，
元武官鬼动临身。
何知人家遭贼徒，

元武临财鬼旺扶。
何知人家灾祸生，
鬼临应爻来克世。
何知人家痘疹病，
螣蛇爻被火烧定。
何知人家病要死，
身命世鬼入墓推。
何知人家多梦寐，
螣蛇带鬼来持世。
何知人家出鬼怪，
螣蛇白虎临门在。
何知人家人投水，
元武入水杀临鬼。
何知人家有吊颈，
螣蛇木鬼世爻临。
何知人家孝服来，
丧门吊客临鬼排。
何知人家见失脱，
元武带鬼应爻发。
何知人家失衣裳，
勾陈元武入财乡。
何知人家损六畜，
白虎带鬼临所属。
何知人家失了牛，
五爻丑鬼落空愁。
何知人家失了鸡，
初爻带鬼元武欺。
何知人家无牛猪，
丑亥空亡两位虚。

何知人家无鸡犬，

酉戌二爻空亡卷。

何知人家人不来，

世应俱落空亡排。

何知人家宅不宁，

六爻俱动乱纷纷。

仙人造出何知章，

留与后人作饭囊。

祸福吉凶真有验，

时师句句细推详。

何知是奥妙，奥妙生克料。若是吉和凶，六神甲子条。一宫分八卦，一卦六爻挑。世为内住场，应作宾对曜。木住东方地，火向南方位，水向北方流，金向西方叙。世前有官爻，案前神庙居。世爻水带鬼，有鬼水中泪。金木水火土，父兄子财鬼。六神兼六亲，祸福日辰取。仔细逐爻详，其中奥无比。

妖孽赋

知之者罕，用之者难。传入其门，百发百中。卦卦有怪，若非神授，莫窥其奥，学者细详。

乾蛇鬼巳冲刑，蓬头赤脚夜惊人。化猪化马作妖精，多拮括，宅不宁，逆钗赖镜损人丁。

坎蛇鬼午来冲，没头没尾成何用。黑而矮，又无踪，拖浆弄水空声哄。

艮蛇鬼若遇申，妖声似犬夜狺狺。空中常拍手，家鬼弄家人。狗作怪，家业倾，抛砖弄瓦何曾定。

震蛇鬼酉冲刑，空中椅桌动闻声，踢踏响似人行。大蛇常出现，窑器响惊人，莆箱作孽人丁病。

巽蛇鬼亥又冲，鸡声报炀火，鬼怪起狂风。缢死之鬼扰虚空，床下响及房中。

离蛇鬼子来刑，锅釜作妖声，空中忽见火光焰。红衣者是何人？年深龟鳖以成精。

坤蛇鬼冲遇寅，锅灶上作妖精。似牛叹气是亡人，虚黄大肚鬼出现，不安宁。

兑蛇鬼受卯刑，空中叹气重而轻。羊出现噘嘴瓶，骨殖苦暴露，刀石更成精。

移南换北幼亡魂。

搜鬼论

子　作怪鼠咬屋，黄昏忌火灾。
　　小儿夜里叫，檐前祸鬼催。

丑　古墓西北方，牛栏又接仓。
　　开土有坟穴，伏尸夜作殃。

寅　蛇虎来作怪，六畜血财亡。
　　人口有病患，急需保安康。

卯　隔墙带血鬼，作灾母病床。
　　破伞并厨柜，及有死人床。

辰　鸡犬灶中死，神庙不烧香。
　　秽犯神龙位，有祸小儿郎。

巳　买得旧衣裳，亡人身上物。
　　作怪蛇入屋，防损豕牛羊。

午　作怪鼠咬屋，不觉火烧裳。
　　急遣白虎去，人口却安康。

未　小儿奴婢走，甑叫沸锅汤。
　　外来门与厨，在家作祸殃。

申　客亡鬼入屋，作怪在家堂。
　　黄昏鸡啼叫，枯木被风伤。

酉　家有鼠咬柜，灯檠不成双。
　　灶有三条折，咒咀一女娘。

戌　飞禽来入屋，遗粪污衣裳。
　　灶破并锅漏，神灯被鼠伤。

亥　公婆归尘土，从来不装香。
　　小儿秽触犯，引鬼作怪殃。

参约爻之卦互卦例

参约爻：参者，二三爻是也；约者，四五爻是也。

之卦即变卦，一爻动，观变，二爻动，不观变。

互卦即去上爻，初爻是也。上取其三四五，下取其二三四，不论动静。

神杀歌例

天元禄

甲禄在寅，乙禄在卯，丙戊禄在巳，丁己禄居午，庚禄居申，辛禄在酉，壬禄在亥，癸禄在子。

驿马

寅午戌马居申，申子辰马居寅，巳酉丑马在亥，亥卯未马在巳。

天乙贵人

甲戊兼牛羊，乙己鼠猴乡，丙丁猪鸡位，壬癸兔蛇藏，庚辛逢马虎，此是贵人方。

福星贵人

甲虎乙猪牛，丙同犬鼠游。丁鸡戊猴走，己羊庚马头。辛蛇癸爱兔，壬日占龙楼。

天德贵人

正丁二，申宫三，壬四，辛同五，亥六，甲上七，癸八，寅逢九，丙十，归乙子己丑庚中。

月德贵人

寅午戌月丙，申子辰月壬，亥卯未月甲，巳酉丑月庚。

月德合

寅午戌月辛，申子辰月丁，亥卯未月己，巳酉丑月乙。

天福贵人

甲爱金鸡乙爱猴，丁猪丙鼠己寅头。戊寻玉兔庚壬马，辛癸逢蛇福自优。

天喜

春戌夏丑为天喜，秋辰冬未二三指。世上遇此必欢忻，百事得之皆有理。

天马

寅申月在午，卯酉月在申，辰戌月在戌，巳亥月在子，子午月在寅，丑未月在辰。

唐符　国印

唐符值年之星，国印朝廷之印。占仕宦，若持身世，大吉之兆。

若问文官并武职，唐符国印求端的。寅申之年巳亥为，巳亥之年寅申觅。子午之年卯酉求，卯酉之年子午出。辰戌之年丑未方，丑未之年在辰戌。鬼临符印最为佳，当作朝中资辅翼。

天医

天医正卯二猪临，三月随丑四未寻。五蛇六兔七居亥，八丑九羊十巳存。十一再来寻卯上，十二亥上作医人。

天赦

正五九月在戌方，二六十月到于羊。三七十一居龙位，四八十二在牛场。卦中临应仍摇动，狱讼勾连竟不妨。

皇恩大赦

正月戌兮二月丑，三月虎兮四蛇走。五月酉兮六卯位，七鼠八马各看守。九亥十辰十一申，十二未上君知否。

赦文

正戌二丑三辰昌，四未五酉六卯强。七子八午九寅位，十月巳上大吉祥。十一申上十二亥，此神持世永无妨。

十干天赦

甲己东方兔，乙庚亥上求。丙辛居酉位，丁壬未上流。戊癸蛇作伴，万事不须忧。

四季天赦

春戊寅，夏甲午，秋戊申，冬甲子。

天耳天目

春天耳巳目从亥，夏天耳寅目居申，秋天耳亥目从巳，冬天耳申目居寅。

天福贵人

甲丙相邀入虎乡，更逢子穴最高强。戊申己未丁宜亥，乙癸逢牛福禄昌。庚趁马头辛带巳，壬骑龙背喜非常。

天解神

春寅夏巳秋月申，三冬值亥天解神。四生之局名为例，忧中化喜不须嗔。

地解神

正未二申三月酉，四戌五亥六子寻。七丑八寅九卯地，十辰十一巳上明。十二月边逢午位，此是卦中地解神。

月解神

月解正二起于申，三四还从酉上轮。五六之月从戌上，七八能行亥上存。九十之月临午位，子丑两月未宫尊。若值此辰官事散，纵然重病也离身。

日解神

甲己逢蛇乙庚猴，丙辛逢虎丁壬牛。戊癸鸡啼官事散，病人无药不须忧。

内解神

甲乙蛇头戊己寅，庚辛酉位丙丁申。壬癸但从卯位是，官非消散始安宁。

外解神

正五九月居子上，二六十月在巳宫。三七十一辰位是，四八十二居申中。

解脱神

甲己日亥乙庚申，丙辛日丑丁壬未。戊癸辰逢官讼消，病人不必生忧虑。

雷火神

正五九月火居寅，二六十月亥宫存。三七十一从申位，四八十二巳宫轮。

喝散神

春巳夏居申，秋猪冬到寅。官事若发动，喝散不由人。

日喝散

甲己逢寅乙庚申，丙辛戊癸向蛇寻。丁壬亥上婚姻忌，若见公私定不成。

开狱神

狱神夏马春兔挨，秋鸡冬鼠狱门开。卦中若得此爻动，长久囚人放出来。

活曜星

正卯二辰三月巳，四午五未六居申。七酉八戌九亥上，十子一丑十二寅。

岁前神杀

其法皆从太岁上起，假如子年就子，上是太岁剑锋伏尸，丑是太阳天空，寅是丧门，主孝服，逐一顺轮，周而复始。

太岁剑锋伏尸同，二曰太阳并天空。三是丧门主孝服，四为勾绞贯索凶。五位官符兼五鬼，六曰死符小耗攻。七是栏干并大耗，八是暴败天厄中。九是飞廉同白虎，十为福德卷舌从。十一天狗并吊客，十二病符切莫逢。

驾后神杀

浮沉血刃戌上起，子逆行披头五鬼。辰上起子逆行天，哭午上起子逆行。血刃浮沉戌上游，披头五鬼在辰求。天哭逆数起于午，凡占切忌动当头。

天哭杀

哭声正五九居羊，二六十月在猴乡。三七十一鸡啼叫，四八十二犬猖狂。

天狱杀

正五九月居亥位，二六十月在申藏。三七十一飞巳上，四八十二到寅方。

天贼

正丑二子三月亥，四戌五酉六居申。七未八午九蛇地，十辰一卯十二寅。

四季天贼

正辰二酉三虎乡，四未五子六蛇藏。七犬八兔九申位，十牛子马丑猪忙。

四季小杀

春忌羊兮夏忌龙，秋牛冬犬哭重重。卦中值此临身命，任是轻灾也见凶。

日下大杀

日下大杀细推详，甲乙猪兮丙丁羊。戊己犬见庚辛虎，壬癸蛇为大杀方。

天狗杀

正卯二申三丑乡，四午五亥六辰藏。七酉八寅九未的，十鼠子巳丑犬防。

三丘五墓

春丑夏辰秋即未，三冬逢戌是三丘。却与五墓对宫取，病人作福也难留。

墓门杀

甲乙见金墓门开，丙丁见水哭哀哀。戊己见木须防厄，庚辛见火孝服来。壬癸见土难回避，病人不死也伤财。

丧车杀

丧车春鸡夏鼠来，秋兔冬马好安排。人来占病无他断，教君作急买棺材。

沐浴杀

沐浴杀难当，春辰夏未殃。秋戌冬丑是，杀动病人亡。

关锁杀

春关牛与蛇，夏月龙猴嗟。秋忌猪羊位，冬犬虎交加。

劫杀

申子辰兮蛇开口，亥卯未兮猴速走。寅午戌嫌猪面黑，巳酉丑兮虎哮吼。

咸池杀

寅午戌，兔从茆里出。巳酉丑，跃马南方走。申子辰，鸡叫乱人伦，亥卯未，鼠子当头忌。

鳏寡杀

春牛不下田，夏龙飞上天。秋羊草枯死，冬犬厌残年。

孤辰寡宿

亥子丑兮忌寅戌，寅卯辰兮巳丑寻。巳午未兮申辰忌，申酉戌兮亥未临。

阴杀

正七寅兮二八辰，三九马头四十申。五十一逢犬伴立，六十二月鼠为邻。

捶门官符

正七虎行村，二八鼠当门。三九居戌位，四十弄猴孙。五十一逢骑马走，六十二月透龙门。

勾陈杀

正辰二卯三月寅，四丑五子六亥程。七犬八酉九申位，十羊子马丑蛇行。

白虎杀

正申二酉三戌乡，四亥五子六丑伤。七寅八卯九辰上，十巳一马十二羊。

受死

正戌二辰三亥死，四巳五子六午宫。七丑八未九羊是，十申子卯丑酉逢。

三刑

寅刑巳上巳刑申，丑戌相刑未与辰。子刑卯上卯刑子，辰午酉亥自相刑。

六害

六害子未不堪亲，丑害午兮寅巳嗔。卯害辰兮申害亥，酉戌相逢转见深。

四刑

寅申巳亥为四刑，所做百事无一成。婚姻官事俱不吉，纵得相生也不宁。

四冲

辰戌丑未为四冲，纵然占吉也成凶。或是相生或兄弟，也须被破事无终。

四极

子午卯酉为四极，凡占百事皆无益。虽然世应得相生，决定多凶主少吉。

六冲

子午相冲，丑未相冲，寅申相冲，卯酉相冲，辰戌相冲，巳亥相冲。

隔神

正七从亥二八酉，三九羊头四十蛇。五十一月寻卯上，六十二午定吁嗟。

大耗

正申二酉三戌边，四亥五子六牛联。七寅八卯九辰位，十巳子马丑羊眠。

小耗

正未二申三月酉，四戌五亥六子游。七丑八寅九卯上，十辰一巳丑午流。

破碎杀

子午卯酉在蛇头，辰戌丑未属于牛。寅申巳亥鸡头碎，破耗资财件件忧。

旌旗杀

春卯夏子秋酉冬午，占病遇动，不期就死。

暴败杀

猪羊犬吠春三月，蛇鼠龙忧夏月当。申酉丑逢秋必败，虎马兔兮冬季防。

六甲空亡

甲子旬中戌亥空，甲戌旬中申酉空。甲申旬中午未空，甲午旬中辰巳空。甲辰旬中寅卯空，甲寅旬中子丑空。

截路空亡

甲己申酉最为愁，乙庚午未不须求。丙辛辰巳君休去，丁壬寅卯一场忧。戊癸子丑高堂坐，时犯空亡万事休。

马前神杀

十二神各有所用，如占出行及行人，专看驿马之类。申子辰马居寅，寅午戌马居申，巳酉丑马在亥，亥卯未马在巳。

一驿马，二六害，三华盖，四劫杀，五灾杀，六天杀，七地杀，八年杀，九月杀，十亡神，十一将星，十二攀鞍。

四利三元

年上起，如午年，即午上起，太岁掌轮为便。

一太岁，二太阳，三丧门，四太阴，五官符，六死符，七岁破，八龙德，九白虎，十福德，十一吊客，十二病符。

五行长生

长生沐浴，冠带，临官帝旺衰，病死墓绝胎养。

假如火长生在寅，从寅上起；长生卯，沐浴辰冠带，依次顺行，木长生在亥，从亥起，水土长生在申，从申起，金长生在巳，从巳起，皆依次顺行。

三合成局

寅午戌合成火局，申子辰合成水局，巳酉丑合成金局，亥卯未合成木局。

天干合

甲与己合，乙与庚合，丙与辛合，丁与壬合，戊与癸合。

地支合

子与丑合，寅与亥合，卯与戌合，辰与酉合，巳与申合，午与未合。

第十八章 卜筮总论

《周易》

蒙卦

蒙。亨。匪我求童蒙，童蒙求我。初筮告，再三渎，渎则不告。利贞。

《象》曰：蒙，山下有险，险而止。蒙，蒙亨，以亨行时中也。匪我求童蒙，童蒙求我，志应也。初筮告，以刚中也。再三渎，渎则不告，渎蒙也，蒙以养正，圣功也。

《程传》：初筮告，谓至诚一意以求己则告之，再三则渎慢矣，故不告也。

《本义》：筮者明，则人当求我而其亨在人；筮者暗，则我当求人而亨在我。人求我者，当视其可否而应之；我求人者，当致其精一而扣之。刚中者，以刚而中，故能告而有节也。渎筮者二三，则问者固渎，而告者亦渎矣。

《乾凿度》

法天地宜

圣人画卦，制度则象，取物配形，合天地之宜。索三女、三男、六十四象，以上下分之，阳三阴四，法上下分位。圣人设卦，以用蓍生。圣人度以虚实英草，与天齐，休万形。《经》曰：蓍生地于殷，凋殒一千岁。一百岁，方生四十九茎，足承天地数；五百岁，形渐干实；七百岁，无枝叶也；九百岁，色紫如铁色；一千岁，上有紫气，下有灵龙神龟伏于下。《轩辕本经》云：紫蓍之下，五龙十朋伏隐。

天生灵挞，圣人采之，而用四十九运天地之数，万源由也。

《京房易略》

一则

　　夫易者象也，爻者效也。圣人所以仰观俯察，象天地日月星辰草木万物。顺之则和，逆之则乱。夫细不可穷，深不可极，故揲蓍布爻，用之于下筮。分六十四卦，配三百六十四爻，序一万一千五百二十策，定天地万物之情状。故吉凶之气，顺六爻上下。次之八九六七之数，内外承乘之象，故曰"兼三才而两之"。孔子曰：阳三阴四，位之正也。三者，东方之数，东方日之所出。又圆者，径一而开三也。四者，西方之数，西方日之所人。又方者，径一而取四也。言日月终天之道，故易卦六十四分上下，象阴阳也。奇偶之数，取之于乾、坤。乾、坤者，阴阳之根本；坎、离者，阴阳之性命。分四营而成易，十有八变而成卦。卦象定吉凶，明得失，降五行，分四象；顺则吉，逆则凶，故曰：吉凶悔吝，生乎动。又曰：明得失于四序，运机布度，其气转易，主者亦当则天而行，与时消息，安而不忘亡。将以顺性命之理，极蓍龟之源。重三成六，能事毕矣。

《白虎通》

蓍 龟

　　天子下至士，皆有蓍龟者，重事决疑，示不自专。《尚书》曰："女则有大疑，谋及卿士，谋及庶人，谋及卜筮。"定天下之吉凶，成天下之亹亹者，莫善于蓍龟。《礼三正记》曰："天子龟长一尺二寸，诸侯一尺，大夫八寸，士六寸。龟阴，故数偶也。天子蓍长九尺，诸侯七尺，大夫五尺，士三尺。蓍阳，故数奇也。所以先谋及卿士何？先尽人事，念而不能得，思而不能知，然后问于蓍龟。圣人独见先睹，必问蓍龟何？示不自专也。"或曰：精微无端绪，非圣人所及，圣人亦疑之。《尚书》曰："女则有疑。"谓武王也。干草枯骨，众多非一，独以灼龟何？此天地之间寿考之物，故问之也。龟之为言，久也；蓍之为言，耆也，久长意也。龟曰卜，蓍曰筮，何？卜，赴也，爆见兆。筮也者，信也，见其卦也。《尚书》"卜三龟"，《礼·士冠》经曰："筮于庙门外，筮画卦。"所以必于庙何？托义归智于先祖至尊，故因先祖而问之也。卜，春秋何方？以为于西方东面，盖蓍之处也。卜时西向，已卜，退东向问。蓍于东方面，以少问老之义。皮弁素帻，求之于质也。《礼》曰："皮弁素帻，筮于庙门之外。"或曰："天子占卜九人，诸侯七人，大夫五人，士三人。"又《尚书》曰："三人占，则从二人之言。"不见吉凶于蓍，复以卜何？蓍者，阳道多变，变乃成龟，以制火灼之何？《礼杂记》曰："龟，阴之老也；蓍，阳之老也。龙非水不处，龟非火不兆，以阳动阴也。必以荆者，取其究音也。"《礼三正记》曰："灼龟以荆。"以火动龟，不以水动蓍，何？以为呕则是也。蓍龟败则埋之，何重之？不欲人袭尊者也。《周官》曰："凡国之大事，先筮而后卜。"凡卜，人君视体，大夫视色，士视墨。凡人卜事，视高扬火以作龟。凡取龟用秋时，攻龟用冬时。

《申鉴》

俗　嫌

或问：卜筮曰德斯益、否斯损，曰何谓也？吉而济凶而救之，谓益吉；而恃凶而怠之，谓损。

《关朗易传》

统言易义

乾、坤，易之门也；易，变动乎乾坤之中也。天动也，阳也，刚也，配地则变。地静也，阴也，柔也，顺天而行。行而变，变而通，此所谓易。孔子曰：动静有常，刚柔断矣；方以类聚，物以群分，吉凶生矣。言易始于动静，终于吉凶，圣人所以前知而行其道也。道不虚行，存乎其人，是故天道曰阴阳、地道曰刚柔、人道曰仁义。行之则三，变而通之则一。子曰：百虑而一致，此言三才、五常参同而用也。用之于既往之谓变，用之于未来之谓占。观其变，极其数，知其来，受命如响，乾坤之神。夫易，极乎神而已矣。子曰：蓍之德圆而神，卦之德方以知。神以知来，知以藏往。然则知之可及也，藏之不可及也，非至圣至神，孰能与于此？蓍以数推，卦以象告；数主乎动，象主乎静。动言乎远，故可以知来；静言乎迩，故可以藏往。往来之交，逆顺之际，此吉凶所以前知也，变化所以会合也。数会乎上，象合乎下，天人相与，其深微哉！

论大衍义

《大衍》之数五十，其用四十有九，何谓也？曰：天数兆于一，生于二，成于三，此天、地、人所以立也。衍于五，成于六，偶于十，此五行、六爻、十日所以错综也。天一，数之兆也；虽明其兆，未可以用也。地二，数之生也；有生则滋，乃可以推之也。天三，数之极也；极乎终则及乎始，兼两之义也。子曰：兼三才而两之，又曰：六爻之动，三极之道也。五行，水生乎一，成乎六；火生乎二，成乎七；木生乎三，成乎八；金生乎四，成乎九；土生乎五，成乎十。独阳不生，独阴不成，故天一必待地六而成之，地二必待天七而成之，其体虽五而成必六。六者非他，天地生成之谓也。天数五，地数五，五者非他，三天两地之谓也。地二天三，合而为五，其二不用者，六来则一去也，既成则无生也。有生于无，终必有始，既有则无去矣。故大衍五十其用四十有九者，人有去无之谓也。张彝问曰：何谓入有去无？子曰：天生于阳，成于阴，阴成则阳去；生于阴，成于阳，阳成则阴去。六爻初上无位者，阴阳相去者也。天数以三兼二，地数以二兼三，奇偶虽分，错综各等五位，皆十衍之极也，故曰大衍。彝曰：然则其用何谓四十有九，其一将不用乎？子曰：物有两大，必曰虚盈。日往月来，昼极则夜。进盈于此，则虚于彼；盈于小，必虚其大，此用所以不穷也。故曰其用四十有九也。彝曰：凡衍天地之数五十有五，今云五十而又去其一，何谓也？子曰：蓍不止法天地而已，必以五行运于中焉。大偶而言则五十也，小奇而言则五也。凡天地之数五十有五，奇偶小大具言之尔。若举大而去小，盈奇而虚偶，则小奇之五、大偶之一，皆盈而不用。彝书而藏之，叹曰："吾乃知蓍可遗也。"

《颜氏家训》

杂艺篇

卜筮者，圣人之业也。但近世无复佳师，多不能中。古者卜以决疑，今人生疑于卜，何者？守道信谋，欲行一事，卜得恶卦，反令恧恧，此之谓乎？且十中六七，以为上手，粗知大意，又不委曲。凡射奇偶，自然半收，何足赖也。《世传》云：解阴阳者，为鬼所嫉。坎凛贫穷，多不称泰。吾观近古以来，尤精妙者，唯京房、管辂、郭璞耳。皆无官位，多或罹灾，此言令人益信。倘值世纲严密，强负此名，便有违误，亦祸源也。及星文风气，率不劳为之。吾尝学六壬式，亦值世间好匠，聚得《龙首》《金匮》《玉变》《玉历》十许种书，讨求无验，寻亦悔罢。凡阴阳之术，与天地俱生，其吉凶德刑，不可不信。但去圣既远，世传术书，皆出流俗，言辞鄙浅，验少妄多。至如反支不行，竟以遇害。归忌寄宿，不免凶终。拘而多忌，亦无益也。

《元包》

运 蓍

五行之数，一曰水，二曰火，三曰木，四曰金，五曰土，此其生也；六曰水，七曰火，八曰木，九曰金，十曰土，此其成也。凡五行生成之数五十有五，肇于勿芒，动于冥默。物休咎于未形，辨忧虞于既惑。鬼出神入而变化无穷，穷幽洞灵而生成不息。体混茫之自然，与天地而为极实。所谓微妙元通，深不可测。故仲尼曰：天一、地二、天三、地四、天五、地六、天七、地八、天九、地十。天数五，地数五，五位相得而各有合。天数二十有五，地数三十，凡天地之数五十有五。此所以成变化而行鬼神矣。《易》用四十九策者，穷少阳也；《包》用三十六策者，极太阴也。穷少阳，盖尚文也；极太阴，盖尚质也。文质之变，数之由阳，不穷九阴，不极八明，大衍之不可过也。

《卜论》

一　则

天地之大德曰生。舜好生之德，洽于人心。五福首乎寿，麟、凤、龟、龙，谓之四灵。龟不伤物，呼吸元和，于介虫为长而寿；古之圣者刳而腴之，观其裂画，以定吉凶。残其生，翦其寿，既翦残之而求其灵，夫何故？愚未知夫天地之心、圣达之谟，灵之寿之而夭戮之，腴其肉，钻其骸，精气复于无物，而贞悔发乎焦枯，不其妄耶？夫大人与天地合其德，与日月合其明，与四时合其序，与鬼神合其吉凶，不当妄也。寿而夭之，岂合其德乎？因物求征，岂合其明乎？毒灵介而徽其神，岂合其序乎？假枯壳而决狐疑，岂合其吉凶乎？《洪范》曰："尔有大疑，谋及卜筮。"圣人不当有疑于人以筮也。夫祭有尸，自虞夏商周不变。战国荡古法，祭无尸。尸之重，重于卜，则明废龟可也。又闻夫铸刀剑者，不成则屠犬彘而祭之，被发而哭之，则成而利，盖不祥器也。其神者跃为龙蛇，穿木石，入泉源，以至发炯光声音。人不能自神，因天地之气，化天地之物，而为神固无悉，然是亦为怪。古者，成宫室，必落之；钟鼓器械，必衅之，岂神明贵杀享腥膻欤？今亡其礼，未闻屋室不安身而器物不利用。由是而言，则卜筮、阴阳之流皆妄作也。夫洁坛墠而布精诚，求福之来，缅不可致。耕夫蚕妇，神一草木，祷一禽畜，鼓而舞之，谓妖祥如答，实欤？妄欤？牺文之易更，周孔之述以为至矣。扬子云为《太元》，设卦辨吉凶，如《易》之告。若使后代有如扬子云，又为一书可筮，则象数之变，其可既乎？专任道德以贯之，则天地之理尽矣，又焉假夫蓍龟乎？又焉征夫鬼神乎？子不语，是存乎道义也。

《鼠璞》

论变卦

易说变卦起于左氏，如郑伯廖论公子曼为卿，自丰上六变为离；晋师救郑，自师初六变临；子展论楚子之死，自复上六变为颐。蔡墨论龙见于绛，自乾初九变为姤，曰"潜龙勿用"；九二变为"同人"，曰"见龙在田"；九五变为大有，曰"飞龙在天"；上九变为夬，曰"亢龙有悔"；纯乾变纯坤，曰"见群龙无首，吉"；坤上九变剥曰"龙战于野"。其说变卦，往往不过一爻及一卦，泛立议论固可，若以筮法言，自六爻皆有变动。左氏所载占筮，悉不出一爻之变。陈敬仲之筮，观六四变否；毕万之筮，屯初九变比；季友之筮，大有六五变乾；晋伯姬之筮，归妹上六变睽；卜偃勤王之筮，大有九三变睽；齐棠姜之筮，困六三变大过；鲁穆子之筮，明夷初九变谦；娴始生之筮，屯初九变比；南蒯叛之筮，坤六五变比；晋救郑之筮，泰六五变需。此十事，更无重爻以上变者。惟晋伐郑之筮遇复，以全卦言。而季武子报聘之筮，艮八之随，以六二不变爻取义。岂一卦与一爻变与不变者其象纯一，可以立论，姑假是致附会之言。不然，春秋二百四十二年之间，筮占之应，何无两爻以上变者可书耶？左氏失之诬，予于此得之。

《周易古占》

占　说

《连山》《归藏》，宜与《周易》数同，而其辞异。先儒谓《周易》以变者占，非也；《连山》《归藏》以不变者占，亦非也。古之筮者，兼用三《易》之法。卫元之筮，遇屯曰"利建侯"，是《周易》或以不变者占也；季友之筮，遇大有之《乾》曰"同复于父，敬如君"，所此固二《易》辞也。既之乾，则用变矣；是《连山》《归藏》或以变者占也。

大衍初揲，扐一二三者为少，扐四者为多，是少者三而多者一也。或以钱寓多少之数，虽适平而非阳饶阴乏之义。

或曰：九变六，六变九。非也。九当变八，六当变七，何以言之？《国语》董因为晋文公筮，遇泰之八，谓初、二、三以九变八，而四、五、上不变为八，故曰泰之八也。唐人张辕作《周易启元》曰：老阳变成少阴，老阴变成少阳。盖与此合。

八衍卦数，七衍蓍数，九、六不极其衍，故发挥而为爻也。

贞者静而正，悔者动而过。动乎外，岂皆有悔哉？曰：有戒惧之义焉。

大舜志定谋同，然后用筮。扬雄曰：不以其占，不如不筮。王通曰：骤而语易则玩神，其旨一也。

《元包数义》

论《周易》《元包》同异

《元包》以坤先乾，《归藏》之《易》也。易者变也，天主其变；包者藏也，地主其藏。天统乎体，八变而终于十六；《易》用四十九著者，存挂一之数为太极；则六八四十八者，体中之用也。地分乎用，六变而终于十二；《包》用三十六著者，以共一之数为太一；则六六三十六者，用中之用也。《太元》本三十六著，亦地数也。地虚三以扮天，故用三十三，挂一而三十二，则四八之数，地之体也。《元》之为书，以一元行乎地之四体之间。四体，即方州部家是也，故《元》之挂一，有天用地之义；而虚三，有地承天之义。若《元包》三十六不挂不虚，而每摞存二十四，则八卦用于地上者也。是故乾三奇，震、坎、艮各得其一，巽、离、兑各得其二，则十二画也；坤三偶，巽、离、兑各得其一，震、坎、艮各得其二，则三十四画也。阴阳之画共三十六，以阴之二载阳之一，则三十六尽为用矣。故《易》老阳之策极于四九，而《包》以六六用之；《易》以两卦相重而后天地合，《包》亦以两摞相通而后九六均。是故卦数自一至八，凡三十六。重之而七十二。一摞之著，合乎单卦之数；两摞之著，合乎重卦之数。五行之数五十有五，自三十六言之，五行盈于八卦，十九当闰数之物；自七十二言之，八卦盈于五行，十七当运数之气。以八归五，气类相从，则乾、兑为金，坤、艮为土，震、巽为木，坎为水，离为火，吉凶顺逆，占法由生。故曰：三十有六取数于乾、坤，五行、八卦同符合契也。其法分而为二，以三摞之，左右各存三四十二著，所谓营之以四，以象四时也。常存此数不用者，坤之二十四气为万化之基。《易》存四卦之义，余十二著则爻数，与归奇数也。爻数不九即六，归奇数不六即三。爻数得九者，阳画也，归奇数则三矣；爻数得六者，阴画也，归奇数则六矣。阳画九而归奇三，用者三不用者一也；阴画六而归奇六，用不用各半也。三画皆阳者，乾也；皆阴者，坤也。二阳一阴者，三女也；二阴一阳者，三男也。三画皆阳，其数二十七，重之而五十四者，六九也；三画皆阴，其数十八，重之而三十六者，六六也。二阳一阴，其数二十四，重之而四十八者，六八也；二阴一阳，其数二十一，重之而四十二者，六七也。此八重卦之本数，亦六七八九之数，而以六为主者也。大衍六七八九之数以求爻也。爻者用也，六、七、八、九皆祖乎四者，用生乎体，自四揲而来也。《元包》六七八九之数，以求卦也。卦者，体也。六七八九皆祖乎六者，体生乎用，自六爻而来也。以用为主，故《易》为天；以体为主，故《包》为地也。乾之一卦得五十四，归奇一十八；坤之一卦得三十六，归奇亦三十六。三男四十二，归奇三十；三女四十八，归奇二十四。以五十四合三十六，则九十也；以四十八合四十二，亦九十也；以十八合三十六，则五十四也；以三十合二十四，亦五十四也。故《元包》八卦，爻数合之为三百六十，归奇数合之为二百一十六，总之而五百七十有六，得先天八位之卦数，与《大衍》除挂一而用四十八蓍，十二用之数正同。所不同者，《大衍》以四为一，故两卦相偶，用不用之数即得五百七十有六；《元包》以一为一，比《大衍》数四分仅得其一，盖《大衍》兼用七八九六分于男女者。太极用八卦，天地之数也；《元包》专用九六，宗于父母者。八卦自用人物之数也，是故《大衍》五十之虚一，天之虚之极也；四十九之合一，地之有之极也；四十九之挂一，人之用之极也。在四十八用之外，《元包》以共一为太一，是四十九合一之义尔；谍之以三为三才，在三十六用之内。故《易》揲之以四以象四时，备四体而致用者，天用地也；《包》营之以四以象四时，存四体而不用者，地用物也。此所以大小不同也。《元包》存本之数，每揲二十四，一卦六揲而百四十四，凡六十四卦九千二百一十有六，则《大衍》五百一十二卦之蓍，存乾、坤、坎、离四卦不用之策数也。《包》所存之数亦地之本数，故与《大衍》同。《大衍》从天，故又有挂一之数。三千七十二，《包》四分得其三，乃地之用数也。《包》八卦之数，乾五十四而八之，则四百三十二；坤三十六而八之，则二百八十八；三男四十二而八之，各三百三十六；三女四十八而八之，各三百八十四；乾归奇数，十八而八之，则一百四十四；坤归奇数，三十六而八之，则二百八十八；三男归奇数，三十而八之，各二百四十；三女归奇数，二十四而八之，各一百九十二。总卦数计二千八百八十，则三百六十之八也；总归奇数计一千七百二十八，则二百一十六之八也。一千七百二十八，则七十二之二十四；二千八百八十，则七十二之四十；共六十有四。以地之体十六析之，卦数得其十，归奇得其六，皆二百八十八也。以先天准之，卦数之十为离之显仁，则开物八万六千四百之数；归奇之六五为坎之藏用，则闭物四万三千二百之数。一为存本，则八千六百四十之闰数，然先天视《元包》皆三十倍矣，此《元包》与《大衍》先天之合也。所谓八卦自用者，阴阳分为八位，各以一卦变七卦，自一世至五世，游魂归魂，而卦体复各守本体，其一不变，故曰：八卦自用其数也。今世卜筮所用《火珠林》即是此法，而其文不雅。先生著书欲传此一法于后世尔，非为文也。分而为二，自左揲至右，终而爻见奇，则复归于左。故曰：数之闰也在于左。阳之动也、数之萌也在于右，阴能生也。《大衍》四十九著，各以一卦变六十四卦，其数之变至于一十五万五百二十八，则每著得三千七百二。《元包》三十六著，各以一卦变八卦，其数之变至于一万三千八百二十四，则每著得三百八十四。三千七十二者，三百八十四之八也。

《大衍》四十九著。

先除挂一一著，计三千七十二，存天之太极也。

再除三揲、三挂三著，计九千二百一十六，为乾、坤、坎、离四卦之数，存地之太极也。

实用四十五著以应一卦，当一节之数，计一十三万八千二百四十，则六十卦三百六十爻，每爻用三百八十四。地生物之数也。

《元包》三十六著。

先除二十四著，计九千二百一十六，则乾、坤、坎、离存本之数也。余一十二著之用卦数，通归奇计四千六百八，则震、巽、艮、兑反复迭用之数也。《易》之著四十八而策穷于三十六者，乾与坤、坎与离反复不互见为四卦，故各当十二；震、巽、艮、兑反复互见为二卦，故共当十二。而十二常不见，是故《元包》之著三十六，存二十四不用之外，所用者十二而已。一万三千八百二十四，析而十之，即一十三万八千二百四十，地之生物全数也；九千二百一十六，析而十之，则九万二千一百六十，地开物之数也；四千六百八，析而十之，即四万六千八十，地闭物之数也。开物者，《易》用策之数；闭物者，《易》归奇之数。归奇之数，《易》之物数也。盖全数十二，会三分之天地，各用其一，余一分以为人物也。两揲七十二著各存二十四者，存坤之体也；归奇共九策者，存乾之用也。通之用五之三、不用十九之三者，用其冲气、存其物体也。

存本数，每卦百四十四；归奇数均之，每卦二十七；用策均之，每卦四十五。以归奇合存本，每卦一百七十一，则《太元》《九章》之数者，闰数也；以用策合存本，每卦百八十九，合之而三百七十八，则《太元》五日三辰之策者，余分数也；以用策并归奇，每卦七十二，则《太元》一日之策数者，昼夜之数也。

<h2 style="text-align:center">《周易》《太元》
《元包》《潜虚》蓍数义</h2>

《易》三微成著，三著成象，二象十有八变而成卦者，谓揲蓍法也。三微成著者，谓三揲归奇；三多三少与两少一多、两多一少，三微之气已成一象，则爻之微象也。著谓爻也。天三变成一象于上，而六七八九之数成一爻于下，故谓六七八九为四象也。三著成象者，三爻既具得三画一卦，为地之一象，则卦之著象也；著象相交，乃成一重卦矣。四十九蓍除挂一之外，以四揲之得一十二，奇数得四三，四四四五四六；用数得四六，四七四八四九。老阳用者九，不用者三；少阳用者七，不用者五，少阴用者八，不用者四；老阴用者六，不用者二。奇数通挂一，则老阴用者以四为一而得六，不用者以五为一而得五；少阳用者以七为一而得四，不用者亦以七为一而得三。老阳少阴之奇通挂一则不可分矣。六七为本，属乎天；八九为标，属乎地。地之奇数不可分者，宗于一天也。先生曰：阳不穷九，阴不极八，明大衍不可过者，蓍为天数故也。并而均之，则用策一爻皆三十者，天五地六之二中；奇策一爻皆十九者，天九地十之二终也。并两卦用策，得三百六十，当一期之日；并两卦云挂一之奇策，得二百一十六，当重乾之策。三十六者，老阳之数也。三百六十者，十之也；二百一十六者，六之也。数有十，天以三为体，地以四为体，天兼二用，故天六而地四。两卦奇策得老阳之六者，天之三微变于上，而后地之四象化于下，地之四象未见，故用六也；两卦用策得老阳之十者，地以四体承天六用，载元气而左行，以成一岁之日，故用十也。六者二三也，得其参天；十者二五也，兼参天两地矣。其挂一之蓍十二以代，虚一之蓍一十二既揲。成挂，则虚一之蓍即为二卦。十二爻之本体，皆不用而用以之宗者也。是故六十四卦，用策万一千五百二十，得三百八十四之三十；奇策七千二百九十六，得三百八十四之十九。通爻体三百八十四，为七千六百八十，乃得三百八十四之二十。用者三十。为天数，托于地以显诸仁；奇者二十，为地数，归于天以藏诸用。通之为《大衍》五

十；《易》倚天地正数而立之之数，所谓三天两地而倚数者也。系数以乾坤之策当期之日者起于一爻，均得三十策为一月而十二之，故后天轨革以卦当年、以爻当月、以策当日也。康节谓一爻为一策者，以用卦六十之爻与乾坤之策数同，故后天卦气图以六十卦直三百六十日也。《系辞》以二篇之策当万物数者，三百六十为一年；积一世三十年，得万有八百；加闰数七百二十，成三十二年；以三十二之数而均于三十，则年得三百八十四日。三百六十为天道六变之正，余二十四为中盈朔虚之分，月得二日也。三百六十者，去闰之数也。故当期日者，用数也；加二十四者，通闰之数也，故当万物之数者，体数也。闰数为物数，归奇以象闰，故亦为物数。闰数为物数者，自余分言之，天之余以与物；自十九言之，天地之终则为物也。一百二十八者，十二爻之奇策，二百一十六而加十二，积策成爻，为天之微象，则未成物者也；三百八十四者，六十四卦之爻数，三百六十而加二十四，积爻成卦，为地之著象，则已成物者也。天用六变，余分六日，以与物阴。又于六变之中，克其六日，共为十二，以成十二辰之体。在天当十二次，在地当十二野，皆物之体也。故乾坤二卦，挂一之蓍十二以代，虚一之蓍十二而当，十二气之用，应之以十二爻，则十二物之体也。天一而二，地二而四，故闰之本体在年数者，六而十二，当乾坤二卦之爻；在月数者，十二而二十四，当乾、坤、坎、离四卦之爻。阴阳合德，刚柔有体，是为十二物之根种，与天地同分于太极，所赖以生生不穷者也。其二卦之奇策，二百一十六为天之六；其二卦之用策，三百六十为天地之十，则岁常用之，以生成此十二物。故挂一象三，其蓍十二。在奇策则成二百二十八，偶之则为二十四，则在用策则成三百八十四，皆为物数也。二百一十六，为老阳之气，六变得坤之百四十四。阳以阴凝，而后岁功成物矣。其奇策二百一十六，则未成物也。是故二百一十六，当自子至午七月而加余分之日；百四十四，当自未至亥五月而减小月之日。坤位在未，地道代终，故坤作成物也。先天卦数，六十四卦得五百七十六，则二卦去挂一之蓍数也。蓍，天也，故通挂一；数，地也，故去挂一。蓍为实，独用其显，故用其用数；数为虚，兼用幽显，故尽用五百七十有六也。二卦用策以当三百六十爻，则一卦成三十卦，二卦去挂一之策，以当五百七十六数，则一卦成三十二卦，亦用数不通闰。体数，通闰之理也。五百七十六，得三十六之十六，则八卦而一卦变八卦之数也。用数得其二六则六子之六卦数四百三十二也。体数得其四，则乾坤之二卦数百四十四也。位数在地，坎、离主之。乾、坤退藏，六子用事。是故乾坤合体，其当坤之策，六子通用，再得乾之策也。五百七十六，在爻则用十而存六，在数则用十二而存四者，天地之分、日辰之用不同。是故经世之位十六，地常晦一，从会而用十二也。

著去挂一而四十八，为十二之四；老阳之策三十六，以四九之体为六六之用，则用之者三，不用者一也。《太元》之著三十三，于老阳用策之中，地虚三以拼天。天用三六，地用二五，为天地相交而互用者也。《元》用《易》著四分之三，故天有四方，元有三分，数皆自三而变者；去其不用之一，以当北方罔冥之一元，而用其直蒙酋之三方，以当天、地、人之三元也。天统乎体，体者有四；地分乎用，用者有三。《易》为天用地之数，故用四而别虚一、挂一于四体之外；元为地承天之数，故用三而又虚三、挂一于三用之内也。用数之中，自分用与不用，则亦用之者三，不用者一。是故元著极用，不过三九，其虚、其挂、其奇并之而不用一九也。夫自体言之，四而用三；自用言之，又四而用三。所谓地常晦一，故地体十六，用其十二，而十二又用其九也。《易》以四揲者，从地之四象也。三揲成一爻者，太极元气含三为一天之三也；六爻为一卦者，用之六也。《易》即用六爻者，体用合一也。所谓从体起用，故谓天用地也。《元》以三揲者，从天之三元也。两揲成一重者，阴阳合德、刚柔有体、地之两也。四重为一首者，体之四也。《元》别用九赞者，体用分两也。所谓去体从用，故为地承天也。《易》三揲之奇，一揲不五则九，再揲、三揲皆不四则八者，天除其一，地除其二也。《元》两揲之奇，皆不三则六者，地除其二也。《易》通三揲而奇十九，得天九地十之数；《元》通二揲而奇九，得天九而已。故《易》为天包地，《元》为地承天也。《易》一卦之奇得十九之六，并之而一百十四，得《元》一首四揲之暗数。《元》之四重者，地之四体也。其初揲之暗数者，地中之虚用，故当物数也。《元》一首之奇得九之四，并之而三十六，得《易》一爻老阳之策数。乾之六爻者，天之六用也。其一爻之策数者，天元之本始。故当日数也。无非天用地、地承天之理也。《元》之著，本用老阳之策四之九，虚其三则为三之十一。用二十七者，为去二用九；用二十四者，为去三用八；用二十一者，为去四用七。是去其二、三、四之九，而用其七、八、九之二十四也。九者乾也，去之以存九天之用二十四者，坤也，用之以立四重之体也。《易》揲以四，《元》揲以三。揲去其一著，《易》用六、七、八、九之策，《元》用七、八、九之策，去其六之一数。六者坤之数，是为不用之一。其实则方州部家所以载其体，其虚则《元》之所生也。《易》去其三、四、五、六之数，用其六、七、八、九之策。天四、地四中交共一，则从天之七。四者体也，中交所以起用，故离之则四十八者，为先天八卦六爻之体；合之则四十二者，为经世日月一变之用也。《元》去其二、三、四之数，用其七、八、九之策。天三、地三、中虚五、六，则成地之八三者，用也。中虚所以生体，故虚之则三十三者，为太元虚三承天之蓍；实之则四十四者，为观物阴阳刚柔之数也。

《元包》三十六蓍者，用乾四九之体，为坤六六之用，故以坤为首，存其四六，用其二六，则三分之中用一而存二也。老阳之数三十六，进之为三十六旬一年之中开物之日，二百四十则天地生物之数，为天地之用闭物之日；一百二十则物已成体致用之数，为万物之用。是故经世以开物八月为生物之数，于闭物四月之中取交数，余数十二以为闰数，则物数也。《元包》三分用一，是为物数，故主八卦兼五行而用也。用数之中，又自分用不用析十二为四、分用不用各半者，为坤之六；去一用三者，为乾之九。并之则八分之中，不用其三者，存其三天；用其五者，用其参天两地也。大抵与《易》之理皆合。然《易》用六者，为四六二十四；用九者，为四九三十六。归奇不用三天者，每卦得一百八，为三十六之三策数；用参天两地者，每卦得百八十，为三十六之五。《易》以四为一者，《包》以一为一；《易》以四九为一者，《包》以一九为一；《易》为地归奇于天，《包》为物归奇于地。是故《易》为天地之大数，《包》为人物之小数也。

《元包》曰：《易》用七七，极少阳也；《包》用六六，穷老阴也。明《大衍》之不可过也，是故《易》《元包》皆不越五十之数。然而《潜虚》用七十蓍何也？曰：坤当百数，故十数之衍得百位。《易》用其半，虚一以从，天七之用。《元》为地承天，而布气之数；《包》为地配天，而载物之数，故皆不过乎《易》数也。虚与《包》皆为物数，然《包》于《元》者，独指地之元气潜于虚者，兼太极之气与神，故《包》名书以《元》，首卦以坤而虚，名书以虚，首图以气也。太极判而生天地，天地交而生万物。天与其气以载神，地与其形以载气。是故虚于百数之中，十取其七而用之。在七则体地之十，在十则用天之七。所以体用十数，名用七变，而蓍用七十也。《易》用七七而虚一者，存太极也；虚用七十而虚五者，存五气之元也。《易》为天数，虚为物数。《易》体三才六位，虚体五行十数也，虚实用五变者，天之五也；并始终而七变，则天之盈数也。体用五行之十数者，地之二五也；并合数而十九，则天地之终数也。体极十九，用极于七，故《易》初揲之奇，均一爻而七，并三揲均之，而一爻尽于十九。归奇者闰数，是以月行一日之余，得十九分度之七。而《经世》动植数、声数每位而七，音数二位而十九也。《经世》有三数，《潜虚》得其物余二者，则天地之数也。

《箕龟论》

龟 卜

夫龟者，水产而成形，故八百年反大如钱。夏则游于荷，冬则藏藕节。为人所惊，则随波流荡在于荷中。审而察之，有黑气如煤烟，于荷心其状甚分明，游人往往见之，此谓之息气也。故非有太清法者，则莫能取之矣。或见其气象，辄莫惊动其荷，当潜含水及油膏噀之，则其龟弗能遁形矣。处泽产水，术云油可以见水族灵物。若获之，可以其色以占于未萌。凡卜当以心指其龟。若卜其生事，龟之甲文乃变为桃花之色，其红可爱；若卜其死事，甲文乃变为黯黑之色，其污可恶；若卜其善事，是龟也蹒跚跳跃而弗能止矣；若卜其恶事，则泊然不复变其色，伏息竟日而复兴。其论曰：夫甲黄、足赤、腹白、尾青、股黑者，盖禀受乎五行之粹也。然而性畏刀铁之器，闻其声则不能动矣。其论本作鸿毛溪之南九岩石室之前，石可半亩许大，其色状如黄罗，故谓之黄罗石。覆其岩之上，刻以金玉，皆周书小篆体，故钟山太岳主元冥之所秘录也。李淳风采药于钟山鸿毛溪紫菰石室中，遇岳主诣之，遂洁诚精心，仰视默记，录进唐太宗皇帝，故世得闻焉。

《梦溪笔谈》

论卜筮

今之卜筮，皆用古书，工拙系乎用之者。唯其寂然不动，乃能通天下之故。人未能至乎无心也。则凭物之无心者而言之，如灼龟璺瓦，皆取其无心也。

古之卜者，皆有繇辞。《周礼》三《兆》，其颂皆千有二百。如"凤凰于飞、和鸣锵锵，间于两社为公室，辅专之渝、攘公之茋，一薰一莸，十年尚犹有臭，如鱼窥尾、衡流而方羊，裔焉大国、灭之将亡，阖门塞窦、乃自后逾、大横庚庚，予为天王、夏宵启以光"之类是也。今此书亡矣。汉人尚视其体，今人虽视其体而专以五行为主，三代旧术莫有传者。

《易》象九为老阳，七为少；八为少阴，六为老。旧说阳以进为老，阴以退为老；九六者，乾坤之画，阳得兼阴，阴不得兼阳。此皆以意配之，不然也。九、七、八、六之数，阳顺阴逆之理，皆有所从来，得之自然，非意之所配也。凡归除之数有多有少，多为阴，如爻之偶；少为阳，如爻之奇。三少乾也，故曰老阳。九揲而得之，故其数九，其策三十有六；两多一少，则一少为之主，震、坎、艮也，故皆谓之少阳。皆七揲而得之，故其数七，其策二十有八；三多坤也，故曰老阴。六揲而得之，故其数六，其策二十有四；两少一多，则多为之主，巽、离、兑也，故皆谓之少阴。皆八揲而得之，故其数八，其策三十有二。物盈则变。盈为老，故老动而少静。吉凶悔吝，生乎动者也。卦爻之辞皆九六者，惟动则有占，不动则无朕，虽《易》亦不能言之。《国语》谓"正屯悔豫皆八""遇泰之八"是也。今人以《易》筮者，虽不动，亦引爻辞断之。《易》中但有九、六。既不动，则是七、八，安得用九六爻辞？此流俗之过也。

《演繁露》

蓍以七为数

诸家多言蓍以七为数，至其何以用七，则莫有言者。意谓七七四十九，正蓍之用尔。历考诸《易》，自数总以及数变，皆无以七为祖者；独有七为少阳，固在四策之一。然此之七也，进之不得为阳数之极，退之不能为阳变之祖。则七在四策中，特其列数之一尔，安能总摄它数也？顾独于末流取四十九以配七七，而谓蓍数之祖，何所本也？

《易学启蒙》

说

圣人观象以画卦，揲蓍以命爻。使天下后世之人皆有以决嫌疑、定犹豫，而不迷于吉凶悔吝之涂，其功可谓盛矣。然其为卦也，自本而干，自干而枝，其势若有所迫而自不能已；其为蓍也，分合进退，纵横逆顺，亦无往而不相值焉。是岂圣人心思智虑之所得为已哉？特气数之自然。形于法象、见于图书者，有以启于其心而假手焉尔。近世学者类喜谈《易》，而不察乎此。其专于文义者，既支离散漫而无所根；著涉于象数者，又皆牵合附会，而或以为出于圣人心思智虑之所为也。若是者，予窃病焉。因与同志，颇辑旧闻，为书四篇，以未初学，使毋疑于其说云。

《辨惑论》

卜 筮

卜筮之说尚矣，予但嫉夫今卜筮者，诬罔百端，与古相戾，无足取信。如占疾，苟能断其安危、决其吉凶可也，今也必曰："某神祸之，某鬼祟之，祷则生，否则死。"吁！何其卦之间灼见鬼神如是耶？其他妖妄，大率类此。予之所以不信者此也，非谓无蓍龟之灵也。历传记述见闻，集此篇与知者。

《书》曰："朕志先定，询谋佥同。鬼神其依，龟筮协从。"

《易》曰："初筮告，再三渎，渎则不告。"

《礼记》曰："人无恒，不可以为卜筮。卜筮者，先圣王所以使民信时日、敬鬼神、决嫌疑、定犹豫也。"

《左传》曰："卜以决疑，不疑何卜？"

《荀子》曰："日月食而救之，天旱而雩，卜筮而后决大事。非其为得求也，以文之也。"

《程子》曰："古者卜筮，将以决疑也。今之卜筮则不然，计其命之穷通、诘其身之达否而已。噫，亦惑矣。"

《通志》

论卜筮

　　苏子曰：挟筮布卦，以分阴阳而明吉凶，此日者之事，非圣人之道也。吁，《周礼》有"筮人大卜掌三易之法"，而《洪范》亦有《稽疑》，是占筮之学其来尚矣，特用之者有善未善者尔。夫卦之与爻，有体本吉者，有反而后吉者，其相为倚仗，而占验不可不知。卦之本吉，丰、泰、既济之类是也；反而后吉者，否、屯、未济之类是也；爻之本吉者，乾之飞龙、坤之黄裳之类是也；反之而后吉者，上九亢龙、上六龙战于野之类是也。知此而后可以言卜筮矣。盖尝论之，世人颠倒于利欲之场，终日戴天履地，行不祥之事而无所惮，至丘社则敛衽而过之，终日言动拟议不出于《易》而不知畏，至露蓍而得繇辞，则敬而信之。吁，以此用心，宜乎蓍龟之不验也。至哉！横渠之言曰："《易》为君子谋，不为小人谋。"此言尽之矣。然则将如之何？曰：今占验者，当察其所占之人，当究其所主之事。昔者穆姜之得比之随，自知其必死于辱。卦非不吉也，元亨利贞，穆姜不足以称之也。南蒯得坤之比，君子知其不免于咎。爻非不吉也，黄裳元吉，南蒯不足以当之也。此其所谓观其所占之人。泰之为卦，天地气交之卦也，而占父者忧之父入土也。归妹之卦，男女室家之别也，而占母者忧之，女之终也。此所谓当究其所主之事。如吉者遽谓之吉，凶者便谓之凶，此其挟策布卦为日者之事，非善明理之君子也。

《论蓍》

蓍　数

　　天秉阳，八卦之阳爻皆得参天之数；地秉阴，八卦之阴爻皆得两地之数。惟阳爻得参天之数，故乾之阳爻三，得自然之数九，当揲蓍之际，三揲俱少，则挂所揲之余得四九之数，所以九为老阳；惟阴爻得两地之数，故坤之阴爻三，得自然之数六，当揲蓍之际，三揲俱多，则挂所揲之余得四六之数，所以六为老阴。三男之爻，一阳而二阴，得自然之数七，揲蓍之际，两多一少，则挂所揲之余得四七之数，而以七为少阳者，自然之理欤？三女之爻一阴而二阳，得自然之数八，揲蓍之际，两少一多，则挂所揲之余得四八之数，而以八为少阴者，自然之理欤？大衍之数五十，其用止四十有九，而九七八六之理存，阴阳老少之理明，增之一则于揲为赘，不可也；减之一则于揲有缺，不可也。此自然之数欤？《河图》得自然五十五之数，《洛书》得自然四十五之数，亦犹周天之度、周期之日。或赢或缩，亦皆本于自然也。或者求九七六八之数，而不得考阴阳老少之理而未明。乃为阳动而进，以进为文，故少七而老九；阴动而反，以反为文，故少八而老六。又惑于不用十为老少之说，乃谓臣不可以加君，阴不可以加阳，故不用十而用八，则其于自然之理，盖亦昧而不通者欤？昔子云作《太元》，以天地之策各十有八，合为三十六策，虚其三而用三十有三；司马作《潜虚》，三百六十四变了著一日，以周期数；亦本于自然之理也。所以著之德圆而神，顾取而用之如何耳。

四营成易之说

不观《周易·系辞》，无以知四营之说；不读《三坟·易典》，无以辨四营之名。夫分二象两，挂一象三，揲四象时，归奇象闰，著法有四，果足谓之四营乎？曰：非也。老阳数九，老阴数六，少阳数七，少阴数八。各以四推，果足谓之四营乎？曰：非也。盖营者，经营之谓；而四者，言四正之卦也。乾、坤、离、坎是谓四正卦。八卦于八方，而以四正之卦左右而经营之，是为四营。何以言之？盖乾营左重，得十八卦。始于讼、鼎、大畜、需、革、无妄，中于遯、睽、巽、大壮、家人、兑、履，终于遯、剥、大有、同人、小畜，此则以纯乾之体而一营也；坤营左重，得二十四卦，始于临、蹇、震、观、解、艮，中于否、泰、随、蛊、既济、未济、师、谦、复、比，终于豫、剥、升、屯、明夷、萃、晋、蒙，此则以纯坤之体而二营也。离营右重，得十四卦，始于中孚、大过、中于噬嗑、涣、恒、贲、节、咸，终于旅、损、井、丰、益、困，此则以纯离之体而三营也；坎营右重，又生四卦，始于小过中于颐终于渐、归妹，此则以纯坎之体而四营也。故《周易·系辞》曰："四营而成易。"《三坟·易典》曰："四营而成，重卦正谓是也。"

《祛疑说》

易占说

筮《易》以著，古法也。近世以钱掷爻，欲其简便，要不能尽卜筮之道。自昔以钱之有字者为阴，以钱之无字者为阳，故两背为拆，二画也；两字为单，一画也。朱文公以为钱之有字者为面，无字者为背。凡物面皆属阳，背皆属阴，反旧法而用之，故建安诸学者悉主其说。或谓古者铸金为贝曰刀、曰泉，其阴或纪国号，如镜阴之有款识也。一以为阴，一以为阳，未知孰是。大抵筮必以著，求为简便，必尽其法。余尝以木为三弹丸，丸各六面，三面各刻三画，三面刻二画，呵而掷之，以尽老少阴阳之变。三丸各六面，十有八变之义也。三面为三，乾之九也。三面为二，坤之六也。此用九、用六之义也。三者，乾之一画函三也。二者，坤之一画分二也。此三天两地之说也。三丸掷之皆三则成九，老阳数也；三丸皆二则成六，老阴数也。两二一三则成七，少阳数也；两三一二则成八，少阴数也。所用者，乾、坤之画以成八卦，是乾、坤生六子之象也。丸象太极之一也，三三为乾，二二为坤，象两也。三丸者，象天、地、人之三才也。每丸得数十五，《洛书》皇极数也。合三丸之数而为四十有五，《河图》九宫数也。上二则下三，上三则下二，动静皆五，故五藏于用，参以四十五数，大衍之数五十也。三丸成九于上，则三丸伏六于下，此老阳变阴之体也；三丸成六于上，则三丸伏九于下，此老阴变阳之体也。二三相对，每丸各具三五；此三五以变错综其数之旨也。体圆而转，变动不居也。六位相乘，周流六虚也。三丸六掷而成卦，亦十有八变之义也。既无钱背钱面阴阳之疑，又合老少阴阳之变。尝于舟中以语同志，朱子美大以为然。因著其法，与好事者同其用。

《文献通考》

论《程氏易传》

按伊川之《易》，精于义理而略于卜筮象数，此固先儒之说。然愚尝以为易之象数卜筮，岂出于义理之外？盖有此理则有此象、有此数，而卜筮之说，其所谓趋吉避凶、惠迪从逆云者，又未尝不一出于义理。平时本诸践履，则观象玩辞，此义理也。一旦谋及卜筮，则观变玩占，亦义理也。初不必歧而二之。

《楑蓍记》

论揲蓍求卦

蓍之在楑也，寂然不动，道之体立，所谓易有太极者也。及受命而出也，感而遂通神之用行，所谓是生两仪，两仪生四象，四象生八卦，八卦定吉凶生大业者也。犹之《图》也，不用五与十。不用云者，无极也。而五与十，则太极也。犹之《易》也，洁静精微。洁静云者，无极也。而精微，则太极也。知此，则知夫楑中之蓍以一而具五十，无用而无所不用。谓之无则有，谓之实则虚也。而其数之流行于天地万物之间者，则亦阴阳奇偶而已矣。故自挂扐之奇而十二之，则阳奇而进之不及夫偶者，为少阴；阴偶而退之不及夫奇者，为少阳。而四之则三四五六合夫画，奇全偶半合夫数，而画亦于是焉。合其多少，则合其位之阳少而阴多，故有自一进一而为偶、自偶退一而为奇之象也。自过揲之策而十二之，阳奇而退之不及夫偶者，为少阴；阴偶而进之不及夫奇者，为少阳。而四之则六七八九合夫数，奇三偶二合夫画，而数亦于是焉。合其多少，则合其数之阳实而阴虚，故有自一虚中而为偶、自二实中而为奇之象也。盖挂扐之奇径一，而过揲之奇围三，而挂扐、过揲之偶，钧用半也，故分挂扐过揲而横观之，则以阴为基，而消长有渐；分四象而纵观之，则亦以阴为平，而低昂有渐。其十二之，则自右一而二，自左二而三；其四之，则自右三而六，自左六而九。如水之流行，触东而复西；其消长则其自然之沧漪，其判合则其盈科而后进者也。此皆自夫一行、邵子之说而得之。知此，则知夫误推一行三变八卦之象，谓阴阳老少不在乎过揲者，为昧乎体用之相因；而误推邵子去三用九之文，谓七八九六不在乎挂扐者，又昧乎源委之分也。由此而极其奇偶之变，以位则阳一而阴二也，以数则天三而地两也。初变之径一而围三以为奇者，三而得之，是以老阳、少阴之数多也；后二变之围四用半以为偶者，二而得之，是以少阳、老阴之数少也。分阴分阳，则初一变皆奇而后二变皆偶也。迭阴迭阳，则去挂一初一变皆偶而后二变皆奇。又如毕中和天、地、人之说也，其变也，自一生二，二生四；而又四之四生八、八生十六而言，则画卦之象也；自四乘而十六、十六乘而六十四，则重卦之数也。故初变而得两仪之象者，二画卦之数也；再变而得四象之象者，四画卦之数也；三变而得八卦之象者，六画卦之数也。自两仪之阴阳而言其用数，则乾、兑、离、震皆十二，而巽、坎、艮、坤皆四也。自八卦之阴阳而合其体数，则乾、坎、艮、震三十二，而巽、离、坤、兑三十二也；自二老、二少之阴阳而言其饶乏之数，则又如四象之七八九六也。六变而得四象之画，则每位之静变往来，得十画卦之数也。又二画则总其数矣。其数也，皆静者为多、变者为少，而一爻变者居中。二静与变皆老阴为多，老阳为少，而二少居中。积画成卦，则每卦之静变往来，得十五画卦之数也。又三画则总其数矣。其数也，亦皆静极者为至多，而变极者为至少，而又一爻、二爻进退于其间；其静与变则皆坤为至多、乾为至少，而三男三女进退于其间。因而重之，则每卦之静变往来，得三十画卦之数也。八六画则总其数矣。其进退多少皆与八卦之例同也。此皆自欧阳子七八常多、九六常少之一言而推之，与夫后二变不挂不知其为阴，而使二老之数与成卦同、二少之数与二老同，而参差益甚。其初一变必钧，不知其为阳而于乾、坤六子之率勉强求合，乃若四十九蓍而虚一与五十蓍虚一而挂二者，固有间矣。此以蓍求卦者也。若夫以卦而求变也，则自夫交易已成之体，为变易应时之用。由两仪而上，自纾而促，八卦循环而其序不乱，以远御近，以下统上，而皆有文之可寻也。以变而求占也，则自静极而左之一二三四五，自动极而右之一二三四五。极自用其极，而一则专其一，居两端而分属焉；二则分其爻，居次两端而分属焉，动则上爻重，而静则下爻重也；三则分其卦居中，自为两端两分属焉，前则本卦重而后则之卦重也。动中用静，静中用动；静多主贞，动多主悔，而皆有例之可推也。然自此而极言之，则以六甲纳之，其卦之序不乱也。以互取之，其序有渐而亦不乱也；以

伏求之，其序亦有渐而不乱也。以世位反《图》而推之，则一而二、二而四、四而八、八而十六，进退有序、逆顺以类而不乱也；以策数即《图》而考之，则在两仪而一消长，在四象而二消长，在八卦而四消长；在十六而八消长，在三十二而十六消长，故长中八消，消中八长，皆震为巽之消而坤为乾之消、巽为坤之长而乾为震之长而不乱也。以揲变之数应《图》而推之，则其多少又合乎一一为乾、八八为坤、以少为息、以多为消而亦不乱也。是则按图画卦、揲蓍求卦莫不吻合矣。然而朱子犹以《大衍》为不自然于《河图》，而变揲之左可以形右，卦画之下可以形上者，又以为短于龟也。其三索之说则一行有成说。既取之于本义，后复以为不必。然而卦之阴阳、之奇偶，画与位合，则大传有明文。既著之筮说，而不明言于启蒙，是又恐后人求之过巧，而每遗恨不能致古人之详者也。若以奇策之数合之圆图之画，则四十八一卦之画也。其奇之十二即乾之阴，而策之三十六即其阳也。三十六自九进而得之也，九阳也，三十六亦阳也，全阳也；其奇之二十即兑、离之阴也，而策之二十八即其阳也。二十八自七进而得之也。七阳也，二十八阴也，阳合于阴也；其奇之二十四则坤所去之半也，而策则所用之二十四阴也；二十四自六进而得之也，六阴也，二十四亦阴也，全阴也；其奇之十六即艮、坎自上所去之十六也，而策之三十二即其所用之半，并上所余之八阴也；三十二自八进而得之也，八阴也，三十二阳也，阴合于阳也，其震、巽之不用，则犹乾之不用阴、坤之不用阳也。其奇策之八，方数之变也；挂扐之六，圆数之变也。此邵子之说也。然前之奇策之所当阴不若阳之齐、后之六八之所应圆不若方之备，是必有深意也，第未能考而知之，又不知朱子之意以为如何。此因梜蓍而记之。至元十年春二月吉日梜成记。

《论易数》

揲蓍说

大衍之数五十，其用四十有九，分而为二以象两；挂一以象三；揲之以四以象四时；归奇于扐以象闰；五岁再闰，故再扐而后挂。此盖举一变以见十八变之例。揲者以五十蓍虚一不用，象太极；四十九蓍两手平分，象两仪；置右手所分一半，就取其一蓍挂于左手小指间，所谓象三才；以所分四揲之，所谓象四时；先揲左手所分，求其奇余者，扐于左手无名指间，所谓归奇于扐以象闰；次揲右手所分，取其奇余者，扐于左手中指间，所谓象五岁再闰。初揲之扐，通计三指，不五则九。以一卦言之，此十八变中之一变；以一变言之，此三揲中之第一揲也。又罥第一揲所得之算，再以余蓍如前法挂扐而揲之。第二、第三揲之扐，通计三指，不四则八。八九为多，四五为少；三少为老阳，三多为老阴；两多一少为少阳，两少一多为少阴；盖《大衍》全数五十，即《河图》中宫以五乘十之数。《河图》四面，太阳居一而连九，少阴居二而连八，少阳居三而连七，太阴居四而连六，此阴阳老少之策所由分也。《河图》之数十，布揲之奇余则有一有二有三有四，所得之策数则有六有七有八有九，独不及五与十者，《大衍》之数五十也。布揲之时，见左手所余多少即知右手之数。第一揲，左手余数或一或二或三则并挂一，与右手所余者成五；若左手余四，则并挂一，与右手所余者成九。第二揲，收取第一揲之余蓍，或四十四蓍或四十蓍，再分为二，挂扐如前法。左手余数或一或二，则并挂一，与右手所余者成四；若左手余数或三或四，则并挂一，与右手所余者成八。第三揲又取第二揲余蓍，或四十蓍或三十六蓍或三十二蓍，再分二，挂扐亦如前法。左手余数得一与二即成四、得三与四即成八。此不待终筹而知，所以《潜虚》揲左虚右揲右虚左。然《潜虚》分阴阳客主，故只揲一半。而《大衍》之揲，必须左右手皆揲，以见全体也。所谓揲蓍者，非是看挂扐过数目，正是看余下数目。挂扐过一十三蓍，名为三少；余下三十六蓍以四算之，为四九老阳。得九数何也？四象中，太阳居在一，而九者一之余数，挂扐过二十五蓍；名为三多；余下二十四蓍以四算之，为四六老阴。得六数何也？四象中，太阴居四，而六者四之余数。挂扐过二十一蓍，名为两多一少；余下二十八蓍以四算之，为四七少阳。得七数何也？四象中，少阳居三，而七者三之余数。挂扐过一十七蓍，名为两少一多。余下三十二蓍以四算之，为四八少阴。得八数何也？四象中，少阴居二，而八者二之余数。三变既定而一画成，十有八变而一卦成。三变之间，为老阳十二；为老阴四，为少阳二十，为少阴二十八。世儒不通再扐后挂之义，或谓第二、第三揲不必挂一，不知第一揲若非挂一，已无从得九；第二、第三揲若不挂一，则老阳、少阴各该二十七路、少阳九路、老阴仅一路矣。再扐后挂者，言初揲虽已再扐，而后揲亦须挂一也。至如六爻占法，求之左氏《国语》自有成说。六爻皆不变，则以本卦象辞为占，而以内挂为贞、外卦为悔。如孔成子筮立卫元，遇屯曰"利建侯"。秦伯伐晋，卜徒父筮之，遇蛊曰："其贞风其悔山"。凡卦六爻全不变者，用此例。一爻变则专用所变爻为占。如毕万筮仕，遇屯之比，只看初九一爻；蔡墨论乾之同人，只看九二一爻；晋侯纳王，遇大有之睽，只看九三一爻；周史筮陈敬仲，遇观之否，只看六四一爻；南蒯之筮，遇坤之比，只看六五一爻；晋献公筮嫁伯姬，遇归妹之睽，只看上九一爻。凡卦一爻变者，用此例。三爻变者以本卦为贞，支卦为悔。如国语重耳筮尚得晋国，遇贞屯悔豫皆八，盖初与四、五爻变也。初与五皆老阳，用九变；四爻老阴，用六变。二、三与上爻不变，在屯、豫二卦皆为少爻，故曰"皆八"。朱文公所谓变及三爻，占两卦体是也。五爻皆变则专以不变爻为占。如穆姜筮遇艮之八，史曰：是为艮之随；杜元凯以为连山首艮之易，非也。按《艮》卦变《随》，惟二爻不动，三与上爻皆老阳用九变，初爻、四、五爻皆老阴用六变，惟二爻少阴不变，故所占只在艮之八，朱文公所谓四二五一、二分一专是也。若六爻皆变，则以乾、坤二用为例。如蔡墨对魏献子所谓乾之坤，即六爻全变之例。此占法之大略，或问左氏《国语》所载《左传》于穆姜之筮既曰艮之八，《国语》晋重耳之筮亦曰屯之八，又曰贞屯悔豫皆八，七、八皆不变爻，何以罕言七而专言八？曰：七七著数也，八八卦数也。三揲之余，得少阴爻最易，惟其揲者多得八，故经传亦多举八以纪占也。二篇之策，万有一千五百二十；中分之，得五千七百六十。老阳爻六千九百一十二，饶一千一百五十二策；老阴爻四千六百有八，乏一千一百五十二策。故大衍初揲扐一、扐二、扐三者少，扐四者多。少者凡三，多者凡一，已是饶阳减阴，故老阳十二路、少阳二十路、少阴二十八路，而老阴只四路。若揲法少差，则其遇愈艰。然老阴之路虽最少，而卦中未尝无爻交。以揲著之法周密如此，古人犹有筮短龟长之叹，况今俗下，占卦以钱代著，所谓重爻单拆之画。老阴、老阳以三纯而变，少阳二阴中取一阳，少阴二阳中取一阴，欲一掷而了十八变之事，不过约揲法而用之。至于世应之法八，纯以上爻，自初至五，各从其世。惟上爻独不变，反取第四爻变之，名为游魂；又举内卦三爻同为一变，名为归魂。亦以先天卦位天、地、雷、风，水、火、山、泽，参错为六十四卦，窃取夫参伍错综之义。然上爻不变，虚而不备，以钱寓筮，老少均取，兹见其短矣。古之为筮者，犹曰不如龟之长，今学者鲜布揲，不见揲著中作用处，仅赖俗占以诏凡愚，故集先儒绪言作《揲著说》。

《图书编》

龟长筮短之辨

《大禹谟》舜命禹曰："朕志先定，询谋佥同，鬼神其依。"《洪范》曰："汝则有大疑，谋及乃心，谋及卿士，谋及庶人，谋及卜筮。"既谋及于心，又谋及于卿士、庶人；志乃先定而谋又佥同，则何待于卜筮哉！此见圣人之心至虚无物，不敢以人谋自私也。若谓卜以决疑，不疑何卜，则将有执其私见不听命于天者矣。舜又曰："龟筮协从，卜不习吉。"是不再卜也。而《金縢》则言："乃卜三龟，一习吉。"其所谓卜三龟者，非立三人以相参考也。正如《洛诰》有谓"我卜河朔黎水，我乃卜涧水东、瀍水西，惟洛食。我又卜瀍水东，亦惟洛食"。此岂再三之渎哉？盖即一事而分条，异其命辞尔。在舜，卜禹而得吉，则不必再卜。此则卜涧水东、瀍水西之外，又卜瀍水东，以覆验洛之吉否，不嫌于相袭也。故《曲礼》曰："卜筮不过三，谓卜、筮者皆可以三为节，亦岂谓必期于三哉？"然又曰："'卜、筮不相袭'者，盖以卜人、筮人各有专职，故惟卜与卜袭、筮与筮袭，而以卜袭筮、以筮袭卜，则其法不相通焉。"若卜、筮互相为占，则《礼》之所有也。《礼》先筮而后卜，《洪范》亦有龟从筮从或龟从筮逆之说，筮龟并用矣。但古大事决于卜，故曰"大事卜，小事筮"。而《左传》因谓之筮短龟长，则二者并占以从龟为长尔。卜、筮互相推决，故各立官。蓍为枯株，不若龟有灵性，故尤以龟为长，而小事则止以卜可也。《易》以蓍龟并称，其德本无高下，蓍短龟长之说盖自俗传，而蓍龟遂分轻重，岂惟以龟有血气之灵、蓍为枯槁之物哉？夫蓍、龟所占皆本于《易》，但龟主于象，蓍主于数；象则穷于五行，数则观于二体，其所推极亦系于人之精神尔。圣人不生，龟亦不出。而龟难蓍易，业亦易传，意必当时卜师之术远而深，筮师之术近而浅，推测各穷其术。事之大小，因亦殊焉。故大事卜、小事筮，《礼》家遂著为两用，而不知龟、筮之德岂有二哉？龟、筮之法不知起于何时，观舜言"龟、筮协从"，则唐虞之前二法已皆有之。或谓伏羲始造龟卜，神家始以蓍筮，亦臆说尔。观《大传》"圣人探赜索隐，钩深致远，莫大乎蓍龟"之说，则卜、筮已备于伏羲之世矣。

大衍总论

　　大衍之数本之《河图》，其说旧矣。因天地之数五十有五，一段在"大衍"之后，彼谓减五行本数为"大衍"，亦若有所据也。至谓卦本六画，减五行并虚一之数为六爻，故止用四十有九，则穿凿附会，失愈远矣。殊不知蓍草一本百茎，可当大衍之数者二，故揲蓍取五十茎为一握，以衍其数，所谓天生神物，圣人则之者此也。况参天两地，三阳二阴变化错综，以五乘十、以十乘五，其数皆五，是五本数之祖也。圣人用蓍以大衍其五十之数，何必谓其取《河图》《洛书》中之五数而大衍之哉？天数五，地数五；五乃蓍之小衍，故五十为大衍，即八为小成、六十四为大成也。惟其谓大衍之数皆从《河》《洛》五数而大衍之，所以于《河图》必去其五，于《洛书》必增其五，而后与大衍合，恐圣人不如是安排布置也。要之五数在天地间，五行、五伦、五德、五方，无往不然。自大衍之数则为五十，自《河图》之数则为五十五，自《洛书》之数则为四十五，理本一致，何必一一牵合而后谓之同哉？或谓《河图》数原在"大衍"后，而减五以合五十之数。既有所据矣，然而不免于疑，何也？盖疑者，疑五十与五十五数不免有所增损以强合之故也。况天数五以下原在"大衍"后，而今则在乎"大衍"之前；天一、地二以下原在第十章之首，而今则在乎天数五之首矣，岂不以旧文错简、故从而更易之也？又安知大衍与《河图》数不有所混而不必合之为一章耶？后学于圣经，当信以传信，疑以传疑。愚于《河图》、大衍之数，姑存其疑，以请正云。